풀뿌리 네트워크가 통일을 만들어간다

김 판 식 지음

풀뿌리 네트워크가 통일을 만들어간다

정보문화시대의 통일 주체와 방법을 위한 모색

풀빛

낡은 통일론을 넘어서

통일과 관련된 낡은 생각들을 해체시키는 것이 이 책을 쓰는 목적이다. 우리에게는 상상력과 역사의 전진을 가로막는 고정관념들이 있다. 특히 통일과 관련해서는 더욱 그러하다.

통일과 관련해서 가장 큰 문제점은 그 동안 국가주의적 통일방안, 즉 관이 주도하여 통일을 이루는 통일방안만이 있었다는 것이다. 연합제, 연방제, 3단계 통일방안 등 모두가 말로만 6천만 겨레를 이야기했지 통일에 민(民)이 참여할 수 있는 방법을 전혀 제시하지 않고 있다. 역사를 보나 현실을 보나 민이 있고 국가가 있는 것이지, 국가가 있고 민이 생기는 것이 아니라는 점에서 이런 통일방안들은 개혁되어야 한다.

그동안의 통일방안들은 모두 냉전체제를 전제로 해서 만들어진 것이었다. 연합제, 연방제, 3단계 통일론 등 모두가 냉전상황과 이데올로기 문제의 처리에 초점을 맞추고 있다. 이미 전개되고 있는 아시아의 탈냉전 상황과 통일의 전제로 맞이하게 될 탈냉전 과정에 대한 연구가 지나치게 결핍되어 있다.

그러다 보니 국민을 믿지 못하는 통일론으로 발전하였다. 독일이 통일을 이루게 된 것은 국민을 믿고 평화적 교류를 허용했기 때문이다. 그러나 우리는 여전히 그 문제에 관한한 냉전적인 관점에 머물러 있다. 국민은 여전히 통일의 주체가 아니라 통일과정에서의 관리와 통제의 대상이다. 세상에 이런 법이 어디 있는가? 남북한 당국이 해야할 일은 평화체제의 수립이고, 평화체제가 수립된 상황에서는 국민을 믿고 권리와 의무를 되돌려 주어야 한다. 물론 평화체제를 관리할 책임은 남북한 정부에게 있다.

통일의 개념을 정치와 군사와 외교의 통합으로만 좁혀 이야기하는 것도 큰 문제이다. 통일이라는 것은 삶의 무대에 관한 것이고 인간관계에 관한 것이다. 그렇다면 대화, 만남, 우정, 거래, 통신, 교통, 교류, 교육, 환경, 문화, 문명 축제 등 부드러운 영역이 더 중요할 수가 있다. 그런데 이것을 꼭 군사와 정치문제로 좁혀서 통일방안을 만들어야 하는 것인지 의문이 아닐 수 없다.

필자는 그 동안 남북한에서 제기됐던 통일방안들을 낡은 것이라고 생각한다. 그리고 현실성도 별로 없다. 그 동안의 역사를 돌아보면 모든 것이 분명해질 것이다. 실현성이 없는 것을 자꾸 얘기하는 것은 사람들을 혼란스럽게 하거나 실망시킬 수 있다. 가장 실현성이 있는 것은 남북한 당국 사이에 평화체제 수립에 합의하는 것이다. 풀뿌리 수준의 교류와 통합 없이 통일을 만들겠다는 것은 어림없는 일이 아닐 수 없다. 서로를 믿을 수가 없는데 어떻게 통일에 도달하겠는가? 한쪽이 망한다면 또 모르겠지만. 통일의 문은 믿는 만큼 열리는 것이다.

이 책은 통일문제를 민의 입장에서 접근하고 있다. 민의 입장에서 문제를 보고 민의 입장에서 대안을 제시한다. 통일의 주인은 이땅의 풀뿌리 시민들과 풀뿌리 민족공동체의 구성원들이 통일의 주체가 되어야 한다는 것이 이 책의 문제의식이다. 그렇다고 민의 위임을 받은 정부의 역할을 소홀히 하는 것은 아니다.

산업화사회를 넘는 정보문화시대의 도래도 이 책을 쓰게 한 중요한 계기이다. 시대가 달라지면 방법도 달라져야 한다. 회담의 테이블에 엄숙하게 마주 앉아 통일을 논의한다고 해서 합의가 이루어지는 것은 아니다. 다양한 커뮤니케이션 채널과 네트워크에 의해 공동의 관심사의 장, 대화와 어울림의 장을 만들어야 한다. 그렇게 하면서 이데올로기와는 차원이 다른 새로운 화두를 가지고 민족 통합의 끈을 새롭게 이어나가야 한다.

통일 이후의 청사진도 지금까지 생각한 것과는 다소 달라져야 한다. 그저 강력한 중앙정부 만들기에만 기를 쓰고 매달려서는 곤란하다. 중앙정부는 오히려 조정역할을 맡고, 지방정부를 강화시키는 것이 통일에 더 도움이 될 것이다. 그리고 통일의 산물을 너무 제도의 통합에서만 찾아서는 곤란할 것 같다. 오히려 문화, 문명, 환경, 정보통신과 같은 21세기형 화두에서 통일의 실마리를 찾는 것이 좋다고 생각한다.

그렇다면 남북한 사회는 지금의 수준에서 훨씬 더 발전해야 한다. 즉 남의 이야기를 가감없이 들을 수 있는 수준까지는 가야 한다는 것이다. 그리고 통일의 주체인 풀뿌리 대중들이 권리와 의무를 충분히 행사해야 한다. 이 책은 그런 단서를 제공하는 첫 번째 작업이다.

이 책의 모자란 부분은 첫 번째 작업 때문이라고 변명하고 싶지는 않지만, 그러나 정진하겠다는 다짐을 부기해둔다.

1997년 1월
흘러가는 한강을 바라보며
김광식

제1부 우리의 소원은 21세기형 통일

1장 정보문화시대의 풀뿌리 네트워크 통일론

1. 통일의 두 가지 의미

통일에는 두 가지 의미가 있다. 하나는 '허리 잘린' 비정상적인 분단국가가 아니라 정상적인 민족국가가 된다는 기능적 정상화의 의미이고, 다른 하나는 분단이라는 한국 근현대사의 질곡으로부터 벗어나서 민족사의 발전을 이루어나간다는 역사적 의미이다. 우리는 이 두 가지 의미를 동시에 유념해야 한다.

"나누어졌으니까 합치자"라든지 "무조건 합치고 보자"는 단순 논리로 통일을 이야기할 경우에는 몰역사적 통일론으로 이어질 위험이 있다. 그리고 분단과정과 분단사회의 특징, 통일국가의 미래상과 통일로 가는 과정에 대한 충분한 검토 없이 단순하게 통일방안만 제시할 가능성을 배제할 수 없다.

그 동안 우리는 통일국가를 만드는 것을 근대적 국민국가의 완성에 비유하였다. 한국 근현대사에 통일민족국가를 형성했던 역사적 경험이 없기 때문이다. 그러나 근대 국민국가의 형성만을 목표로 한다면 필요충분조건을 갖춘 역사적 통일론은 만들어질 수 없다. 통일

국가를 만드는 것은, 근대의 완성이라는 과제는 물론이고 탈근대의 역사적 과제, 즉 '현대화'를 수행하면서 인류의 생활에 큰 빛을 던져 줄 수 있는 보다 심오한 역사적 전망을 제시할 수 있어야 하기 때문이다. 현대화의 중심과제는 주민 참여의 민주주의와 정보화, 문화화, 환경화이다. 게다가 근대국가를 만드는 경우에는 어떤 근대국가를 만드는가 하는 근대국가의 성격문제에 부딪히게 된다. 근대는 다양한 체제의 논리와 결합되어 있다.

다음은 분단체제가 봉건체제에 머물러 있었던 것은 아니라는 사실에 유념해야 한다. 한국사회의 역사적 봉건성이 유럽처럼 근대 시민혁명에 의해 해소된 것은 아니지만, 일제시대에는 식민지 공업화가 추진되었고, 분단 이후에는 각기 '자본주의적 근대화'와 '사회주의적 근대화'를 추진했던 역사적 경험이 있다.

따라서 통일의 진정한 뜻은 일차적으로는 분단된 민족과 체제와 국토를 합치는 것이고, 동시에 근현대사의 질곡과 왜곡을 풀어냄으로써 우리 스스로의 힘으로 '아름다운 나라' 즉 현대화된 나라를 만드는 것이다. 게다가 남북한의 역사적 경험을 발전적으로 수렴하거나, 공존의 논리 속에서 한 가지 방향으로 발전시키는 과정을 밟아 나가는 것이기도 하다. 통일의 의미는 한국의 역사에만 국한되는 것은 아니다. 세계사의 모순이 해소되는 과정이기도 하고, 세계의 미래를 밝게 비추는 한 줄기 빛을 만드는 일이기도 하다. 한국은 왜곡된 세계사의 흐름 속에서 분단되었으므로, 한국의 통일은 한 시대의 세계사가 한국인들에게 강요했던 왜곡을 푸는 일인 것이다.

유태인이 자신들이 겪었던 고난의 세월을 인류의 구원을 위한 하느님의 약속과 관련해서 이해했듯이, 한국의 분단과 통일의 역사 역시 그 동안의 역사적 모순을 풀어나가는 과정, 그리고 인류 역사의 새로운 전개과정으로 깊고 넓게 해석해 내는 노력이 필요하다. 그래야만 통일문제를 단순한 민족주의만의 문제가 아니라 보편적인 역사발전의 문제, 그리고 동아시아의 평화와 인류의 미래라는 관점에서 해석해 내고 대처할 수 있기 때문이다.

필자가 생각하는 통일은 근대국가의 완성은 물론이고, 세계사의 근대를 뛰어넘는 통일, 즉 '현대화'의 진전을 통한 통일이다. 여기에서의 현대화는 일반적인 의미의 현대화가 아니라 역사의 흐름을 전제로 하는 보다 구체적이고 발전적인 의미를 전제로 하고 있다. 그러므로 '현대화'의 구체적인 성격과 의미를 정리해 보기로 하자.

2. 정보문화시대의 특성

20세기 세계사의 큰 흐름은 '근대'에서 '현대'로 이동하는 과정이다. 세계적 규모의 근대 체제인 냉전체제가 20세기 말에 해체되면서 세계는 전 지구적인 규모의 탈근대(포스트모더니즘), 즉 본격적인 '현대화'의 시대를 맞고 있다.

왜 냉전체제가 근대 체제인가? 근대는 모든 것을 규격화·표준화하여, 간단하게 분류하는 시대였다. 자유를 강조하는 사람은 평등을 소홀히 했고, 평등을 주장하는 사람은 자유의 가치를 무시하는 인식이 발생하였다. 그리고 그것이 절대화되었으며, 전 세계로 확산되어 나갔다.

이러한 '근대성'이 서서히 '현대성'으로 변화되는 과정에서 탈냉전이 나타났다. 사회주의는 페레스트로이카 과정을 거쳤고, 자본주의는 지속적인 수정과 보완 과정을 겪었다. 그리고 양 체제는 갈등과 수렴의 과정을 되풀이했다. 현실에서는 사회주의체제인 소련과 동구가 붕괴했고, 자본주의체제는 심각한 내부 변화를 겪어야 했다.

그러나 심층의 변화는 그 이상의 것이다. 탈냉전은 양 체제가 전지구적인 세계체제로 통합되는 동시에 결정(結晶)의 조각처럼 수많은 지방으로 깨어져 나가는 분산화의 시대, 즉 지방화의 시대를 낳고 있다. 따라서 이제 사람들은 민족이라는 개념만이 아니라 주민, 시민, 국민, 민족, 지역주민(아시아, 유럽 등), 네티즌(netizen), 인류공동체 등 보다 다차원적이고 입체화된 정체성(正體性)을 갖게 되었다. 따라서 세계화와 지방화의 동시 진행, 즉 세방화(世方化)의 진전은 현대의 개막에 따른 생활무대의 지각 변동을 의미하는 것이다.

생산 방식이 '소품종 대량 생산'체제로부터 '다품종 소량 생산'체제로 바뀌었다는 것도 시대를 가르는 획기적인 변화이다. 경제의 모든 영역에서 이런 변화가 나타난 것은 아니다. 그러나 전반적인 경제의 흐름이 이런 방향으로 흘러가는 것은 분명하기 때문에, 생산방식의 변화는 근대와 현대를 가르는 경제사회의 새로운 지표가 될 수 있을 것이다.

근대와 현대, 즉 모더니즘(modernism)과 포스트모더니즘(post-modernism)을 구분하는 경계선은 그것만이 아니다. 소품종 대량 체제와 다품종 소량 체제의 차이와 함께 경제생활이 '양의 시대'로부터 '질의 시대'로 이동했다는 것도 중요한 차이이다. 이제 사람들은 실용성만이 아니라 심리적 만족도까지 검토하면서 상품을 선택한다. 소비자들은 상품의 실용성과 내구성은 물론이고 이미지나 디자인, 그리고 브랜드 등 다양한 품질상의 만족을 추구하고 있는 것이다.

이러한 소비양식과 소비행태의 변화는 이에 부응하는 생산방식의 차이만이 아니라 사회 전반에 엄청난 변화를 몰고오고 있다. <표 1>의 '근대와 현대의 사회성격 비교'를 보면 정치·경제·사회·문화의 영역에서 다양한 변화가 예고되고 있음을 쉽게 알 수 있다.

현대사회가 등장하는 역사적 과정은 오늘을 이해하는 데 도움을 준다. 근대는 산업혁명, 종교개혁, 시민혁명으로 이뤄졌다.

〈표 1〉 근대와 현대의 사회성격 비교

	근 대	현 대
생 산	산업혁명 이후 기계화에 의한 소품종 대량생산체제.	이미지, 디자인, 색채 혁명에 의한 다 품종 소량생산체제.
소 비	생산자의 주도권, 소비욕구가 주로 의식주 등 기본수요에 머물러 있었음.	소비자 주권 시대. 대중의 소비욕구가 의식주를 넘어 여가와 생활의 질 문제로 확산, 심화됨.
산 업	의식주 산업과 중화학 공업이 중심.	이미지 디자인 산업, 정보문화산업, 환경산업 등이 발전.
생 산 방 식	포드시스템, 테일러주의(표준화, 단순화).	포스트포드주의, 볼보이즘(volvoism) 등 다양화 됨.
정 치	이익집단의 등장. 의회민주주의와 양당제도. 엘리트 민주주의.	공익집단과 다양한 비정부민간단체(NGO)의 등장. 엘리트민주주의와 함께 참여민주주의와 주민자치의 발전. 전자민주주의의 등장.
사 회	경제적 산물의 사회적 분배문제에 큰 관심. 이익집단이 발생하고 계층의 이익을 강조하는 이데올로기와 사회운동 발생.	이익단체와 함께 다양한 공익추구집단들이 발생. 계층과 지역은 물론이고 성(性), 세대, 환경분쟁, 정보문화사회의 문제점 등 새로운 갈등요인이 부각됨. 그러나 공존과 조화를 지향하는 중간층의 시민운동도 활성화됨.
삶 의 무 대	민족국가의 시대.	세계화, 지방화, 지역통합 등 입체화의 시대.

　　산업혁명은 기계화와 대량생산체제를 그 특징으로 한다. 그러나 아직 소비능력은 충분히 개발되지 않았다. 따라서 산업혁명 이후 생산력의 비약적인 발전과 대량생산체제를 보면서, 마르크스는 과잉생산과 과소소비로 인해 대공황이 발생하고 대공황은 결국 자본주의의 붕괴로 이어질 것이라고 내다보았다. 1917년의 러시아혁명과 1929년의 대공황 때까지만 해도 마르크스의 예언은 현실에 부합되

는 것처럼 보였다. 그러나 마르크스는 자본주의가 자신의 위기를 극복하는 자기개선능력이 있다는 사실을 발견하지 못했다.

1929년의 경제 위기는 거시경제학자인 케인즈의 경제정책적 처방에 의해 극복되었다. 과소소비의 문제를 국가의 개입에 의한 유효수요의 창출 정책으로 해결했던 것이다. 그러나 출구는 이것만이 아니었다. 라디오와 텔레비전의 발명은 광고의 개발로 이어졌고, 광고는 잠자는 인간의 욕망을 소비욕구로 전환시켰다. 과잉생산을 해결하는 세 번째 출구는 전쟁이었다. 전쟁은 과잉생산된 물자를 한꺼번에 소비시키는 경제적 기능을 수행했다.

그뿐만 아니라 '이미지와 디자인과 색채혁명'은 생산과 소비에 엄청난 변화를 가져왔다. 이제는 상품의 실용주의적 기능만이 아니라 거기에 이미지와 디자인과 색채를 가미해야만 팔리는 이미지의 상품화 시대가 도래한 것이다. 이미지의 상품화는 디자인 혁명, 색채혁명과 궤를 같이하는 것이고, 이러한 변화는 바로 새로운 시대의 개막을 알리는 신호탄이기도 하였다.

이제 사람들은 상품의 실용적인 기능만이 아니라 거기에 이미지와 디자인과 색채를 요구하게 되고, 이러한 변화는 생산자들로 하여금 품질의 향상과 함께 이미지와 디자인과 색채의 개발을 통한 다품종 생산에 몰두하게 만들고 있다.

변화는 그것만이 아니다. 새로운 시대는 사람들의 관심이동을 잉태하고, 사람들의 관심이동은 시대의 변화를 가속화시키고 있다. 사람들의 관심이 어디로 이동하고 있는가? '근대'에는 사람들의 주요 관심사가 의식주 문제에 집중되어 있었다. 그러나 이제 사람들은 생산력의 발전만이 아니라 환경문제와 삶의 질을 중요시한다. 아울러 사람들은 무엇인가를 알고 싶어하고 사람들로부터 인정받고 싶어하며, 보다 발전된 형태의 인간관계를 요구한다. 즉 정보와 지식에 대한 관심이 높아지고 커뮤니케이션에 대한 새로운 욕구가 창출되고 있는 것이다.

아울러 몸과 마음과 영혼의 동시 만족을 추구하는 여가생활과 문화생활을 추구하게 된다. 따라서 정보와 지식은 그 자체의 독자적인 가치를 함축하고 있을 뿐 아니라 사회 전반의 변화를 몰고오는 새로운 변화의 동인으로 자리매김되고 있다. 이제 정보와 지식은 지식인에게만 의미가 있는 것이 아니라 정치와 경제, 사회, 그리고 생활 전반을 변화시키고 움직이는 기능을 담당하고 있다.

문화도 마찬가지이다. 이제 사람들은 정치·군사와 같은 딱딱한 영역보다는 문화·예술과 같이 부드러운 영역에 더 큰 관심을 갖게 되고, 이들로부터 더 많은 영향을 받는다. 정치·군사와 같은 문제들이 몸의 영역에 속한 것이라면 문화는 정신의 영역에 속한 것이다. 사람들은 문화적인 요소에 더욱 민감하게 반응하고, 문화는 사람들에게 부드럽게 다가와, 사람들을 강력하게 껴안고 있는 것이다. 이러한 이유로 해서 현대사회에서는 거의 모든 영역이 문화의 영역과 결합하고 있으며, 따라서 다양한 문화전략이 도출되고 있다.

이처럼 변화는 다차원적이고 다면적이다. 따라서 변화된 시대의 특성을 어떻게 이해하고 어떤 면을 강조하는가에 따라, 새로운 시대의 이름은 달라질 수밖에 없다. '포스트모더니즘(탈근대) 시대', '현대화시대', '세계화시대', '지방화시대', '정보지식 사회', '문화시대', '지중(知衆)사회', '뇌본(腦本)사회' 등 현대에 붙여진 이름은 다양하다. 이러한 이름에는 하나같이 현대적 변화를 압축하기 위한 고뇌가 담겨 있다.

그렇다면 우리는 이 책에서 새로운 변화를 무엇으로 압축하고 '현대사회'의 성격을 어떻게 표현할 것인가? 고민 끝에 필자는 새로운 시대를 '정보문화시대'라고 명명하기로 하였다. 포스트모더니즘이라는 표현은 너무나 다양한 의미가 함축되어 있어서 혼란스러울 뿐만 아니라 마땅한 우리말 번역이 어렵고, '현대'라는 표현은 일반적인 의미의 현대와 혼동될 가능성이 많기 때문이다.

'정보문화시대'란 표현은 경제적인 측면이 다소 소홀하게 취급되는 약점이 있긴 하지만 그래도 현대사회의 특징적인 변화를 잘 포착하고 있다. 아울러 용어가 친근하며 무엇보다도 이 책에서 다루고자하는 통일론을 설명해나가는 데 중요한 개념적 단서를 제공한다는 장점이 있다. 따라서 이 책에서 '정보문화시대'라는 표현을 쓸 경우, 단순히 정보와 문화를 중요시한다는 의미만이 아니라 현대사회를 아우르고 있음을 밝혀두고자 한다.

시대적 변화와 관련된 논의를 조금 더 진행하도록 하자. 정보문화시대로의 완전한 변화는 인간의 필수적인 기본 수요인 의식주 문제를 충족시킨 생산력을 전제로 한다. 그런 점에서 아직까지 정보문화시대가 완성된 사회, 즉 포스트모더니즘이 전면적으로 도래한 사회는 없다. 다만, 나라와 사회마다 정보문화시대의 요소가 서로 다른 비중으로 혼재되어 있다.

오늘의 지구촌에는 아직까지도 전근대(前近代)에 머무르고 있는 사회, 또는 개발도상국들이 적지 않다. 이런 사회에서는 포스트모더니즘의 영역을 거의 찾아볼 수 없을 정도이다. 바로 이런 점 때문에 아직까지도 포스트모더니즘의 영역은 부분적인 사회현상에 머물러 있다고 볼 수 있다.

그러나 우리가 확실하게 기억해야 할 점은 정보문화시대의 영역이 근대의 출구로 자리잡고 있다는 점이다. 역사가 머무르는 것이 아니라 이동하는 것이라면 우리는 당연히 미래지향적인 의미에서 정보문화시대의 제반 사회적 문제에 관심을 기울이지 않을 수 없고, 또한 그 관심의 궁극적인 방향은 정보문화시대를 보다 인간에게 도움이 되는 쪽으로 관리하는 것이다.

우리의 관심사가 정보문화시대의 문제에만 국한되어서는 안 된다. 지구촌 전체의 문제를 보다 정확하고 균형 있게 보기 위해서는 정보문화시대의 문제와 함께 다양한 '전근대'의 문제, 그리고 '근대'의 문제들을 포괄적으로 이해해야 한다.

3. 정보문화시대의 목표는 휴머니즘

정보문화시대는 의식주의 기본 욕구를 뛰어넘는 생산력을 전제로 하면서 아름다움과 세련됨을 추구하는 사회이다. 따라서 정보문화시대는 이미지와 디자인, 환경, 정보와 커뮤니케이션, 지식과 문화 등 인간생활의 질적 향상이라는 문제가 중요한 사회적 관심사로 부각된다.

그러나 정보문화시대는 결코 편안한 시대는 아니다. 정보문화시대에는 삶의 질적 향상이라는 새로운 가치의 배분을 둘러싸고 치열한 경쟁이 전개된다. 정보문화시대는 새로운 갈등의 시대인 동시에 더욱 치열한 경쟁의 시대이다. 게다가 치열한 경쟁은 WTO체제와 함께 세계적인 무한경쟁으로 이어진다. 그런 의미에서 정보문화시대는 '호수 위의 백조'를 닮았다. 수면 위로 우아한 자태를 뽐내는 백조도 물밑에서는 생존을 위한 치열한 발놀림을 계속하고 있는 것이다.

그러나 여기에서의 경쟁은 대결과 투쟁과는 다소 다른 성격을 지니고 있다. 냉전시대 또는 대결의 시대와는 달리 정보문화시대의 경쟁에는 다양한 넌제로섬(non-zerosum, 非零化) 게임의 영역이 존재하고 있기 때문이다. 그 영역은 사회보장과 복지의 영역일 수도 있고 공익의 영역일 수도 있다. 사람들은 경쟁하면서 동시에 공존과 공영을 추구한다. 게다가 정보문화시대에는 환경문제, 핵문제, 군축문제, 마약문제, 인구문제, 인권문제, 청소년문제 등 인류가 함께 지혜를 모아서 해결하지 않으면 안 되는 '전 지구적인 쟁점'(global issues)들이 있다. 최근 몇 년간 환경(리우데자네이루), 인권(비엔나), 인구(카이로), 식량(로마), 인간안보(human security, 코펜하겐) 문제에 관한 유엔과 비정부민간단체(NGO)들의 회의가 동시에 열리고 있는 것도 바로 이런 시대적 배경 때문이다.

정보문화시대에는 무한경쟁에 따른 사회적 긴장과 인간 실존의 문제가 부각된다. 뿐만 아니라 가치관의 분화에 따른 생활모습의 다양화와 새로운 사회·문화적 문제들이 쟁점화된다. 이를테면 지나친 성의 범람과 삶의 방향 상실, 생산력의 낭비와 자연파괴 등이 이 범주에 포함된다. 의식주 문제가 해결될 경우, 사람들의 관심은 문화와 복지 등 이웃에 대한 배려의 방향으로 발전해 나아갈 수도 있지만, 향락의 추구와 성의 남용 쪽으로 방향을 틀 수도 있다. 오늘날 세계에 만연된 성의 범람과 향락의 추구, 또는 성의 산업화 현상은 인간에 내재된 본능을 상업화하는 포스트모던한 현상의 하나라고 해석할 수 있을 것이다.

이런 현상은, 한편으로는 인류의 생산력이 어떤 지역에서는 의식주의 욕구를 충족시키고도 남을 정도로 성장했다는 것을 말해 주는 것이고, 다른 한편으로는 인류의 문명이 여전히 사람들에게 충분한 구원의 비전을 제시하지 못하고 있다는 사실을 반영하는 것이기도 하다. 과연 현대 문명이 인류에게 제시하는 삶의 의미와 방향은 무엇인지 정보화시대를 살아가는 우리로서는 진지하게 자문(自問)을 해보지 않을 수 없다.

정보문화시대의 또 한 가지 문제점은 지나친 경쟁 때문에 인간 소외 현상이 만연할 가능성이 있다는 것이다. 만약 정보문화시대가 새로운 커뮤니케이션 채널의 확충과 공동체의 형성에 의해 보완되지 않는다면 정보문화시대는 자폐와 외로움과 냉소가 가득한 썰렁한 사회로 나아갈 위험성을 안고 있다. 선진국에 많이 발생하는 '집 없는 사람들'과 '군중 속의 고독'은 그 대표적인 사례이다. 경쟁의 사다리가 너무 높을 때 적지 않은 사람들이 아예 경쟁의 대열에서 이탈해 버릴 가능성도 있는 것이다.

문화와 문명을 이야기할 때 빠뜨릴 수 없는 주제가 또 한 가지 있다. 그것은 '문명충돌'의 위험성이다. '문명충돌론'은 하버드 대학의 사무엘 헌팅턴(Samuel Huntington) 교수가 제기했다. 헌팅턴 교수는 미국과 소련을 축으로 하는 이념의 대결이 끝난 이후 이제 세계적 갈등의 축은 문화와 문명으로 이동하고 있다고 진단하였다. 그러니까 현대 세계에는 서구문명과 유교문명, 일본문명, 이슬람 문명, 힌두문명, 슬라브 정교 문명, 라틴아메리카 문명, 아프리카 문명 등 7~8개의 문명이 존재하고 있고, 미래의 갈등은 이들 문명권들을 구분짓는 문화적 경계선상에서 벌어질 것이라는 것이다.

헌팅턴은 현재 군비축소 문제를 둘러싸고 서구문명과 유교·이슬람 문명 연합 사이에 갈등이 증폭되고 있다고 경고했다. 헌팅턴은 문명과 문화의 갈등시대를 예고하면서, 서구문명에 대한 새로운 대항자로 이슬람 문명과 유교문명이 떠오르고 있음을 지적하였다. 결국 이 주장은 이제 소련 대신에 이라크와 이란, 중국 등을 경계해야 한다는 메시지를 담고 있는 것이다.

헌팅턴의 주장에 대해서는 논란이 많다. 미국의 국방차관보를 지낸 리처드 아미티지(Richard Armitage)는 탈냉전시대에도 갈등의 기본축은 여전히 국가의 이익이며, 이념의 세계 대신에 부상하고 있는 것은 문명권이 아니라 새로운 민족주의라고 주장하면서 헌팅턴의 주장을 강력하게 반박하였다. 문명충돌론에 대한 국가주의자의 비판인 셈이다. 국가주의자만 헌팅턴을 반박하는 것은 아니다. 문명론자들 가운데에도 헌팅턴의 지나친 서구 중심주의 문명론을 비판하는 사람들이 적지 않다. 이들의 주장은 헌팅턴이 문명론을 오도하고 있다는 것이다.

이처럼 정보문화시대에는 산업사회와는 성격이 다른, 전혀 새로운 사회적 문제들이 새로운 방식으로 제기된다. 그렇다면 우리는 여기에 어떻게 대처해야 할 것인가?

정보문화시대에 대한 대응에서 선행되어야 할 것은 정보문화사회의 메커니즘을 정확하게 이해하는 것이다. 기술적인 메커니즘은 물론이고 정보문화사회가 인간관계에 미치는 영향을 정확하게 분석할 필요가 있다. 그리고 거기에 기초해서 새로운 가치관을 창출해 내야 한다. 다원주의 사회에도 공통의 문화적 기반은 있는 법이다. 그러나 이것은 개인의 힘만으로 되는 것은 아니다. 따라서 정보문화시대에 새로운 가치관을 창출하고 가치관을 관리하는 문제는 개인적 수준에서는 물론이고 사회적 수준에서도 중요한 과제가 아닐 수 없다.

다음은 사회적 생산력을 관리하는 문제이다. 한 사회에는 개인의 부와 함께 공공적인 부도 있다. 그렇다면 우리는 과연 이 사회적 생산력을 어떻게 관리해야 할 것인가? 그 방향과 원칙은 분명하다. 효율적이면서도 공정하고, 아울러 인간성을 옹호하는 방향으로 관리되어야 한다. 그러나 아직까지 이 문제에 관한 사회적 합의와 제도화의 수준은 낮은 편이다.

이 문제에 관한 사회적 합의가 제대로 이루어지지 않을 때, 그것은 새로운 갈등을 잉태할 수 있다. 높은 생산력이 오히려 인간성을 파괴하고 인간의 눈을 멀게 하며, 인간 소외를 부추기는 경우를 우리는 흔히 보지 않았던가. 필자는 정보문화시대의 긍정적 가능성에 대해 적지 않은 기대를 걸고 있다. 아름다움과 세련됨과 원활한 커뮤니케이션에 대한 사람들의 욕구가 충족될 경우, 사람들의 관심은 좀더 고상하고 수준 높은 곳으로 이동할 수 있기 때문이다. 게다가 사람들이 개인과 가정만이 아니라 사회의 발전에 고상한 관심을 갖기 시작하면, 사람들은 정보문화시대의 가치관을 넘어 보다 인간적인 사회를 만드는 일에 삶의 가치를 부여할 수도 있을 것이다. 이와 같은 가치관의 재조정, 새로운 공동체적 삶의 추구, 생명과 삶의 가치에 대한 재인식은 정보문화시대를 넘어 휴머니즘 사회를 앞당기는 에너지가 될 수 있을 것이다.

그러나 지금과 같은 생산력과 가치관의 수준에서는 진정한 휴머니즘의 추구는 선각자들의 몫이 될 수밖에 없다. 결국 휴머니즘 사회는 정보문화시대를 뛰어넘는 생산력의 출현과 가치관의 재조정으로 인해 보다 인간적인 것에 대한 수요가 발생하고 이에 대한 공급이 가능하게 될 때, 아울러 현재의 생산력을 낭비하지 않고 효율적이며 인간적으로 관리할 때 다가올 수 있는 사회의 모습이다.

정보문화시대를 넘는 보다 인간적인 사회는, 제도는 물론이고 가치관과 인간의 욕구가 재조정된 사회라는 사실을 유념할 필요가 있다. 그리고 휴머니즘 사회가 실현되었다는 사회적 지표는 인간과 인간, 인간과 자연, 인간과 신 사이의 공존과 상생의 관계가 형성되었는가 아닌가 하는 것이다. 물론 휴머니즘 사회 이후에도 인간의 역사는 계속 발전할 것인바, 그때는 아마도 정신적 가치의 문제가 중요한 사회적 관심사로 부각될 것이다.

4. 근대와 현대가 중첩된 한국사회

지금 한국사회에는 봉건과 근대와 정보문화시대가 뒤섞여 있다. 이를테면 한국의 정치와 종교, 그리고 교육의 영역에는 근대성과 함께 봉건성을 쉽게 발견할 수 있다. 정보문화시대에 부응하는 외적 모습이 안 보이는 것은 아니지만, 그 내면에는 봉건성과 근대적 독과점체제가 깊이 뿌리를 내리고 있는 것이다.

그 중에서도 공천 → 선거 → 의정활동과 정당활동 → 재공천 → 재선거라는 한국 정치의 충원과정을 보면 한국 정치에 내재되어 있는 봉건성의 영역을 쉽게 발견할 수 있다. 합리적인 경쟁과 유권자들의 투표권보다는 정치적 보스들의 영향력이 더 강한 것이 한국정치의 냉엄한 현실이다.

선거에 참여하는 후보자들 사이에는 치열한 근대적 경쟁이 벌어진다. 또 선거운동에서는 정보문화시대에 걸맞은 다양한 홍보기법이 동원되기도 한다. 그렇지만 공천과정에 봉건적인 진입 장벽이 존재하고, 실제의 정치활동이 보스에 의한 상명하달의 방식으로 이루어지기 때문에 실질적으로 정치적 피선거권은 제한된 셈이며, 유권자들의 입장에서는 선택의 폭이 자유롭지 못한 형편이다. 이 때문에 최선이 아닌 차선(次善), 또는 덜 나쁘기만 해도 다행이라는 차악(次惡)의 선택을 강요당하게 된다. 따라서 기권을 하는 사람들 가운데는 정치에 관심 없는 사람뿐만 아니라 최선의 선택을 하고 싶은 유권자도 적지 않게 포함되는 것이다.

교육의 영역과 종교의 영역에서도 경쟁과 계약과 공개 대신에 봉건적인 권위와 신분, 그리고 폐쇄적이고 사적인 인연에 의해서 문제가 처리되는 것을 쉽게 볼 수 있다. 이것은 종교와 교육의 특수성 때문이라기보다는 우리 사회에 남아 있는 봉건성 때문이다.

우리 사회에 봉건성이 온존하는 이유는 임진왜란 이후 형성된 자주적인 근대화의 흐름이 좌절되고 대신에 식민지적 상황에서 표면적인 근대화가 왜곡되게 추진되었기 때문이다. 따라서 우리 역사에서 봉건적인 제도가 아니라 봉건적인 의식을 청산할 수 있는 기회는 거의 없었다. 다만 봉건적인 의식의 크기가 근대적인 외양에 의해 축소되었을 따름이다. 게다가 1960년대 이후의 근대화 역시 위로부터의 공업화정책과 급속한 양적 성장정책에 의해 추진되었기 때문에 정경유착과 부실근대화, 그리고 가치관의 혼란을 수반할 수밖에 없었던 것이다.

우리의 역사에도 대중적인 차원에서 사회 전반의 근대화를 추구했던 노력들이 없었던 것은 아니다. 3·1운동은 한국 역사상 최초의 공화정(共和政)인 상해 임시정부의 수립으로 이어졌으며, 1960년의 4월혁명과 1987년 6월항쟁은 정치적 근대화를 추구했던 대중운동이었다. 그러나 이러한 근대화운동은 아직까지도 완성 단계에 이르지 못했다. 한국의 근대화는 '전두환·노태우 재판'에서 잘 드러나듯, 또 정경유착의 관행과 성수대교의 붕괴에서 보듯 '부실 근대화'의 수준에 머물러 있거나, 미완의 과제로 남아 있는 것이다.

그러나 그 사이 한국사회에는 다양한 근대화의 물줄기와 정보문화시대의 영역이 형성되었다. 그래서 지금은 봉건적인 것은 근대적인 것으로, 부실 근대화의 영역은 내실 근대화와 현대화로, 정보문화화된 영역은 휴머니즘 지향으로 역사를 발전시키는 입체적인 대응방식이 필요한 시점이다.

특히 한국의 젊은 세대들은 합리성과 민주주의적 절차, 그리고 인권의 중요성을 직접 체험하면서 자랐고, 환경과 정보, 문화의 시대를 경험하고 있다는 점에서 진정한 근대화의 아들딸들일 뿐만 아니라 정보문화시대의 첫 세대이기 때문에 담당해야 할 몫이 크다. 이들의 대응은 우리 사회의 역사적 발전과 관련해서 주목할 만한 대목이 아닐 수 없다. 따라서 이제는 통일문제도 국가주의적인 시각이 아니라 역사의 입체적인 발전전략이라는 측면에서 천착해 볼 필요가 있는 것이다.

한국사회의 역사적 혼합성 때문에 남북한에는 공히 '개혁'의 과제가 자리잡고 있다. 한국사회에는 전 시대의 잔재들이 아주 강하게 남아 있다. 이를테면 조선시대의 봉건적인 요소들과 일제시대의 잔재, 그리고 군사 권위주의와 냉전시대의 유산들이 혼합되고, 또 그것이 정보문화시대의 복잡함과 뒤섞이면서 형성된 '복합적인 역사적 우울증'이 명랑함을 지향하는 한국사회의 우울한 그림자가 되고 있는 것이다.

생산력의 발전과 경제성장이라는 측면에서 한국의 근현대사를 볼 수도 있다. 그것은 고속도로와 같은 성장의 역사이다. 이때 우리는 생존과 경제성장을 위해서 노력했던 한국인 전체의 땀방울을 기억해야 한다. 그러나 여기에도 식민지적 근대화, 냉전시대 군사 권위주의적 근대화의 폐해가 여전히 문젯거리로 남아 있다. 자주적인 시민층의 성장에 의한 내실 근대화와는 거리가 있을 수밖에 없었다. 특히 군사 권위주의적 근대화는 심각한 부실근대화의 후유증을 우리에게 남기고 있다.

따라서 한국의 경제영역에는 특권과 독점, 부패와 투기, 배금주의와 한탕주의, 관료주의와 해외의존성 같은 문제점들이 자리잡고 있다. 그래서 어떤 논자들은 한국사회의 자본주의를 막스 베버(Marx Weber)가 『프로테스탄티즘의 윤리와 자본주의의 정신』에서 이야기하는 그런 자본주의와 구별해서 '천민자본주의'라고 부르기도 한다.

그러나 이러한 역사적 탁류 속에서도 우리는 우리가 발전시켜온 역사적 진전을 간과하지 말아야 한다. 그 하나는 민주주의와 통일을 위해 지속적으로 전개한 치열한 노력이며, 그 노력이 부분적이나마 열매를 맺고 있다는 점이다. 또 하나는 한국인들이 피와 땀과 눈물로 이룩한 경제발전의 성과가 만만치 않다는 것이다. 그런 점에서 한국사회는 통일을 감당할 만한 사회적 발전, 즉 정보문화시대에 걸맞은 건강한 사회 만들기에 진력하지 않으면 안 된다. 통일을 위해서는 근대화의 수준을 뛰어넘는 사회적 발전을 이룩해나가야 한다는 것이다.

그렇다면 북한사회는 어떠한가? 북한은 그 동안 자주와 주체를 강조했다. 반외세를 위해서는 그 어떤 것도 희생한다는 논리로 사회를 이끌어왔으며, 이런 논리는 철학과 사상으로 정리되었다. 남한이 경제를 발전시키는 동안 북한은 사상을 발전시켰다는 지적이 나올 정도로 북한은 주체사상의 형성을 전제로 한 사회적 재편과정을 거쳤다.

이를 토대로 북한은 강력한 권력집중체제를 형성하였다. 노동당은 영도적 지위를 독점하고 있으며, '수령론'으로 대표되는 지도자 이론은 북한사회를 개인숭배적 사회체제로 만들었다. 따라서 개인의 자유 선택권은 당에게 신탁될 수밖에 없는 정치사회적 구조가 형성된 것이다. 그리고 당은 서열체제에 의해 일사분란한 동원체제가 되었다.

정치뿐만이 아니다. 경제 역시 강력한 중앙집권적 계획체제에 의해 운영된다. 그리고 북한의 경제는 오랫동안 자급자족적 구조를 지향했기 때문에 외부의 영향을 별로 받지 않고 자신의 체제를 유지, 또는 강화할 수 있었다. 이렇게 해서 북한사회는 지도자를 정점으로 하여 모든 것이 동원되는 정치·경제적 동원체제를 구축하게 된 것이다. 그것의 가장 실질적인 사례는 지도자의 지위에 관한 것이다.

북한의 지도자는 당(黨)과 군(軍)과 정(政)의 최고위직을 유지하고 있으며 실질적으로 입법 행정 사법을 주도하고 있다. 게다가 북한사회가 갖는 동원사회적 특징 때문에 북한의 지도자는 실질적으로 사회의 모든 분야에서 영도권을 행사하고 있다. 따라서 북한사회에서 시민사회적 특징은 거의 찾아볼 수 없게 되었다. 이러한 권력의 중첩 현상이야말로 북한사회의 가장 핵심적인 특징 가운데 하나이다.

오늘의 북한체제는 집중화의 후유증을 심하게 앓고 있다. 우선 정치적인 위기는 김일성의 사망에 따른 국가 주석의 부재 현상에 기인하고 있다. 김정일은 지도자로서의 지위는 이미 확보하였지만, 김일성이 향유했던 정치적 카리스마를 대체하기에는 여러 점에서 미흡할 수밖에 없는 위치에서 지도자의 역할을 수행하고 있다. 바로 이런 문제 때문에 북한에는 김일성 사후 오랫동안 김일성의 카리스마에 의한 유훈통치(遺訓統治)가 계속되고 있다.

경제문제는 보다 심각하다. 식량과 에너지의 부족으로 대변되는 북한의 경제 위기는 생산력보다 생산관계, 경제보다 정치사상을 더 중요하게 생각했던 북한의 체제 운영 논리와 무관하지 않다. 문제는 그것만이 아니다. 북한경제와 보완관계를 유지하던 주변 사회주의 국가들의 경제정책, 특히 무역정책의 변화가 북한 경제의 위기를 가속화시켰다. 북한은 자립경제를 추구했지만 실제로 완전히 자립적인 것은 아니었다. 냉전시대에 북한은 사회주의 우호무역에 의해 소련과 중국으로부터 부족한 자원과 에너지를 획득할 수 있었다. 그러나 소련이 붕괴하고 중국이 사회주의 시장경제체제를 채택하면서 북한은 사회주의 우호무역이 아니라 경화(硬貨)에 의한 결제라는 냉엄한 시장경제의 논리와 마주할 수밖에 없었던 것이다.

북한사회의 성격을 파악할 때 자본주의와 사회주의라는 보편적 체제논리를 적용하기가 쉽지 않은 것은 바로 이런 특수성 때문이다. 북한사회의 특수한 성격 구축 과정은 어쩌면 근대 시민사회의 형성이라는 정치사회적 근대화의 경험이 부재한 가운데 이루어진 사회주의적 제도의 이식으로 설명할 수 있을지 모른다. 러시아혁명 역시 자본주의적 발전이 전제되지 않은 가운데 이루어진 비마르크스적 혁명이지만 북한사회는 그것과도 또 다르다.

북한사회는 소련과는 달리 아래로부터의 혁명에 의해 사회주의 제도가 형성된 것이 아니라 위로부터의 힘에 의해 사회주의적 재편성이 이루어진 역사적 과정을 겪었다. 이 과정에서 권력에 대한 봉건적인 인식이 불식될 수 있는 기회를 거의 갖지 못했던 것이다. 따라서 권력을 신격화하는 역사적 유풍이 그대로 남아 있고, 그것이 오늘의 북한을 만들어가는 동인(動因) 중의 하나가 된 것이다.

여기에 사회주의체제의 권력집중적인 성격이 결합되면서 권력의 집중화 현상과 인격화 현상이 나타날 수밖에 없었다. 권력의 집중화

경향과 관련해서만 보자면 차르체제의 봉건성을 뒤집어 엎은 러시아혁명도 권력을 시민들에게 돌려주는 데는 실패했다. 러시아혁명 이후에도 거대한 소련체제의 정책을 결정하는 데는 단지 소수의 정치국원만이 참여했을 뿐이다.

북한의 전후 복구과정과 사회주의적 근대화 과정은 이러한 집중화의 경향을 더욱 강화하면서 진행되었다. 그리고 집중화는 결국 북한사회를 철저한 유일체제와 유일사상의 나라로 만들었다. 그러나 그 과정에서 북한은 주체사상의 나라는 될 수 있었지만 생산력이 강한 나라는 될 수 없었다. 생산력의 성장에는 과학기술과 무역 시장 등 여러 문제들이 개재되지만 그 중에서도 국민들의 자발적인 참여가 필수적인 요소이다. 이러한 배경으로 해서 오늘의 북한은 강력한 동원화, 집중화의 부작용과 함께 생산성과 효율성의 심각한 위기를 맞이하게 된 것이다.

이런 현실을 고려한다면, 북한사회도 이제는 스스로의 모습을 돌아볼 줄 아는 자성의 태도와 함께 획기적인 개혁을 도모하지 않으면 안 될 것이다. 물론 자성과 개혁은 쉬운 일이 아니다. 이 일을 위해서는 문제제기가 필요하다. 그러나 동원체제와 지시에 익숙해진 북한사회에 과연 누가 문제제기를 할 수 있을 것인가? 과연 북한사회에도 개혁적인 선구자들이 나올 수 있을 것인지? 우리는 이런 질문을 먼저 던져야 한다.

북한이 변화해야 한다면 그 방향은 분명하다. 우선 정치의 측면에서는 권력의 중첩현상을 풀어나가야 한다. 그래서 주민들의 참여가 실질적으로 가능한 민주적 방향으로 정치가 개혁되어야 한다. 그 과정에서 북한은 남한의 정치사적 경험을 참고할 수 있을 것이다. 이승만의 카리스마적 시대와 박정희의 개발독재시대를 지나 한국이 걸어온 민주화의 역정은 어떻게 보면 우리 민족 전체의 정치사적 자산이라고 해도 과언이 아니다.

경제의 측면에서는 중국을 참고할 필요가 있다. 생산력을 높이고 민생 안정을 확보할 수 있는 제도의 개선과 경제정책의 전환을 추구해야 한다. 그리고 그 과정에서 주민들의 활력을 회복할 수 있어야 한다. 그런데 과연 이러한 개혁을 북한 스스로 추진할 수 있는 잠재력이 있는지, 그리고 주변 환경이 그것을 가능하게 할 것인지에 대해서는 논란이 많다. 그러나 북한을 '특수한 나라', '이해할 수 없는 나라', '종교국가', '가족국가'라고 이야기하는 외부 세계의 평가와 비난을 북한 지도부가 내정간섭, 또는 중상모략이라고 간단히 치부하는 것만이 능사는 아니다. 북한측이 줄기차게 주장해 온 것처럼 주변 환경의 어려움이 상존한다고 하더라도 이를 창조적으로 극복하고 머지 않은 장래에 '평범한 국가'로서의 모습을 창출하지 못한다면 북한의 위기는 민족 전체의 위기로까지 확산될 수도 있다. 그리고 민족 전체의 위기는 21세기 우리 민족의 장래를 해치게 된다.

이런 점 때문에 북한의 변화와 개혁은 통일의 문제는 물론이고 민족의 장래 문제와도 긴밀하게 연결되는 과제라고 아니할 수 없다. '평범한 국가'가 된다는 것은 생산력의 근대화는 물론이고, 정치사회적 근대화가 동시에 이루어지는 사회이다. 그리고 그 과정에서 북한은 비슷한 경험이 있는 나라들의 다양한 모델과 함께 세계사의 추세를 살필 수 있어야 한다.

보편적인 근대화의 과정은 사회의 전문적 분화와 고품질 사회를 그 내용으로 하는 정보문화시대로 이어져야 한다. 그렇게 해야만 남한과 북한이 역사 발전의 흐름 속에서 행복한 재회를 약속할 수 있을 것이고, 정보문화시대라는 독특한 성격의 사회발전 단계에서 통일이 이루어져야 우리 민족의 역량을 꽃피울 수 있을 것이다. 근대화 단계에서의 통일은 적지 않은 문제점들이 파생될 수밖에 없다. 무리한 통일은 자칫 민족의 앞날을 망칠 수도 있다.

이러한 논의가 서구의 경제발전 모델에 대한 맹목적 추종으로 이해되어서는 곤란하다. 오히려 남북한의 통일 비전은 선진 자본주의 사회의 빛과 그림자를 균형 있게 파악하면서 취사선택의 묘를 살리고 우리 사회의 고유한 발전 모델을 만들어가는 과정에서 만들어지는 것이다. 통일 이후 통일한국의 사회·경제적 발전모델은 충분한 시간을 갖고 진지하게 검토되어야 한다. 그런 의미에서 남북한의 통일은 문명사의 새로운 흐름을 만들어나가는 실로 막중한 과제가 아닐 수 없다.

우리의 통일은 민족 구성원 모두에게 좋은 통일이지 않으면 안 된다. 그렇지 못하다면 통일이 기쁨보다 서로에게 불평과 불신만을 키울 위험성을 안게 된다. 한쪽에서는 "통일이 되니까 세금부담만 많다"고 불평하고 또 다른 한쪽에서는 "우리가 2류 국민이냐?"고 불만을 늘어놓는 사람들이 적지 않은 독일 통일의 사례는 우리에게 적지 않은 교훈을 던져주고 있는 것이다.

예멘에서는 어설픈 통일이 민족의 재앙을 불러일으켰다. 그래서 통일은 좋은 통일이어야 하고 나쁜 통일은 오히려 피하는 것이 좋다. 통일은 의미도 중요하지만 실용성도 거기에 못지 않게 중요한 것이다. 의미만 있고 생활에는 불편만 초래하는 통일이 된다면 결국은 통일의 의미까지도 훼손될 것이다.

그러니까 통일은 민족구성원 다수의 삶에 '시너지'로 다가와야 한다. 민족의 통일은 정신적, 물질적, 육체적으로 우리들 삶의 질이 한 단계 더 발전하는 결절점이 되어야 한다는 것이다. 통일은 양 체제에 내재된 좋은 측면들이 만나 상승작용을 일으키는 계기여야 하며, 동시에 분단체제의 상처들이 극소화되는 전환점이 되어야 하는 것이다. 즉 통일은 축제인 동시에 내실 있는 새로운 살림살이의 시작이 되지 않으면 안 된다. 축제란 즐거운 것이지만 축제가 가능하기 위해서는 누군가 애쓰고 노력하는 사람들이 있어야 한다. 아울러 현실세계에서의 살림살이란 알뜰함과 엄중함을 요구하는 것이다.

　축제와 새로운 살림살이란 점에서 통일을 결혼식에 비유할 수 있다. 그런데 그것이 사회적이고 국가적인 것이 될 경우에는 좋은 사회, 살기 좋은 나라를 만들어나가는 과정이라고 할 수 있다. 좋은 사회, 아름다운 나라란 과연 어떤 나라인가? 그것은 통일 이후 과연 어떤 국가 모델을 선택할 것인가 하는 문제와 관련이 있다. 원론적으로 이야기할 때 좋은 나라란 자유와 평등, 성장과 복지가 균형과 조화를 이루는 나라이다. 그리고 균형과 조화는 사람을 소중하게 생각하는 휴머니즘에 의해 이끌려야 한다. 그리고 사람들 사이의 의사소통이 자유롭고 환경과 문화와 지성과 땀방울의 가치를 소중하게 여기는 문화의 대국이라야 한다.

　그렇다면 이런 나라의 현실적 모델을 우리는 과연 어디에서 찾을 수 있을 것인가? 현실 세계에서 그 모델을 설정하는 것이 불가능할 경우 통일의 비전은 자칫 환상과 이상으로 변질될 수도 있다. 그런 점에서 우리는 세계의 여러 나라를 검토하면서 현실적인 통일국가의 모델을 찾아내야만 한다.

　우리의 통일국가 모델은 어느 한 나라에서 찾을 수 있는 것은 아니다. 게다가 우리는 현실적으로 존재하는 여러 국가들의 장점만이 아니라 남북한이 겪은 분단사의 교훈, 그리고 새로운 민족적 이상과 창의성을 추가해야 한다. 애써 여기에서 우리나라가 참고할 만한 지구촌 여러 나라들의 특징들을 꼽아보자면 독일의 '사회적 시장경제'와 '형평성 지방자치제도', 프랑스의 '민족문화 정책', 영국의 '토론문화와 합리적인 정치제도', 북구의 '사회복지제도', 일본의 '효율적이고 형평적인 사회구조', 이스라엘의 '민족정신', 중국의 '실용주의', 미국의 '다원주의와 용광로 정신', 스페인의 '몬드라곤 공동체' 등이다.

　그러나 여기에서 우리가 더욱 유념해야 할 것은 사회적 갈등이 합리적으로 처리되며 국민적 통합이 수준 높게 이루어진 나라를 찾아

야 한다는 것이다. 통일은 민족구성원들 사이의 통합을 전제로 하고
있기 때문이다. 어떤 나라들이 그러한가? 국민적 통합이 수준 높게
이루어진 나라들은 독재자를 중심으로 정치적 동원이 이루어지는
사회가 아니라 자율적인 주민참여에 의해 국가 정책이 토의되고, 부
의 분배 제도와 사회복지정책이 잘 되어 있으며, 노동시장 정책에서
휴머니즘의 원칙을 최대한 살려내려는 노력을 한 나라들이다.

향후 남북한 통일사회도 자신의 비전을 모색하는 데서 이런 점을
놓칠 수 없다. 만약 이를 간과한다면, 통일과정에서 악화(惡貨)가 양
화(良貨)를 구축하는 '그레셤의 법칙'이 작동할 수 있다. 분단체제 아
래서나마 우리 민족이 어렵게 발전시켜온 민족적 지혜와 긍정적 성
과들이 서로 결합해서 지배적 지위를 갖는 게 아니라, 오히려 버려
야 할 폐습들과 악행들이 활개를 치면서 이전투구하는 통일의 모습
을 상상해야 한다면 끔찍한 일이 아닐 수 없다.

이런 측면에서 볼 때, 좋은 통일을 만들기 위해서는 통일의 결과
는 물론이고, 통일의 과정 자체에 국민적 관심과 참여가 절실하게
필요하다. 즉 통일은 민족적 지혜를 모으면서 차근차근 진행시켜 나
가야 할 민족적 에너지의 결합과정이기 때문이다. 그래서 좋은 통일
은 민족 구성원 모두의 긍정적인 힘을 차곡차곡 모아나가는 민족의
대역사(大役事)인 셈이다. 그런 의미에서 통일은 이제 민족적 영웅
의 과업이라기보다는 민족 구성원 모두의 참여에 의해 이루어지는
풀뿌리 민주주의의 심화 과정과 맥락을 같이한다고 봐도 좋을 것이
다. 이것은 결코 미사여구가 아니다. 풀뿌리 민주주의의 심화는 통
일을 촉진하고, 통일은 풀뿌리 민주주의를 더욱 심화시킬 것임이 분
명하다. 결국 통일도 사람들이 더 잘살자고, 더 사람답게 살자고 추
진하는 일이니까 말이다.

결국 통일은 질적으로 심화된 통일, 수준 높은 통일이어야 하며,
이는 남북한의 두 체제가 진정한 근대화와 현대화, 정보문화사회를

만들어나가는 과정에서 서로 만나 한 줄기의 민족사를 일궈내는 역사적 과업이라고 정리할 수 있을 것이다. 역사적 통일! 여기에는 허리 잘린 민족의 역사를 되살리는 복원의 의미가 개재되어 있는 동시에 민족이 함께 발전하는 전진의 개념이 기초를 이루고 있고, 아울러 선량한 방향성을 갖는 비전의 개념이 함축되어 있다는 사실을 명심하지 않으면 안 된다. 통일은 복원이며, 전진이며, 비전이다.

5. 통일문제의 역사적 성격

역사의 강물에는 여러 개의 물줄기가 동시에 흘러간다. 맑은 샘물에서 유래된 깨끗한 물줄기가 흘러가는가 하면 정화되지 않은 오수와 탁류가 유입되기도 한다. 한국의 근현대사도 마찬가지이다. 한국사회에는 분단을 잉태한 역사적 모순이 축적되어 있는가 하면 또 다른 한편에서는 분단의 질곡을 풀어나가려는 민족적 구원의 에너지가 형성되기도 했다.

역사적인 측면에서 문제를 본다면 한국 분단의 직접적인 기원은 1945년에서부터 1948년, 1948년에서 1950년, 1950년에서 1953년까지의 역사 속에서 찾아야 한다. 그러나 분단의 기원을 보다 깊이 파고들어가면 한국분단사는 한국 근현대사 전체의 전개과정과 맥락을 같이하고 있음을 알 수 있다.

한국의 분단사는 임진왜란 이후 새롭게 형성된 자주적 근대화의 노력이 좌절되는 과정에서 시작된 것이다. 근대화의 좌절과 실패는 한국에 통일된 국민국가의 형성을 불가능하게 만들었다. 대신 한국사회는 일제에 의한 '식민지반봉건' 사회를 경험하게 되었는데, 이런 식민통치의 역사적 경험 역시 분단의 주요한 원인이 되었다.

구체적이고 직접적으로 분단이 뿌리내리게 된 것은, 8 · 15 이후 탈식민화와 근대화가 완전히 진행되기 전에 세계적인 근대체제인 냉전체제가 한반도에 구체화되는 과정에서다. 당시 한국사회는 충분히 근대화되지 않았기 때문에 독자적인 힘을 발휘하는 데 한계를 갖고 있었다. 이 틈을 세계적인 냉전체제가 파고들어 온 것이다. 따라서 분단체제는 외세의 힘들과 밀접한 관계를 갖게 된 것이다. 분단이 단순히 한반도 내부의 내전의 결과만은 아니라는 사실은 분단을 풀어나가는 과정에서 유념해야 할 점이다.

그런 점에서 제대로 된 통일을 만들어나가기 위해서는 국제정치에 대한 통찰과 지혜로운 민족적 외교 능력이 필요하다. 따라서 통일을 단순히 남과 북이 합치는 문제로 간단하게 생각해서는 안 된다. 통일의 과정에서 국제정치 세력을 어떻게 다루어나갈 것이며 통일 이후 주변 국가들과 어떤 관계를 가지면서 먹고살아 나갈 것인지에 대한 깊이 있는 고민이 필요하다. 그런 의미에서 통일은 향후 우리 민족이 어떻게 먹고살 것인지를 고민하는 작업인 셈이기도 하다.

통일을 만들어나가기 위해서는 분단의 에너지와 통일의 에너지를 교통 정리하는 일이 필요하다. 그런데 교통정리의 과정에서 우리는 민족 내부의 문제에만 집착해서는 안 된다. 우리 역사만을 보자면 통일 지향의 에너지가 분단 지향의 에너지를 압도하고 있다고 할 수 있다. 구한말 이후 자주적인 근대화를 지향했던 모든 에너지들과 이제는 현대화를 지향하는 모든 힘들이 실질적으로는 통일을 만들어나가는 데 이바지하는 에너지라고 볼 수 있다.

그러나 우리는 여전히 허리 잘린 분단사회에서 살고 있다. 그 이유는 무엇인가? 그것은 우리 민족에게 지혜와 통찰력과 추진력이 부족했기 때문이다. 이제는 그런 어리석음과 실수를 두 번 다시 되풀이하지 말아야 한다.

다시 한번 강조하거니와 이제 통일은 단순히 근대적 국민국가를 만들어나가는 통일이 아니라, 세방화시대에 민족이라는 공통성을 근거로 해서 다양한 분야의 공동체와 다차원적인 민족적 네트워크를 만들어나가는 현대적 의미의 통일이다. 따라서 이제 통일은 국가 수준의 문제만이 아니라 민족 구성원 전체의 생존과 삶의 질의 문제가 걸려 있는 아주 다양한 차원의 의미를 갖는 사회적 과제인 셈이다.

즉 ① 냉전에서 탈냉전으로 이동해나가는 시대의 통일, ② 지구촌화시대의 통일, ③ 지역화시대의 통일, ④ 지방화시대의 통일, ⑤ 인간과 문명에 대한 재각성이 전제된 통일시대를 맞이하고 있는 것이다. 그런 의미에서 이 책에서 말하는 통일은 근대적 의미의 통일이 아니라 정보문화시대의 통일, 즉 새로운 차원의 21세기 형 통일이라는 점을 명심하기로 하자.

6. 왜 풀뿌리 네트워크 통일론인가

적지 않은 사람들이 통일방안을 생각하면서 국가주의적인 통일을 생각한다. 그 이유는 근대의 관성 때문이다. 국가주의적인 문제의식은 남북 두 개의 정부를 어떻게 결합시킬 것인가 하는 수준에 머물 뿐이다. '연합제', '연방제' 등이 바로 국가주의적 문제의식에서 나온 통일방안이다.

이제는 관점을 바꾸어야 한다. 그 동안의 사회변화가 전제되어야 하기 때문이다. 게다가 누구를 위한 통일인가를 생각해 본다면 더더욱 통일문제에 대한 접근방법이 달라질 수밖에 없다. 어떻게 보면 관점의 변화라기보다는 그 동안 소홀히 했던 풀뿌리 주민 위주의 관점을 추가하는 것이라고 볼 수도 있다.

이제부터는 두 개의 논점이 충분히 강조되어야 한다. 하나는 민족 구성원 모두를 염두에 둔 아래로부터의 횡적인 통일론이고, 다른 하나는 통일시대와 궤도를 같이 하는 정보문화시대의 통일론이다.

아래로부터의 통일론은 통일에서 풀뿌리 대중들의 주도성과 참여성을 회복하는 것이다. 생각해 보자. 그 동안에 논의된 남북한의 통일방안에 풀뿌리 대중들이 참여할 장(場)이 어디 있었는가를. 이제는 달라져야 한다. 풀뿌리들의 참여와 주도가 가능한 통일방안이 만들어져야 한다. 그래서 이 책에서는 국가주의적 통일론 대신에 풀뿌리들이 네트워크를 통해 만들어가는 풀뿌리 네트워크 통일론을 제시하였다.

그러면 정보문화시대의 통일론은 무엇이 되어야 하는가? 정보문화시대의 통일이란 단절된 풀뿌리 민족 구성원 사이의 횡적인 커뮤니케이션을 회복하고, 아울러 그것을 심화, 발전시키는 것이다. 이것을 다시 표현하면 풀뿌리 민족구성원 사이에 새롭고 발전된 커뮤니케이션 네트워크를 건설하는 것이다.

그것만이 아니다. 풀뿌리 커뮤니케이션 네트워크를 기초로 하여 우리 민족이 감당해야 될 역사적 사명을 수행할 수 있는 태세를 갖추는 것이 새로운 통일이다. 즉 앞에서 지적한 역사적 변동에 구체적으로 응전하는 통일론이라야만 정보문화시대의 통일론이 되는 것이다. 정보문화시대의 통일론은 국가주의를 넘는 ① 지방자치시대의 통일론이고 ② 아시아의 평화공동체를 지향하는 통일론이며, ③ 세계사적인 진전의 의미를 갖는 통일론이다.

아울러 정보문화시대의 통일론은 담론의 변화를 수반한다. 근대주의 또는 국가주의적 통일방안들이 유별나게 정치권력의 민족국가로의 통합에 집착하는 반면, 정보문화시대의 통일론은 ① 평화공존, ② 경제협력, ③ 문화, 정보, 환경, 체육공동체의 형성, ④ 문명을 화두로 하는 시대에 해외동포를 포괄하는 한글문명공동체의 역할, ⑤ 주민자치와 참여민주주의 체계의 확립, ⑥ 전자민주주의의 가능성 탐색 등 새로운 가능성의 영역에 주목하는 것이다.

이를테면 1996년 가을에 만들어진 '세계 우리겨레 공동체(GKN : Global Korean Network)'가 기초하고 있는 논점도 바로 이런 것이다. 이 모임이 만들어지게 된 배경은 세계 13개국에서 127명의 젊은이들이 참여한 '한민족 청년대회'라는 조그만 모임이지만, 거기에는 우리 민족의 비전이 충만하게 담겨 있다. 이 모임의 대표를 맡은 캐나다 빅토리아 대학의 총장 이상철(李相哲) 목사는 "500만 명이 넘는 해외 동포들이 각 나라에서 겪는 고충과 민족적 지혜를 함께 나누고, 우리말과 우리 역사를 교포 2, 3세들에게 가르쳐서 이들의 뿌리 찾기를 도와야 한다"고 강조한다. 이런 모임의 개념을 교포만이 아니라 민족 구성원 전체에게 확산시킨다면, 그것이 통일이 아니고 그 무엇이겠는가?

그렇다면 통일을 생각하는 민족 구성원의 단위는 어떻게 설정되어야 하는가? 이러한 질문에 답하면서 우리는 문화와 문명시대의 통일론을 깊이 있게 생각해 봐야 한다. 문화시대란 화두는 이제 우리 민족 구성원의 단위가 남북한 주민은 물론이고 500만 교민을 포함하는 한글문화권 전체로 확산되어야 한다는 것을 의미한다. 한글을 전용하고 있는 남북한 주민은 물론, 전 세계에 흩어져서 다양한 문화공동체와 교류하고 있는 한글문화권의 후예들이 한글문화권을 회복하고 새로운 한글문명 공동체를 부흥시켜 나가는 것이 문화시대의 통일론인 것이다. 그렇다면 문화의 주역은 누구인가? 그것 역시 풀뿌리 민족 구성원 전체이다. 그런 의미에서 문화시대 통일론역시 풀뿌리 민주주의를 전제로 하는 것이다.

게다가 정보문화시대는 사람들이 다차원적인 정체성을 갖는 시대이다. 사람들은 이제 지방의 한 주민이면서 한 국가의 국민이고, 아울러 민족의 한 구성원이며, 아시아의 지역 주민인 동시에 인류 공동체의 중요한 존재로서 살아가고 있다. 그렇다면 통일의 주역은 남북한 국민은 물론이고 도쿄, 오사카, 뉴욕, 로스앤젤레스, 연변, 상해, 중앙아시아와 블라디보스토크, 남미, 유럽 등 다양한 지방의 주민으로 살면서 동시에 한글문명 공동체에 정체성을 갖고 있는 다양한 성향의 민족구성원 전체인 셈이다. 이런 점에서 우리는 국적만을 문제삼는 배타주의에서 벗어날 필요가 있다.

이런 여러 가지 이유 때문에 정보문화시대의 통일론은 다름 아닌 '풀뿌리 네트워크' 통일론이다. 이유는 그것만이 아니다. 아직도 냉전의식에서 완전히 벗어나지 못하고 있는 남북한의 대결상태를 고려할 때 부드러운 통일론, 그리고 보다 우회적이면서도 포용적인 통일론을 생각하지 않을 수 없다. 물론 국가주의적 통일론의 의의를 완전히 간과할 필요는 없다. 당국자들의 합의에 의한 정부간 결합의 통일론은 우리에게 여전히 유효하다. 그러나 그것만 가지고는 안 된다는 사실을 간과해서는 안 된다는 것이다. 현재 한반도의 남북한 정부는 통일은커녕 평화에 대해서도 합의를 하지 못하고 있다. 따라서 가장 바람직한 통일의 절차는 평화에 대한 관심의 증대, 남북한 정부 사이의 평화에 대한 합의, 풀뿌리 네트워크에 의한 공동체 형성, 정부 사이의 통합 진전이고, 그 과정에서 풀뿌리 민족구성원들의 역할은 절대적인 것이다.

통일의 완성 단계에서도 풀뿌리의 중요성은 결정적이다. 게다가 완성된 통일의 모습이 과연 어떠해야 하는가를 생각해 본다면 그것은 민족구성원 전체의 활달하고 현대적인 삶을 지향하는 것이지 않으면 안 된다.

이러한 통일은 이미 시작되고 있다. 어느덧 남북한 사이에도 적지 않은 교류와 협력이 이루어지고 있으며, 남북한에는 정보문화시대에 감수성을 갖고 있는 신세대들이 자라고 있다. 특히 중국에서는 남북한의 젊은이들이 같은 학교에서 공부하는 경우가 적지 않은데, 이런 경험들도 결국에는 통일에 기여하는 에너지로 작용하게 될 것이다. 필자가 들은 바에 의하면 외국에서 공부한다는 같은 처지이기 때문에 남북한 출신의 학생들이 서로 협조해서 문제를 해결하는 경우도 적지 않다고 한다. 남경대학에서는 남북한 출신의 학생들이 남한 출신 여학생을 희롱하는 아프리카 학생들과 남북한 출신의 학생들이 대규모 편싸움을 벌였던 일도 있는 모양이다.

연변과 북경을 무대로 해서 이루어지는 남북한의 대화와 토론 모임들도 상당한 성과를 거두기 시작하였다. 한글의 측면에서 보자면 남한의 국어정보학회와 북한 학자들 사이에는 한글의 문법체계와 정보화 문제를 놓고 진지한 대화를 나누는 경험을 쌓아왔다. 1994년 8월 6~8일에 열린 <'94 우리말 컴퓨터 처리 국제학술대회>에서 시작된 한글전산화 국제회의에는 남북한과 중국의 조선족 학자들이 참여해서, 1996년 8월에는 컴퓨터 용어의 공동번역출판, 통신 부호계(코드)용 자모 배열순의 합의, 공동자판의 검토시안 채택, 그리고 정보통신교류용 단일부호계(코드) 마련의 길도 터놓았다.

한편 1996년 가을, 북경에서는 다양한 성향의 남북한과 해외학자 34명이 모여 정치·군사·경제 등 민감한 사안을 놓고 허심탄회한 주장을 교환하기도 했다. 중앙일보가 주최한 이 회의에는 남한의 보수적인 학자들만이 아니라 진보적인 소장 학자들까지 참여함으로써 논의의 폭을 훨씬 넓히는 효과를 가져왔다.

그것만이 아니다. 중국에 살고 있는 조선족들과 러시아와 중앙아시아에 살고 있는 고려인, 일본에 있는 동포들과 미주 대륙에 살고 있는 교민들이 자신의 정체성에 대해 새롭게 눈을 뜨고, 민족문제에 대한 진지한 고민을 나누기 시작했다.

　자신과 이웃에 대한 생각과 관점이 달라지면 행동이 달라지고, 행동이 달라지면 문화와 제도가 새롭게 바뀔 수밖에 없다. 문화와 제도가 바뀐다면 결국 인간 공동체의 모습이 달라질 수밖에 없다는 것은 당연한 일이 아닌가? 바로 여기에 우리의 통일의 길이 있다. 우리는 이 길을 힘 있게 가야 한다. 그런 의미에서 우리의 통일은 시대의 흐름과 관련된 객관적인 추세인 동시에 우리의 주체적인 선택인 셈이다. 풀뿌리 네트워크에 의해 형성되는 새로운 민족공동체를 가꾸기 위해 우리에게는 힘 있는 결단과 성실한 노력이 필요하다.

7. 통일문제에 현실적으로 접근하자

　우리 사회의 역사적 과제를 통일이라고 한다면 우리는 부실 근대화를 내실 근대화로 전환하고 아울러 새로운 문명을 건설해나가는 현대화를 위해 다양하게 노력해야 한다.

　우리는 먼저 우리 사회의 현대화가 21세기 통일한국 만들기로 이어지도록 실현 가능한 통일한국의 청사진과 그 이후의 희망을 그리는 데 힘써야 한다. 그러나 그것은 단순한 희망과 이상의 피력에 그쳐서는 안 된다.

　우리는 여전히 힘 관계의 그물이라는 현실 속에 살고 있다. 분단과 통일을 관통하는 현실의 힘 관계를 정확하게 파악하고 아울러 현실에 적응하며 그 속에서 살아남으면서 사회를 발전시키고 그 에너지로 통일을 만들어내야 한다. 현실에 뿌리를 내리지 않고는 통일의 에너지를 모아낼 수가 없다. 변화하지 않는 원칙은 고수해야 하지만 변화하는 현실에는 적응해야 하는 것이 진정한 미래지향적 자세이다.

이를 위해서 우리는 사회적 힘 관계는 물론이고 국제적인 힘 관계를 일목요연하게 파악할 수 있는 '사회적 힘 관계 지도'를 만들어내야 한다. 우리의 현실은 아직까지 전근대와 근대와 포스트모더니즘이 혼합되어 있는 엄연한 분단사회이다. 게다가 우리의 분단은 간단한 것이 아니다. 이데올로기와 냉전에 의한 분단의 논리가 냉혹하게 관철되는 구조적인 분단인 것이다. 그렇다면 우리에게는 이데올로기 문제를 현명하게 다루는 민족적 지혜가 필요하다. 그런 점에서 영국이나 프랑스, 오스트리아, 일본 등과 같은 나라들의 경우를 진지하게 검토해 봐야 한다.

통일을 위해 현실적으로 접근한다는 것은 현실에 뿌리를 내리는 일과 그 속에서 자신의 협상력을 높이면서 이상을 관철시켜 나가는 노력 모두를 포함한다. 현실에 뿌리를 내리기 위해서는 자기 영역이 분명해야 함과 아울러 그 영역에서 이웃의 신뢰를 받아야 한다. 그리고 자신의 협상력을 높이기 위해서는 자기의 영역을 견지하면서 자신의 힘을 강화하고, 아울러 연합과 공존의 지혜를 활용해야 한다. 즉 자기 자신에 대한 관리능력과 함께 넌제로섬 게임의 영역을 최대한으로 만들 수 있는 태도와 지혜가 필요하다는 것이다. 이때의 협상력과 이상은 자신의 생존과 사회발전 모두를 지향하는 것이다.

통일도 마찬가지이다. 오늘의 시대정신에 충실하면서 내일을 창조적으로 준비하고 새로운 역사를 건설할 수 있어야만 통일이 가능하다. 그렇지 않고 지나치게 통일만을 이야기한다면 자칫 이상주의로 끝나기 쉽고, 그렇지 않고 분단 현실에의 적응만을 이야기한다면 격변의 역사 속에서 민족의 미래가 표류하기 십상이다. 그런 점에서 지금은 통일문제를 새로우면서도 진지하게, 그러면서도 철저히 현실적으로 접근할 때이다.

2장 분단사를 어떻게 볼 것인가

1. 분단이라는 이름의 우상

변화가 많은 시대에 통일된 나라와 평화로운 세계를 만들고자 한다면, 먼저 우리가 몸담고 있는 민족공동체의 정치·경제체제와 사회체제, 그리고 그것의 역사적 형성과정과 변천과정에 대해 정확히 이해하여야 한다.

역사와 사회를 파악하는 최초의 실마리는 언제나 사람이다. 그런데 사람에게는 언제 어디서나 통용되는 보편적이고 고유한 속성도 있지만, 동시에 시대와 사회에 따라 가변적인 사회성도 있다. 따라서 참다운 인간 탐구를 위해서는 인간의 고유한 성격을 연구하는 동시에 사회적 존재로서의 인간을 탐구하는 일이 필요하다. 사회적 존재로서의 인간을 파악하기 위해서는 사회적 존재로서의 인간인 사회구성원에 대한 연구와 함께 사회구성원들이 살고 있는 사회의 정치적 권력관계나, 물건을 생산해서 소비하는 경제과정에 대한 폭넓은 이해와 객관적인 연구가 필요하다.

여기에서 객관적이라고 하는 것은 기득권을 강화하기 위한 속류

정책적 입장이나 권력자의 입장에서 만들어진 '통치논리'에 빠지지 않고 사회를 길게 역사적으로 본다는 것을 의미한다. 또한 객관적 시각은 평화지향의 시각에서 문제를 보는 것이다. 본래 평화란 억압과 예속, 그리고 고통의 뿌리를 제거하여 사회구성원이 함께 잘살 수 있는 정치와 경제 구조를 만드는 일, 그리고 상호존중의 인간관계를 말한다.

그러나 군사 권위주의하에서 평화의 개념은 왜곡되었다. 정치권력의 범죄에 의한 사회적 억압이나 예속과 고통에 대해서 문제제기를 하지 않고 침묵하는 것, 그래서 시끄럽지 않은 상태를 평화라고 규정하는 논리가 힘을 얻었던 것이다. 아울러 이 논리의 연장선상에서 불의에 항거하는 일은 평화를 깨뜨리는 일로 매도되었다.

그러나 억압과 고통에 대해서 일시적으로 참고 침묵할 수 있을지는 모르지만 시간이 가면 반드시 신음소리가 커지고, 이와 함께 이를 극복하려는 몸부림이 터져나오게 되어 있다는 사실을 우리는 지난 군사 권위주의 시대의 역사를 통해서 실감했다. 따라서 우리는 진정한 평화의 관점에서 우리 사회와 역사를 바라보는 지혜를 갖지 않으면 안 된다.

분단과 통일도 마찬가지이다. 분단을 지나치게 우상(偶像)시할 필요는 없다. 그리고 통일 역시 관념적인 이데올로기의 문제가 아니라 분단체제보다 나은 나라와 사회 시스템을 만들기 위한 노력의 산물로 이해되어야 한다. 따라서 통일은 분단체제로부터의 탈출이면서 동시에 사회의 발전과 개선이어야 한다.

이때 발전의 기준은 사회구성원들이 더 행복하게 살아가야 한다는 데 있다. 인간이 행복하게 잘 산다고 하는 것은 경제적 풍요는 물론이고 사람답게 살 수 있는 사회환경에서 삶을 영위하는 것을 의미한다. 또 사람답게 사는 것은 사회구성원들이 서로를 존중하면서 살아가는 것이다.

　따라서 8·15 해방 이후의 남북 현대사는 분단의 고통을 지나 통일로 발전하기 위한 시련의 과정으로 이해되어야 한다.

2. 한반도의 분단과 외세

　현재 한반도에는 이질적인 사회로 갈라진, 공존과 대결의 남한과 북한이 있다. 이것이 분단 현상이다. 분단 현상의 근저에는 몇 가지 구조적인 특징이 있다.

　첫째, 분단은 이데올로기가 다르다는 이유로 민족 내부에 형성된 적대구조이다. 그리고 한반도에 적대적인 분단체제가 형성되는 과정에는 외세가 주요한 역할을 담당하였다.

　둘째, 남북한의 적대관계는 적대관계 자체로 그치는 것이 아니라 상대를 제압하기 위해서 외세와 동맹하는 구조로 발전하였다. 그 동안 서울-워싱턴-동경을 연결하는 남방 삼각체제와 평양-북경-모스크바로 이어지는 북방 삼각체제가 형성되어 있었다.

　셋째, 남북한과 4강의 동맹구조가 남북한의 필요성 때문에 이루어진 것으로 치부되면서 4강과 한반도 사이에 불평등 구조가 구축되었다는 점이다.

　이렇듯 분단은 남북한이 대결하는 체제인 동시에 결과적으로 남북한 사회를 극단적인 이데올로기가 지배하는 기형적 사회로 전락시켰으며, 냉전시기에는 세계 양극체제에 깊숙하게 편입되어 결국은 남북한이 각각 냉전의 첨병처럼 서로 대립해야 했다. 따라서 한반도에서는 영국이나 프랑스 혹은 이탈리아, 일본 등과 같이 이데올로기의 공존과 경쟁은 상상할 수도 없을 정도로 이데올로기적 적대감이 증진되어 있었다. 우리에게는 이데올로기가 다르다는 이유로 동족을 향해 총부리를 겨누었던 뼈아픈 역사적 경험이 있다.

이와 같은 경험논리는 지난 반세기 동안 거듭해서 증폭되어 왔다. 이는 특히 우리의 분단이 다른 분단국들과는 달리 열전의 과정을 겪었다는 특수성에서 연유한다. 따라서 우리는 38선의 획정과 남북한에 두 개의 정부가 형성된 과정과 함께, 한국전쟁이 왜 일어났고 어떻게 진행되었으며 또한 그 마무리가 어떠했는지를 제대로 파악할 필요가 있다. 즉 1945년 8·15에서 1948년, 1948년에서 1950년, 1950년 6월 25일에서 1953년 7월 27일까지의 역사적 과정을 소상하게 파악할 필요가 있다는 것이다. 아울러 1953년 이후 현재까지의 상황에 대해서도 균형감을 잃지 않는 시각과 연구자세가 요구된다.

3. 분단은 피할 수 있었다

"분단은 과연 피할 수 없었는가?" 한국 현대사에 관한 필자의 첫 번째 질문이다. 여기에 대한 필자의 대답은 '피할 수 있었다'이다.

8·15 직후 한국에는 일제시대의 정치적 경험과 관련하여 다양한 정치세력이 분출하였다. 이승만을 중심으로 한 독립촉성국민회의, 김성수를 중심으로 한 한민당, 김구와 중경 임시정부, 김규식의 민족자주연맹, 여운형의 근로인민당, 김두봉과 무정을 중심으로 한 북조선 신민당, 백남운의 남조선 신민당, 박헌영과 조선공산당, 김일성을 중심으로 한 북조선노동당 등이 대표적이다.

당시 남한과 북한에는 각각 미군과 소련군이 진주하여 강력한 정치적 영향력을 행사하고 있었다. 미군은 3년 동안 남한을 직접 통치하였고, 소련군은 김두봉과 김일성을 내세워 북한을 간접 통치하였다. 미소 양군은 제2차 세계대전 당시 연합군으로 함께 싸웠지만 전후에는 세계를 양분하면서 서서히 냉전상태에 접어들고 있었다. 때문에 한반도에서도 미국과 소련은 자국에 우호적이거나 최소한 적대적이지 않은 정부가 수립되기를 바라고 있었다.

이상과 같은 국내외 정세를 고려해 볼 때, 당시 분단을 피할 수 있는 유일한 방법은 국내의 정치세력끼리 공존의 틀을 만들고 자주적인 입장을 견지하면서 고도의 외교적인 노력을 통해 미소 양군을 평화적으로 돌아갈 수 있도록 하는 것이었다.

당시 구체적으로 가능한 국내 정치세력의 공존의 틀은 김구, 김규식, 여운형과 같은 중도파들이 구심력을 형성해서 이승만과 김일성 등을 국내 정치의 틀로 흡인하는 것이었다. 당시 김구와 김규식, 그리고 여운형에 대한 국민들의 지지와 신뢰를 고려할 때 전혀 불가능한 모델은 아니다.

그러나 현실은 그 정반대였다. 김구와 김규식과 여운형의 연합은 형성되지 않았고, 국내 정치 세력은 공존보다는 대결을 선택했다. 이승만은 미 군정, 김일성은 소련의 도움으로 각각 두 개의 정부를 만들었다. 결국 8·15 이후의 3년 정치사는 구심력의 정치사가 아니라 원심력의 정치사로 기록되게 되었다.

이에 비해 오스트리아는 우리와는 다른 차원의 선택으로 민족분단의 비극적 드라마를 피해갔다. 제2차 세계대전 당시 오스트리아는 나치즘의 지배하에 들어갔고, 전후에는 미국·영국·프랑스·소련 등 4개국의 점령 아래 놓이게 되었다. 당시 오스트리아에는 전쟁 전의 가톨릭 보수당의 노선을 계승한 '국민당'과 '사회민주노동자당'을 이어받은 사회당, 그리고 공산당과 자유당이 있었다. 이런 상황에서 각 정파들은 먼저 오스트리아 임시정부를 구성했다.

이어 오스트리아 임시정부는 오스트리아의 '탈외세 중립화'를 위해 치열한 외교 노력을 기울였다. 임시정부는 '마셜 플랜'을 받아들여 미국 등 서방세계를 안심시켰고, 이들과 대립을 격화시키고 있던 소련에 대해서도 인도의 네루 수상을 중개자로 활용하는 고도의 외교전략으로 설득해 나갔다. 오스트리아 임시정부는 이러한 입체전략을 통해 스위스와 같은 중립적인 위치를 견지할 것임을 소련측에 납득시킬 수 있었다.

결국 260회가 넘는 4개국 회의를 거쳐 1955년 오스트리아와 미·소·영·프 4대강국은 '오스트리아 국가조약'의 체결에 합의하였고, 오스트리아는 중립화를 통해 주권을 회복하였다. 이때 오스트리아는 독일과의 합방은 물론이고, 나치즘과 군국주의를 금지하고 인권을 존중하는 나라가 될 것임을 서약하였다. 이에 따라 오스트리아 국민의회는 1955년 10월 26일에 '영세중립에 관한 법률'을 채택하고, "스스로의 의지로 영세중립을 지키고 어떠한 군사동맹에도 가입하지 않으며, 또 영내에 외국군의 군사기지를 허용하지 않는다"고 선언하기에 이르렀다.

4. 8·15 직후의 좌우대결

일제의 식민지 사회에서 전혀 다른 구성원리를 갖는 두 개의 이질적인 사회체제로 정착하는 과정을 분단의 형성과정이라고 본다면 이 과정은 크게 세 단계로 이루어진다. 첫째 단계는 38선이 획정되고 미소 양군이 남북한에 진주하는 단계이고, 둘째 단계는 남북한에 각기 다른 두 개의 정부가 만들어지는 과정이며, 세 번째 단계는 6·25와 휴전체제의 확립이다.

일제시대의 한국사회는 '식민지 반봉건사회'였다. 식민지 통치권력인 총독부가 한국사회를 지배하였고, 일본의 경제적 지배와 수탈이 당시 한국인들의 삶을 억누르고 있었다. 당시 한국인들은 80% 이상이 농민이었는데 그 중에 70%가 소작농이거나 소자작농이었다. 따라서 열심히 일을 해도 소작료 때문에 먹고살기가 매우 힘들었다. 더구나 1941년 태평양전쟁이 시작되면서는 '전시총동원체제'가 이루어짐으로 해서 한국 농민들의 삶은 보통 어려운 것이 아니었다.

당시 한국사회에도 공업분야가 없었던 것은 아니다. 1940년대에 이르러서는 공업생산량이 농업생산량을 앞지르기 시작했다. 그러나 당시 공업 자본의 84%가 일본인 소유였다는 것은 한국의 공업화가 철저하게 식민지 공업화와 전시 공업화의 성격을 지니고 추진되었다는 것을 의미한다.

해방으로 총독부 권력이 붕괴되자 한국인들은 새로운 나라와 새로운 질서를 어떻게 만들 것인가에 대해 고심하지 않을 수 없었다. 일제 식민통치의 결과 8·15 당시 한국사회에는 지주·기업가·관리들을 한 축으로 하고, 근로자와 농민들을 다른 한 축으로 하는 사회적 갈등이 존재하고 있었다. 전자의 입장은 총독부 권력의 대체 이외의 사회·경제적 변화는 바람직스럽지 않다고 보는 반면, 후자의 입장은 정치적 변화뿐만이 아니라 사회·경제적 현상타파 또는 변형을 요구하는 것으로 나타난다. 브루스 커밍스(Bruce Cumings)는 이 문제를 『한국전쟁의 기원』에서 이렇게 표현하였다.

"기존의 엘리트와 계급관계, 제도, 가치와 상징체계에 대한 폭력적이며 급격한 변화를 요구하는 강력하게 조직된 혁명파와 덜 강력한 반혁명파가 대결하는 위기의 정치가 전개되기 시작한 것이다."

농민들의 요구는 일단 소작료를 낮추는 것으로 표현되었다. 한편 일본인 경영자가 놔두고 간 공장들은 종업원들의 자치경영으로 운영되었다. 그것은 노동조합운동과는 다소 다른 '자주관리운동'이었다. 결국 8·15 직후의 한국경제 변화를 한마디로 표현한다면 한국인들 스스로에 의한 민족자립경제의 수립이었다.

　그 다음에 새로운 정치권력을 만들기 위한 다각적인 노력이 전개되었다. 진보적 민족주의자라고 할 수 있는 여운형을 중심으로 해서 '건국준비위원회'가 구성되었는가 하면, 중경 임시정부는 임시정부의 법통성을 강조했고, 한민당 등 국내의 보수세력들 역시 임정 봉대(奉戴)를 주장했다. 임정은 해외에 근거지를 두고 있었고, 해외의 독립운동가들에게 영향을 미쳤다. 건국준비위원회는 8·15 직후의 정치 소용돌이와 급속한 지방정치의 산물로 나타났다.

　그러나 해방 3년사의 결과는 한국인들의 열망과 노력을 그대로 반영하는 것은 아니었다. 해방 직후 한국정치의 취약성은 미국과 소련의 주도권을 그대로 관철시키도록 만들었으며, 결과적으로 남한에는 미군정의 주도에 의해 이승만 정부가 수립되었고 북한에는 소련의 후원 아래 김일성 정권이 자리잡게 되었다. 이 과정에서 남북한에는 각기 다른 사회·경제적 질서가 뿌리를 내리게 되었다.

5. 서로 다른 체제의 시작

　남북한에 두 개의 정부가 만들어지는 과정은 또한 남북한에 이질적인 사회·경제적 제도가 형성되는 과정이기도 하였다. 미군정은 8·15 직후 한국사회의 정치·경제적 제도 변화를 일시적으로 멈출 것을 명령하였다. 즉 일본인들이 남기고 간 재산은 사유재산이기 때문에 한국인들이 손을 대서는 안 된다는 것이었다. 조선에 있는 일본인의 재산은 1945년 12월 미군정 법령 33호에 의해 미군정의 재산으로 귀속되었다. 그리고 이 귀속재산은 미군정 당시 연고권이 있는 사람들에게 불하되었다.

한편 귀속된 토지재산은 토지를 요구하는 농민들에게 유상으로 불하되었다. 이와 같은 농지의 불하 원칙은 이승만 정부가 추진한 토지개혁의 원칙이 된다. 귀속재산 불하 과정과 토지개혁을 통해 신생 한국은 자유시장 경제질서를 형성하게 되었다.

북한의 경우에는 1946년 3월 1일 무상몰수와 무상분배에 의한 토지개혁을 단행하였고, 같은 해 8월에는 일본인들이 남기고 간 공장 및 자본을 모두 국유화하였다. 북한에서는 이를 '반제 반봉건 인민 민주주의혁명'이라고 부르고 있으며, 이 시기를 사회주의 제도를 뿌리 내리기 위한 과도기라고 설명하고 있다.

6. 전쟁과 죽음, 그리고 분단

분단은 강대국 정치의 산물인 동시에 국내 정치 엘리트들의 지나친 권력투쟁에 의해서 만들어진 대결구조였다. 그리고 그 과정에서 수많은 양민과 젊은이가 희생되었다.

8·15 이후부터 6·25 이전까지의 좌우익 대결 과정에서 희생된 사람만 해도 십수만 명이 되는 것으로 알려져 있다. 여순사건과 4·3사건 등에서 수많은 양민들이 희생되었고, 또한 1948년에서 1950년까지의 내전 상황에서도 수많은 사람들이 죽었다.

더욱이 한국전쟁은 미증유의 희생을 초래했다. 사상자, 실종자, 포로를 포함하여 연합군측은 99만 6,337명이 손실을 입었다. 이 가운데 미군은 전사 3만 3,629명, 부상 10만 3,284명, 포로 및 실종 5,178

명이라고 한다. 북한측의 인명손실은 총 146만 6,000명으로, 인민군 52만 명, 중공군 90만 명 등이다. 또한 민간인 피해는 사망자·실종자·부상자 등을 포함하여 남쪽 86만 명, 북쪽 200만 명에 이르는 것으로 알려졌다. 전투원의 피해에 비해 비전투원의 피해가 유난히 크다는 점을 알 수 있는데, 그 까닭은 내전과 공습이라는 당시 전투 양상의 특징에 따라 민간인 사상(死傷)이 속출했다는 데에 있다. 이 전쟁은 또한 1,000만 이산가족의 문제를 남겨놓았다.

가족과 생명이 무참하게 파괴되는 고통과 시련은 무고한 양민들이 감당해야 할 몫으로 돌아갔다. 우리는 이를 어떻게 이해해야 할 것인가? 사상과 이데올로기가 다르다는 이유로 치러진 그 전쟁이 남긴 상처는 오늘날까지도 심각하게 남아 있다. 게다가 휴전과 분단 이후에도 남북한 양쪽에서 체제를 비판했다는 이유로, 정치적 견해가 같지 않다는 이유로 수많은 사람들이 희생당해야만 했다.

돌아보면 분단의 세월은 참으로 미친 바람과 같은 세월이었다. 오늘의 우리는 그 광풍(狂風)의 계절을 차가운 이성으로 응시하지 않으면 안 된다.

7. 남한식 근대화와 북한식 근대화

1) 남한식 근대화의 흐름

이승만 정부의 수립 이후 6·25 직전 남한에서는 조봉암 농림장관의 주관 아래 토지개혁이 추진되었다. 이것은 당시 지주들이 갖고 있던 토지 가운데 3정보가 넘는 토지에 대해서 정부가 지가증권(地

價證券)을 통해 매수하고, 그것을 다시 농민들에게 매각한 것이다. 당시 지가의 보상액과 상환액은 평년작의 1.5배로 상환기간은 5년으로 정해져 추진되었다. 그러나 이 과정을 통해 토지자본의 산업자본화, 또는 경작농민들의 토지소유는 당초의 의도대로 이루어지지 않았다.

지가증권을 통해 귀속재산의 매입을 유도하려 했지만 현금의 필요성에 쫓긴 군소지주들은 지가증권을 20~30%씩 값을 내려 투매하고 말았고, 결국 이 과정에서 토지증권은 신흥상인들의 손에 집중되고 말았다. 농민들도 연 30%나 되는 토지가(土地價)의 현물 상환부담과 임시토지수득세법(臨時土地收得稅法)에 의한 현물세 부담 때문에 토지를 다시 방매하게 된다. 이로써 경자유전의 법칙을 지향했던 토지개혁 프로그램은 지주들만을 약화시키고 농민들에게는 큰 도움을 주지 못한 채 막을 내리게 된다.

1950년대의 한국사회에는 상업자본이 성장하였다. 국내에는 소비재가 부족하였기 때문에, 수입을 위해 달러를 배정받은 기업은 소비재를 수입해서 판매하는 과정에서, 그리고 공식환율과 시장환율의 차이에 의한 환차액에 의해서 큰 수입을 올릴 수 있었다. 당시 대표적으로 성장한 산업은 의식주와 직결되는 3백산업(설탕, 밀가루, 목화)이었다.

한국에서 공업화가 본격적으로 추진된 것은 1960년대 이후이다. 1950년대에도 부흥부가 설치되어 공업화추진을 계획하였고, 제2 공화국 당시 장면 정부에 의해서도 경제개발계획을 세웠지만, 그것을 강력하게 추진한 것은 군사정부였다. 군사정부는 정통성에 대한 결함을 경제개발을 통해 메우려고 했기 때문에, 가시적인 성과를 만들어내느라고 서둘렀다.

한국의 공업화는 국가와 관료 주도의 경제개발계획에 의해서 추진되었으며, 외자의 도입과 재벌 주도의 수출지향적 공업화가 중요한 역할을 담당하였다. 그 과정에서 농민들의 하강분해가 이루어지면서 이촌향도의 물결에 의해 형성된 안정적인 노동력의 공급과 신흥 근로자들의 근면성이 경제발전의 기반이 되었다. 초기 한국의 노동운동은 권위주의적 정치권력에 의해 엄격하게 금지되었으며, 따라서 초기 공업화의 과정에서는 무엇보다도 저임금이 경제발전의 원동력이 되었다. 외자는 한일회담의 타결에 의한 무상자금은 물론이고 처음에는 상업차관, 나중에는 직접투자 방식 등 다양한 방식으로 도입되었다.

이와 같은 특성을 지닌 한국식 공업화는 1960년대 초기에는 값싼 경공업 제품의 대량 생산에 몰두하였으며, 이를 토대로 70년대에는 중화학공업화정책이 본격적으로 추진되었다. 1970년대 중화학공업에 대한 과잉투자는 1980년대 초기 국가개입에 의해 재조정되는 사태를 맞기도 했다. 1980년대에 들어와서 한국경제는 본격적인 개방의 시대를 맞게 되었다. 한미 쌍무협상에 의한 개방은 물론이고, 가트(GATT) 체제를 대체하는 우루과이 라운드 체제가 본격적으로 논의되면서 모든 분야에서 개방의 일정을 발표해야만 했다. 그러면서 서비스산업과 전자산업, 컴퓨터산업이 성장세를 맞이하였다.

1990년대에 들어와서는 우루과이 라운드에 의한 개방경제체제와 함께 다양한 지역블록의 문제가 제기되고 있다. 환동해경제권이 논의되는가 하면 아세안(ASEAN), 아셈(ASEM), 그리고 아시아태평양공동체(APEC) 문제가 중요한 이슈로 부상했다. 그런 가운데 경쟁력 제고를 위한 경제 자유화와 산업의 재편, 산업의 고도화가 논의되고 있다.

그러나 1990년대 들어 한국경제는 구조적인 위기를 맞이하였다. 품질에서는 선진국에게 밀리고, 가격에서는 신흥공업국가들에 의해 추월당하고 있다. 따라서 경상수지 적자가 계속 늘어나고 있다. 이와 같은 '샌드위치' 모양의 위기에서 활로를 찾기 위해서는 어떻게 해야 하는가. 이것이 바로 1990년대 한국의 고민이다.

우리나라는 시장경제체제이지만 경제성장 과정에서 정부의 개발계획이 담당했던 역할은 적지 않다. 한국경제에서 경제개발계획의 수립경험은 1960년을 중심으로 하여 그 전후가 다르다. 즉 1950년대의 경제개발계획은 소위 '네이산 보고서'로 알려진 '한국경제재건 5개년계획(1953/4~1957/9)', 그리고 1953년 7월 미국의 대한 경제원조의 사용 지침으로 한국 정부에 건의된 '타스카 3개년 대한 원조계획' 등이 그것이다. 이 두 계획은 그 명칭이 말하여 주듯이 한국 정부가 독자적으로 입안한 경제개발계획은 아니었다. 다만 미국 원조당국이 그들의 대한 원조정책의 일환으로 원조의 배분방식과 관련하여 당시 한국경제의 재건과 부흥방침을 세워 그에 따라 경제원조를 펴나간 계획이었다.

다음 1958년 미국의 원조가 일단락될 무렵 당시 부흥부 산하 자문기관이었던 산업개발위원회(EDC)에서 경제개발 7개년 계획(1960~66)의 전반 계획으로 만들었던 경제개발 3개년 계획(1960~62)이 한국 정부에 의해 독자적으로 만들어진 최초의 경제개발계획이다. 이 계획은 한국경제에서 경제성장, 투자, 생산, 고용, 그리고 국제수지 등 경제 각 분야의 개발목표와 정책방향을 제시하였다는 점에서 한국경제의 자립의지를 최초로 계획화한 것이다. 이 계획의 가장 중요한 특징은 농공 균형, 중공업과 경공업의 조화, 그리고 국제수지의 균형 등 자립적 균형성장을 개발전략으로 삼고 있다는 점이다. 그러나 이 '3개년 계획'은 1960년 4월혁명으로 계획 단계에서 끝나고 말았다.

한국경제에서 경제개발계획이 입안되어 실시된 것은 제1차 경제개발 5개년 계획(1962~66)에서 출발하여, 2차(1967~71), 3차(1972~76), 4차(1977~81), 5차(1982~86), 6차(1987~91), 7차(1992~96)에 이르고 있다.

이 중 1차 계획은 공업화의 기반구축을 위해 기간산업과 사회간접자본의 확충을 도모했고, 2차 계획에서는 공업고도화의 기반조성을 위해 화학·철강·기계 공업에 대한 투자를 도모하면서 아울러 수입대체 산업화와 경공업 제품을 중심으로 한 수출 드라이브 정책을 전개하였다.

3차 계획에서는 수출주도형 중화학 공업화를 추진하면서 농어촌 생활환경의 개선을 위하여 새마을운동을 전개하였다. 4차 계획은 기술·고용집약적 공업화를 위해 산업구조의 개편과 고도화를 도모하고 아울러 국제수지의 균형과 투자재원의 자력 조달을 목표로 하였다. 그리고 새마을사업의 확대가 이루어졌다. 5차 계획에서는 선진국형 공업화를 지향하면서 투자효율의 극대화와 시장경쟁의 촉진, 대외개방의 적극화, 사회개발의 확충을 도모하였다.

1962년 이후부터 70년대 말까지의 약 20년간은 정부주도형 공업화가 추진된 기간이다. 정부가 불균형적인 공업화 개발에 계획 집행의 최우선 순위를 두게 된 문제의식은 대내적인 것과 대외적인 것의 두 갈래 측면에서 생각할 수 있다. 우선 한국경제의 내부적인 요청에 의하여 공업화를 서두르게 된 배경은 1950년대 원조의존적인 소비경제체제의 청산 계기를 자립적인 공업화에서 찾기를 원했기 때문이다. 이것이 수입대체 공업화 계획(1차 계획)과 경공업 수출화 계획(제2차 계획)을 지향하게 하였다.

다음 외부적 요인에 의한 공업화의 추진은 한국경제개발계획의 주축적인 투자의 재원을 외자에 의존하지 않을 수 없었다는 데서 찾을 수 있다. 즉 외자의 유인은 소위 과실의 송금이 확실히 보장될 뿐 아니라 외자공여 주체의 장기적인 수출시장으로 열려 있는 공업부문에서 찾을 수밖에 없었다. 따라서 공업화 계획의 진전은 한국경제의 공업구조를 외자의존적인 것으로 심화시키는 결과를 초래하였다. 특히 2차 계획에 의한 한국경제의 수출주도형 공업화에로의 진전은 결과적으로 '수입에 의한 수출화'가 진전되는 가운데 국제수지 적자의 폭을 더욱 증가시켰다.

3차 계획은 자본재 및 중간 원자재의 수입 의존에서 벗어나기 위하여 착수된 것이지만, 결과적으로는 선진국의 석유의존적인 중화학 공업을 이식하는 효과와 수출지향적인 중화학 공업화를 추진하는 데 그치면서 한국경제는 만성적인 비용 인플레이션에 휩싸이게 되었다. 게다가 이때 발생한 오일쇼크와 연평균 21.0%라는 악성 인플레이션은 국제수지의 적자 폭을 더욱 확대시키고 말았다.

따라서 4차 계획은 자력성장 구조의 실현을 내걸었으며, 5차 계획은 경제안정기반 정착을 계획의 목표로 삼고 추진되었다. 더욱이 이 두 계획의 기본 목표에는 이전의 개발 계획에서는 볼 수 없었던 사회개발의 추진, 기술혁신과 능률 향상(4차 계획), 그리고 합리적인 제도 개선(5차 계획)이 추가되어 계획 기조의 변화를 보였다. 이는 3차 계획까지의 물량 투입형 경제성장 정책에서 능률발현형 성장정책으로의 전환과 동시에 공업화의 추진 기조를 정부 주도에서 민간 기업 주도로 바꾸어나가는 것을 의미한다. 아울러 지금까지의 성장 일변도 계획에서 교육, 보건, 근로환경, 그리고 환경문제 등 국민들의 생활환경 문제에 대해서도 서서히 관심을 갖게 되었다.

2) 북한식 근대화의 흐름

북한식 근대화를 이해하기 위해서는 소유제도의 변천사와 생산력을 높이기 위한 경제계획의 추진상황을 동시에 살펴봐야 한다.

북한은 소유제도의 변화를 혁명론의 관점에서 설명한다. 즉 1946년까지를 '반제반봉건 인민민주주의혁명'으로, 58년까지를 '사회주의혁명'으로, 현재를 '사회주의 완전승리를 위한 투쟁기'로 설정하고 있다. 그리고 그 다음 단계는 '공산주의 사회'의 도래이다.

'반제반봉건 인민민주주의혁명'이란 식민지 경험을 가진 봉건사회의 지주 소유 토지를 국가가 무상으로 몰수하여 농민들에게 무상분배하는 것을 의미한다. 이것은 또한 식민지 권력과 외국의 기업인이 갖고 있던 기업을 국유화하는 것까지 포함한다. 북한은 8 · 15 직후 5정보 이상의 토지를 소유한 지주들로부터 약 100만 정보의 토지를 무상몰수하였다. 이 가운데 70만 정보 이상의 토지를 빈농들에게 1정보 이상씩 무상분배하였는데, 이것이 바로 1946년 3월 1일에 실시된 토지개혁이다. 그리고 1946년 8월에는 일본인들이 남기고 간 공장 및 자본을 모두 '국유화'하였다. 이렇게 하여 소위 '반제 반봉건 인민민주주의혁명'을 정리하고 한국전쟁을 겪은 뒤인 1958년에는 농민들의 토지를 협동소유화하는 '협동농장'을 만들었다. 그리고 영세한 개인사업을 조합화시켰다.

따라서 1958년의 북한에는 '협동적 소유'와 '국가소유'가 공존하게 되었다. 이처럼 협동적 소유와 국가소유가 병행하는 단계를 북한에서는 '사회주의 혁명단계'라고 부르고 있는데, 이와 같은 사회주의 혁명단계를 북한에서는 1958년까지 완수했다고 설명한다.

이후의 시기를 북한은 '사회주의 완전승리를 위한 투쟁기'로 설정하고 있는데, 이 단계는 농업을 국유화함으로써, 농업 분야와 공업 분야의 격차를 없애는 단계를 말한다. 그러니까 농민을 국영농장의 농업 노동자로 바꿈으로써 국영 공장의 노동자와 똑같은 위상을 만들어내는 시기로 이해할 수 있다. 그렇기 때문에 북한에서는 '공산주의 단계'까지는 아직 먼 것으로 보고 있다고 할 수 있다. 북한에서 말하는 공산주의 단계는 육체노동과 정신노동의 격차가 해소될 뿐 아니라, 과학기술과 생산력이 충분히 발달되어 소비 생활의 결핍성을 느끼지 않는 단계이다. 그리하여 경제적 이득이나 권력의 문제를 놓고 치열하게 다투지 않는 단계인데, 그 단계는 아직 이루어지지 않았다고 보는 것이다.

그러나 농업의 국유화 문제는 소련과 중국의 사례를 볼 경우 대단히 어려운 문제임이 분명하다. 중국이나 소련의 경우는 협동농장과 국영농장이 병행되어 운영되다가 결국에는 협동농장이나 개인임대 농업으로 돌아왔기 때문이다. 농업생산력의 정체와 후퇴의 문제에 시달리고 있는 북한의 경우도 앞으로 이 문제가 중요한 쟁점이 될 것으로 예측할 수 있다. 더욱이 1995년의 수재 피해가 북한의 농업 생산 제도에 어떤 영향을 미칠 것인지 주목할 필요가 있다.

한편 북한에서는 1946년의 토지개혁을 기초로, 1947년과 1948년에 각각 1개년 '인민경제계획'이 실시되었으며, 1948년 9월 인민공화국이 수립된 이후 1949년에서 1950년에 걸치는 '2개년 경제계획'을 수립해서 추진했다. '2개년 계획'은 공업부문에서는 식민지적 경제구조를 개혁하고 인민들의 물질문화 수준을 제고시키며, 농업부문에서는 식량증산과 선진 영농방법을 도입하는 일을 주요 사업으로 설정하였다.

북한에서는 한국전쟁을 '인민민주주의 혁명'을 전 한반도로 확대하는 것으로 해석하였다. 따라서 1946년 북한에서 시행했던 토지개혁의 모델을 점령지에 이식하는 '점령지역에 대한 토지개혁'을 1950년 7월 4일부터 실시하였다. 그러나 이후 전쟁 초기 남한지역에 형성되었던 대치전선이 50년 가을을 고비로 해서 북한지역으로 북상했고, 이로써 북한의 생산시설은 심각하게 파손되었다. 그러나 역설적이게도 이러한 피해가 북한사회의 통합 강도를 제고시켰다.

김일성은 정전 직후인 1953년 8월 '당 중앙위원회 6차 전원회의'에서 '모든 것을 전후 인민경제 복구발전을 위해서'라는 연설을 했다. 이 연설에서 제시된 노선이 이후 북한의 발전 노선이 된다. 김일성은 "우리는 전후 경제건설에서 중공업의 선차적 복구발전을 보장하면서 경공업과 농업을 동시에 발전시키는 방향으로 나아가야 할 것"이라고 강조하였다. 즉 김일성은 '중공업의 우선적 발전'과 '경공업과 농업의 동시발전'을 경제건설의 기본노선으로 제시하고 아울러 농업부문에서는 추후 3단계에 걸쳐서 진행되는 농업협동화의 방침을 제시했다.

그러나 이와 같은 방법은 다른 사회주의 국가들에서는 찾아볼 수 없는 건설방식이었다. 따라서 당시 외국의 사례를 잘 알고 있는 이론가들은 김일성의 이러한 방법론에 대해서 심각하게 문제를 제기했고, 이는 몇 년 후에 내부의 심각한 권력투쟁으로 이어졌다.

북한은 김일성의 노선에 입각해서 1954년에서 1956년까지 '인민경제복구발전 3개년 계획'을 수행하고, 1957년에서 1961년까지는 '제1차 5개년 계획'을 추진했다. 그러나 제1차 5개년 계획은 소련의 사회주의 분업체계와 상치되는 것이기 때문에 소련의 지원을 받지 못하고, 자립적인 발전노선과 추진방법을 모색하였는데 그것이 바로 '천리마운동'과 '청산리방식'이다. 북한에서 '천리마'라는 대명사는 죽기 살기로 일하는 근로자 집단을 지칭하는 것으로 통용되고 있는데, 이와 같은 '천리마방식'은 초기에는 상당한 성과를 나타내 북한은 1959년 말에 5개년 계획을 3년이나 앞당겨 실현했다고 발표했다.

1961년 북한은 7개년 계획을 발표하면서 동시에 사상, 문화, 기술 등 3대 혁명을 추진할 것을 선언하였다. 이때 김일성은 '현장 지도'와 '중간 간부들의 능력 제고'와 함께 '청산리방법'과 '대안의 사업체계'를 경제발전의 새로운 모델로 제시하기도 했다. 그러나 7개년 계획의 추진은 순조롭게 진행되지 않았고, 1970년까지 '10개년 계획'으로 연장되어야만 했다. 이때 북한은 경제건설과 함께 '4대 군사노선'을 제기하였다.

북한은 1971년에서 1976년까지 6개년 계획을 추진하였다. 1971년 초반에 김일성은 사회주의 건설을 위한 혁명적 대돌격을 호소하면서 100일 전투를 선언했다. 경제문제를 전투의 형식으로 풀어나가겠다는 것이었다. 100일 전투에서 중시된 분야는 채취공업, 수송, 공작기계 생산부문이었다.

속도전과 대중동원의 가속화는 1974년 10월 '70일 전투'에서 정점을 이루었다. 70일 전투는 과거 북한 당국이 자랑해 온 모든 속도전을 능가하는 것으로 엄청난 강행군의 연속이었다. 전투 개시 이전에 비해 각 부문의 생산속도를 1.7배나 끌어올렸다는 '70일 전투속도'는 북한 당국자들이 보기에도 유례가 없는 노동강도를 요구하는 것이었다. 결국 이러한 속도전에 힘입어 북한 당국은 당 창건 30주년이 되는 1975년 10월 10일 이전인 1975년 8월에 6개년 계획의 조기 달성을 선언하기에 이르렀다. 그러나 이때 북한경제에는 심각한 생산의 불균형 문제가 발생하였다. 따라서 새로운 경제계획 수립에 바로 착수할 수는 없었다.

1978년부터는 제2차 7개년 계획을 추진했지만 1980년 10월 6차 당대회를 통해 새로운 목표가 추가되었기 때문에 1984년 종결키로 한 제2차 7개년 계획은 2년간(1985~86년)의 조정기를 거치면서 계획에 미달된 부분들을 완결짓는 방향으로 추진되었다.

북한의 3차 7개년 계획은 '인민경제의 주체화, 현대화, 과학화'를 그 기본 방향으로 제시했다. 3차 '7개년 계획'의 성장목표는 공업생산 1.9배(연 10% 성장), 생산수단 1.9배, 소비재 생산 1.8배, 농업생산 1.4배, 사회 총생산액 1.8배(연 8.8% 성장), 국민소득 1.7배(연 7.9% 성장), 노동자 사무원의 실무소득 1.6배, 농민의 실질소득 1.7배, 철도화물 수송량 1.6배, 자동차화물 수송량 2.6배, 기본 건설투자 1.6배, 소매상품 유통액 2.1배, 무역액 3.2배, 노동 생산성 1.6배였다. 이러한 목표는 지금까지의 계획보다는 다소 낮은 수치인데 그것은 북한 경제의 성장 속도가 둔화되었다는 것과 함께 지금까지의 목표치가 무리였다는 사실을 보여주는 것이었다.

게다가 1980년대는 전 세계적으로 냉전이 해소되면서 사회주의권의 개방 개혁, 그리고 붕괴가 이루어지던 격변의 연대였다. 따라서 북한도 상당히 긴장된 모습을 보인 것이 사실이다. 따라서 이러한 세계적인 변화의 물결이 경제계획에도 부분적으로 반영되었다고 할 수 있다. 그것은 주민생활의 향상과 경제관리의 부분적인 개혁, 독립채산제의 확대실시, 그리고 합영합작 운영 방식의 도입과 무역의 확대정책이었다.

그러나 북한의 경제는 여전히 큰 어려움을 겪고 있다. 일찍부터 추진했던 중공업화가 이제는 시설의 노후화와 낙후성으로 이어지고 있고, 자급자족 경제의 생산력 한계가 나타나고 있다. 소련의 해체와 중국의 노선 전환은 경제협력 국가의 부재상태를 초래하였으며, 이는 에너지의 부족으로 이어지고 있다. 농업의 생산력 면에서도 시설과 기술의 한계 때문에 큰 어려움을 겪고 있는 것으로 알려졌다. 그리고 이것은 수재로 인한 북한의 식량위기를 더욱 심각하게 만드는 요인으로 작용하고 있다. 서방세계의 소비수준이 부분적으로 북한에 전파되면서 북한 지도부는 북한주민들의 급격한 요구 상승 가능성에 대해서 긴장하고 있는 것으로 알려져 있다.

3) 서로를 정확히 알자

남북한은 분단국가, 또는 하나의 영토에 두 개의 정부가 존재한다는 문제만 있는 게 아니므로 평화통일과 남북대화를 위해서는 섬세함이 필요하다. 대결과 경쟁과 불신이 엄존하고 있기 때문이다. 따라서 서로에 대한 미움과 오해가 쉽게 증폭될 수 있는 구도를 갖고 있다. 따라서 남북한 사회의 구성원리를 재점검해 볼 필요가 있다.

남한사회는 세계화와 세계 속의 한국을 강조하는 반면 북한사회는 "우리 식대로 산다", "우리식 사회주의"라는 말을 자주 내세운다. 이는 남한사회의 구성원리에 비해 북한사회가 보다 특수성을 강조, 지향하고 있음을 말해 준다.

다음으로 우리는 시장경제사회인 반면 북한은 사회주의경제사회라는 것을 유념해야 한다. 그리고 사회주의 사회체제 가운데서도 주체사상이 지배하는 독특한 사회이다. 또한 주체사상의 역할이 매우 강력한 사회이다. 김일성과 김정일의 정치적 영향력은 거의 절대적이며, 또 그것을 대체할 가능성이 있거나 비판하는 정치세력들의 활동은 극히 제한되어 있다.

남한은 자유시장경제체제로서 '경쟁력'을 주요한 구호로 내세우는 반면, 북한은 사회주의 경제이기 때문에 '협동'을 기본 원리로 내세우고 있다. 따라서 남한에서는 "당신의 경쟁 상대는 누구입니까"라고 묻는 반면, 북한에서는 "만인은 일인을 위하여, 일인은 만인을 위하여"라는 구호를 자주 내세운다.

북한사회가 남한사회와 크게 다른 또 한 가지는 생산력을 발전시키는 방법에 있다. 남한은 외자를 도입하더라도 규모의 경제를 지향하며 외국으로 뻗어나가야 한다고 주장하는 반면, 북한은 원료의 구입과 생산은 물론이고 소비까지도 될 수 있는 한 국내에서 실현시키자는 내포적(內包的) 발전을 주장한다. 그러니까 경제를 재순환시키는 방식에서 남한은 개방경제를 취하고 있고, 북한은 폐쇄적인 자족경제를 추구하고 있다고 볼 수 있다.

남한의 정치권력 형성과정은 선거에 의한 자유경쟁에 토대를 두고 있는 반면, 북한의 정치권력은 유일당 노선을 취한다. 경제에서만 경쟁을 피하는 것이 아니라 정치에서도 경쟁의 원리 대신에 통일성의 원리를 추구한다는 것이다. 비록 청우당이나 사회민주당과 같은 우당(友黨)이 없는 것은 아니지만, 중심적인 정치세력이 조선노동당임은 말할 나위도 없다.

그밖에도 남한은 안정과 개혁을 지향하지만 북한은 혁명을 금과 옥조처럼 생각하는 사회이다. 북한은 자신의 사회를 혁명이 계속되고 있는 사회로 규정하고, 그러한 각도에서 모든 사업들을 도모하고 있다. 이와 같이 이질적인 구성원리를 갖는 남북한 사회를 하나의 틀로 묶어내기 위해서는 깊고 깊은 연구와 섬세한 접근이 필요하다. 만약 남북한 사회 자체의 특성과 남북관계의 이중성을 고려하지 않는다면 '협력의 논리'와 '안보의 논리' 사이에서 방황하게 될 것이다. 그런 점에서 우리는 입체적인 현황파악과 함께 항상 행동의 균형성을 잃지 않도록 노력해야 한다. 그렇지 않으면 우리의 통일 노력이 돈키호테적인 활동으로 끝나고 말 수도 있다.

8. 1990년대의 남한

1990년대 한국사회의 가장 큰 화두는 개혁과 경쟁력이다. 개혁의 실질적인 내용은 탈군사 권위주의화와 민간화, 자유화를 말하는 것이고, 경쟁력의 강화는 시장경제의 심화와 확산을 반영하는 것이다. 여기에서 자유화란 실질적으로는 모든 분야에 시장경제의 논리를 도입하는 것이기 때문에 개혁과 경쟁력이란 사실은 하나의 내용이다.

한국사회의 탈군사화와 전면적인 경제개방이 맞물리게 된 것은 우연이 아니다. 시장의 전면적인 개방화는 우리 사회에 시장논리를 확산시키고 심화시켰다. 이에 따라 비시장적인 정치권력 대신에 경쟁 지향적인 민간정부를 탄생시켰던 것이다. 이것은 남미 여러 나라에서 나타난 탈군사화와 개방화, 자유화의 흐름과도 궤도를 같이하고 있다.

개방화 시대의 가장 큰 과제는 역시 자국 기업의 경쟁력을 어느 정도 유지할 수 있느냐 하는 것이다. 따라서 기업의 경쟁력 확보를 위해 기업에게 가해졌던 개발 연대의 정부 개입과 규제들을 자유화하는 작업을 추진할 수밖에 없다. 이 과정에서 탈군사화·탈권위주의화를 위한 기업-중산층-서민대중의 연합이 형성된다. 탈군사화 이후의 경로에 대해서는 이들 다양한 사회계층이 각기 다른 정향성을 보일 수밖에 없다. 민주화의 과정에서는 연합을 할 수 있지만, 그 이후에는 이해관계가 달라지기 때문이다.

이제 WTO체제가 본격화되면서 대기업들은 물론이고 중소기업들까지도 세계의 기업들과 경쟁해야 하며, 기술집약적 산업은 선진국과, 노동집약적 산업은 개발도상국들과 경쟁해야 한다. 첨단산업과 지적 소유권 문제, 그리고 서비스 분야와 농업 분야에서도 개방이 이루어지기 때문에 치열한 시장쟁탈전이 전개될 수밖에 없다. 정부의 보호에 의한 국내 기업의 독과점 구조나 정경유착은 이제 더이상 경쟁력에 도움이 되지 않는 상황을 맞게 될 것이다. 이런 시대에는 정부 역시 강압이나 규제의 주체가 아니라 경쟁력을 갖추어야 하며, 스스로 탈군사화를 도모할 수밖에 없다. 그리고 탈군사화와 개방정책의 연장선상에서 규제를 감소시키는 자유화 정책을 추진하고 있는 것이다.

여기에도 위험이 있다. 과연 탈규제와 자유화가 기업의 경쟁력을 국제 수준으로 높일 수 있느냐 하는 것이다. 그렇지 못하면 국내시장이 외국의 기업에 의해 급속하게 잠식되고, 국내 기업들이 도산하는 상황이 올 수도 있다.

경쟁력의 수준 문제와 함께 경쟁력이 지나치게 강조됨으로써 발생하게 되는 반사적 사회문제도 적지 않다. 자칫 사회의 '정글화 현상'이 가속화되면서 내적 결속력이 약화되고, 아울러 '비인간화 현상'이 심화되면서 다양한 저항 그룹과 함께 소외된 탈락 그룹이 형성되기 쉽다.

그런 점에서 1990년대의 한국은 선진국과 개발도상국 모두에 의해 제기되는 국제경쟁력 문제, 사회 복지제도의 확충, 삶의 질 향상 등을 과제로 안고 있는 셈이다. 이런 과제를 해결하는 데 남북협력과 통일이 하나의 돌파구가 될 수 있다. 우선 노동집약적 산업의 경우 남한의 자본과 기술에 북한의 노동력이 결합된다면 값이 싸면서도 품질 좋은 상품을 만들 수 있고, 자본과 기술집약적인 산업의 경우에는 내수시장으로서의 성격을 부분적으로 갖고 있는 북한 시장이 도약의 디딤돌이 될 수 있기 때문이다. 더욱이 사회복지제도를 완비하고 모든 분야에 균형을 지향하며 약자에 대한 부조(扶助)정책을 취하는 것은 '21세기 통일한국'의 모습과도 부합하는 것이다.

9. 1990년대의 북한

1990년대 북한에 대한 관심사는 김정일 정권의 장래와 대외정책의 방향, 그리고 북한이 경제위기에 어떻게 대처할 것인가 등이다. 김일성의 영향력과 카리스마에 비해서 상대적으로 취약한 정권이 될 것으로 예측됐던 김정일 정권은 김일성의 후광(後光)과 유훈통치(遺訓統治)에 힘입어서 서서히 제도화수준에 돌입하는 것으로 알려지고 있다.

김정일 정권의 외교정책은 적극적인 대서방 정책으로 표현되고 있다. 제네바 핵회담의 타결 이후 이번에는 대서방 경제외교를 적극적으로 추진하고 있는 것이 눈에 띈다. 북한은 1984년 김정일 주도로 경공업 혁명을 강조하고 합영법을 실시했는데도 미국과의 관계를 개선하지 못해 경제정책을 실패했던 경험이 있다. 따라서 경제재건과 국제사회 진출을 위해 가장 먼저 해결해야 할 북한의 외교적 과제가 미국과의 관계개선이다. 특히 '무역제일주의', '경공업제일주의', '농업제일주의' 등 3대 제일주의를 주창하며 제한적인 개방노선을 추구하는 북한 당국으로서는 미국의 투자제한이 부분적으로 해제됨에 따라 경제적 성과를 얻을 수 있기를 기대하고 있다.

현재 북한은 '거점개발 전략'을 통해서 '나진·선봉 자유무역지대', '두만강 개발지역' 등을 중심으로 서방자본의 진출을 용이하게 만들고 있다. 따라서 현재의 추세대로 보자면 남북경협과 함께 대일·대미 경제협력을 강력하게 추진할 것으로 보인다. 그래서 김정우 대외경제정책위원회 부위원장은 미국을 방문해서 자본주의 시장에 대한 깊은 관심을 표명하기도 하였다. 그리고 여기에서 우리가 관심을 가져야 할 문제는 남한과 미국과 일본의 기업들 가운데 어느 나라의 기업들과 먼저 손을 잡을 것인가 하는 것이다. 여기에는 복잡한 이해관계가 얽혀 있다.

1990년대의 북한은 위기의 연대를 맞고 있다. 그 중에서도 생산력의 위기가 가장 크다. 북한은 농업과 에너지, 그리고 소비재 분야에서 심각한 생산부진에 빠져 있다. 중공업 분야에서는 시설의 낙후로 고통을 겪고 있다. 이와 같은 생산력의 위기는 자급자족적 경제를 지향했던 경제정책이 부딪힌 벽으로 지적된다.

특히 사회주의권 해체와 이에 앞선 중국의 노선 변화는 북한의 취약점을 더욱 악화시키고 있다. 북한에 물자와 에너지를 공급해 주던 소련과 중국이 경제정책의 변화와 함께 경화(硬貨) 결제를 요구하게 되자, 북한은 무역규모를 축소시킬 수밖에 없었다. 1991년 북한의 대외 무역 총액은 25억 9,400만 달러로 1990년도의 30억 8,854만 달러보다 16%나 감소한 것으로 추산되었다. 소련과는 급격한 무역액의 감소를 낳았고, 최대 교역상대국인 중국과도 마찬가지이다. 중국과의 교역실적도 1992년 상반기 3억 1,000만 달러로 전년과 같은 수준에 머무르고 있다. 일본과는 조총련과의 관계만 유지되고 있으며, 미국 역시 북한에 대한 경제제재 정책을 계속하고 있다.

최근 들어 북미관계가 호전될 기미가 보이기 때문에 북미관계가 개선된다면 사정은 달라질 것이다. 하지만 북한의 내부 조건도 만만치 않다. 우선 철저한 품질관리, 납기의 준수, 클레임의 처리, 가격협상, 자유시장의 무역조건을 북한이 과연 감당할 수 있을지 의문이 제기되고 있다. 따라서 북한의 경제적 출구는 "북일 수교에 따른 자금의 유입과 대미 관계개선으로 인한 미국 시장에의 진입, 남북한 관계의 개선과 경제협력, 북한의 광범위한 개혁"으로 지적되고 있다. 또 북한의 대외 경제정책 역시 ① 구 소련의 개별 공화국들과의 관계 증진, ② 일본, 대만 등 주변 자본주의 국가와의 경제협력 강화, ③ 합영기업을 통한 외자유치와 수출산업 육성, ④ 경제특구를 통한 개혁의 실험에 치중할 것으로 전망된다.

참고로 한국은행과 통일원이 추계한 북한의 GNP(1991년분)를 보면 북한 경제의 일단을 추론할 수 있다. 한국은행과 통일원은 북한에서 발표되는 모든 통계를 동원하여, 북한이 생산하는 상품을 우리의 가격으로 환산하고 서비스도 우리의 기준에 맞추어 북한의 GNP를 계산했는데, 그 결과 총 GNP는 우리의 12분의 1인 229억 달러, 1인당 GNP는 우리의 6분의 1인 1,038달러인 것으로 나타났다. 북한에는 수요와 공급에 기초한 시장가격이 존재하지 않기 때문에 시장경제에 입각한 개념인 GNP로 북한 경제를 일괄적으로 평가하는 것은 큰 무리일 수밖에 없다. 북한은 자본주의가 갖고 있는 상대적 박탈감이 적고 공해문제도 아직은 심각하지 않아 북한의 주민들이 누리는 실질적 GNP는 이런 수치상의 것보다는 훨씬 크다는 지적도 있다. 그렇지만 이런 통계가 우리에게 시사해 주는 바가 전혀 없는 것은 아니다. 북한 경제의 낮은 생산력과 비효율성 문제가 간단치 않다는 점이다.

북한의 경제위기는 김영남 외교부장이 이미 인정하였다. 김 부장은 독일의 공영방송인 ZDF TV와의 인터뷰에서 "1995년부터 발생한 홍수와 동유럽 국가들의 몰락으로 인해 대외 무역 상대국이 사라지면서 북한 경제가 붕괴위기에 놓여 있다"고 지적하고, "독일과 북한의 관계개선을 위해 최선을 다할 것이며, 독일 기업들의 적극적인 대북 투자를 희망한다"고 말했다.

ZDF TV에 의하면 현재 북한의 공장들 중 70~80%는 가동중지 상태에 있다. 농업과 식량의 위기도 구조적인 것이다. 90년대 들어 곡물생산량과 곡물수입량을 합치더라도 곡물수요량을 채우지 못하고 있다. 다음의 자료는 북한 식량 사정의 심각성을 실감 있게 전달하고 있다.

〈표 2〉 북한의 곡물생산량 및 수요량 추정치 〈단위 : 만t〉

	1990	1991	1992	1993	1994	1995	1996
곡물생산량	401	442	426	426	412	345	370
식량수요량	640	647	650	650	650	658	670
곡물수입량	129	126	92	92	60	96	115

이렇게 되면 배급제도가 동요될 수밖에 없다. 북한을 연구하는 관측자들은 배급제도의 붕괴가 북한사회의 가장 심각한 위기일 것이라고 지적하기도 한다. 이런 점 때문에 영국의 주간 이코노미스티지와 독일의 연방정보부(BND)는 1997년 북한 주민들의 대거 탈북을 예측하였고, 미 중앙정보국(CIA)의 존 도이치 국장은 1996년 12월 11일 상원 정보위원회에서 "북한의 장래문제는 향후 2~3년 내에 가

려질 것"이라고 예측하였다. 도이치 국장의 예상 시나리오는 ① 특정한 사안 때문에 한국을 침공하던지 ② 심각한 경제난 때문에 자체 붕괴하던지 ③ 아니면 뒤늦게 한국과의 평화적 해결이나 통일을 모색할 것이라는 등 세 가지이다.

그러나 북한이 쉽게 붕괴하리라고 보는 것은 무리라는 주장도 만만치 않다. 북한주민들은 내핍 생활에 익숙해져 있으며, 정치적으로 견고하게 조직화되어 있다는 점을 고려해야 한다는 것이다. 따라서 북한사회에는 저항세력이 뿌리를 내리기가 힘든 상황이다. 그리고 정치권력의 수준에서는 아직도 노동당과 김정일의 영향력이 건재한 것으로 전해진다. 미국과 일본이 북한의 붕괴를 원치 않는다는 점도 빠뜨릴 수 없는 고려 대상이다. 미국의 매파들은 북한의 붕괴 시나리오를 되풀이 해서 이야기 하고 있지만 미국 정부의 공식 입장은 아직까지도 북한의 연착륙(soft landing)이다. 따라서 몇 가지 문제만 해결된다면 미국과 일본의 기업들이 앞 다투어 북한에 진출하고 북한 역시 강력한 경제성장 정책을 추진할 가능성이 있다. 그럴 경우 북한은 김정일에 의한 개발연대를 맞게 되는 것이다.

여기에서 우리는 북한의 진로를 예상해볼 수 있다. 그 하나는 북한 스스로가 중국과 같은 개방개혁 노선을 선택함으로써 생산력과 비효율성의 문제를 주체적으로 해결해나가는 경우이고, 다른 하나는 북한이 경제문제를 해결하지 못하고 좌초하는 경우이다. 즉 하나는 연착륙이고 다른 하나는 붕괴(no landing)다. 연착륙인가 붕괴인가? 서구의 많은 연구소들과 정보기관들은 이 두 가지 가능성을 구체적으로 검토한 보고서들을 심심찮게 내놓았다. 그러나 그 어떤 시나리오들도 북한사회 내부를 유지하는 다양하고 구체적인 작동 원리를 자세히 분석한 결론을 내지는 못하고 있다. 즉 몇 가지 단순한 변수를 활용하여 북한사회의 장래를 희망에 따라 점치고 있는 것이다. 이것은 북한사회에 대한 구체적인 정보가 아직도 제한적이기 때문이다.

주변 국가들의 정책도 북한사회의 장래에 영향을 줄 것이다. 한·미·일 세 정부의 공식적인 대북정책은 아직까지도 연착륙 정책이다. 북한을 세계의 흐름에 동참시키고 북한이 식량위기를 해결할 수 있도록 돕는다는 게 바로 그것이다. 연착륙 정책에 대해서는 비판도 적지 않다. 미국의 공화당은 줄기차게 클린턴의 연착륙 정책을 공격하였고, 우리 사회에서도 북한 붕괴 유도론과 흡수통일 정책을 추진해야 한다는 목소리가 끊어지지 않고 있다.

그러나 북한의 미래를 결정하는 것은 무엇보다도 북한 자신이다. 그리고 체제의 특성상 북한사회의 정치적 선택이 중요하다. 정치의 목적은 무엇인가? 그것은 일단 먹는 문제를 해결하는 데서부터 출발하는 것이 아닌가? 북한의 지도부가 그 오랜 세월 동안을 집권하면서 이같은 문제를 제대로 해결하지 못했다는 것은 크게 반성해야 될 부분이다. 북한의 정치 담당자들은 지금부터 정말 잘해야 한다. 북한이 스스로 개방개혁 정책을 취해야만 장차 통일을 위해서, 그리고 21세기의 통일조국을 위해서 좋은 선택이 될 수 있을 것이다.

북한 경제의 취약성이 바로 한국경제에 전가될 경우에는 한국경제 역시 오랜 기간 동안 침체의 늪에서 헤어나기 어렵다. 그렇다면 우리의 민족경제 전체가 위기를 맞게 된다. 지금은 감정이나 아집이 아니라 21세기 통일조국의 미래를 어떻게 만들어 갈 것인가 하는 기준에서 분단시대의 남북한을 바라보고 처방을 내리는 차원 높고 입체적인 관점과 현상분석, 그리고 대응논리를 다듬어나가야 할 때이다. 그것이 대한민국의 국민인 동시에 민족구성원의 일원으로서 우리가 해야 할 일들이다.

3장 우리에게 통일은 무엇인가

1. 통일의 의미에 대한 묵상

(1) 통일은 영토와 주권을 지키는 일

동아시아 지역에 새로운 영토 분쟁의 기운이 일어나고 있다. 특히 무인도에 대한 관심이 높아지고 있다. 바다에 대한 관심의 증대와 경제수역(EEZ) 문제가 새롭게 제기되고 있기 때문이다.

일본의 우익인사들이 동중국해(東中國海)에 위치한 조어도(釣魚島 : 일본명 센카쿠 열도)의 영유권을 주장하면서 깃발 꽂기 행진을 전개한 데 이어 중국은 해군 함대를 주변 지역에 파견하였다.

독도에 대해서도 마찬가지이다. 일본은 경제수역에 관한 한일협상을 앞두고 엉뚱하게도 독도에 대한 영유권을 새롭게 주장하고 나섰다. 역사적으로나 현실적으로나 우리 땅이 분명한 독도에 대한 영유권 주장은 명백한 침략행위일 수밖에 없다. 그런데도 우리는 '독도는 우리 땅'이라는 주장만을 되풀이했다. 이 사태를 바라보면서 답답한 마음을 금할 수 없었다. 왜 이렇게 수세적인 대응만을 해야 하는가. 이에 대한 공세적이고 엄격한 대응이 필요하다는 생각이 든다. 게다가 마이크로소프트사가 제작한 전자지도에도 독도를 일본 땅으로 기록하였다니 우리의 영토수호 외교가 과연 이래도 되는지 안타까운 마음을 금할 수가 없다. 빌 게이츠 회장을 만난 최형우 의원이 이의를 제기했지만 마이크로소프트사의 반응은 시원스럽지가 않았다.

통일이란 과연 무엇일까? 그것은 '나라 바로세우기'이다. 우선 제대로 된 근대국가를 완성하는 것이다. 지킬 것은 제대로 지켜가는 나라를 만드는 것, 그것이 바로 통일의 대로를 만들어나가는 기초 작업이다. 영토와 국민과 주권을 제대로 지켜나가는 가운데 통일이 만들어진다는 사실을 잊지 말자.

분단의 역사는 우리의 영토와 주권의 수호, 그리고 민족의 안녕과 질서 확보에 적지 않은 상처를 주었다. 마이크로소프트사의 전자지도를 보면 백두산을 둘러싼 중국과 북한의 영토 획정 상황이 불명확하다. 그런데도 우리는 중국을 통해 장백산을 오르면서 민족의 영산이라고 들먹인다. 과연 통일의 과정에서 중국과의 영토분쟁은 어떻게 처리해야 하는 것일까?

또 어떤 사람은 마치 독립운동을 선동하기라도 하는 것처럼 연변에 있는 조선족의 한국적 정체성을 자극한다. 책임도 지지 못하면서. 만주땅은 과연 우리의 것일까? 그렇다면 여기에 지배권을 행사하고 있는 중국 정부와 우리는 어떤 협상을 해야 하는 것일까? 앞으로 예상되는 서해상의 무인도에 대한 영유권 문제들도 마찬가지이다.

통일을 생각할 때 먼저 드는 생각은 이와 같은 근대성에 관한 주제들이다. 경제수역 200해리 문제를 놓고 전개되는 한·중·일 사이의 갈등과 협상은 통일문제와 연관되어 있다. 유엔에서 경제수역 선포 문제가 오래 전에 제기되어 있는 한, 진작에 이에 대한 냉철한 국제법적 대응방안을 연구했어야 한다는 생각도 해보게 된다.

'독도는 우리 땅'이라는 되풀이되는 확인, 또는 대통령이 독도 경비대장에게 전화를 거는 것만으로 과연 영토수호에 대한 충분한 대응방안이 마련된 것일까 하는 안타까운 마음을 금할 수가 없다. 1965년 '한일협상' 과정에서 독도 폭파계획까지 검토되었다니 이게 무슨 망발인가? 그래서 독도를 아예 유인도화 해야 한다는 주장도 제기되었다. 그런데 이번에는 자민당 간부가 독도를 유인도화할 경우, 2002년 월드컵 공동개최가 무산될 것이라는 협박을 서슴지 않고 있다. 이 무슨 말인가.

독도 문제를 보면서 필자는 통일문제를 더욱 절실히 생각하게 되었다. 만약 남북한이 힘을 합쳐 일본에 대응한다면 효과가 클 것이다. 아니 애초부터 일본의 분할통치 구상에 대응하는 통일민족주의로써 지혜롭게 분단을 피했다면, 엄연한 우리 영토인 독도를 두고 일본측이 이처럼 파렴치한 침략 언동을 계속하지는 못했을 것이다. 그것은 한반도를 둘러싸고 있는 모든 나라들과의 관계에서도 마찬가지이다.

(2) 통일은 광장으로 나아가는 일

분단은 우리 민족에게 너무나 큰 상처를 남겼다. 분단과정에서, 그리고 분단 이후 남북한의 대결과정에서 우리 민족이 겪은 상처는 이루 헤아리기가 어렵다.

얼마 전의 성혜림 씨 사건만 해도 그렇다. 성혜림 씨 집안은 경남 창녕의 지주 가문이다. 그러나 일제시대 그의 부친은 일본 유학을 하고 사회주의 이념을 받아들였다. 그리고 서울에서 사업을 하면서 좌파 지식인들과 친교를 나누었다.

독립운동 과정에서의 이념분화! 이것이 분단의 씨앗이 되리라고는 아무도 생각하지 않았다. 처음에는 상해 임정과 신간회 등 연합전선이 쉽게 이루어졌다. 그러나 이것이 미국과 소련을 중심으로 한 외세의 원심력과 맞물리면서 한반도에서 치열한 이념 전쟁이 전개되었고, 그것은 엄청난 규모의 민족상잔과 분단으로 이어졌다. 수많은 사람들이 전쟁에서 죽었고, 살아 남은 자들도 각각 이데올로기를 따라 남과 북으로 나뉘어졌다. 성혜림 씨의 부친도 이런 경우에 속한다. 이뿐만 아니라 어떤 사람들은 남과 북, 그 어느 쪽도 선택하지 못하고 외국으로 떠돌게 되었다. 작가 최인훈의 소설 『광장』은 바로 이런 사람들의 이야기이다. 지금도 적지 않은 우리의 형제들이 남미와 인도 등을 유랑하면서 고국의 슬픈 역사 때문에 가위눌린 삶을 살고 있다는 소식은 새삼 우리의 마음을 어둡게 한다.

(3) 통일은 재회다

1996년초 「문화일보」 사회면은 가슴 아픈 사연이 실렸다. 신혼 때 따로따로 피난간 부부가 재혼해서 살다가 상봉했다는 기막힌 사연이다. 각기 새로운 아내와 남편이 있다는 사실을 알았을 때 두 사람의 느낌은 어떠했을까? 이 두 사람은 재혼했던 배우자들과 각각 사별한 후 다시 결합하였다고 한다.

이들의 기구한 삶을 통해 필자는 우리 민족의 뼈아픈 역사를 다시금 돌아보지 않을 수 없었다. 또 우리의 앞날을 내다보게 되었다. 본래 한 가정이었던 남한과 북한, 북한과 남한이 언젠가는 다시 하나로 합쳐져서 오손도손 옛이야기를 나누면서 살 수 있는 날이 반드시 오리라는 간절한 소망을 갖게 되었다.

(4) 통일은 사랑이다

하지만 하나로 합치기 위해서는 애틋함과 사랑이 필요하다. 미움과 멸시를 가지고는 합칠 수가 없다. 그런 의미에서 장기려 박사의 이야기는 감동적이다. 장기려 박사는 1911년 평북 용천군 양하면 입암리의 한학자 집안에서 태어나 1932년 서울의전을 졸업한 뒤 모교의 병원에서 수련을 하던 중, 1940년 평양으로 가서 1951년 1·4후퇴 때까지 10년 동안 북한지역에서 살았다.

1·4 후퇴 이후 남으로 내려온 장기려 박사는 부산 영도구에 복음병원을 개설했고, 전상자와 피난민들에게 무료진료를 시작했다. 하루도 빠짐없이 불우한 환자를 진료하면서 장기려 박사는 1968년 우리나라 최초의 의료보험조합인 '청십자 의료보험조합'을 설립하였다. 그리고 극빈환자의 치료에 더욱 심혈을 기울였다. '한국의 슈바이처'인 장기려 박사가 몸으로 남긴 교훈은 이것만이 아니다.

장 박사는 북한에 있는 부인과 정신적인 교감을 나누면서 살았다고 한다. 정치와 이데올로기의 벽을 넘는 정신적인 교감이야말로 인간적인 것이 아닌가. 그리고 그는 1995년 크리스마스에 세상을 떠났다. 장기려 박사는 1976년에는 국민훈장 동백장을, 1979년에는 막사이사이상 사회봉사상을 수상하였다. 수십년간 남을 위해 헌신한 그였지만 정작 본인은 보통 사람이 누리는 행복도 누리지 못했다. 잠깐이면 다시 만날 것으로 생각하고, 현재 서울대 의대 교수로 있는 둘째 아들 가용 씨만 데리고 한밤중에 집을 떠난 것이 부인 김봉숙 여사와 다섯 자녀와의 마지막이 되고 말았다.

1988년 미국에 있는 조카 며느리가 수소문 끝에 알아내 전해준 사진과 편지를 통해 42년 만에 '간접 상봉'한 것이 전부였다. 장 박사는 그 동안 재혼하라는 숱한 권유에 대해 "우리의 사랑은 영원하며 육체의 없어짐과 관계없이 존재한다"면서 "사랑하는 사람과 영원히 살기 위해 혼자 산다"고 말해 주위를 숙연케 했다. 그가 남긴 말 가운데는 분단의 밤을 지새우고 통일의 여명을 기다리는 많은 사람들에게 샛별과 같은 참빛을 던져주는 대목들이 많이 있다.

"사랑 앞에는 어떤 이념도 한낱 쓰레기에 불과하다. 우리는 무력도 경제력도 아닌 오직 사랑으로 통일을 성취해야 한다."

그러나 얼마나 많은 사람들이 동포들을 미워하고 멸시하고 있는가? 그 대표적인 사례가 연변 동포들에 대한 우리의 태도이다. 돈을 벌기 위해 고국을 찾아온 연변 동포들에 대한 우리의 태도는 현단계 우리의 의식 수준을 잘 보여주고 있다. 그리고 적지 않은 사람들이 연변에 찾아가서 졸부의 오만함을 마음껏 과시하고 있다. 연변에서 나돈다는 소설 『인천항이 보이는 언덕에서』를 보면서 우리의 형제들은 과연 우리를 어떻게 생각할 것인가? 연변에 현지처를 만들고, 그들을 성과 돈의 노예처럼 대우하는 일이야말로 민족을 분열시키고, 통일의 희망을 짓밟는 무서운 행위가 아닐 수 없다.

이런 상황에서 얼마전 페스카마 호에서의 선상반란을 연변의 동포들은 과연 어떻게 생각할 것인지도 걱정스럽다. 생명을 존중하고 이웃을 아끼던 백의민족의 전설은 이제 그야말로 전설로만 존재하는 것인지도 모른다. 게다가 이런 이야기들이 연변을 오가는 북한주민들에게 전해지면서 북한주민들 사이에 통일이 되면 연변보다 못사는 북한의 주민들을 과연 어떻게 대우하겠느냐는 이야기들이 오간다고 하니 이 얼마나 안타까운 일인가?

그리고 이런 행동들은 불과 얼마 전 일본인 졸부들이 우리에게 저질렀던 바로 그 행동들이 아닌가. 참 배워도 못된 것을 배웠다는 아픔이 가슴속에 스며든다. 이러다가는 사랑과 배려와 공존의식 대신에 멸시와 미움과 복수심이 우리 민족의 정서를 오염시키는 것은 아닌지 걱정스럽다. 이제 우리는 두렵고 경건한 마음으로 우리의 의식을 점검해 볼 필요가 있다. 우리 동포들이 우리와 함께 살아도 괜찮겠다는 신뢰감이 생길 때 통일은 가능한 것이다.

(5) 통일은 인고의 기다림이다

1996년 설날 아침, 텔레비전에는 북한에 있는 가족들과 서신을 나누고 있는 박 아무개 씨가 출연하였다. 천신만고 끝에 북한에 있는 가족들과 편지 왕래를 하게 된 과정을 이야기하면서 그는 무엇보다도 건강의 중요성을 강조했다. 『기네스 북』에 오를 정도로 줄넘기를 하는 그의 집념은 바로 분단과 이산 때문에 나온 것이었다. 건강하고 오래 살아야 북의 가족을 만날 수 있다는 믿음이 건강 관리에 몰두하게 만들었던 것이다.

그는 "이산의 아픔을 겪어보지 않은 사람은 이산가족의 아픔을 모른다"면서 끝내는 울음을 터뜨리고 말았다. 그에게는 가족 상봉에 대한 오랜 바람과 믿음이 마치 신앙과도 같은 것이었다. 통일되는 그날까지 건강하게 살아 남겠다는 사람들이 있다는 사실은 통일이 다름 아닌 인간의 문제라는 사실을 말해 주고 있다. 통일은 관념과 구호가 아니다. 통일이란 우리가 살아가는 모습, 그 자체이다.

(6) 통일은 귀향이다

사할린에 있는 고령 동포 가운데 영주귀국을 희망하는 45명의 노인들이 지난 1996년 2월 15일 김포공항에 도착했다. 대한적십자사와 기독교 대한감리회 광림교회의 주선으로 이루어진 이들 귀국 동포들은 춘천에 있는 '사랑의 집'에 거처를 마련했다. 이들 노인들은 귀국하면서 주먹 같은 눈물을 흘렸다. 청춘에 고향을 떠나 50년이 훨씬 넘어서야 고국의 땅을 밟게 된 그 동안의 아픔 때문이었다. 그 동안 이들에게 삶이란 과연 무엇이었을까? 징병과 징용으로 끌려간 곳, 낯선 땅 사할린에 이들은 질경이 뿌리보다 질긴 삶의 뿌리를 내렸다. 그러나 세월이 흘러갈수록 정금(正金)처럼 더욱 더 또렷해지는 희망 하나가 그들을 인도했다. 그들의 희망은 다름 아닌 귀향, 바로 귀향이었다.

귀향했다고 해서 자신을 환영해 줄 사람이 기다리고 있는 것도 아니런만, 태어나고 자란 고향산천이 사무치게 그리웠던 이 사람들은 끝내 다시 조국으로 돌아온 것이다. 이들의 이야기, 그리고 결국에는 통곡이 되고 마는 이들의 노래를 들으면서 필자는 어느새 코끝이 찡해짐을 느꼈다. 고향과 조국이란 이렇게도 가슴 저미는 그리움의 대상인 것이다.

이들은 일제의 피해자인 동시에 분단의 철저한 희생자이다. 분단은 남북한에만 있는 게 아니라 아시아 전역에 확산되어 있었다. 여기에서 우리는 분단이 한반도의 휴전선을 넘어 아시아의 지역적 냉전과 깊이 맞물려 있다는 사실을 이해할 수 있다.

일제 패망 당시 자신이 징용으로 끌려가 있던 곳이 소련 영토였다는 사실 하나만으로 이들은 일제가 패망한 후에도 50년의 세월을 더 기다려야 했다. 그리고 나서 이제 인생의 황혼녘에야 고향 땅을 밟을 수 있게 되었다. 분단이 지속되는 한 우리 민족은 황량한 거리를 방황할 수밖에 없다. 비단 해외 동포만이 아니다. 그리고 민초만이 겪는 방황과 아픔도 아니다.

그렇다면 통일이란 무엇인가? 그것은 귀향(歸鄕)이다. 상처받고 방황하던 영혼들이 고향에 돌아와 벌이는 한바탕의 잔치이고, 방황의 과정에서 겪은 사연들에 대한 이야기의 한마당이며, 새로운 삶에 대한 희망의 결의이다. 그것은 물리적인 의미에서의 귀향만은 아니다. 정신적인 귀향, 문화적인 귀향이라도 좋다. 그렇다. 귀향! 고향을 찾는 일! 여기에서 우리는 통일의 정신적인 의미를 읽는다. 정신적인 통일이야말로 얼마나 중요한가? 정신적인 상처를 아물게 하고 흐르는 눈물을 닦는다는 것이야말로 우리가 통일을 해야 하는 진정한 이유인지도 모른다. 통일을 이야기하면서 한반도에서, 그리고 아

시아에서 우리 민족이 흘린 방황과 아픔의 눈물을 제대로 보지 않는
다면 그것은 공허한 '국가주의적 통일론'의 전개로만 그칠 가능성이
있다.

통일을 풀뿌리 대중의 것으로 만들기 위해서는 이스라엘의 시오
니즘과 같은 정신적 귀향의 메시지가 필요하다.

(7) 통일은 상처를 보듬는 일

분단의 상처는 보통 사람들에게만 남아 있는 것은 아니다. 오늘날
현실정치의 최고 실력자들인 3김도 분단의 피해자이기는 마찬가지
이다. 김영삼 대통령은 북한의 공작원에 의해 어머니를 잃었고, 김
종필 씨의 장인이자 박정희 전 대통령의 친형인 박상희 씨는 해방
직후 좌우익 대결의 시대에 목숨을 잃었다. 그래서 5·16 직후에는
박상희 씨의 친구이자 북한의 고위급 인사인 황태성이 남한으로 내
려왔다가 사형을 당한 이른바「황태성 사건」이 벌어지기도 했다. 김
대중 씨도 마찬가지이다. 해방 직후 마르크스주의 계열의 경제학자
인 백남운이 주도한 남조선신민당에 가입했던 청년 시기의 정치 이
력이 지금껏 이른바 색깔 논쟁의 고통을 안겨주고 있는 것이다.

(8) 통일은 대륙성을 회복하는 일

서울과 평양은 결코 먼 곳이 아니다. 서울에서 평양까지의 직선
거리는 서울에서 전주까지의 거리와 비슷하다. 어느 노래 가사에는
"서울에서 평양까지 택시요금 5만 원"이라는 표현이 있다. 그만큼
멀지만은 않은 거리란 뜻이다. 그러나 문제는 거리가 아니라 막혀
있다는 점이다.

자유로를 달려 문산으로 가 보면 분단이 무엇인가를 몸으로 느낄

수 있다. 통일로를 달려 임진각에 가 보아도 좋다. 자유로의 끝에 서면 북한의 선전물들과 대남방송을 접하게 된다. 임진각 앞에서 우리는 철도의 중단점과 함께 잠자는 기관차들을 만나게 된다. "철마는 달리고 싶다"란 푯말이 눈에 들어온다.

철마는 고구려의 고토와 대륙이 그리워 북한 땅을 향해 반세기 동안 망향의 노래를 부르고 있는 것이다. 그 노래를 우린 들을 수 있다. 그곳에서 많은 사람들이 망원경의 초점을 북쪽에 맞추는 것도 단순한 호기심 때문만은 아니다. 이쯤 되면 우리는 분단의 아픔이 말만이 아닌 냉엄한 현실로 구체화되어 있다는 사실을 몸으로 체험하게 된다.

휴전선이 막혀 있다는 것은 대륙과의 차단을 의미한다. 대륙에 대한 꿈과 상상력이 막혀 있는 가운데 50년의 세월을 보내면서 우리는 어느 사이에 고도(孤島)의 유폐의식 속에 침잠되어 버렸는지도 모른다. 한반도는 아시아 대륙으로 이어지고 아시아 대륙은 중앙아시아를 거쳐 유럽 대륙에 연결되어 있다. 만약 우리나라가 분단되지 않았다면 우리는 부산에서, 또는 목포에서 서울과 신의주를 거쳐 중국으로, 그리고 비단길을 거쳐 유럽으로 여행을 떠날 수 있었을 것이다. 두만강을 넘어 열차로 시베리아를 횡단하고, 모스크바에서 다시 유럽의 전역으로 기차 여행을 떠날 수도 있으리라.

대륙으로, 그리고 해양으로 마음껏 뻗어나갈 수 있는 지정학적인 위치에서 살면서도 우리의 열망과 꿈을 잠재워야 했던 지난 세월들은 우리에게 과연 무엇일까? 혹시 그 세월은 냉전과 분단이라는 고도에서 보낸 유폐된 생활은 아니었을까?

(9) 통일은 미래로 가는 여행

분단 현장을 여행하게 되면 우리는 분단의 아픔을 피부로 절감하

게 된다. 필자는 대학 1학년 시절 철원 일대의 군부대를 방문한 적이
있고, 군생활도 전방에서 했기 때문에 분단된 국토의 현실을 접할
수 있는 기회가 적지 않았다. 그런데도 휴전선 일대의 기행은 항상
새로운 느낌을 준다.

서부전선을 따라 동부로 이동해 보자. 강화도의 북문에 서면 북한
의 황해도 지역이 한눈에 들어온다. 얼마 전 '고향만두'의 광고에 나
온 곳이다. 서울에서 승용차로 자유로를 따라 달리면 일산을 지나
오두산 전망대에 도착하게 된다. 김수환 추기경이 집전하는 통일기
원 미사에 대권 예비 주자들을 포함한 한국의 정치실력자들이 대거
참여해서 화제를 모은 곳이다. 서대문에서 독립문을 지나 의주로와
통일로를 달리면 나타나는 임진각은 이미 유명한 관광지가 되어 있
다. 판문점으로 이어지는 곳, 이곳에서는 명절 때마다 실향민들이
차례를 지내는 모습을 볼 수 있다.

철원지역은 전쟁 이전에는 북한지역이었다가 지금은 남한 지역에
편입된 수복지구로서 독특한 분위기를 연출한다. 해방 직후에 지어
졌다는, 반쯤 무너진 노동당 사옥은 희미하기만 한 우리의 과거를
두 눈으로 확인하게끔 한다. 철원은 아름답고 자원과 토산물이 풍부
한 곳이다. 그래서 후삼국시대에는 궁예가 이곳을 수도로 삼았고,
조선시대에는 의적(義賊) 임꺽정이 근거지로 삼았던 곳이다. 궁예의
자취는 산의 이름으로 남아 있고, 임꺽정과 관련된 전설은 그곳의
관광지인 고석정(孤石停)에 기록되어 있다.

비무장지대(DMZ : Demilitarized Zone)를 답사하기 위해서는 철원
군청이 운영하는 고석정 근처의 관광안내소에 미리 비무장지대 답
사 신청을 해야 한다. 신청을 하면 담당 공무원의 안내를 받아 비무
장지대 내부로 이동할 수 있다.

동해안에는 금강산이 손에 잡힐 듯 가깝게 보이는 '통일전망대'가
있다. 동해안의 휴전선은 38선 훨씬 이북에 그어져 있기 때문에 동

해안에서 통일전망대에 가기 위해서는 강릉과 속초와 간성을 지나 휴전선 쪽으로 적지 않은 거리를 이동해야 한다. 남한에서는 가장 북쪽으로 이동해서 북한 땅을 볼 수 있는 곳이고, 북한지역만이 아니라 동해안을 볼 수 있는 곳이기도 하다. 언제나 떠오르는 태양을 볼 수 있는 곳, 이곳 동해안에서 우리는 과연 무엇을 보아야 하는 것인가?

이곳에서 우리는 무엇보다 통일한국의 새로운 청사진을 펼쳐 보아야 하는 게 아닌가. 더욱이 북한측이 동해 쪽에 면해 있는 나진·선봉 지구에 대한 개방실험을 본격 추진함으로써 동해는 통일과 관련해서 새로운 의미를 갖는 지역으로 부상하게 되었다. 북한 당국에서 나진·선봉 지구를 공업지구만이 아니라 관광지역으로 개발한다면 가까운 장래에 이곳을 여행할 수 있는 기회를 얻게 될지도 모를 일이다.

요즘은 압록강과 두만강 근처의 조중(朝中) 국경지대에서 북한의 모습을 바라보거나 취재하는 사람들이 적지 않다. 중국의 단동(丹東)에서 다리 하나만 건너면 북한의 신의주이고, 이곳 압록강에서는 유람선이 조중 접경선인 강 한복판까지 갈 수 있다. 앞에서 우리는 중국 쪽에서 백두산을 오르는 의미를 다른 각도에서 살펴보았지만, 그것도 사실은 분단의 현실을 아파하고 통일을 꿈꾸는 사람들의 새로운 의식(儀式)이라고 보는 것이 더 정확할 것이다.

분단기행은 북한 주변 맴돌기에 한정되는 것은 아니다. 적지 않은 사람들이 이미 북한을 방문하고 북한의 실체를 보았다. 1970년대에는 남북적십자회담과 남북조절위원회의 대표들과 기자들이 다녀왔고, 1980년대에는 고위급 회담의 대표들과 예술단, 그리고 약간의 이산가족들이 다녀왔다. 해외동포 자격으로, 학자와 예술가와 기자의 자격으로, 북한지역을 방문한 사람들도 있다. 문익환 목사와 임수경 양과 황석영 씨처럼 국가보안법을 위반하면서 방문한 경우도

있다. 또 김하기 씨처럼 얼떨결에 다녀온 경우도 있다. 최근에는 남
북한의 합작회사가 만들어짐으로써 합법적으로 평양에 체류하는 인
원까지 생기게 되었다.

그 동안 북한을 방문했던 사람들의 기행문이 한결같은 내용을 담
고 있는 것은 아니다. 우리가 접할 수 있는 기행문에는 각양각색의
내용과 평가들이 담겨 있다. 그러나 동포들의 삶에 대한 호기심은
서서히 남한과 북한의 거리를 좁혀나가고 있다.

(10) 통일은 남북 신세대들의 만남

한국의 신세대들은 통일에 별다른 관심이 없다는 통계 조사가 자
주 나오고 있다. 그렇다면 한국의 신세대들은 과연 통일에 무관심하
거나 혹은 반대하는 세력이 될 것인가? 필자는 그렇게 생각하지 않
는다. 이 문제에 대한 해답을 얻기 위해서는 어떤 통일에 관심이 없
으며, 어떤 통일을 선호하는가를 눈여겨 보아야만 한다.

필자가 보고 이야기를 나눈 바에 의하면 한국의 신세대들은 기존
의 형식주의적이고 국가주의적인 통일논의에 별 흥미를 느끼지 않
는 것처럼 보인다. 신세대들은 우리나라 역사상 최초로 남의 눈치를
보지 않고 당위론에 쉽게 고개를 숙이지 않는 자기 중심적인 개인으
로 성장했다. 자기 중심적인 개인주의, 이것이 오늘날 신세대들의
의식의 특징이다.

그러나 의식은 머무르는 게 아니라 운동하면서 발전하게 되어 있
다. 한국 신세대들의 의식구조는 현재 개인주의의 심화, 발전으로
이어질 수밖에 없다. 개인주의의 심화, 발전은 결국 중·장기적으로
는 그 개인주의가 놓여 있는 사회적 기반에 관심을 쏟을 수밖에 없
게 되어 있다. 그렇지 않으면 결국 상처를 단단히 입거나 미칠 것 같
은 답답함으로부터 벗어나지 못할 것이기 때문이다. 「누가 나를 미

치게 하는가?」란 영화도 있잖은가.

사회적 기반에 대한 관심은 결국 이웃에 대한 배려와 수준 높은 공동체를 지향하는 방향과 맥을 같이하는 것이다. 건강한 공동체 없이는 개인주의의 안전이 보장되지 않기 때문이다. 여기서 건강한 공동체를 만드는 일에 관심을 쏟게 되면 종국에는 통일문제와 마주하지 않을 수 없게 되어 있다. 범죄, 마약, 매춘, 폭력, 성차별, 연줄사회, 알콜중독, 환경오염 이런 것들이 한국에서는 분단 문제와 직간접으로 연결되어 특수한 형태로 사회 문제화 되고 있기 때문이다.

그래서 통일은 이러한 사회적 문제들을 치료하면서 건강한 공동체를 일궈가는 일이라고 정의해도 과언이 아니다. 아니 건강한 사회를 만들어가는 과정에서 우리는 어느덧 통일이라는 거대한 역사적 과제를 완수하게 될지도 모른다.

이런 관점에서 통일문제를 본다면 한국의 신세대들은 더욱 수준 높은 통일을 위해 일하게 될 것이다. 그리고 북한에도 세상을 새롭게 보는 신세대들이 자라나고 있다. 최소한 외국 유학을 한 북한의 신세대들은 세상물정을 잘 알고 있다고 들었다.

따라서 이들은 기성 세대들과는 다른 수준에서 민족적 과제, 즉 통일한국의 내실 있는 발전을 위해 협력하면서 노력할 것이다. 남한과 북한의 젊은이들 사이에, 또는 남한의 젊은이들 사이에도 경쟁은 있을 수 있다. 그러나 경쟁에는 '규칙'과 기본 틀이 있는 법이다. 경쟁의 규칙과 갈등에 대한 일정한 수준의 통제를 통해 경쟁이 민족의 분열과 대결로 이어지는 일이 없도록 하는 것은, 신세대들의 중요한 과제이다.

그리고 세계화가 진행되면 될수록 지구촌을 구성하는 여러 민족들의 자존심과 생존 문제는 더욱 중요한 과제가 될 수밖에 없을 것이다. 그런 점에서 통일과 관련된 신세대들의 과제는 중차대한 것이 아닐 수 없다. 그래서 다음 장에서는 통일이 필요한 이유를 10가지로 정리하고, 아울러 통일상황에서 부딪히게 되는 여러 가지 문제들을 구체적으로 점검하기로 하겠다.

2. 통일의 필요성과 전망

1) 통일의 10대 필요성

(1) 민족공동체의 복원은 자연스러운 인간적 요구이기 때문이다. 인간의 생활단위에는 민족 이외에도 개인과 가족, 지방, 그리고 지역과 세계가 있지만 그 중에서도 언어가 통하고 혈연과 역사를 공유하고 있는 최대 규모의 인간집단인 민족이라는 생활단위는 기본적 생활단위 가운데 하나이다. 따라서 기본적 생활단위가 분열되고 적대적인 관계가 될 경우에는 민족구성원이 심각한 고통을 겪지 않을 수가 없다. 이 고통을 줄여나가기 위해서는 반드시 통일을 이루지 않으면 안 된다.

(2) 민족이 분열되어 서로 다른 정치체제를 형성하고 적대적인 관계를 갖게 될 경우에는 서로를 견제하고 제압하기 위해서 흔히 외세와 손을 잡게 되는데 이때 외세와의 관계는 불평등 관계에 놓일 수밖에 없게 된다. 그렇기 때문에 민족의 자주성과 자존심을 회복하기 위해서도 통일은 반드시 필요하다.

(3) 경제적으로 자립하고, 살기 좋은 복지사회를 만들기 위해서도 통일이 필요하다. 민족과 나라가 분열되어 적대적인 관계에 놓

이게 될 경우 필연적으로 군비경쟁이 발생하게 되는데, 이때 과도한 군비경쟁은 사회의 복지비용을 감소시키게 되고, 군비를 마련하는 과정에서 군사적·경제적으로 외세에 종속될 가능성이 높아지게 된다.

(4) 따뜻한 사회, 믿을 수 있는 사회를 만들기 위해서 통일이 필요하다. 분단과 휴전상황에서는 전쟁 가능성을 배제할 수 없기 때문에 전시체제 또는 전시체제와 유사한 상황이 조성되게 되고 이와 같은 상황은 사회를 경직시키게 된다. 그리고 남북한 모두가 상대에게 이로움을 줄 가능성이 있다는 이유로 주민의 사회적 의사표시를 제한하고, 국민생활에 대한 감시에 신경을 쓰게 된다.

(5) 통일은 이산가족의 상봉과 재결합을 가능하게 한다. 통일은 남북한 사회의 재결합을 의미할 뿐만 아니라 분열되어 있는 해외 동포들의 단결을 가능하게 한다는 점에서도 대단히 중요하다. 그 동안 재일동포들은 조국의 분단 때문에 민단계와 조련계로 갈려 있어야 했고, 러시아 지역의 고려인들과 중국의 조선족 동포들도 뿌리의 정체성에 혼란을 겪고 있다. 그리고 그 동안의 대유엔 외교는 남북대결 문제가 주종을 이루었다. 이처럼 분단 때문에 막중한 외교비용이 들어가야 했고, 외국인들 앞에서 추태를 연출해야 하는 경우도 적지 않았다.

(6) 분단된 상황에서 남한은 도서국가와 같은 지리적 특성을 갖게 되고 북한은 대륙에 연결되어 있으면서 분리된 두 개의 해안선만을 갖게 되었다. 그러나 통일은 남북한의 지리적 고립을 해소시키고 아울러 한반도가 갖고 있는 대륙성과 해양성의 장점을 살릴 수 있게 한다. 그리고 통일은 한반도로 하여금 아시아 국가의 일원으로서 아

시아의 평화에 이바지하게 하고 동시에 국제사회에서도 당당한 발언권을 행사하게 한다.

(7) 신민족주의(新民族主義)와 세계화가 동시에 이루어지고 있는 현재의 국제 조류를 고려해 볼 때, 우리 민족의 생존과 번영을 위해서는 남북한이 협조하고 통일하지 않으면 안 된다. 게다가 통일은 정치적인 측면에서 뿐만이 아니라 경제적인 측면에서도 민족공동체를 형성하게 함으로써 새로운 경제발전의 활로를 가져 올 수 있다.

선진국이 되려면 1억 정도의 인구가 필요하다는 말이 있다. 그래야 안정적인 내수시장, 특히 문화시장이 형성되기 때문이다. 기술개발과 기술혁명을 위해서도 안정적인 내수 시장이 필요함은 말할 것도 없다.

따라서 남한과 북한은 공영을 위해서 경제공동체를 이룰 필요가 있다. 게다가 북한은 철, 중석, 몰리브덴, 망간, 니켈, 석탄 등 풍부한 광물 자원을 갖고 있으며, 남한은 효율적인 제조기술과 마케팅 능력이 있다. 남북한의 자원 분포와 경제적인 특성은 상호보완적이다.

(8) 서로 다른 방향으로 발전해 온 남북한의 문화를 종합함으로써 획기적인 문화의 질적 발전을 가져올 수 있다. 게다가 통일이 될 경우에는 문화공동체의 규모를 확대할 수 있기 때문에 문화산업적인 측면에서 상당한 국제경쟁력을 확보하게 될 것이다. 따라서 한글문화권의 문예부흥을 기대할 수 있게 된다.

(9) 분단되어 있으면 4대강국의 분리통치 대상이 되지만 통일이 되면 4대강국의 힘을 주체적인 입장에서 조절할 수 있게 된다. 통일이 될 경우 나라의 국제적인 위상이 높아지게 되고 민족적 자긍심을 갖게 된다.

(10) 우리 사회의 민주적 발전은 통일을 촉진하게 되고 통일은 아울러 우리 사회의 진정한 민주적 발전을 가능하게 한다. 무엇보다도 우리 사회와 우리 민족의 공존공영과 사회적 발전을 도모하기 위해서는 분단에 의한 에너지 낭비를 줄이고 통일이라는 신바람의 에너지를 일으켜야 한다.

2) 통일은 가능한가

통일이 되어야 한다는 데 많은 사람들이 공감한다. 그러나 중요한 것은 통일이 과연 이루어질 것인가 하는 구체적인 가능성이다. 통일의 객관적인 가능성은 분단을 지향하는 힘과 통일을 지향하는 힘의 합성관계에 의해 결정될 것이다. 다만 역사에는 객관적인 힘 관계와 함께 주체적인 대응의 문제가 개입되기 때문에 통일의 가능성은 결국 우리 민족의 노력 여하에 달려 있다고 할 수 있다.

분단과 통일을 둘러싼 현재의 힘 관계를 볼 때 이미 분단구조가 해체되기 시작하고 아울러 통일의 맹아가 형성되기 시작했다고 평가할 수 있다. 통일의 구체적인 시기는 강대국의 대한반도 정책과 한반도 내부의 통일을 둘러싼 힘 관계, 그리고 통일을 위한 우리의 대응 여하에 달려 있다고 할 수 있을 것이다. 따라서 통일은 만들어 가는 것이지 누가 그냥 가져다 주는 선물이 아니라는 사실을 명심할 필요가 있다.

그러면 언제쯤 어떤 방식으로 통일이 이루어질 것인가? 시기의 문제는 주체적인 노력이라는 변수를 고려해야 하기 때문에 정확하게 예측하기는 힘들다. 다만 다음과 같은 자료들을 참고할 수 있을 것이다.

(1) 바짐 트카첸코의 이야기

바짐 트카첸코는 모스크바의 동양학 대학을 졸업했고, 소련공산당 국제부 조선과장을 역임한 인물이다. 현재는 러시아과학아카데미 산하 극동연구소 한국과장이다. 이 사람은 이렇게 말한다.

"남북한의 정치·사회적 이질감이 커서 통일이 쉽지는 않을 것이다. 동서독처럼 상호방문이나 경제교류 등도 없는 상태이며 서로를 잘 알지 못한다. 현재로서는 남북한 대다수 구성원이 동의하는 민주적 통일은 다음 세대가 돼야 가능하지 않겠는가?"

(2) 김학철 선생의 이야기

김학철 선생은 중국 연변 조선족 자치주에 살고 있는 항일투사이고 공산당원이었다. 김학철 선생은 이렇게 주장한다.

"조선반도의 통일은 남쪽이 북쪽을 흡수통일하는 방법밖에 없다고 본다. 박정희도 세습은 하지 않았다. 공화국의 이름을 달고 부자세습을 어떻게 할 수 있나. 김일성이 죽으면 1년 버티기가 힘들 것이다. 당이나 군에서 새로운 세력이 나온다."

(3) 볼프강 빌헬름 목사의 이야기

볼프강 빌헬름 목사는 옛 동독교회 선교국의 총무를 역임한 인물이다. 볼프강 목사는 다음과 같이 이야기한다.

"독일통일로 동서독 간의 정치적인 벽은 무너졌지만 정신적인 벽은 더욱 두터워졌다. 통일 이후를 대비한 치밀한 준비 없이 성급하게 통일을 추진한 결과이다. 남북한 사람이 서로 다르다는 의식을 먼저 가져야 한다. 무조건 우리는 하나라는 당위적인 의식만을 앞세운 통일운동은 위험하다. 남과 북이 서로를 이해하려는 노력을 게을리 한 채 무조건 통합을 주장한다면 통일은 또 다른 비극의 시작이 될 수 있다. 현재 옛 동독시민 가운데는 '내가 왜 사회주의체제를 비판했는지 모르겠다'고 후회하며 '옛 동독지역이 서독의 식민지가 돼버린 듯하다'고 불평하는 사람이 늘어나고 있다. 이는 서독이 막강한 경제력을 앞세워 자신이 구상한 통일독일의 모습에 동독을 일방적으로 꿰어맞추려고 했기 때문이다.

진정한 통일은 통일에 대한 막연한 환상이나 무분별한 통일 논의보다 남과 북이 서로를 이해하고 신뢰할 수 있는 분위기를 만들어가려는 노력에서부터 시작된다.”

3. 어떤 방식의 통일인가

통일의 당위성과 가능성, 그리고 통일이 가져올 사회적 효과의 상당 부분은 통일이 어떻게 어떤 방식에 의해 이뤄질 것인가에 달렸다. 따라서 통일을 논의할 때는 통일방식의 문제가 제기되지 않을 수 없다. 우리가 이 책에서 검토하고자 하는 '풀뿌리 네트워크 통일론'도 어떻게 해야 좋은 통일이 가능한가에 대한 고민에서부터 출발하는 것이다. 그러나 논의에는 순서가 있다. 여기에서는 통일과 관련된 기존의 논점들을 점검하고 넘어가도록 하자.

(1) 현상유지냐 통일이냐

통일을 이야기하는 사람들은 우리 사회의 거의 모든 사람들이 통일을 원한다는 가설을 검토 없이 사용하는 경향이 있다. 의욕이 앞서기 때문이다. 그러나 우리 사회에는 통일을 기대하지 않거나 원하지 않는 사람들이 적지 않게 있다는 사실을 유념해야 한다. 여기에는 지금 이대로가 좋다는 현상유지론적 관점과 '통일이 될 리가 있겠는가'라는 통일무기대론적인 관점이 섞여 있다.

최근에는 포스트모더니즘적인 관점의 반통일론도 제기되고 있다. 남한사회는 세련되어 있는데, 북한 사람들은 생활수준이 낙후되어 있기 때문에 함께 어울리고 싶지 않다는 주장이다. 이런 시각은 특히 신세대들에게 많이 공유되어 있다.

따라서 참다운 통일을 위해서는 무조건적인 통일이 아니라 남북한 모두의 발전을 전제로 하는 역사주의적인 통일이 되지 않으면 안된다.

(2) 무력통일이냐 평화통일이냐

예멘과 독일의 통일사례가 등장하기 이전만 하더라도 평화통일이 과연 가능할까 하는 의구심이 적지 않았다. 그리고 무력에 의한 통일만이 현실적인 것이라는 뉘앙스를 풍기는 주장들이 제기되곤 하였다.

북한에 의한 무력통일론의 실험이 한국전쟁인 반면, 남한 정부는 북진통일론을 정책으로만 유지하였다. 그러나 북한의 무력통일론은 실패하였고, 남한의 북진통일론은 평화통일론으로 대체되었다. 그런 점에서 1950년대에 '평화통일론'을 주장했다가 사형당한 '조봉암 사건'은 한국 현대사의 역설이다.

최근에 와서는 남북한 당국 모두가 공식적으로 평화통일을 이야기하고 있다. 그러나 실제로는 치열한 군비 경쟁이 이루어지고 있다. 그래서 군사평론가인 지만원 박사 같은 사람은 통일 대신에 평화를

선택해야 한다고 주장하는『통일의 지름길은 영구분단이다』란 책을
냈다.

평화체제 수립의 긴급성과 평화가치의 중요성에 대해서는 필자
역시 동의하는 바이다. 그런 점에서 필자는 이렇게 주장한다. "평화
보장은 최대한 빠르게, 그러나 통일은 실수없이 차근차근."

(3) 흡수냐 공존이냐

통일방식에 대한 다음의 논쟁구도는 남북한 사이에 공존의 방식
을 채택할 것인가 아니면 흡수통합을 택할 것인가 하는 문제이다.
1992년 14대 대통령선거 당시 국민당은 흡수통합을 주장했고, 민자
당과 민주당은 체제공존의 통일론을 주장했다. 현재는 정부와 신한
국당, 그리고 국민회의가 모두 공존과 연합의 과정을 거치는 통일을
주장하고 있다.

공존론에는 '연합론'과 '연방론'이 있고 흡수통합론에는 어떠한 체
제로의 통합인가 하는 문제가 제기된다. 이를테면 북한사회의 일각
에서 사회주의 흡수통합론을 제기한 바가 있고, 반면 남한의 경우에
도 자본주의로의 흡수통합을 주장하는 사람들이 있다. 민자당의 이
념연구실장을 지낸 유종렬 박사는『흡수통합 금세기중 가능한가?』
라는 책을 냈고, 육군참모총장을 지낸 박희도 씨는 "북한정권은 무
너져야 한다"는 입장을 분명히 하고 있다.

반면 대우경제연구소 이한구 소장은 흡수통일은 논의 자체가 아
주 나쁜 것이라는 입장을 견지한다. 두 체제가 가다 보면 한 쪽이 약
해질 수도 있지만, 약해지는 것은 죽는 것하고는 전혀 다르다. 약한
듯 하면서도 오래 사는 사람이 있고, 강한 듯 하면서도 빨리 죽는 사
람들이 있다. 어느 한 쪽이 다른 한 쪽을 흡수하는 논리를 만들게 되
면 그것은 필경 평화를 깨는 논리가 될 수밖에 없다는 것이다.

(4) 연합이냐 연방이냐

두 체제의 공존을 전제로 하면서 통일을 지향하는 방법으로는 '국가연합'과 '연방국가'가 있다. 국가연합은 복수의 국가가 일정한 범위에서 동일한 법인격자로 행동할 수 있도록 조약상으로 결합한 형태이다. 국제법상의 능력과 권리는 원칙적으로 각 구성국이 보유하고, 중앙조직은 각 구성국이 합의한 범위에서만 능력과 권리가 예외적으로 인정될 뿐이다. 1778~1787년의 미국, 1815~1866년의 독일연방, 1815~1848년의 스위스가 실례이다. 현재의 독립국연합(CIS : Commonwealth of Independent States)도 각 구성 공화국들의 국가연합이라고 할 수 있다.

연방은 연합국가라고도 할 수 있는데, 복수의 지분국으로 구성된 국가이다. 연방의 중앙조직은 국제법상 완전한 지위를 인정받는다. 그리고 지분국은 극히 제한된 범위에서 예외적으로 국제법상의 지위를 인정받을 수 있다. 그러나 중앙조직의 강화에 따라 지분국은 국제법상의 지위를 완전하게 상실하게 되는 것이 보통이다. 연방의 예로는 현재의 미국, 스위스, 그리고 과거의 소련 등이 있다.

한편 동군연합(同君聯合 : Union)은 한 군주를 여러 국가가 원수로 삼는 복수 국가의 결합형태로서 실질적인 동군연합(Real Union)과 명목상의 동군연합(Personal Union)이 있다. 전자는 2개 이상의 국가가 동일한 군주를 자기 국가의 원수로 삼으면서 조약에 의해서 확정적으로 결합한 것이며, 이때 동군연합은 완전한 국제법적 지위를 지닌다. 그러나 명목상의 동군연합은 복수의 국가가 명의상으로만 결합한 것이며, 구성국은 국제법에서 특별한 제한을 받는 것이 아니다. 초기 영국연방은 동군연합이었지만, 49개국의 영국연방은 훨씬 더 결합도가 약한 공동체를 이루고 있다. 이중 남한 정부는 국가연합을 선호하고 있고, 북한 정부는 줄기차게 연방국가를 주장하였다.

(5) 정전체제와 평화체제

현재 한반도에는 전쟁과 분단으로 인해 두 개의 정부와 정치권력이 휴전선에서 대치하는 형편이기 때문에 이 휴전 상황을 평화적으로 관리하는 전쟁예방체제의 구축, 휴전체제를 평화체제로 전환하는 문제, 그리고 평화적으로 통일을 만들어가는 문제 등이 서로 연결되어 있다. 따라서 한반도의 문제를 해결하기 위해서는 다음과 같은 문제들을 연쇄적으로 해결해야 한다.

① 현 휴전체제의 안전한 관리와 전쟁예방체제의 구축, 신뢰구축과 평화공존에 대한 합의, 군비통제문제.
② 휴전체제의 평화체제로의 전환, 평화교류와 민족동질성의 회복 문제, 군비축소문제.
③ 통일방안에 관한 협의와 합의(남한의 국가연합과 북한의 연방국가안을 어떻게 해결할 것인가 하는 문제).
④ 궁극적인 통합을 언제, 어떤 방식, 어떤 형태로 할 것인가 하는 문제. 그러나 여기에서 잊지 말아야 할 것이 있다. 그것은 이러한 과정이 진행되는 통일방안에 대한 풀뿌리 대중들의 공감대가 있어야 하고, 그 공감대를 기초로 해서 풀뿌리 수준에서의 다양한 네트워크가 형성되어야 한다는 것이다.

(6) 마지막으로 남는 문제들

통일을 위해서는 많은 문제들을 연구하고 준비해야 한다. 그 중에서도 최종적으로 결단하고 선택해야 될 중요한 문제들로는 다음과 같은 것들이 있다.

① 어떤 통일을 언제 어떻게 해야 민족의 이익에 가장 부합되는
   통일이 될 것인가?
② 통일이라는 변화가 수반하는 사회현상은 무엇이며, 이런 문제
   에 대해서는 어떻게 대비해야 할 것인가?
③ 통일조국의 구체적인 모습에 대한 청사진은 무엇인가?

　이 세 가지 문제를 해결하는 데는 정부의 역할이 중요하다. '풀뿌
리 네트워크' 통일론으로 넘어가기 전에, 또는 그런 통일을 추구해
나가는 과정에서 남북한 정부 사이에 해결해야 할 문제들이 적지 않
기 때문이다.
　그러나 문제는 그것만은 아니다. 정부 사이의 문제도 중요하지만
풀뿌리 수준에서 해결하고 풀어나가야 할 문제들도 적지 않다. 그렇
지만 '풀뿌리 네트워크' 통일론이 막연한 것이 되지 않기 위해서는
남북한 당국자들 사이에 풀어야 할 문제들도 치밀하게 검토되지 않
으면 안 된다.
　통일이 수반하는 사회적 변화에는 우리 민족에게 좋은 점이 상당
히 많다. 그러나 그것과 함께 해결해야 할 문제점도 적지 않게 발생
할 것이다. 다음은 그것을 살펴볼 차례이다.
　필자는 오랫동안 경희대 수원캠퍼스에서 '민족통일론'을 강의하
였다. 다음은 '민족통일론'을 수강하는 학생들에게 통일의 장점과 문
제점에 관한 설문조사를 실시하여 여기에서 나온 답변을 모은 것이
다. 학생들의 생각대로 될 것인지에 대해서는 더 깊은 검토가 필요
하겠지만 우리의 상상에 많은 도움을 줄 것이다.

4. 통일이 되면 좋아지는 점

(1) 정치분야

① 우리가 활동할 수 있는 국토가 넓어진다. 세계에 '사우스 코리 아', '노쓰 코리아'라는 두 개의 이름으로 알려진 국가의 이름이 하나가 될 것이고, 국기와 국가(國歌)도 하나가 될 것이다. 그 때를 위해서 그래픽을 공부하고 디자인도 공부해야겠다. 남북 한이 탁구 단일팀을 구성해서 국제대회에 출전한 적이 있는데, 그 때 얼마나 모양이 좋았는가? 2002년 월드컵도 한일만이 아 니라 남북한이 분산 개최한다면 통일에 큰 도움이 될 것이다.

② 중국과 러시아를 육로로 다닐 수 있게 되어 대륙과 더 활발한 교류가 이루어질 것이고, 육로가 중동과 유럽으로까지 이어질 것이므로 더 힘차게 세계로 뻗어갈 수 있다.

③ 통일은 땅에 떨어진 민족의 주체성과 자주성을 실현하는 유일 한 길이다.

④ 통일은 이 땅에 진정한 민주화를 가져다 주고 국민들의 자유를 확대시킬 것이다. 현재 정치에서 소외되고 있는 노동자, 농민, 도시빈민 등도 권리를 찾을 수 있고 정치에 참여할 수 있을 것 이다. 낡은 제도를 정비할 수 있다.

⑤ 통일된 조국에서는 사회주의와 자본주의가 결합된 새로운 형 태의 정치형태가 나타나면서 진정한 민족주의 국가가 형성될 것이다. 사상과 표현의 자유가 확대될 것이다.

⑥ 남북한에 정치범과 양심수들이 생기지 않을 것이다. 인권 문제 가 지금보다 나아질 것이다. 통일을 목적으로 한 시위가 없어 지게 될 것이다.

⑦ 한민족의 유대가 강화될 것이다. 한민족의 민족주의 기풍이 강화됨으로써 국내외의 한민족들이 한민족임을 자랑스럽게 여기며 사할린과 연변의 한민족, 그리고 재일교포, 재미교포, 남북한의 한민족이 서로 도우면서 살 수 있을 것이다.

⑧ 자신과 다른 사람, 다른 사상을 가진 자를 비판하기 바쁘던 사람들이 다른 사람의 의견을 수용하게 될 것이다.

⑨ 남북한이 서로를 비난하는 교육과 노력을 하지 않아도 된다.

(2) 외교분야

① 국토의 확장과 국력이 신장됨으로써 국제사회에서 발언권이 강해진다.

② 다각적인 외교정책을 펼 수 있다.

③ 대륙과 해양을 연결하는 교통의 요지로 발전할 것이다. 대륙으로의 진출이 쉬워진다.

④ 북한을 통해 수출을 할 수 있고, 북한을 통과하여 중국과 러시아, 그리고 유럽을 여행할 수 있다.

⑤ 동아시아 세력 재편 과정에서 역할을 증대시킬 수 있다.

⑥ 해외공관의 통합으로 외교적 힘이 강해지고 거리낌 없이 활발한 외교활동을 할 수 있다.

⑦ 일본의 군국주의화에 효과적으로 대처할 수 있을 것이다.

⑧ 지금은 중국과 북한이 나누어 가지고 있는 백두산을 민족의 단합된 힘과 지혜로 다시 찾을 수 있을 것이다.

(3) 군사분야

① 남북한의 군사력과 작전 능력을 합친다면 군사 강국이 될 수

있다.

② 북이 쳐내려온다는 공포심이 사라진다. 통일은 우리에게 전쟁의 위협 대신 진정한 평화를 가져다 준다.

③ 현재 우리의 금수강산은 남북한과 미군 등 200만 명에 가까운 병력의 군사적 대치 상황과 한국전쟁 당시보다 80배의 파괴력, 그리고 핵위협 등 민족의 생존뿐만이 아니라 세계의 평화를 위태롭게 하는 화약고로 전락해 있다. 이러한 위험에서 벗어나는 일은 국제관계의 변화가 그냥 가져다 주는 것이 아니라 통일을 이룰 때만 가능하다.

④ 국방예산(1991년 8조 7,350억 원)과 주한 미군 유지비(30억 달러)를 절약함으로써 이를 교육비나 사회복지 비용으로 투자할 수 있다.

〈참고자료〉이경기, 「군축의 사회적 효과」, 『말』 1991년 1월.

"우리와 소득수준, 경제력 수준이 비슷한 중위자본주의 국가들의 군사비 지출수준(예산의 7.4%)으로 군사비를 줄이면 1989년의 경우 4조 8,000억 원 정도의 잉여 재원이 생기는데, 이 돈이면 전 국민에 대한 무상 의료서비스, 전 국민 노후 소득 보장, 저소득층 공공임대주택 보장(매년 1조 원씩 12년간 투자), 생활보호대상자와 노인 장애자의 최저생활 보장, 노인수당(2만 원) 및 장애수당(4만 원) 지급 등을 동시에 할 수 있다."

정부가 국회에 제출한 1997년의 국방예산안은 전년에 비해 12%가 증액된 13조 7,653억 원으로 전체 예산의 20.2%이다.

⑤ 군사강국을 유지하면서도 모병제로의 전환을 검토할 수 있다. 군대에 가서도 내 민족에게 총을 겨누는 것이 아니라 우리 국토를 지키는 역할을 하게 된다.

⑥ 공안관계법 등에 의한 억울한 피해자가 사라진다.

(4) 경제·산업분야

① 국제경쟁력이 떨어지고 있는 남한의 경공업 시설을 가격경쟁에서 유리한 북한으로 옮겨 다시 활용할 수 있다. 그렇게 된다면 대만, 싱가포르, 홍콩은 물론, 요즈음 급부상하고 있는 동남아시아와 중국을 제치고 '고품질 중저가 상품'으로 세계 경제시장을 석권할 수 있을 것이다.

② 남북한과 중국의 조선족, 러시아의 고려인, 재일교포, 재미교포 등 한민족경제권을 형성하여 서로 돕고 더 높은 경쟁력을 갖추게 되고 고도성장을 이룩하게 될 것이다.

③ 병력감축으로 인한 젊은 일꾼들의 생산활동 참여가 생산력을 증대시킬 것이다.

④ 북한의 소비재 시장 형성으로 소비재 공업이 발달할 것이다.

⑤ 북한의 노동력과 남한의 자본과 기술이 결합해서 수출을 증대시킬 수 있을 것이다.

⑥ 효율적인 국토활용 방법을 모색할 수 있다.

〈참고자료1〉 윤혜정(서울시정개발연구원 연구원, 토지개발공사가 전국 대학원생들을 대상으로 한 국토개발 관련 논문 현상 공모에서 우수상 수상), 「통일에 대비한 효율적 국토개발 방향」

"통일 이후 남북한의 균형발전을 위해서 남북분단 이전의 서울-평양 간 단핵구조를 국토의 특성에 따라 다핵적 공간구조로 개편하기 위해 동서간의 연결을 강조하는 R자형 국토 공간 개발축을 유도하는 것이 바람직하다. 즉 부산-대구-서울, 개성-평양-의주-서울, 대전-광주-광양, 서울-원산-청진 등 기존 3개 남북축의 골격을 유지하되 청진-의주, 원산-평양-의주의 동서축을 개발하는 R자형 국토개발 방안이 필요하다."

〈참고자료2〉 국토개발연구원의 박양호 연구위원이 제시한 통일한국의 국토개발 3개 축은 목포에서 서울-개성-평양-신의주를 연결하는 서해안연안 개발축, 부산에서 포항-동해-원산-함흥-청진을 잇는 동해연안개발축, 그리고 동해안을 연결하는 남해안 개발축이다. 여기에 평양-원산-청진축과 대전-대구-부산축을 추가하면 효율적인 국토개발 방안이 된다.

⑦ 남한의 제조기술과 북한의 과학을 합친다면 과학기술을 크게 발달시킬 수 있을 것이다.

⑧ 일본을 앞지를 수 있다. 지금 상황으로는 어렵지만 통일만 된다면 일본을 압도하는 나라가 될 것이다. 아니 그렇게 되어야만 한다.

⑨ 러시아로부터 천연가스를 파이프를 통해서 공급받을 수 있다.

⑩ 중국과 고도의 경제협력을 할 수 있을 것이다.

⑪ 남한의 농산물을 북한에 수출할 수 있고, 통일 농업을 발전시킬 수 있다. 예를 들자면 개마고원 감자와 강원도 감자를 비교해서 잘 발전시킬 수 있을 것이다.

⑫ 수력발전을 개발할 수 있다.

⑬ 출판 등 문화산업에서 규모의 경제를 도모할 수 있다.

⑭ 조경산업을 발전시킬 수 있다. 동경-시모노세키-부산-서울-신의주-중국 혹은 러시아-이스탐불-파리-런던으로 철도가 연결되면 우리나라의 발전이 빨라지고 조경가가 할 일이 많아진다.

〈참고자료〉 1996년 10월 30일 인도의 뉴델리에서 열린 유엔 아시아·태평양 경제사회 이사회(ESCAP) 주최 인프라 각료회의는 아시아와 유럽을 연결하는 아시아 횡단철도의 북부노선 중 남북한 철도의 미연결 구간을 복원하는 데 최우선의 노력을 기울이기로 합의했다.

아시아 횡단철도 북부노선은 ●부산-서울-북한(나진)-러시아-

유럽(로테르담)의 총 길이 1만 6,600㎞ ●부산-서울-북한(신의주)-중국-몽골-러시아-유럽(로테르담), 총 길이 1만 800㎞ 등이다.

⑮ 금강산 등 관광자원의 개발로 관광수입을 증대시킬 수 있다. 훌륭한 겨울철 관광지를 개발할 수 있고, 동계올림픽의 유치가 가능하다.

〈참고자료〉 범아시아 횡단철도 구축사업에 이어 아시아 각국에서 유럽까지 연결하는 아시아 고속도로 건설이 추진된다.

1996년 11월 8일 건설교통부에 따르면 유엔 아시아·태평양경제사회이사회(ESEAP)는 최근 유럽 각국을 고속도로로 잇는 유러로드(EURO ROAD)처럼 아시아 각국을 연결하는 아시아 고속도로 건설 사업을 본격 추진키로 했다. ESEAP는 80년대 초반 아시아고속도로 구축사업을 구상, 각국에 의사타진을 했으나 중국 등 일부 국가의 반대로 뜻을 이루지 못했다. 그러나 최근 중국이 자국을 거쳐 유럽으로 가는 새 노선을 들고 나와 이를 수용할 경우 아시아 고속도로망 구축사업에 동참하겠다는 의사를 밝혀 아시아고속도로 건설사업이 구체화되고 있다.

ESEAP가 지금까지 구상한 아시아 고속도로 예상노선도는 한일 해저터널을 뚫어 일본과 한국을 연결한 뒤 한반도를 지나 중국 심양과 북경을 거치고 북경에서 남북으로 갈라져 유럽까지 이어지도록 돼 있다.

남부노선의 경우 북경에서 상해, 베트남, 태국을 거쳐 방글라데시, 네팔, 인도 북부와 파키스탄, 중동지역, 터키, 아프카니스탄을 지나 남유럽으로 연결되며 총연장은 2만 3,000㎞에 달한다. 북부노선은 북경에서 몽골, 시베리아를 거쳐 모스크바, 북유럽으로 연결되는 루트로 총연장은 1만 5,000㎞로 돼 있다.

현재 아시아고속도로 전체예상노선 가운데 북부노선과 남부노선을 연결하는 북경에서 상해에 이르는 지역만 연결도로가 없을 뿐 나머지는 대부분 도로망이 연결돼 있는 상태다(문화일보 1996년 11월 8일자 참조).

⑯ 남한의 경제력과 북한의 자원이 결합된다면 경제강국으로 부상할 수 있다.

⑰ 지정학적으로 중국, 러시아와 인접하여 국제무역이 유리하다.

⑱ 남한의 땅값이 싸질 것이다.

⑲ 북쪽의 건축과 도시건설 등이 활발하게 일어나 경제부흥의 원동력이 될 것이다.

(5) 사회분야

① 이산가족이 상봉할 수 있다.

② 결혼할 때 선택의 폭이 넓어진다.

③ 민족 구성원의 심리 면에서도 단일 민족으로서의 자부심과 유구한 역사를 가진 민족적 긍지를 함양시켜 나갈 수 있다.

〈참고자료〉 미시통일론은 결국 통일심리학으로 발전할 수밖에 없다. 그런 점에서 1993년에 한국심리학회가 개최한 학술심포지엄의 의미는 큰 것이다. 여기서는 통일과정에서의 사회심리적 장애요인들을 검토하고, 아울러 통일과 심리적 화합의 문제를 학술적으로 다루었다. 이창호·이춘재 편집, 『남북의 장벽을 넘어』(중앙적성출판사, 1995).

④ 남북한의 장점을 잘 결합시킨다면 정신생활의 향상을 기대할 수 있다.

⑤ 통일되는 과정, 또는 통일 직후에 이 시대의 사회 구성원들이, 특히 이 시대의 젊은이들이 자신이 경험하지 못했던 세계에 대한 동경과 도전적 욕구, 그리고 지적 호기심을 갖게 되어 새로운 삶의 지표와 희망을 갖게 될 것이다.

⑥ 행정수요 때문에 행정고시가 쉬워진다.

⑦ 방학여행으로 금강산 · 백두산 · 묘향산 · 압록강 · 두만강을 다
녀올 수 있다.

⑧ 내 자녀들은 반쪽짜리 교육이 아니라 참다운 민족애를 키워나
가는 참교육을 받을 수 있다.

⑨ 북의 예방의학과 남의 치료의학의 결합으로 의학 수준이 더 향
상되고, 국민건강이 증진된다.

⑩ 남한의 일정한 인구가 북한으로 가서 인구문제가 줄어든다. 서
울로 집중되던 인구가 북쪽으로 분산될 것이다.

<참고> 그러나 문제점으로 남한의 대도시로 인구가 집중될 것이라
는 지적도 있기 때문에, 북한으로 인구가 분산될 것인지 아니면 서울 등
대도시에 인구가 집중될 것인지에 대해서는 연구와 토론이 필요하다.

1994년에 있었던 국토개발연구원의 심포지엄에 의하면 통일 후 10년
간 200만 명 가량의 북한주민이 수도권에 이주할 것이 예상되고, 남북
한 전체 인구는 8,000만 명에 이를 것으로, 이에 대비해 남한에만 주택
1,000만 가구, 가용용지 12억 평, 수자원 160억 톤의 추가 개발이 필요
할 것이라고 예측했다.

⑪ 서울시 북쪽이 북서울 신도시로 개발되면서 내집 마련의 꿈을
이루기가 쉬워질 것이다.

⑫ 남한 사람들은 원조 함흥냉면을 먹을 수 있고, 북한 사람들은
원조 전주비빔밥을 먹을 수 있다.

⑬ 사회 내부의 군사조직이 필요 없게 되거나 극소화될 것이다.

(6) 문화분야

① 통일은 남쪽의 민족문화를 크게 발전시킨다. 북쪽에서 보존해

오던 민족문화와 우리의 민족문화를 결합해서 새로운 민족문화 중흥기를 맞을 수 있을 것이다.

② 많은 우수한 두뇌를 확보할 수 있다.

③ 각종 문화재를 발굴함으로써 우리 민족의 우수성을 재인식할 수 있다.

④ 문화행사의 교류가 활발해지고 문화·연예계에 활력이 샘솟을 것이다.

⑤ 우리 고유의 민속놀이를 발굴하고 보존, 발전시켜 나가는 데 유리하다.

(7) 학술분야

① 대학이 많아질 것이다. 북한의 대학들을 종합대학으로 승격시킬 필요가 있다. 물론 직업도 다양해지고 자격증의 종류도 늘어날 것이다.

② 사학자들에게 큰 영향을 미칠 것이다. 고구려, 고려, 발해의 유적과 유물 등 그 동안 찾아볼 수 없었던 것들을 보거나 조사 활동을 펼칠 수 있다.

③ 편향적인 역사관을 재정립하고 역사를 집대성할 수 있다.

④ 학문의 정통성을 확립할 수 있다.

(8) 환경분야

① 국토의 조화로운 개발과 보전을 모색할 수 있다.

② 북한에 나무가 많고 수종이 많다. 산림욕장을 만들어 국민들의 건강에 이바지할 수 있다.

(9) 종교분야

① 남북 공히 실질적인 종교 활동의 자유가 신장되고, 종교 활동이 활발해진다. 동유럽과 러시아의 경우를 보면 쉽게 알 수 있다. 북한에도 지하 교회가 적지 않다고 들었다.

② 단군에 대한 관심이 높아질 것이다. 북한에는 단군을 신격화하는 움직임이 있고, 남한에는 단군을 시조로 하는 대종교가 있다.

③ 북한지역에 대한 선교와 포교 전략을 세우기 위해 개신교, 불교, 천주교의 움직임이 분주해질 것이다. 이를 위한 인력 양성 기관이 생길 것이다.

(10) 스포츠분야

① 남북체육계의 결합으로 운동역량이 강화되어 국제대회에서 우수한 성적을 낼 것이고, 따라서 세계적인 스포츠 강국이 기대된다.

② 스포츠 강국이 됨으로써 민족적 자부심이 높아진다.

③ 스포츠의 활성화를 꾀할 수 있다.

5. 통일 이후에 예상되는 문제

(1) 정치분야

① 남북한 쌍방에서 세력을 잡고 있던 정치세력들 사이에 주도권

다툼이 치열해질 것 같다. 남북한을 통틀어 존경받을 수 있는 지도자가 있느냐 하는 문제가 제기된다.

〈참고〉 이 문제에 대해서는 1990년 5월 남북예멘의 통일과 1994년 5월 재분단의 과정을 살펴보는 것이 필요하다.

② 과거 정권유지를 위해 저질러진 범죄행위에 대한 조사와 조치를 취하기가 힘들 것 같다.

③ 그 동안 북한의 정권을 잡고 있던 집권층에 대한 대우는 어찌할 것인가가 문제이다. 옛날과 같은 대우를 한다면 국민감정 문제가 제기되고, 대우를 잘해주지 않는다면 그들이 가만히 있을지의 문제가 제기된다.

④ 행정구역의 재편성과 함께 새로운 행정업무의 폭주로 공무원 숫자가 절대 부족한 현상이 발생할 것이다. 따라서 일시적으로 행정업무가 마비될 수 있다.

⑤ 헌법과 법률들도 서로의 의견 절충 끝에 완전히 정비되어야 하겠으나 여기에 따르는 부수적인 문제들이 속출할 것이다. 예를 들어 교통법규, 조세제도, 국방, 안보관련 법 등이 그것이다.

⑥ 독일의 경우처럼 북한 정보기관들의 기록이 문제다.

⑦ 가치관의 차이와 문화적 차이에서 오는 이질감이 결코 만만치는 않을 것이다. 통일조국에서 극복해야 할 가장 큰 문제점은 남북한 경제체제의 차이에 의해서 야기된 사상적 차이를 어떻게 극복할 것인가 하는 문제이다. 이를테면 남한은 자본주의와 개인주의인 반면 북한은 주체사상과 사회주의 집단주의이니 이것을 어떻게 할 것인가?

⑧ 흡수통일될 경우 남북한 사이에 우월감과 피해감이 민족통합을 저해할 것이다.

⑨ 북한의 경제사정은 극히 어렵다. 설령 통일이 될 때까지 경제 발전을 이룬다고 할지라도 남한만큼 되기는 힘들다. 그러므로 우리는 어려운 생활을 하게 될 수도 있다. 그렇게 되면 다시 한번 허리띠 졸라매고 새마을운동이 아닌 새나라운동이라는 명목하에 국민 모두가 뛰어야 할 것이다. 거기까지는 좋다. 그러나 한 가지 걱정스러운 것은 그 과정에서 새로운 군부체제 내지 독재체제가 나타나지 않을 것인가 하는 점이다. 그러면 지금까지 우리 선배들이 이룩한 민주화의 성과가 도로아미타불이 될 수도 있다. 만약 그렇게 된다면 다시 민주화운동을 해야 하지 않을까?

(2) 외교분야

① 주변 국가들의 견제로 외교활동과 통상외교의 어려움이 심화될 수도 있다. 주변 강대국과의 갈등이 증폭될 수도 있다. 또는 강대국에게 더 종속될 가능성도 완전히 배제할 수는 없다.
② 백두산 문제가 발생할 가능성이 높다. 즉 천지의 오염문제와 중국의 소유권 반환문제가 그것이다.
③ 러시아나 중국과 국경분쟁이 일어날 가능성도 있다.
④ 중국과 러시아에 사는 조선족, 또는 고려족들의 정체성 문제가 심각하게 제기될 가능성이 있다.

(3) 군사분야

① 통일 초기에 남한 군대와 북한 군대의 융합 문제가 제기될 것이다. 북한측 군부의 동요 가능성도 배제할 수 없다.
② 군사장비의 통합과 노후장비의 폐기문제도 발생한다.

③ 강대국의 틈에서 자주국방을 실현하는 과제도 쉬운 것만은 아니다.

④ 통일 이후 남과 북의 군대는 무려 200만 명이라는 대규모의 병력이 된다. 국가위기와 직결될 수 있는 군의 통제는 과연 잘될 수 있는가 하는 문제도 검토해야 한다. 남과 북이 통일 전에 주변 강국들과 체결한 군사동맹체제를 어떤 방식으로 해결해나가느냐 하는 것도 문제이다.

⑤ 통일 이후 군사력의 증강으로 주변 강대국들에게 불안을 가중시킬 가능성도 배제할 수 없다. 그 결과 군비경쟁과 동북아시아의 패권다툼이 다시 일어나지 않을까 염려된다.

⑥ 비무장지대에 있을 수 있는 미확인 지뢰에 민간인이 희생되지 않을까 염려된다.

⑦ 휴전선 대신에 압록강과 두만강 쪽으로 철책선이 올라가는데 이 지역은 몹시 춥다. 과연 누가 그 곳에 가서 일할 것인가?

⑧ 직업군인들이 직업을 잃어 쿠데타의 소지가 있다.

(4) 경제 · 산업분야

① 통일이 되면 일단 북한의 생활수준을 남한의 60% 정도로 끌어올려야 하기 때문에 엄청난 투자를 해야 한다. 그러면 엄청난 세금을 내야 할 것이다. 그리고 국고의 고갈로 인한 차관증가 가능성은 없는지 생각해 봐야 한다. 북한의 부채를 갚고 산업을 재건하는 데 너무도 큰 부담을 지게 된다. 사회간접자본에 많은 투자를 해야 하기 때문에 경제적 압박을 받는다.

② 재화시장의 통합으로 북한의 재화에 대한 수요가 급감하고, 그 결과 북한의 산업이 일거에 붕괴될 수 있다.

③ 통화 통합과정에서의 경제혼란, 화폐개혁으로 인한 손해가 문

제될 것이다. 화폐개혁은 불가피하지만 이를 시행할 경우에는
허약한 중소기업들의 부도가 우려된다.

④ 인구밀도가 높은 남한에 북한의 인구마저 유입된다면 결과는
불을 보듯이 뻔한 일이다. 경제의 마비는 물론이고 빈부의 차
이로 인해 사회범죄의 증가 등 국가발전이 퇴보될 것이다.

〈참고자료1〉 1993년 11월 19일 '한국노동연구원'이 개최한 '제2차 노사
정(勞使政) 정책토론회'에서 선한승 주임교수는 다음과 같이 예측했다.

"통일 전에는 완전고용 상태이던 동독이 통일 이후 실업자 및 불완
전 취업자가 400만 명에 달해 전체 근로자의 40%가 사실상 실업자였던
점을 고려할 때, 북한도 경제활동인구 1,561만 명(인구 2,230만 명)의
40%인 624만 명이 불완전 취업 및 실업자가 될 것이다."

〈참고자료2〉 같은 토론회에서 박진 한국개발원(KDI) 연구위원은 다음
과 같이 발표했다.

"현재 옛 동독 지역의 실업률이 단축노동, 직업훈련 등으로 실업인
구에 포함되지 않은 인구까지를 합하면 대략 30%, 혹은 그 이상에 달
한다는 사실에 비추어 볼 때 북한의 경우도 30% 정도의 실업률을 예상
할 수 있다."

두 연구자는 특히 통일 이후 북한 인구의 대대적인 남한 이동으로
남측의 실직자 흡수 능력을 초과하기 때문에, 노동시장에 일대 교란이
일어나는 등 인구 이동이 심각한 문제를 낳을 것으로 내다보았다.

⑤ 통일관련 업체나 아니면 일반 업체에서도 북한 사람의 부지런
함을 남한 사람들이 못 좇아갈 것이다. 그들은 사유재산이라는
새로운 노동 동기를 얻을 것이기 때문이다.

⑥ 실업문제가 예상된다. 값싼 노동력의 증가로 임금 하락, 60~70
년대식의 노동강도와 저임금이 우려된다.

⑦ 국토의 확대로 북한지역에 대한 부동산 투기의 위험이 있다.

⑧ 남한 사람들이 북한 사람들을 무시해서 싸움이 잦을 것이다.

⑨ 남한주민과 북한주민의 경제격차, 빈부격차의 심화로 사회질서가 동요할 것이다.

⑩ 북한지역에 마피아나 야쿠자와 같은 범죄집단이 생길 가능성도 배제할 수 없다.

⑪ 북한지역에 있는 과거의 집과 토지를 되찾으려는 월남인과 북한 정부로부터 분배받아 살아왔거나 관리해온 북한주민들 사이의 재산권 분쟁이 심각할 것이다.

⑫ 부동산 가격의 등락이 예상된다. 북쪽의 토지가는 개발투자로 인해 계속 오르는 경향을 보일 것이며, 남쪽은 관심도 하락으로 투자 개발이 미루어지며, 토지가격이 하락세를 보일 것이다. 일부에서는 남한의 땅값이 오를 것이라는 막연한 생각을 하고 있으나 그것은 사회현실과 동떨어진 이야기이다. 현재 우리나라의 토지는 투기용이 많은데, 땅투기는 적은 비용을 들여 많은 돈을 벌어들이는 것이지 구태여 비싼 땅을 사서 값이 오르기를 기다리는 것은 아니다.

⑬ 북한은 현재 거의 모든 사람이 직업을 가지고 있다. 그러나 통일 이후 자유로운 직업선택으로 인해 북한 사람들의 실업률이 증가할 것으로 예상된다. 직업에 대한 선호가 변화해 노동직종의 실업율이 증가할 것으로 예상된다.

(5) 사회분야

① 남북한 사람들의 융화가 쉽지만은 않을 것이다.

② 양심수와 정치범들의 형량에 대한 재평가 때문에 사법권의 문제가 야기될 것이다.

③ 남한의 퇴폐·향락 문화가 북한에 유입된다면 북한사회가 심각해질 것이다.

④ 북한 처녀들이 경제적으로 풍요한 남한에 내려옴에 따라 북한 총각들이 장가들기가 힘들어질 것이다.

⑤ 사상의 갈등과 체제에 대한 혼란이 예상된다. 그럴 때 6·25 당시의 경험이 증폭되지 않을까 걱정이다. 그리고 남북한 주민의 이질감과 상대적 빈곤감, 남한주민의 피해의식도 문제가 된다.

⑥ 이기주의가 만연할 것 같다.

⑦ 인구의 도시집중화 문제로 새롭게 도시문제가 야기될 가능성이 있다.

⑧ 새로운 형태의 지역감정이 대두될 가능성도 있다.

⑨ 남북한 전후세대의 사고방식 차이도 크다.

⑩ 토지의 소유권 문제와 국토개발 계획에 대한 문제가 발생할 수 있다.

〈참고자료1〉 윤혜정, 같은 논문.

"남북통일 이후 사유화에 근거한 자유시장체제가 북한 전역에서 시행되고 행정당국의 관리가 이관될 경우에는 분단 이전 토지소유자의 소유권 원상복귀 등으로 인해 소유권을 둘러싼 심각한 분쟁이 예상된다. 이를 방지하기 위해서 북한지역의 토지는 원칙적으로 국유화함으로써 사적 거래를 억제하고 이용자가 분명한 토지의 소유권은 이용자와 원 토지소유자로 구성된 조합(가칭 통일토지관리조합)에 귀속시킴으로써 토지이용에 공공성을 부여하는 것이 바람직하다."

〈참고자료2〉 김민배 교수(인하대, 법학)·최민경(서울대 법학과 박사과정 수료), 「월남자와 북한의 토지 그리고 통일」.

"만약 독일식 흡수통합을 전제로 할 경우 현행 대한민국의 헌법 아래에서 북한의 토지에 대한 소유권 처리문제는 상당히 복잡하다. 대한민국 헌법은 서독의 기본법과는 달리 북한지역까지도 헌법 효력이 미치는 범위로 규정하고 있어서 독일과는 달리 북한지역의 토지에 대한 100만 건 이상의 토지소유반환 청구 소송과 국가보상문제가 제기될 것이다.

독일통일의 경우에는 소련 점령시대와 구동독법이 지배하던 시대를 엄격하게 구분해서 점령법이나 점령국에 의해서 수용된 토지에 대해서는 통일 이후 그 수용을 취소할 수 없다는 원칙을 채택했다."

⑪ 북이나 남에 가족을 두고 재혼한 경우 상봉 후 갈등이 생길 우려가 있다.

⑫ 혼란 속에서 부패와 폭력이 증가할 수 있다. 범죄와 치안문제가 심각해질 가능성이 있다. 특히 북한주민을 대상으로 한 사기사건이 예상된다.

⑬ 북한주민의 직업관이 통일 후에 어떻게 바뀌느냐가 문제다.

⑭ 대학경쟁률이 높아질 것이다. 북한에 대학이 많지 않기 때문에 학생들이 남한에 있는 대학으로 몰린다면 정말 지옥 같은 입시가 될 것이다.

⑮ 주체사상으로 교육을 받은 사람들이 과연 통일 이후의 사회를 어떻게 받아들일까?

⑯ 통일이 된다면 정부는 물론이고 각종 기업들도 활동범위가 넓어지게 된다. 그러면 중강진이나 신의주, 아오지 등지에도 정부기관과 각 기업의 지점이 있어야 할 텐데, 그 때에 과연 누가 그곳으로 갈 것인가?

(6) 문화분야

① 남북이 단절된 뒤 남북문화의 이질화로 인한 갈등이 예상된다.
② 민족고유의 미풍양속에 대한 견해차이가 생기기 쉽다.

③ 언어의 표현에 대한 대립이 생기기 쉽다. 순우리말을 쓰는 북
   한과 외래어를 많이 사용하는 남한 사이에 언어 차이가 심각하
   다.
④ 교과과정의 차이도 크다. 김일성 중심의 북한 교과서와 남한
   교과서의 차이를 어떻게 할 것인가?

(7) 학술분야

정통성 회복과 학계의 단일화에 따른 갈등이 예상된다. 기존 학계
인사들의 이권주장과 대립이 예상된다.

(8) 환경분야

① 거의 완벽한 생태계를 이루고 있는 비무장지대의 개발로 인해
   환경파괴가 우려된다.
② 북한지역의 오염과 관광개발에 따른 국토훼손이 예상된다.

(9) 종교분야

① 각 종교의 북한진출 급증과 이권 쟁탈전이 심각해질까봐 걱정
   이다.
② 종교단체가 난무할 것이다. 사회적 격변기일수록 사람들의 불
   안감 때문에 신흥종교가 위세를 떨치게 된다.

(10) 스포츠분야

① 단일화 과정에서 스포츠 지도자들 사이의 갈등이 예상된다.

② 대표팀에서 탈락하는 선수의 생계 문제는 어떻게 하는가?

　이상에서 지적한 것들은 대학생들의 설문조사 답변 내용이다. 검증된 것은 아니지만 통일에 대비하는 관점에서 살펴보면 참고할 내용이 많다. 다만 한 가지 지적할 것은 주로 흡수통일, 또는 급속하게 통일되었을 때의 문제점들을 적고 있다는 점이다. 따라서 과연 어떤 방식, 또는 어떤 과정을 밟는 통일이냐 하는 것이 여기에서도 주요한 문제로 부각된다고 하겠다.

　이 답변들을 읽으면서 필자는 많은 것을 느꼈다. 통일을 논의할 때 너무 거시적으로만 접근해서는 안 된다는 것이다. 통일이라는 사회현상에 수반되는 미시적이고 구체적인 인간의 문제들, 이를테면 가족의 문제, 직업의 문제, 인간관계의 문제, 삶의 가치관 문제 등과 같은 문제들이 동시에 깊이 있게 다루어져야 한다는 것이다.

　그런 의미에서 이제는 '거시적 통일론'과 함께 '미시적 통일론'을 정립할 때라는 생각을 해본다. 아울러 통일의 빛과 그림자를 동시에 보는 균형 있는 통일론과 '통일학'을 만들어나가야 할 때이기도 하다. 이제 우리는 적극적인 통일론자만이 아니라 통일이 필요없다고 생각하는 사람들의 목소리에도 귀를 기울일 만큼 성숙한 태도를 지닐 때가 되었다. 사실은 이런 문제까지 고려할 때라야만 진정한 통일이 가능해지게 될 것이다. 다시 한번 강조하거니와 통일문제를 균형 있게, 그리고 보다 열린 마음으로 바라보도록 하자!

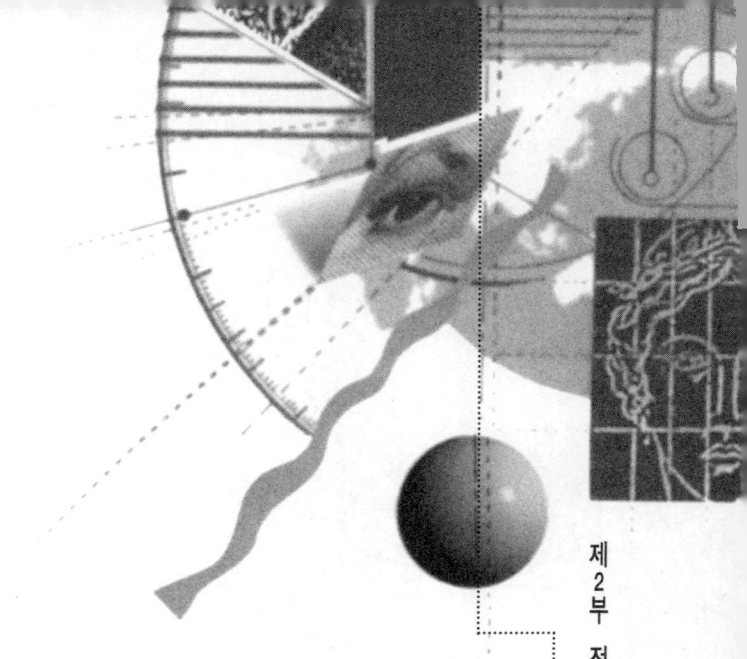

제 2 부 정보문화시대의 통일 주체와 방법

4장 통일로 가는 길

1. 통일문제에 왜 혼선이 생기는가

1) 민족논리와 체제논리의 딜레마

통일을 현실적인 것으로 만들기 우해서는 통일이 쉽지 않다는 사실을 인정하는 것이 좋다. 통일은 고난도의 기술과 단계적인 접근, 그리고 시간을 필요로 하는 일이라는 사실을 기억해야 한다.

통일문제를 낭만적이고 아마추어적으로 해석한다든지, 정치적 목적을 위해 남용하는 일은 옳지 않다. 그리고 통일이 곧 될 수 있는 것처럼 선전하는 일도 통일 대업에 걸림돌이 될 가능성이 있다. 통일에서 중요한 것은 통일을 위해서 얼마나 준비하고 성실하게 노력하면서 단계를 높여나가는가 하는 점이다. 통일은 결국 평화와 교류 협력과 신뢰의 축적에 의해서 이루어지는 정치·사회적 변화인 것이다.

통일문제에 접근하는 과정에서 나타날 수 있는 역효과의 문제에 대해서는 역사에서 쉽게 찾아볼 수 있다. 1993년 2월 김영삼 대통령은 취임사에서 "어떠한 우방도 민족만큼 중요하지는 않다"고 언급했다.

그리고 사회학자 출신인 한완상 부총리를 통일원 장관으로 임명했다. '문민시대'를 맞아 한완상 장관은 역대 정권의 통일정책과는 다른 그 무엇인가를 보여주려고 노력했다. 그래서 민족의 논리를 강조하고 이인모 노인을 북쪽으로 송환했다. 그러나 북한은 이에 화답하지 않았다. 이 대목은 오늘의 남북한 관계의 성격을 파악하는 데 중요한 단서를 제공한다.

현재의 남북관계에는 민족의 논리만이 아니라 체제의 논리가 동시에 작동하고 있는 것이다. 여기에서 민족의 논리는 형제의 논리이고, 체제의 논리는 적과 동지의 논리이다. 같은 대상을 놓고 전혀 상반된 두 가지의 관점과 논리가 작동하고 있는 역설과 딜레마를 이해해야만 오늘의 남북관계와 내일의 남북관계를 정확하게 진단하고 처방할 수 있다. 그러나 사람들은 이 가운데 어느 한 가지만 보기를 좋아한다. 희망과 편견이 너무 강하기 때문이다.

여기에서 민족의 논리는 바로 통일의 논리로 이어질 수 있다. 그러나 체제의 논리는 여전히 적대적인 대결 구조를 재생산하고 있는 것이다. 그래서 현재의 한반도에는 두 개의 이질적인 구조, 즉 대결구조와 서로돕기구조가 뒤섞여 있다. 이 때문에 실질적인 통일을 위해서는 무조건 통일의 논리를 외친다고 되는 것이 아니라, 한편에서는 대결의 논리를 감축시켜 가면서 다른 한편에서는 민족의 논리와 공존의 논리를 심화시켜 나가는 노력을 병행하지 않으면 안 된다.

아울러 현재의 남북한에는 대결과 대치의 구조가 생생하게 남아 있다는 사실을 기억해야 한다. 이 대결 구조는 평화의 구조로 대체될 때까지 안전하게 잘 관리되어야 한다. 즉 전쟁이 재발하지 않도록 휴전상태를 세심하게 돌보아야 한다는 것이다. 그리고 그것은 정당한 절차를 거쳐 평화체제로 전환되어야 한다. 그런 점에서 통일문제를 제대로 보기 위해서는 안보 문제와 평화의 문제를 동시에 볼 수 있는 통찰력이 필요하다고 하겠다. 동시에 우리는 민족논리를 확산시키고 심화시켜 나가야 한다.

그런 점에서 통일관련 정책은 신중하면서도 과감하게 추진되어야 한다. 여기에서 신중함이 필요한 것은 남북의 대결 구조가 상존(常存)하고 있기 때문이고, 과감함이 필요한 이유는 현상을 변경시켜 나가면서 민족동질성을 확보하는 데 필요한 덕목이기 때문이다. 대결구조에 대한 안정적이고 신중한 대처방안은 평화구조의 구축 전략이다. 남북한 정부는 생존과 발전을 위해 무엇보다도 먼저 평화구조의 구축전략을 세워야 한다.

민족논리를 확산시키고 심화시켜 나가는 과정에서 우리는 독일의 사례를 신중하게 참고할 필요가 있다. 민족의 동질성을 회복하면서 서로 어울려 살 수 있다는 신뢰를 쌓아나가는 데는 시간과 노력이 필요하고 단계적인 접근이 필요하다. 민족의 공존 논리를 회복하기 위해서 가장 중요한 가치는 신뢰이다. 따라서 민족구성원 사이의 신뢰를 형성해나가는 과정이야말로 통일을 만들어나가는 첫 번째의 출발점인 셈이다.

그러나 한완상 장관 이후의 통일정책은 민족 내부의 신뢰를 회복해나가는 과정이라기보다는 대결정책을 심화시켜 나가는 단순한 것이었다. 화해와 평화통일을 위해서는 남북한이 치열한 대결을 벌일 때에도 남북대화를 추진해야 할 통일원이 대결정책에 부화뇌동해버리는 것은 자신의 고유한 존립 근거와 역할을 스스로 훼손시켜 나가는 일이라고 해도 과언이 아니다.

통일원이 통일의 당위성과 함께 남북한의 대결 구조를 잘 이해하는 일이 필요하다고 생각한다. 그러나 어떤 경우에도 잊지 말아야 할 것은 통일원이 존재하는 이유이다. 통일원이 국방부와 다른 것은 남북대화를 위해서 존재한다는 것이다. 그렇지 않다면 통일원이 왜 필요한가? 국방부와 안기부만 있으면 대북정책은 충분할 것이다.

2) 통일안보정책조정위원회의 위상

김영삼 정부의 등장 이후 정부의 대북정책 발표는 많은 혼선을 빚었다. 정부 부처마다 서로 다른 목소리를 냈기 때문이다. 그래서 등장한 것이 '통일안보정책조정위원회'이다. 여기에는 통일원 장관 겸 부총리, 외무부 장관, 국방부 장관, 안기부장, 청와대 비서실장, 청와대 안보수석 등 한국의 실세들이 참여한다.

그런데 이 조직이 만들어지고 운영되는 과정에서 불협화음이 발생했다. 당시 이회창 총리가 총리로서의 국정통할권을 주장하면서, 이 조직의 운영방식과 통일정책 결정 과정에 문제를 제기했기 때문이다. 이회창 총리는 통일문제도 국정의 한 분야인 만큼 통일안보정책조정회의가 결정기구가 되어서는 안 되며, 최종적인 정책결정은 내각에서 이뤄져야 한다는 원칙론을 고수했다.

이에 대해 청와대에서는 통일안보 정책은 일반 국정과는 다른 특수성을 띠고 있는 만큼 대통령이 직접 관할하는 것이 좋고, 또 그 과정에서 '통일안보정책조정위원회'의 운영은 필요불가결한 것이기 때문에 대통령의 지시에 의해 만들어지고 독자적으로 운영되는 것이 자연스럽다고 이해했던 것이다. 따라서 청와대에서는 이회창 총리의 원칙 고수를 대통령의 권한에 대한 총리의 월권이라고 간주하게 되었다. 결국 김 대통령과 이회창 총리의 관계는 악화되었고 결과는 이회창 총리의 사임으로 나타났다.

이수성 총리의 취임 이후 바로 이 회의가 열리는 모습이 텔레비전에 잠시 비쳐졌다. 잠비아 주재 북한 외교관의 망명과 성혜림 씨의 망명사건에 대한 대비책을 논의하기 위한 것이었다. 그런데 이 자리에는 이수성 총리가 사회를 보고 있었다. 다행스럽다는 생각이 들었다.

하지만 이것이 제도적으로 정착된 것은 아니다. 여전히 이 모임은 법적으로 뒷받침되지 않고 있으며, 총리를 건너뛸 수 있는 개연성을 안고 있다. 그렇다면 우리의 대북정책과 통일정책 결정 과정에서도 제도화의 필요성은 여전히 절실한 일이 아닐 수 없다. 나라의 민주적 발전을 위해서는 모든 정책의 결정 과정이 제도화되어야 한다. 특히 남북관계와 같이 중요한 정책일수록 더욱더 정당한 제도적 여과 과정을 거쳐 결정하는 풍토가 조성되어야 한다. 그렇다면 우리는 이회창 총리 시절의 경험을 교훈으로 삼아야 한다.

현재 대북정책, 또는 통일정책과 관련된 최고위급의 정책결정 과정으로는 대통령이 주재하는 '안보관계 장관회의'가 있고, 총리가 주재하는 국무회의가 있다. 그리고 정책조정과 관련해서는 부총리가 주재하는 '통일관계 장관회의'가 있다. 그렇다면 통일과 관련된 정상적인 정책결정 과정의 통로는 통일관계 장관회의 → 국무회의 → 대통령이라고 할 수 있다. 여기에서 정책조정이 중요한 이유는 남북한의 복합적이고 특수한 관계, 즉 대결과 대화라는 두 가지의 과제에 균형을 맞추어야 하기 때문이다. 여기에서 통일원은 주로 대화 업무를, 국방부는 대결상태에 대한 관리를, 안기부는 통제 업무를 맡고 있다. 그렇다면 그 조정 업무는 어떻게 관리되어야 할 것인가? 그것은 대단히 중요하고 미묘한 문제이다. 국가전략에 속하는 문제이기 때문이다.

그러나 그 어떤 경우에도 유념해야 할 것이 있다. 그것은 정책 결정 과정의 합리성과 합법성에 곤한 문제이다. 조정업무의 1차적인 책임과 권한은 통일부총리에게 즈어져야 한다. 그리고 그것은 국무회의의 인준을 거쳐야 한다. 그리고 만약 이런 과정에 문제가 있다면, 그때는 미국의 국가안보회의(NSC)처럼 대통령이 주재하는 공식적인 '통일안보 정책협의체'를 구성해야 한다. 그래야만 책임 있는 국정수행과 정책 실명제가 가능하게 될 것이다. 통일안보 정책이 중요한 만큼 책임의 소재도 역사적으로 명확하게 만들어놓아야 한다. 아무리 생각해 봐도 지금의 통일안보정책 결정 과정은 너무 편의적이라는 느낌을 지울 수 없다.

3) 통일원 사람들

현재 우리 정부에서 통일문제를 관할하는 행정기관은 통일원이다. 따라서 통일원에 대해서도 상식이 있는 게 좋겠다.

통일원은 처음에 국무총리 소속의 '국토통일원'으로 출발하였다. 그러다가 1990년 2월 국토통일원에서 통일원으로 개칭되었다. 통일원은 통일 및 남북대화, 교류협력에 관한 종합적인 기본 정책을 수립하며, 통일관계 기획의 종합적인 조정, 그리고 통일교육과 기타 통일에 관한 사무를 관장하는 것이 그 임무이다.

통일원에는 장관 1명, 차관 1명이 있고, 장관은 국무위원이고 차관은 정무직이다. 장관 밑에 공보관이 있고, 차관 밑에는 비상계획관과 기획관리관이 있으며, 총무과, 통일정책실, 조사연구실, 교육홍보국, 정보자료국 등으로 조직되어 있다.

통일원 장관은 통일 및 남북대화와 교류 협력의 기획 운영에 관하여 국무총리의 명을 받아 관계 각부를 통괄적으로 조정하도록 되어 있다. 이와 같은 통일원 장관의 관장 사무를 지원하기 위해서 통일원 장관 소속 아래 통일연수원과 남북대화 사무국이 있다. 통일원에는 남북대화의 전문가들이 포진해 있는 셈이다.

역대 남북대화의 전문가들은 대부분 안기부 출신이다. 그렇지만 장관들은 거의 대부분 외부에서 영입된 인사들이다. 따라서 자칫 잘 못하면 장관과 내부 직원들의 관계가 겉돌기 쉬운 것이 통일원의 특성이다.

　권오기 장관은 김영삼 정부 출범 이후 6번째 장관이다. 그 동안 한완상, 이영덕, 이홍구, 김덕, 나웅배 씨가 통일원 장관을 거쳐갔다. 이중 이영덕 장관과 이홍구 장관은 바로 국무총리로 진출했고, 한완상 장관은 이인모 노인의 송환문제 때문에, 김덕 장관은 안기부장 시절의 서류유출 문제 때문에, 그리고 나웅배 장관은 북한에 대한 쌀지원 과정에서 인공기 게양 문제 때문에 어려움을 겪었다.

　장관들은 자신의 입지와 관련한 정책들을 펴기 위해서 노력했다. 한완상 장관은 기독교계 출신이자 민중사회학자답게 북한과의 화해 협력에 공을 들였다. 한완상 장관은 재임 시절에 화해 협력에 기초한 '3단계 통일정책'을 구현하기 위해 노력했지만, 대결의 측면을 간과한다는 비판과 통일원 직원들을 장악하지 못해 어려움을 겪은 것으로 전해진다. 이것이 반작용을 낳았다. 따라서 그 이후에는 이영덕, 김덕 등 보수적인 인사들이 임용되었다. 이영덕 장관은 북한과의 대화보다는 북한의 인권문제를 공격하는 방식으로 북한문제에 접근해 나갔다.

　이홍구 장관은 이후 다른 장관들에 비하면 행운아이다. 6공 시절에 통일원 장관을 경험한 적 있기 때문에 통일원 직원들과의 관계가 원만할 수 있었다. 게다가 김영삼 정부의 통일방안이 된 '3단계 3기조의 통일방안'은 그가 이미 통일원 장관 당시 만들어놓았던 '한민족공동체 통일방안'으로부터 유래된 것이기도 하다. 게다가 그는 남북정상회담을 추진하는 대업적을 쌓았다. 남북정상회담의 예비 접촉 과정에서 북한 노동당 대남정책 책임자인 김용순과 파트너가 돼서 정상회담을 추진하는 데 그의 협상능력을 유감없이 발휘하였다. 만약 남북정상회담이 실현되었다면 그의 재임 경력은 더 높은 평가를 받았을 것이다.

　국제정치학자이면서 동시에 정치인 집안 출신으로, 탁월한 정치적 감각을 구비한 김덕 장관은 대북 접촉과 통일문제에 관한 기본틀을 형성해 놓으려고 시도했지만 안기부장 재직 시절의 문제 때문에 낙마했다. 그리고 나웅배 장관 역시 상당한 시련을 겪은 셈이다. 당시 이석채 재경원 차관이 주도한 북경에서의 쌀 회담 합의에 기초해서 북한측에 우리 쌀을 제공했음에도 불구하고 인공기 게양 사건과 선원억류 사건이 발생했고, 이후 북한과의 관계가 다시 경색되었다. 이에 덧붙여 국내에서는 쌀값 상승 등 여러 이유로 비판적인 여론이 형성되었기 때문이다.

　이런 상황에서 권오기 장관이 부임했다. 권오기 장관은 경북 안동 출신으로 동아일보 사장을 역임했다. 언론인 시절의 경험으로 현실감각이 뛰어나고 자유주의적 성향이 강한 지식인으로 알려져 있다. 게다가 그는 군사정부에 협조한 이력도 없다. 이런 여러 이유 때문에 그는 현재의 남북 관계를 풀어낼 가능성이 큰 인물로 꼽힌다. 1996년 봄에 제기된 '4자회담'의 성사 여부는 권 장관의 역량을 저울질하는 시험대가 될 것이다.

　그리고 통일원의 직제개편 문제도 그의 두 어깨에 달려 있다. 국무회의에 제출된 조직개편안에 따르면 통일정책실은 정책기획실로 이름이 바뀌면서 2과 3담당체제로 보다 세분화되며, 기존의 통일정책과 통합대비 계획 업무 외에 폐지되는 교육홍보국에서 이양된 교육홍보정책, 그리고 해외에 파견되는 통일주재관을 관장하는 업무도 맡게 된다. 신설되는 인도지원국은 탈북자 문제를 총괄하며, 이산가족, 북한인권, 대북지원 문제 등도 다루게 된다. 이로써 통일원은 지금까지의 남북대화에 대비한 체제에서 통일정책을 기획, 조정하는 부서로 탈바꿈하게 된다.

　그러나 아직까지 정부 내의 그의 영향력과 문제를 풀어가는 능력은 미지수라고 하는 것이 더욱 정확한 표현일지 모른다. 다만 이렇

게 중요한 시기에 통일원을 맡은 만큼 역사적 사명감을 가지고 최선
을 다해 일하기를 진심으로 기대하는 것이다.

2. 통일논의의 장이 필요하다

1) 통일문제의 선구자들

통일문제의 선구자들은 민간 인사들이다. 분단 이후 우리나라에
서 통일문제를 가장 먼저 제기한 사람은 백범 김구 선생과 우사 김
규식 선생이고, 두 분 이후 통일문제에 대해서 지속적인 관심을 표
명한 사람들도 대부분 그들의 정치적 제자이다. 이를테면 장준하는
백범 김구 선생의 정치적 제자이고, 강원룡 목사와 송남헌 선생은
우사 김규식 선생의 비서를 지냈다.

분단과 통일문제를 이해하는 데는 진보적 민족주의의 흐름도 중
요하다. 이 관점을 이해하기 위해서는 우선 8·15 직후 여운형의 정
치노선과 정치활동을 살펴보는 일이 필요하다. 여운형은 일제 식민
지 시대 이래 다소 진보적인 정치적 입장을 견지하고 있었지만, 8·
15 직후의 당면 과제는 정치적 입장을 관철시키는 것이라기보다는
먼저 통일국가를 수립하는 것이라고 보았다. 그래서 그는 좌우의 융
합을 주장하고 '좌우합작위원회'의 활동에 몰두하였다. 그러나 결국
은 뜻을 펴지 못하고 암살당했다.

만약 온건 좌파를 대변하는 그와 온건 우파를 대변하는 김구의 연
합이 형성되었다면 우리나라 역시 분단을 거치지 않고 오스트리아
방식으로 통일국가를 수립했을 가능성이 있었다. 현실은 가능성과

는 정반대가 되었지만.

제1공화국에서는 진보당 당수였던 조봉암의 '평화통일론'이 파문을 일으켰다. 조봉암은 북한에 대해서 비판적인 입장을 가졌던 진보적 정치인이었지만, 북진통일론 대신에 평화통일론을 주장하였다가 형장의 이슬로 사라지고 말았다. 지금 정부의 통일정책은 평화통일론이고, 모두에게 당연한 것으로 받아들여지지만 당시만 해도 북진통일론 이외의 통일론은 용공적인 것으로 매도되었던 것이다.

반면 4월혁명 이후에는 다양한 통일론이 봇물처럼 쏟아져 나왔다. 여기에는 김구와 김규식 계의 인물들은 물론이고 여운형과 조봉암 이후 진보 진영의 사람들까지 포함되었다. 당시 장면 정부는 북진통일론 대신에 "한국전역에서 유엔 감시하의 자유선거를 실시하는 것"을 새로운 통일정책으로 제시하였다. 반면 학생운동권과 재야에서는 '남북협상론'과 '남북교류론', '중립화 통일론', '영세중립화 통일론', '자주적 통일론' 등을 내세웠다.

4월혁명 직후에 백 가지 향기의 꽃을 피운 통일 논의들은 5·16군사쿠데타 이후 오랜 침묵에 빠졌다. 박정희를 중심으로 한 군사정부의 등장은 통일논의를 엄격하게 금지시켰고, 아울러 '군사혁명위원회'는 통일논의를 주도했던 수많은 인사들을 체포, 투옥시켰다.

박정희는 8·15 직후에는 좌익활동을 했던 특이한 경력의 인사이다. 그런 경험 때문인지는 모르지만 박정희 정부의 등장 이후 역설적인 사건이 적지 않게 발생하였다. 박정희는 쿠데타 이후 민간 수준에서의 통일논의를 엄격하게 금지하였을 뿐만 아니라, 진보적인 입장을 개진한 정치활동가들을 사형시키기까지 했다.

그러나 정작 자신의 측근 인사가 통일에 관한 설화를 일으키기도 했고, 그 유명한 '황태성 사건'이 발생하기도 하였다. 박정희의 측근이었던 황용주 씨는 『세대』지에 「강력한 통일정부에의 의지」라는 글을 통해 남북불가침 조약의 체결과 군비축소, 미국 군대의 철수,

남북교류 등을 주장하다가 반공법 위반으로 구속되었다. 한편 박정희의 고향 선배이자 형의 친구이고, 북한에서 장관급 직위에 있었던 황태성이 박정희를 만나기 위해 월남했다가 잡혀서 사형당하는 일이 발생하기도 하였다. 과연 황태성이 첩보활동 때문에 월남했는지 아니면 남한의 실권자와 북한 사이의 협상을 위해서 파견되었는지는 아직도 의문으로 남아 있다.

박정희 군사정부의 등장 이후 한국사회에는 광범위한 민주화 세력이 형성되기 시작하였다. 그리고 민주화운동 세력은 반독재 투쟁과 함께 통일문제에 대한 진지한 탐구를 시작하였다. 박정희 정부의 등장 이후 통일문제를 본격적으로 제기한 사람은 장준하다. 장준하는 통일문제와 함께 박정희 정부의 독재성에 대해서 끊임없이 투쟁한 인물이다. 일제시대 학병으로 끌려갔다가 탈출해서 광복군으로 활동했던 장준하는 해방 직후 광복군을 확대하는 과정에서 일본군 장교였던 박정희를 만난 바 있다. 그래서 그런지 박정희는 그를 유난히 부담스러워했다.

그는 백범의 정치적 제자답게 통일 없이는 그 어떤 것도 허무한 것이라는 통일 우선주의와 민족 우선주의를 내세웠다. 그렇지만 그의 정치적 입장은 진보주의라기보다는 자유주의, 또는 보수주의에 가까웠다고 할 수 있다. 이런 점은 그의 분신이었던 『사상계』에 잘 나타나 있다. 자유당 시절 이승만 독재와 싸우는 데 앞장섰던 반정부 잡지 『사상계』의 이념적 기조는 다름 아닌 미국식 자유민주주의였다. 광복군 시절 일본군과 싸우면서 미군정보대(OSS)와 공동으로 작전을 수행하는 등 미군과의 접촉이 많았는데, 그때의 경험들이 그의 이념 형성에 영향을 미쳤을 것이다.

장준하의 주장은 상당 부분 한국의 재야 지식인들에 의해서 수용되고 발전되었다. 재야 지식인들은 민족을 중요시하는 그의 생각을 받아들이면서 아울러 그것을 민중노선과 접맥시켜 나갔다. 그렇게 된 배경에는 박정희 정부의 폭압성과 한국의 급속한 산업화로 인한 사회계층의 재편성이 있다. 이부영, 백기완 등 장준하의 계승자들은 1970년대와 1980년대 민주화운동 과정에서 중요한 역할을 수행하였다.

1980년대의 민주화운동 세력들은 1990년대에 들어와서 급격한 재편성과정을 거치고 있다. 적지 않은 사람들이 집권 여당인 신한국당으로 흡수, 편입되었고, 일부는 국민회의와 민주당 등 야당에서, 그리고 상당수의 사람들은 여전히 재야에서 활동하고 있다. 그리고 일부 세력은 해체되거나, 시민운동의 영역에서 자신의 역할을 새롭게 찾고 있다. 이 과정에서 우리의 눈길을 끄는 것은 통일 지상주의와 통일 우선주의도 역시 평화 우선주의 또는 통일의 형식과 내용을 문제시하는 통일론으로 바뀌고 있다는 사실이다. 이처럼 시대정신의 변화가 통일 논의에까지 강력한 영향을 미치고 있다는 사실을 눈여겨 볼 필요가 있다. 그런 점에서 지금은 통일논의에서도 페레스트로이카가 필요한 시점이다.

통일논의가 정치권에서 본격적으로 제기된 것은 1971년 제7대 대통령 선거부터이다. 이 선거에서 야당인 신민당의 대통령 후보 김대중 씨는 4대국 보장론과 획기적인 남북교류 방침을 천명하였다. "선거에서의 승자는 패자의 정책을 훔친다"는 말이 있다. 1970년대 전반기의 한국이 그러하였다. 7대 대통령 선거 직후 박정희 대통령은 측근인 이후락 중앙정보부장을 평양으로 파견하였다. 그러고 나서 1972년 7월 4일 남한과 북한에서는 각각 중앙정보부장인 이후락과 노동당 조직부장인 김영주의 기자회견이 있었다.

그날의 기자회견을 필자는 지금도 기억한다. 약간 더듬는 듯한 특유의 어투로 이후락 중앙정보부장은 자신이 평양을 방문했었다는 사실과 김영주를 대신하여 박성철 수상이 서울에 왔다는 사실을 밝히고 남북한의 합의사항인 '남북조절위원회'의 구성 사실을 공표하였다.

남북조절위원회의 구성에는 남북한 사이의 관계를 획기적으로 변화시켜 나갈 수 있는 중대한 의미가 있었다. 7·4 남북공동성명은 남북이 서로를 대화의 당사자로 인정하고 있다는 점과 함께 민족통일에 관한 3대 원칙을 합의하고 확인할 수 있었다는 점에서 새로운 의의를 찾을 수 있다. 남북이 완전히 단절된 지 25년 만에, 그것도 상호대치관계에 놓여 있는 가운데 냉전의 벽을 스스로 부수고, "① 통일은 외세에 의존하거나 간섭을 받음이 없이 자주적으로 해야 한다. ② 통일은 서로 상대방을 반대하는 무력이 아니라 평화적 방법으로 해야 한다. ③ 통일을 위해서는 사상과 이념, 제도의 차이를 초월하여 우선 한 민족으로서 민족적 대단결을 도모해야 한다"는 3대 원칙에 관한 합의는 분단 이후 남북간 최초의 합의인 동시에 이후의 통일논의에 지속적으로 유효성과 상징성을 제공하였다. 그래서 당시 박정희 정부에 대해 비판적인 입장을 견지하고 있던 재야인사들까지도 이 합의를 환영하고 나섰던 것이다.

그렇지만 1972년의 남북대화는 이미 그 자체에 실패의 싹을 잉태하고 있었다. 당시의 남북대화는 미국의 대아시아 정책과 무관한 것이 아니었다. 키신저의 아이디어와 닉슨 독트린으로 대표되는 미국의 1970년대 초 극동전략은 남북한의 긴장 완화를 필요로 하고 있었다. 남북대화에 의한 한반도의 현상 유지가 미중 관계의 유지 발전에 핵심적인 요소였기 때문이다. 동북아 긴장완화 정책의 필요에 의해 미국은 한국 정부에게 남북대화를 종용한 것으로 알려졌다. 일각에서는 한국의 대통령 선거에 일본 자금이 개입되는 것을 막기 위해 유신이 필요했다는 설도 제기된 적이 있다.

그래서 그런 것인지 이 합의 이후 남북한 당국자들은 정권과 체제를 강화하는 방편으로 이 합의를 활용하였다. 결국 남한에는 남북대화의 분위기를 활용해서 유신헌법이 만들어졌고, 북한에는 '인민민

138

주주의 헌법'을 넘는 '사회주의 헌법'이 제정되었다. 이후 남북조절위원회는 무력화되고 남북대화는 막을 내리고 말았다.

유신 이후 박정희 정부의 억압이 가속화되면서 한국사회에는 내부의 갈등이 점점 더 심화되었다. 권력의 행태가 억압적일수록 야당과 재야의 연합은 보다 강화되고, 정권에 대한 반대운동도 보다 일상적인 것이 되었다. 유신의 폭압성은 신민당을 비롯한 야당과, 윤보선 전 대통령 등 보수적인 정치인들, 그리고 노동운동 세력과 구혁신세력으로 하여금 반유신 연합전선의 깃발을 같이 들게 만들었다. 반유신 연합전선은 유신연합을 몰아부쳤고, 유신연합의 단결력에는 금이 가기 시작했다. 결국 1979년 10월 26일 박정희 대통령과 유신체제는 궁정동의 총소리와 함께 막을 내려야만 했다.

그리고 안개정국과 '서울의 봄'이 이어졌다. 그러나 서울의 봄은 새로운 시대를 열지 못하고, 안개 속에서의 광주양민학살과 '박정희 없는 유신체제'로 이어졌다. 전두환과 노태우로 이어지는 5·6공은 더욱더 심각한 공포정치를 펼쳐나가면서 민주화의 요구에 대해서는 새로운 억압정책으로 맞섰다. 이와 같은 시대의 어둠은 역설적으로 한국의 민주화운동과 통일운동을 더욱 성장하게 만들었다. 이 과정에서 야당의 지도자였던 김대중 씨는 '공화국연방제'와 '3단계통일방안'을 내놓았고, 김영삼 씨의 상도동 캠프에서도 통일에 대한 관심을 간헐적으로 제기하게 되었다. 상도동 진영의 통일문제 전문가는 박관용 의원이다. 박 의원은 통일방안에 관한 저서를 남겼으며, 남북 국회회담의 대표로 활동하였다.

한편 재야는 더욱 진취적인 통일방안들을 제시하였는데 여기에는 문익환 목사의 '3단계 연방제 통일방안', 오충일 목사의 '체제와 이념을 초월하는 민족공동체 건설', 김중기 8·15남북학생회담 남한 대표단 단장의 '민족해방 자주화와 연방공화국 창설 방안' 등이 포함된다. 1980년대의 재야는 진보적인 통일방안만을 제시한 것이 아니라,

그것을 실천함으로써 기존 분단체제에 익숙해진 사람들에게 심각한 충격을 주었다. 문익환 목사는 직접 북한을 방문함으로써 자신의 주장을 극적으로 표현하였고, 학생운동의 결집체인 '전대협'은 임수경 양을 평양의 청년학생축전에 파견하기도 하였다.

이런 변화의 와중에서도 당국간의 회담은 계속되었다. 특히 노태우 정부가 들어선 이후에는 '남북고위급회담'이 지속적으로 진행되어 세계적인 탈냉전의 바람이 한반도에도 서서히 밀려오고 있다는 사실을 실감나게 만들었다. 1988년 7월 7일 노태우 대통령은 남북간 교역과 문호개방 등을 내용으로 하는 「민족자존과 통일번영을 위한 6개항 특별선언」을 발표했고, 이어 9월 8일에는 북한의 김일성이 남북정상 회담 개최 용의를 표명하였다. 한편 1989년 4월 7일에는 제83차 국제의원연맹(IPU) 총회에 참석한 남북한의 국회 대표들이 의원들의 교환 방문을 추진하기로 합의했다. 이어 9월 3일부터 7일까지 제1차 남북고위급회담이 서울에서 개최되었고, 10월에는 같은 회담이 평양에서 개최되었다. 1991년 2월 18일에서 21일까지 평양에서 열린 제6차 남북고위급회담에서는 「남북기본합의서」와 「비핵화공동선언」이 발효되기에 이르렀다. 한편 같은 해 7월 19일에는 북한의 김달현 부총리가 최각규 부총리의 초청으로 서울을 방문해서 대우자동차와 포항제철 등 산업현장을 시찰하고 대통령까지 면담한 뒤 평양으로 돌아갔다.

그러나 정부와 재야, 그리고 민간단체들의 통일론은 강한 정치적 입장을 반영하고 있었기 때문에 서로 수렴될 수 있는 기회를 갖지 못하였다. 그리고 통일론을 제기한 사람들은 쉽지 않은 삶을 살면서 선구자로서의 어려움을 겪었다. 이것은 통일문제가 결코 쉬운 일이 아니라는 사실을 우리에게 웅변으로 말해 주고 있는 것이다. 어렵다는 것이 불가능하다는 것을 말하는 것은 아니지만 경솔하거나 과잉 기대를 가져서는 안 된다는 것을 우리에게 중요한 교훈으로 말해 주고 있는 것이다.

이런 역사적 과정을 통해서 다양한 견해를 갖는 통일 관련 민간단체들이 만들어진 것은 역사적 수확이 아닐 수 없다. 1994년 '경실련 통일협회'가 조사한 바에 의하면 현재 우리나라에는 171개의 민간단체가 통일을 준비하는 활동을 하고 있는 것으로 조사되었다. 단체나 기관만 만들어진다고 해서 문제가 해결되는 것은 아니다. 그런데도 이런 현상을 긍정적으로 보는 것은 이것이 바로 통일문제의 중요성을 반영하는 동시에 통일문제를 자신의 과제로 생각하는 사람들이 증가하고 있음을 말해 주는 것이기 때문이다. 역사는 방관하는 사람들에 의해서가 아니라 관심을 갖고 참여하는 사람들에 의해 만들어지고 발전해나가는 것이다. 게다가 이들 민간단체들의 통일논의가 추상적이고 관념적인 수준으로부터 점차 구체적이고 현실적인 방향으로 움직여나가고 있다는 점도 우리가 눈여겨 보아야 할 대목이다.

2) 보수와 진보를 포괄해야 한다

한국사회에는 다양한 성향의 사람들이 살고 있다. 거기에는 개혁적인 사람이 있는가 하면 진보적인 사람들이 있고, 아울러 보수적인 사람, 또는 수구세력에 가까운 사람들도 있다. 따라서 통일 논의는 자칫 자신의 정치적 입장을 강화하기 위한 이데올로기로서 악용될 소지를 배제할 수 없다. 만약 통일논의가 정치적 목적으로 악용된다면 그것은 통합의 방향이 아니라 상대방을 배제하는 방향으로 나아갈 것이고, 결과는 또 하나의 분열과 단절로 이어지게 될 것이다.

따라서 우리는 통일 논의 자체를 참으로 통일을 지향하는 것으로 만들기 위해 사회적 차원에서 관리할 필요가 있다. 그러면 과연 어떻게 관리해야 할 것인가? 가장 중요한 것은 논의의 방향을 관리하는 것이다. 이때 기본적인 논의의 방향은 넌제로섬 게임, 즉 모두에게 도움이 되는 쪽으로 이루어져야 한다는 것이다. 그렇다면 과연 그런 영역이 있는가? 그렇다. 그런 영역은 반드시 존재한다. 통일이 된다면 경쟁을 강조하는 자유주의적 시장경제론자들도 활동영역이 넓어질 것이고, 진보적인 균형론자들도 보다 많은 복지를 강조할 수 있을 것이다. 우리는 이 점에 유념해야 한다.

그러나 문제는 서로 강조점이 다른 이 다양한 계열의 사람들을 통일의 길에 어떻게 참여시키며 참여 수준을 어떻게 합리적으로 조정할 것인가 하는 문제이다. 게다가 이런 영역의 과제를 누가 담당하느냐 하는 문제도 해결이 쉽지 않다. 만약 정부가 이 문제를 해결할 수 있으면 그것은 더할 나위 없이 좋겠지만 만약 그렇지 못하다면 새롭게 형성되기 시작한 시민사회가 스스로 그 과제를 감당하겠다는 책임감과 의무감을 가질 만도 하다. 따라서 우리의 시민사회가 합리적인 통일과정을 주도할 수 있는 식견과 능력을 갖추는 일은 통일을 위해 필수적인 선행과제라고 아니 할 수 없다. 만약 이런 과제를 해결할 수 있다면 우리가 이 책에서 이야기하는 '풀뿌리 네트워크' 통일론은 보다 현실성을 띠게 될 것이다.

3) 통일만들기와 시민사회의 역할

시민사회의 새로운 형성과 발전은 한국사회의 실질적인 민주화만이 아니라 통일로 가는 과정에서도 필수불가결한 일이다. 통일로 가는 과정에서는 별의별 이야기가 다 나올 수 있다. 그러나 중요한 것은 서로 자신의 주장을 펴면서 타인에게 상처를 입히거나 적대감을 잉태하지 않도록 예의와 규범을 지켜야 한다는 것이다. 생각이 다른 사람들이 반드시 대결의 관계에 서야만 하는 것은 아니다. 우리는 생각이 다른 사람들의 관계가 통제 가능한 경쟁의 관계가 될 수 있도록 시민사회의 영역을 확대하고 심화시켜야 한다. 즉 통일논의의 과정에서 시민사회의 역할은 다양한 통일론들의 합리성을 신중하게 검증하고 다양한 의견들을 실천 가능한 영역으로 통합해 내는 것이다. 그리고 그 과정에서 시민사회는 1차적인 의견수렴의 기능과 논의의 장을 제공해야 한다.

통일에 관한 논의는 백가쟁명식으로 이루어지는 것보다는 다양성 속에서도 중요한 가닥을 잡아나가는 질서 있는 모습을 띠는 것이 중요하다. 그런데도 우리 사회의 통일 논의의 장은 성숙해 있지 않다. 다만 자신의 통일론을 주장하는 데 몰두해 있는 것이 현 단계의 솔직한 모습이다. 이것은 아직까지 우리의 시민사회가 미성숙 단계에 있음을 말해주는 것이기도 하다. 필자는 우리의 시민사회에 통일 논의를 보다 내실 있게 진행시킬 수 있는 장을 만들어나가는 것으로부터 통일작업이 시작되어야 한다고 믿는다. 그래야만 우리의 통일이 보다 내실 있는 통일, 그리고 보다 가벼운 통일이 될 수 있다고 생각하는 것이다.

이러한 일이 선행되지 않는다면 1996년 8월 '한총련 사태'에서 보듯이 통일을 둘러싼 충돌과 적대감만이 확대, 재생산될 우려가 있다.

5장 기존의 통일방안을 다시 보자

1. 남한 정부의 통일방안

1) 이승만 정부의 통일방안

이승만 정부의 통일방안은 무력에 의한 '북진통일'이다. 이승만 정부는 다음과 같은 입장을 표명하였다.

① 대한민국 정부는 유엔이 승인한 한반도의 유일한 합법정부이다.
② 국토 통일에 관해서는 선거가 토류된 북한지역에서 민주적 선거를 통하여 1백 석의 국회의원석을 채워야 한다.
③ 북한 수복은 북한 동포들의 자발적 의사로 성취될 수 없을 때에는 무력으로 주권을 회복할 권한이 있다.

1949년 9월 30일, 이승만 대통령은 기자회견에서 "한국은 북한의 실지(失地)를 회복할 자신이 있으며, 그 실지를 회복하기 위한 조치가 늦어지면 늦어질수록 곤란한 문제가 생길 것을 유엔에 알리고 싶다"고 선언하였다. 이후 이승만 대통령은 군비 증강을 위한 미국의 대한 군사원조 증대와 무기공급의 확대를 강력하게 요구하였다.

북진통일론을 주장한 이승만 정부는 6·25 때 시종일관 38선 돌파를 주장하였다. 그러나 군의 지휘권을 유엔 사령관에게 이양한 개전 초기의 대전(大田)협정 때문에 그 주장을 실행하지는 못했다.

38선 돌파는 오히려 미국의 결정에 의해 이루어졌다. 그러나 중공군이 개입하면서 전쟁이 아시아 전역으로 확산될 것을 우려한 미국 정계(政界)의 결정으로 휴전이 이루어지게 되었다. 이승만 대통령은 휴전회담에 반대하면서 거제도에서 반공 포로를 석방하는 등 미국의 결정에 항의하기도 했지만, 결국에는 「한미 상호방위조약」을 담보로 한 미국의 설득으로 정전협상과 정전조약을 수용하였다.

그러나 휴전 이후에도 이승만의 무력통일론은 완전히 사라지지 않았다. 그것이 비현실이라는 우방 국가들의 비판을 받고는 1954년 제네바 정치 회담에서 '유엔 감시하의 자유선거'에 의한 통일방안을 내놓았다. 그러나 그러한 입장 변화는 외교를 의식한 대외용이었다는 것이 학자들의 평가이다.

당시 야당이었던 민주당 역시 북진통일론을 반대하지 않았다. 다만 북진통일을 준비하되 미국의 동의가 없는 단독 북진은 원치 않는다는 게 1950년대 민주당의 입장이었다.

2) 민주당 정부의 통일방안

4월혁명으로 집권하게 된 민주당의 통일정책은 부분적으로 수정되었다. 민주당 초대 내각이 구성된 다음날인 1960년 8월 24일 정일형 외무장관은 외교정책과 관련된 7개 항의 성명을 발표하였다. 이

자리에서 정 장관은 "정부는 유엔결의를 존중하여 한국 전역에서 유엔 감시하의 자유선거를 실시함으로써 한국의 통일을 이룩하는 원칙을 고수한다. 과거 자유당이 주장한 무력에 의해 통일을 하려는 무모한 정책은 이제 폐기되어야 한다"고 주장했다.

그러나 민주당의 입장이 획기적으로 바뀐 것은 아니었다. 이 점은 1960년 11월 1일 '한국통일 및 유엔가입에 관한 결의안'의 처리를 둘러싼 민의원 본회의 토론에서 드러났다. 많은 의원들이 남북총선거안은 유일 합법 정부인 대한민국과 '괴뢰인 북한'을 동격에 놓는 것이며, 따라서 대한민국을 부인하는 것이라는 이승만 정권의 논리를 재생시켰다.

그리고 이 논리가 지배적인 것이 되어 결국 "남북총선거는 대한민국의 헌법 절차에 따라 시행한다"는 구절을 삽입하였다. 장면 정부는 4월혁명이라는 사회적 변화에 부응하여 변화된 통일정책을 내걸기는 했지만, 내면적으로는 통일을 깊이 있게 생각할 여력이 없었다. 당시 민주당 정부의 목표는 정치체제의 보호와 분단체제의 안정화를 지향하는 것이었다.

3) 군사정부의 '선건설 후통일론'

5·16쿠데타의 공약 제5항은 "민족적 숙원인 국토통일을 위하여 공산주의와 대결할 수 있는 실력을 기른다"고 천명하였다. 그리고 이를 위해 군사정부는 6월 10일 「중앙정보부 설치에 관한 법률」을 선포하고 2공화국하의 혁신운동자와 통일운동자 들을 체포하였다.

이로써 4·19 직후 일시적으로 떠올랐던 비단정파(非斷政派) 정치세력들은 그 전통을 이어가지 못하고 '잊혀진 세대'로 가라앉았다. 아울러 5월 21일 성립된 군부내각은 '반공, 선건설, 후통일'을 선언하였다. 그리고 '반공 선건설'의 논리는 이후 국가 주도의 산업화 정책으로 구체화되었다.

민간인에 의한 통일논의의 금지는 1972년 미 · 중공 화해 분위기에서 진행된 남북대화와 7 · 4 남북공동성명의 과정에서도 일관되게 견지되었다. 그것은 바로 공동성명이 시민적 기초가 없는 상층부만의 합의였다는 사실을 웅변으로 증명하는 것이기도 하다. 아무튼 7 · 4 남북공동성명의 분위기에서 형성된 유신체제는 통일체제를 갖추어야 한다는 명분을 내걸고 만들어졌기 때문에 지속적으로 남북대화를 강조하지 않을 수 없었다.

1970년의 8 · 15 선언, 1971년 이후의 적십자회담, 1972년의 7 · 4 남북공동성명, 1973년 6월 23일의 「평화통일 외교정책에 관한 특별성명」, 1974년 광복 29주년 경축사에서의 '평화통일 3대 기본원칙' 천명 등은 바로 이러한 맥락에서 나온 것이다.

이상의 선언과 정책들은 한반도에 존재하는 '두 개의 국가'를 남북한이 서로 인정해야 한다는 논리를 전제로 하고 있다. 그리고 '두 개의 국가' 정책은 '선건설 후통일'의 맥락을 이어가는 동시에 '휴전체제의 한국화'를 도모하는 것들이다. 즉 휴전협정의 합의과정에서 형성된 미국, 북한, 중국에 의한 휴전체제를 남북한에 의한 휴전체제로 이전시키면서, 미국과 중국은 동북아 전체의 세력균형 축으로 이동해나가는 것이 1970년대 남북대화의 배경이었다.

4) 5공 시기의 통일정책

1980년 광주의 유혈사태를 거쳐 권력을 획득하는 데 성공한 전두환은 국내의 거부감을 외교와 남북관계의 진전에서 희석시키려고 하였다. 전두환은 1981년 1월 12일 남북한 당국 최고책임자의 상호

방문과 남북한 두 사회의 개방화를 요구하고 아울러 김일성의 서울 방문을 제의하였다.

한편 전두환은 1982년 1월 22일, 82년도 국정연설을 통해 '민족화합민주통일방안'을 5공화국의 통일방안으로 제시하였다. 이 통일방안은 그 동안 단편적으로 제시되었던 통일정책들을 종합하면서 아울러 1980년에 제시된 북한의 '연방제' 통일방안에 대한 공세의 성격을 갖고 있다. 1·22 통일방안은 '민족통일협의회의'를 구성하여, 통일헌법을 제정하고 거기에 기초해서 통일국회와 통일정부를 수립함으로써 통일민주공화국을 완성하는데, 그때까지의 과도기 동안 "공존과 민족화합을 실현"하기 위해 '남북한 기본관계에 관한 잠정협정'을 체결하자는 주장이다. 그리고 이를 위해 남북정상회담을 개최하자는 것이다.

그러니까 당면과제는 남북정상회담에 의한 평화공존과 상호교류, 그리고 남북한 상주 대표부의 설치이고 장기적으로는 남북한 통일헌법에 의한 단일 국가의 수립이다. 여기에서 단일 국가는 북한의 연방제와 대치하는 것이고, 남북한 '잠정협정'은 북한이 주장하는 '남북미 3자 회담'에 의한 평화협정과는 다른 방도를 제시하는 것이었다. 그러나 5공화국 내내 남북한의 정치협상은 이루어지지 않았고 적십자회담이나 수해물자 인도, 남북한 예술공연단의 방문 등 부분적인 남북대화만이 간헐적으로 이루어졌다.

5) 6공 시기의 통일정책

노태우 정부가 등장했던 6공화국 시기는 세계적으로 탈냉전이 본격화되는 시기였고, 따라서 노태우 정부는 북방외교 정책을 적극적으로 추진하였다. 우리나라는 동구의 여러 나라들과 외교관계를 맺었고 소련, 중국과도 수교를 하였다. 그 과정에서 남북관계도 부분적으로 진전되었다. 6공화국이 내세운 통일방안은 '한민족공동체 통일방안'이다. 노태우 대통령은 1989년 9월 11일 제147회 정기국회에서 '한민족공동체 통일방안'을 발표하였다. 여기에서 제시된 핵심적인 내용은 다음과 같다.

(1) 통일의 4원칙

한민족공동체 통일방안에서 노태우 대통령은 "통일을 이루는 원칙은 어디까지나 민족자결의 정신에 따라 자주적으로, 무력행사에 의거하지 않고 평화적으로, 그리고 민족대단결을 도모하고 민주적으로 실현되어야 합니다"라고 주장하였다. 7·4 남북공동성명의 내용을 다시 한번 확인하면서 거기에 민주의 원칙을 추가하고 있음을 볼 수 있다.

(2) 통일의 과정

통일로 가는 3단계로서는 '신뢰구축과 협력 → 남북연합 → 단일 민족국가의 수립'을 제시하였다. 이 중에서 중요한 것은 궁극적인 단일 민족국가의 수립과 중간단계로서의 '남북연합'을 제안했다는 것이다.

남과 북은 서로 다른 두 체제가 공존하고 있다는 사실을 바탕으로 서로를 인정하여야 하며, 통일 과정의 제도화와 추진을 위해 쌍방이 합의하는 헌장을 만들고 남북이 연합할 수 있는 기구를 설치해야 한다는 것이다.

이를 위해 노태우 대통령은 "남북정상회담이 가능한 빨리 열려 본격적인 남북협력과 통일의 시대를 열 헌장에 합의하는 노력이 이루어져야 합니다"라고 강조하였다.

(3) 과도적 통일체제의 기구와 역할

'남북연합'을 구성해서 운영할 것을 제의한 노태우 대통령은 남북 정상회의, 남북각료회의, 남북평의회, 공동사무처 등의 기구를 둘 것 과 '평화구역'의 설치와 운영을 제안하였다.

이 통일방안은 5공화국 당시 발표된 '민족화합 민주통일방안'의 기본 틀을 유지하면서 동시에 그것보다는 약간 더 유연한 모습을 띠고 있다. 즉 종국적인 통일로서의 단일 국가 틀은 그대로 유지하면 서도, 과도기에 대해서는 연합을 설정함으로써 북한과의 협상을 기대한 것이다. 이러한 복합적인 성격 때문에 이 통일방안의 이름은 '연합제'나 '단방(單邦)안'이 아니고 '공동체안'이 되었다.

북한은 이 통일방안에 대해서 '두 개의 한국'을 고정화시키는 것이라고 비판했지만, 그래도 눈여겨봐야 할 것은, 그 이후에도 계속해서 남북고위급회담이 개최되었다는 것이다.

남북고위급회담은 1989년 수차례의 예비회담을 거쳐 1990년부터 본격화되었다. 이 회담에서 남한은 '교류협력 우선론'을 강조하고 북한은 '정치군사 우선론'을 주장하였다. 이렇게 남북한의 입장이 갈리다가 결국 '동시 타결론'을 통해 1991년 12월 13일 「남북 화해 협력 및 불가침에 관한 기본합의서」로 타결되었다.

그리고 12월 31일에는 「비핵화 공동선언」에도 합의함으로써 한반도에는 일시적으로 평화 분위기가 감돌기도 하였다. 이 합의와 선언에 의해 1992년에는 핵통제공동위원회 등 다양한 분야의 실무회담이 개최되었으며, 곧 남북정상회담이 실현될 것 같은 분위기가 조성되기도 하였다.

그러나 미국과 국제원자력기구에 의해 제기된 '북한의 핵사찰' 문제로 새로운 긴장 국면이 조성되면서 남북한 사이의 대화는 다시 얼어붙기 시작하였고, 이후 대화의 주도권은 미국과 북한의 채널로 옮겨지고 말았다. 미국의 핵정책은 미국의 세계전략, 그리고 동북아전략과 밀접하게 연결되어 있다. 세계전략의 차원에서는 핵강국에 의한 핵무기의 배타적 소유와 핵무기 동결을 주장하면서 제3세계 국가로 핵무기가 확산되는 것을 막겠다는 것이고, 대동북아 전략과 관련해서는 일본과 북한에 의한 핵무기의 개발을 억제하면서 이를 통해 동북아시아의 탈냉전 구조를 미국의 개입에 의해 해결한다는 것이다.

우리는 미국이 북한의 핵무기 개발 가능성에 대해 문제를 제기하는 시점을 눈여겨서 볼 필요가 있다. 북한의 핵무기 개발 가능성에 대한 문제가 제기된 시기는 북한과 일본 사이의 대화가 무르익어가던 1990년이었다. 당시는 북한의 노동당과 일본의 자민당, 그리고 일본의 사회당은 북일수교를 위한 3당 선언을 발표하였고, 자민당의 가네마루 신(金丸信)이 사회당의 다나베 마코토(田邊誠) 부위원장과 함께 북한을 방문하여 김일성과 깊은 대화를 나누고 있던 시점이다. 이후 가네마루 신은 일본의 우익 청년으로부터 저격을 당하는 수난을 겪기도 하였다.

이때 미국의 부시 정부와 한국의 강경파들은 북한에 대한 '예방 선제공격'의 가능성을 흘리면서 북한 자체에 대해서는 '군사제재론'을, 동북아시아 전체의 '대북 협상파'들에 대해서는 대화노선의 재검토를 요구하게 되었던 것이다.

이런 점에서 1991년 4월 12일 당시 국방장관이던 이종구 씨의 발언은 주목할 만한 것이다. 이종구 장관은 기자들과의 조찬 간담회에서 "북한이 핵안전협정에 가입하지 않을 경우 강력한 응징체계를 구축할 필요가 있으며, 그 내용은 엔테베식 작전을 연상하면 될 것이다"라고 선전포고나 다름 없는 내용을 언급했던 것이다. 당시에도 미국과 북한 사이에는 다양한 협상안들이 검토되었으며, 이러한 '일면 위협 일면 협상안'은 이후 미국의 대북정책에서 주기적으로 나타나는 현상이 되었다.

핵무기를 둘러싼 미국과 북한의 대화가 본격화된 것은 북한의 외교정책 변화와 무관하지 않다. 북한의 외교정책 변화는 이것만이 아니었다. 1991년 5월 27일 북한은 남북한 유엔 동시 가입을 의미하는 유엔가입 정책을 발표하였다. 남북한 유엔 동시 가입안의 수용은 그동안 두 개의 한국을 고정화하는 방안이라고 비판했던 정책을 마지못해 수용하는 상황을 의미했다. 이것은 한국의 적극적인 유엔 가입 추진, 소련에서의 쿠데타 실패와 엘친의 등장이라는 동북아 전체의 힘 관계 변화와 궤도를 같이하는 것이었다.

이런 상황에서 미국과 북한은 1993년 10월 제네바 합의에 이르기까지 지리한 연쇄 핵회담을 전개하였다. 이 과정에서 미국은 '핵확산금지조약(NPT)체제'의 연장과 북한의 비핵화라는 성과를 얻어냈고, 북한은 새로운 에너지원의 확보와 한반도 에너지개발기구(KEDO)에 의한 경수로 발전소 건설 지원이라는 실질적 이득을 얻어냈다. 북한과 미국 모두 '벼랑끝 외교'를 통해 이익을 주고받으면서 미북대화의 채널을 가동시킨 것이다.

그리고 이 무렵 한국에는 김영삼 정부가 등장하였다. 김영삼 정부는 미국과 북한에 의해 주도되는 대화의 방식에 문제를 제기하고 남북대화를 필수적으로 선행 또는 병행해야 한다는 입장을 천명하였으며, 동시에 독자적인 남북대화의 채널을 개척하기 위해 노력하였다. 이때 새로운 정부에 의해 제기된 주장이 '대북 공조체제'의 확립과 '남북정상회담'의 추진이며 새로운 통일방안이다.

2. 김영삼 정부의 통일방안

통일원이 1993년에 펴낸 『통일백서』에 의하면 김영삼 정부의 통일방안은 다음과 같다. 우선 여기서는 원문 그대로를 읽어보기로 하자.

(1) 3단계 통일방안

"통일이 아무리 절실하고 시급하다고 하더라도 무력으로 통일하려고 해서는 안 된다. 더구나 대량 살상무기가 총동원되는 현대의 전쟁은 민족의 공멸을 초래할 뿐이다. 또한 남과 북의 어느 일방이 다른 일방에 급작스럽게 흡수되는 방식으로 이루어지는 통일 또한 결코 바람직스럽지 못하다. 통일은 남과 북이 점진적이고 단계적인 과정을 거쳐 평화적인 방식으로 이루어야 한다.

새 정부는 평화적이고 질서 있는 통일을 책임 있게 추진하기 위해 통일과정을 3단계로 설정하였다. 즉 남과 북이 '화해 · 협력' → '남북연합' → '통일국가'라는 3단계의 과정을 거쳐 점진적이고 평화적으로 통일을 실현하는 것이다.

새 정부의 이러한 3단계 통일방안은 과거 우리 정부가 추구해 온 점진적이고 단계적인 통일 추진 구도와 일관성을 유지하면서도, 남북한의 유엔 동시 가입이 실현되고 「남북 기본합의서」와 「한반도 비핵화 공동선언」이 채택, 발효되는 등 그 동안 남북관계의 상황변화를 수용하여 발전시킨 것이라고 할 수 있다.

'화해 · 협력 단계'는 남북한이 「남북 기본합의서」와 「비핵화 공동선언」에서 합의된 사항들을 성실히 이행 · 실천해나감으로써 남북간의 적대와 반목, 불신의 관계를 화해와 협력의 관계로 전환시켜나가는 단계이다.

이를 위해서는 먼저 남과 북 모두가 한반도에 현실적으로 두 개의 정치체제가 존재함을 인정하고, 상대방을 타도의 대상으로 보지 않고 오히려 공존공영의 협력자로 보는 남북관계의 새로운 인식이 필요하다. 남과 북은 이미 「남북 기본합의서」에서 이를 약속한 바 있으나 제대로 지켜지지 않고 있다. 새 정부는 이러한 남북관계의 안타까운 현실을 감안하여 '화해·협력 단계'를 통일과정의 첫 단계로 제시하였다.

화해·협력을 위해서는 상대방의 실체를 인정하는 것만으로 이루어지는 것은 아니며, 여기서 한 걸음 더 나아가 다각적인 교류 협력과 군사적 긴장 완화 조치 등을 통해 상호 신뢰를 구축해나가야 한다.

또한 이 단계에서는 국민적 합의가 무엇보다 중요하다. 즉, 남북관계가 화해와 협력의 동반자 관계로 나아가기 위해서는 통일에 관한 자발적 국민합의 또는 통일역량의 국내적 결집이 절실히 필요하다. 정통성을 지닌 새 정부에서 국민적 합의가 이루어질 때 비로소 남북 당국간 혹은 민간간의 교류·협력도 활발하게 이루어질 수 있을 것이다.

'남북연합단계'는 화해·협력 단계에서 이룩된 상호신뢰와 평화 정착을 바탕으로 남과 북이 과도적 통일체제인 '남북연합'을 구성하여 통합과정을 안정적으로 관리하면서 민족사회의 통합을 촉진시켜나가는 단계이다. 이 단계에서 남과 북은 비록 외교·국방·내정에 걸쳐 독립적인 주권을 행사하지만 '남북연합'이라는 한 지붕 아래서 민족의 공동이익을 위한 교류와 협력을 강화함으로써 민족공동생활권을 형성하고 사회적·문화적·경계적 공동체를 이룩해 나갈 것이다.

또한 이 단계에서 남과 북은 공동으로 구성하는 기구들을 통해 국가통합을 위한 여러 방법을 논의하게 될 것이다. 물론 '남북연합'에 어떤 기구를 두어 어떤 일을 할 것인가는 남북간의 합의에 의해 구체적으로 정하면 될 것이지만 기본적으로 '남북 정상회의'와 '남북 각료회의'를 상설화하고 남북간에 남아 있는 이질적 요소들을 제거해나가게 될 것이다.

이와 같은 방식으로 남북간의 교류와 협력이 일상화되고 민족사회의 통합이 심화되면 남북간에는 의회 대표들이 함께 모여 통일헌법안을 마련하는 등 완전한 정치적 통합을 위한 준비를 해나가게 될 것이다. 이러한 의미에서 남북연합단계는 완전한 정치적 통합의 예비단계라고 할 수 있다.

'통일국가 단계'는 '1민족 1국가'로의 정치적 통합을 실현하고 경제·사회 전반에 걸쳐 민족사회의 완전한 통합과 동질화를 이룩하는 통일의 마지막 단계이다.

'남북연합'의 원활한 운영을 통해 남북간의 경제적·사회적·문화적 공동체가 형성되고 정치적 결합도도 높아지게 되면 남북관계는 본격적인 정치통합을 논의하는 단계로 발전하게 될 것이며, 남북의회 대표들은 민주적 절차에 따라 통일헌법안을 마련하게 될 것이다.

그러나 이러한 통일국가의 수립이 모든 문제의 종결을 의미하지는 않는다. 같은 민족이 하나의 국가를 이룩하였다고 하더라도 분단되어 살았던 당시의 흔적으로 인해 여러 가지 부작용이 생겨날 수 있다. 정치적으로 외형적인 통일이 되었다고 하더라도 사회적, 문화적, 경제적으로 공동체적인 실질적 통합을 이루지 못할 수도 있다. 따라서 이 단계에서 통일정부는 온 힘을 다해 민족구성원 모두가 하나의 완전한 공동체가 될 수 있도록 노력해야 할 것이다."

(2) 실천정신

"이상과 같은 3단계 통일방안을 효율적으로 실천해나가기 위해 새 정부는 '민주적 국민합의', '공존공영', '민족복리'를 통일방안 실현을 위한 실천정신으로 삼고 있다. 이들 실천정신은 새 정부의 성격을 잘 반영하고 있다.

첫째, 새 정부는 국민의 자발적 지지로 탄생된 민주 정부이기 때문에 어느 정부보다도 민주적 절차를 통해 구축된 자발적 국민합의를 바탕으로 통일정책을 추진해 나갈 수 있다. 둘째, 새 정부는 북한을 고립, 봉쇄시키지 않고 평화공존과 공동번영을 통해 통일의 길로 나아가려고 한다. 셋째, 새 정부는 '1민족 1국가'라는 통일체제를 세우기 위해 특정 이념과 체제보다는 민족복리를 우선한다.

'민주적 국민합의'는 맨 먼저 다져야 할 통일정책의 국내적 기반이라고 할 수 있다. 김영삼 대통령도 취임사를 통해 이 시점에서 우리에게 필요한 것은 감상적인 통일 지상주의가 아니라 통일에 대한 국민적 합의라고 강조하였다.

이 국민적 합의라는 실천정신은 한편으로는 국민들의 자발적 지지를 토대로 통일문제를 민주적으로 풀어나간다는 의미를 가지면서도, 다른 한편으로는 우리 정부 당국을 약화시키려는 북한 당국의 입장을 평화적으로 변화시키는 효과도 거두게 될 것이다.

정부의 정통성이 미약했던 지난날에는 당국과 비당국 사이의 통일논쟁과 갈등이 심화되었으며 그 결과 남북관계는 지속적으로 발전되지 못했고 국내 정국도 불안했다. 그러나 새 정부는 헌정사상 처음으로 국민의 직접선거에 의해 탄생한 문민정부로서 정통성을 확보하고 있기 때문에 그 자체로 이미 국민합의의 기틀이 마련된 셈이다.

우리 국민들도 이제는 스스로 선택한 문민정부를 믿고 정부를 중심으로 하여 통일문제를 풀어가도록 노력할 것과 지혜를 하나로 모아나감으로써 정부의 통일정책은 더욱 실효성 있게 추진될 것이다. 이런 점에서 국민적 합의의 정신은 다른 두 정신의 기초가 될 것이다. 즉 국민적 합의 없이 공존공영과 민족복리의 성취는 불가능하다고 할 것이다.

'공존공영'이란 남과 북이 대립과 반목의 자세를 버리고 함께 자유와 풍요를 누리면서 공존하고자 하는 것이다. 공존공영은 남과 북이 먼저 상대방 당국의 실체를 인정하고 존중하는 바탕 위에서 이루어질 수 있는 것이다. 비록 그 사상과 제도가 자기의 것과 다르다고 하더라도 상대방을 타도의 대상으로 보아서는 안 되며 대화와 협력의 상대자로 존중해야 한다. 그러기 위해서는 상대방과의 차이를 관용하는 새로운 인식과 관행을 쌓아야 한다. 즉 냉전적 사고에서 공존적 사고로의 전환이 필요한 것이다.

그러나 공존은 반드시 공영으로 이어져야 한다. 서로 가난하게 공존하는 것이 무슨 소용이 있으며, 서로 부자유하게 공존하는 것이 무슨 의미가 있겠는가? 함께 번영하기 위해서 함께 존재하는 것이다. 그래서 교류와 협력이 필요한 것이다.

이때 교류 협력의 주체가 반드시 당국자이어야 할 필요는 없다. 남북체육인의 교환경기나 학자들간의 학술교류, 경제교역과 투자 등 민간 차원의 교류와 협력도 활발하게 이루어져야 한다. 그러나 민족 전체의 이익과 민족구성원 개개인의 운명과 권익에 관한 중대한 문제를 해결해나가는 주체는 어디까지나 정부 당국이어야만 한다. 정부는 이러한 책무를 역사와 국민으로부터 수임받고 있기 때문이다.

이처럼 공존공영의 정신은 상대방을 고립시키거나 봉쇄하는 정책을 배제하고 있다. 이러한 정신 아래 새 정부는 북한을 고립시키기보다는 오히려 국제사회의 당당한 일원으로 참여토록 도와주는 '참여정책'을 채택하고 있다. 동시에 새 정부가 북한체제의 와해를 전제로 한 흡수통일을 반대하는 까닭은 바로 공존공영의 정신에 있다.

'민족복리'는 민족의 평화적 통합의 원동력일 뿐만 아니라 이를 완성시키는 실천정신이다. 민족복리는 한민족 전체의 삶의 질이 향상되고 복지가 신장되어 민족구성원 모두가 골고루 잘살게 되는 상태를 뜻한다. 따라서 민족복리의 정신은 잘못된 민족주의와는 구별되어야 한다. 세계역사에서 정통성이 결여된 정권이 기득권 수호을 위한 방패막이로 민족주의라는 상징을 활용하거나 강대국이 약소국을 침탈하기 위한 이론적 방패로 민족주의를 악용하는 경우가 없지 않았다. 그러나 새 정부가 강조하고 있는 민족복리의 정신은 이러한 저항적 민족주의나 제국주의적 민족주의와는 본질적으로 다르다.

민족복리는 남과 북이 같은 민족으로서 화해하고 협력하고 공존하면서 함께 번영할 수 있는 통일로 나아가고자 하는 정신이며, 궁극적으로는 자유와 복지가 신장되고 인간의 존엄성이 구현되는 통일된 민족국가를 건설한 상태를 말한다. 이런 뜻에서 민족복리는 '열린 민족주의', '민주적 민족주의'가 추구하는 핵심적 가치라 할 수 있다. 즉 안으로는 민족구성원 모두에게 '자유'와 '복지'와 '인간의 존엄성'이 보장되며 밖으로는 인류평화와 세계공영에 앞장서는 통일 민주국가, 그것이 민족전체의 복리가 구현되는 통일조국의 모습인 것이다. 이같은 민족복리의 정신은 인류 보편의 가치이며 새 정부가 창조하고자 하는 통일조국의 가장 소중한 가치의 하나이다."

(3) 3단계 통일방안의 실천

"김영삼 정부는 3단계 통일방안을 수립·천명하였을 뿐만 아니라 이를 구체적으로 실천에 옮기고자 노력하고 있다. 무엇보다도 먼저 새 정부는 통일정책에 대한 국민들의 의견을 듣고 합의점을 도출하

기 위해 노력하고 있다. 국회·정당 및 언론, 종교, 경제·여성계는
물론 각종 시민단체와 활발한 대화를 하면서 남북관계 및 통일문제
를 하나하나 풀어가려고 노력하고 있으며, 과거에는 통일정책 추진
과정에서 소외되었던 합리적 비판세력을 적극 참여시키고 있다.

또한 새 정부는 분단으로 인해 생긴 이산가족의 한맺힌 아픔과 민
족의 고통을 덜어주는 일에 최우선의 역점을 두고 노력하고 있다.
정부가 이산가족 문제의 해결을 위해 노력하는 까닭은 이산가족 문
제는 인류와 도덕의 문제이므로 조건없이 해결되어야 하며, 결코 정
치적 흥정의 대상이 될 수 없는 문제이기 때문이다.

새 정부가 '3단계 통일방안'을 바탕으로 남북관계를 실질적으로
개선해나가려는 노력은 안타깝게도 북한의 핵문제로 인해 여러 가
지 어려움에 직면해 있는 것도 사실이다. 그러나 새 정부는 북한 핵
문제로 인해 남북관계가 전반적으로 교착되고 있는 상황에서도 3단
계 통일방안의 기본 방향에 입각하여 이 문제를 해결하고 남북관계
를 개선하기 위한 일관된 노력을 기울여왔다. 새 정부는 북한의 핵
문제를 평화적으로 해결해야 한다는 기본 입장에서 국제사회와의
확고한 공조체제를 유지해나가면서 민족내부 차원에서 대화를 통해
해결하도록 노력하고 있다. 그리하여 핵무기로 인한 민족의 공멸을
막고 공존공영을 이룩하도록 노력하고 있다.

김영삼 정부의 이러한 3단계 통일방안에 대한 국민들의 의견은
다음과 같이 파악될 수 있다. 첫째, 새 정부의 3단계 통일방안은 국
민들의 적극적인 지지를 얻고 있으며 둘째, 국민들은 현재 진행 중
인 개혁이 통일로 가기 위한 필요한 절차라고 판단하고 있고 셋째,
국민들은 흡수통일을 반대하며, 북한을 와해·몰락시켜야 할 대상
으로 보지 않고 공존공영의 동반자로 파악하고 있다.

앞으로도 정부는 각계 각층 국민들의 폭넓은 의견수렴을 통해 3
단계 통일방안을 보다 구체화하고 발전시킴으로써 통일에 대한 청

사진을 국민들에게 명확하게 제시하고 통일방안에 대한 국민적 합
의와 지지를 바탕으로 남북관계의 실질적인 개선을 위한 노력을 기
울여나아갈 것이다."

3. 북한 정부의 통일방안

북한 정부의 통일방안은 연방제이다. 연방제 통일방안이 맨 처음
제기된 것은 1960년 8월 14일 당시 김일성 주석의 8·15 경축대회
연설에서였다. 1960년 8월 14일이라면 남한은 4월혁명과 7·29 총선
을 거쳐 새로운 정부가 탄생하던 시기이다. 김일성이 제안한 내용은
다음과 같다.

1) 1960년대 과도적 조치로서의 연방제

① 어떠한 외국의 간섭도 없는 민주주의적 기반 위에서 자유로운
   남북총선거를 실시할 것.
② 아직 남조선 당국이 자유로운 남북총선거를 받아들일 수 없다
   면 과도적 조치로써 남북조선의 '연방제'를 제의한다.(남북조선
   에 현존하는 정치제도를 그대로 두고 양 정부의 독자적인 활동을
   보장하는 동시에 양 정부 대표로 구성되는 최고민족위원회를 조
   직하여 주로 남북간의 경제·문화발전을 통일적으로 조절한다.)
③ 만일 상기 제안 등을 남조선 정부 당국이 동의치 않는다면 남
   북조선 실업계 대표로 구성되는 순전한 경제위원회라도 조직

하자.

④ 남북조선 문화사절 왕래와 과학·문화·예술·체육 등 모든
분야에서의 교류를 다시 한번 제의한다.

⑤ 남조선에서의 미군의 즉시 철퇴를 요구하며 남북 조선 군대를
각각 10만 또는 그 이하로 축소할 것을 제의한다.

⑥ 이상의 제문제를 협의하기 위해 남북조선 대표들이 평양이나
서울 또는 판문점에서 만날 것을 남조선 당국과 정당, 사회단
체 및 개별인사에게 제의한다.

이상에서 보듯이 1960년대의 연방제는 과도적 조치로서의 의미를
갖는다. 이후 북한은 지속적으로 연방제 통일안을 제시하였는데, 그
내용은 1980년대에 와서 '조국통일 5대방침' 속에서의 '고려민주연
방공화국 창설 방안'으로 정리되었다.

2) 1980년대 최종적인 국가형태로서의 연방제

1980년 10월 10일 조선노동당 6차대회에서 제시된 '고려민주연방
공화국 창설방안'은 과도적 연방제로부터 최종적인 통일국가 형태
로의 '연방공화국' 창설 방안을 통일의 최종 단계로 설정하고 있다.
그 방안의 골자는 다음과 같다.

① 북과 남이 서로 상대방에 존재하는 사상과 제도를 그대로 인정
하고 용납하는 기초 위에서 북과 남이 동등하게 참가하는 민족
통일정부를 수립하고 그 밑에서 북과 남이 같은 권한과 의무를
지니고, 각각 지방자치제를 실시하는 연방공화국을 창립하여
조국을 통일해야 한다.

② 북과 남이 같은 수의 대표들과 적당한 수의 해외동포 대표들로 '최고민족연방회의'를 구성하고 거기에서 '연방상설위원회'를 조직, 북과 남의 지역 정부들을 지도한다.

③ 연방국가의 국호는 통일국가의 이름을 살리고 민주주의를 지향하는 정치이념을 반영하여 '고려민주연방공화국'으로 한다.

여기에서 연방국가의 통일정부인 '최고민족회의'와 그 상설기구인 '연방상설위원회'는 합작통일의 염원에 부합하도록 정치문제, 방위문제, 대외관계 등 공동의 문제들을 토의, 결정하며 국호는 '고려민주연방공화국'으로 하고 비동맹 중립을 표방한다는 내용으로 되어 있다. 또한 전제조건 세 개와 연방국가가 수행해야 할 10대 시정방침을 다음과 같이 제시했다. 연방제 통일을 위한 전제조건은 남한 정권의 민주화, 미국과의 평화협정 체결, 미국에 의한 두 개의 한국 정책 저지와 내정간섭 종식이다. 이러한 세 가지 여건이 선행된 환경에서 남한과 합작 형식으로 연방국가를 형성한다는 것이다. 연방 정부가 수행해야 할 시정방침은 다음과 같은 것들이다.

① 자주성을 견지, 자주적인 정책 실시

② 민주주의 실시와 민족의 대단결 도모

③ 남과 북의 경제적 합작과 교류 실시, 민족경제의 자립적 발전 보장

④ 과학, 문화, 교육 분야의 교류와 협조 실시, 과학기술과 민족 문화예술, 민족 교육을 통일적으로 발전시킴

⑤ 남북 사이의 교통과 체신 연결, 전국적 범위에서 교통, 체신 수단의 자유로운 이용 보장

⑥ 주민의 생활안정과 복지향상

⑦ 민족연합군을 조직, 외래침략으로부터 민족 보위

⑧ 해외 동포들의 권리와 이익 보호

⑨ 두 지역 정부의 대외관계를 통일적으로 조절

⑩ 세계 모든 나라들과 우호관계 증진과 평화애호적인 대외정책
　실시

4. 한국 야당의 통일방안

　군사정부 시절 야당의 통일방안은 정부의 통일방안에 대한 강한
비판의 의미를 띠고 있었다. 그 중에서도 김대중 씨의 통일방안은
또 하나의 대안으로서 주목을 받았다. 평화민주당 시절 김대중 총재
는 통일방안으로서 '3단계 통일'과 '공화국연방제'를 제시하였다.

　여기에서 평화통일의 3단계는 평화공존과 평화교류, 평화통일이
고, 마지막 평화통일 단계에서는 과도기적으로 '국가연합'에 가까운
'공화국연방제'를 운영한다는 것이다. 여기서 '연방제'라는 용어를 사
용했기 때문에 북한에서는 김대중 총재의 통일방안에 대해서 논의
할 여지가 있다는 전략적인 반응을 보이기도 했지만, 김대중 총재는
일각의 오해를 피하기 위해서 '공화국연방제'라는 용어를 곧 '공화국
연합제 : 3원칙과 3단계 통일방안'으로 바꿨다.

　그리고 원칙과 단계를 분리하여 3원칙은 평화공존·평화교류·
평화통일이고, 3단계는 '제1단계 : 1연합 2독립 정부 ; 공화국연합
제', '제2단계 : 1연방 2지역자치 정부', '제3단계 : 1국가 1정부'로 설
정하였다. 이러한 수정이 가해진 1991년 4월은 김대중 총재가 평민
당에서 '신민주연합'과의 정치적 통합을 거쳐 신민당 총재로 있던 때
이다.

1992년 대통령 선거에 민주당 후보로 출마하였다가 낙선한 이후 김대중 총재는 영국과 독일을 방문하면서 '남북연합'의 조기 실현을 강조하였고, 「아시아태평양 평화재단」을 설립한 후 자신의 통일론을 「김대중의 3단계 통일론」으로 총정리하여 『김대중의 3단계통일론 : 남북연합을 중심으로』를 1995년 9월에 출간하였다. 여기에서는 '남북연합'의 조기 실현에 대한 기대와 '3단계 통일론'으로 압축된 그의 통일론을 원문 그대로 읽어보기로 한다.

1) 김대중의 3단계 통일론

"'3단계 통일론'은 전쟁이나 폭력에 의한 통일을 배격한다. 그보다는 평화적인 방법에 의해 온 민족의 뜻을 코아 민주적 절차에 따라 통일이 실현되기를 원한다. 이러한 의미의 통일은 어느 날 갑자기 이루어지는 것이 아니라 점진적으로 진행되는 과정이기에 '3단계 통일론'은 '통일의 첫걸음을 가능한 한 빨리 내딛되 통일의 진행은 찬찬히 해나가자'고 주장하고 있다.

'3단계 통일론'의 제1단계는 1민족, 2국가, 2체제, 2독립 정부, 1연합의 남북연합(남북 공화국 연합)이다. 이 단계에서는 2개의 남북한 독립 국가가 서로 다른 체제를 그대로 유지한 채 국가연합을 형성하는 것이다.

따라서 남과 북은 각기 지금까지 유지해온 기존의 모든 주권과 권한을 그대로 보유한다. 남북연합은 남북 협력을 제도화하여 통일 과정을 효율적으로 관리하려는 목적하에 설정된 것이다. 이 단계는 약 10년 정도 지속될 것으로 상정한다. 이 기간 동안 남과 북은 상호 화해와 협력을 통해 평화와 번영을 추구하는 가운데 민족의 동질성 회복을 위해 전력을 다하게 될 것이다.

제2단계는 연방제이다. 이는 1민족, 1국가, 1체제, 1연방정부, 2지역자치정부로 구성된다. 이 단계에서는 하나의 체제 아래 외교, 국방, 그리고 주요 내정을 중앙정부가 관장하고, 그밖의 내정은 2개의 지역자치정부가 담당하게 된다. 아울러 통일헌법에 따라 연방 대통령을 선출하고 연방의회를 구성한다. 이는 앞으로 보다 자세한 설명이 따르겠지만, 북한의 '고려민주연방공화국 창설 방안(이하 고려민주연방제)'과는 근본적으로 다른 형태이다.

마지막 제3단계는 완전통일 단계로서 중앙집권제 또는 여러 개의 지역자치정부들을 포함하는 미국이나 독일식 연방제를 채택하는 단계이다. 사실 남북 지역자치정부로 구성되는 연방으로의 진입만으로도 한반도의 통일은 이미 실현된 것으로 볼 수 있다. 오늘날 세계적인 추세가 지방 분권화, 지방 자치화를 향해 나아가고 있음을 고려할 때, 연방으로부터 중앙집권적 체제로 나갈 것인지 아니면 여러 개로 세분화된 연방제, 즉 미국이나 독일식 체제로 갈 것인지 여부는 그때에 가서 국민 의사에 따라 결정하면 될 것이다."

2) 3단계의 구체적인 내용

(1) 남북연합단계

"'3단계 통일론'은 남북간 화해, 협력을 촉진하는 제도적 장치로서의 남북연합을 특히 중시하고 있다. 남북연합의 형성은 통일의 물꼬를 트는 일이요, 통일의 필수조건이 될 것이기 때문이다. '3단계 통일론'에서는 민족적 합의와 남북 당국의 정치적 결단에 의해, 그리고 현실적인 몇 가지 여건이 조성된다면 남북연합으로의 진입이 언제라도 가능하다고 본다."

① 남북연합의 의의

"남북연합은 남과 북이 현존 상태 그대로 상이한 이념과 이질적인 정치·경제체제 및 두 정부를 유지하면서 긴밀한 협력기구를 형성하여, '분단상황을 평화적으로 관리'하는 한편 '통합과정을 효율적으로 관리해나가는' 제도적 장치를 의미한다. 이는 분단 구조의 영구화를 지향하는 선린우호 관계가 아니라 '통일지향적 특수 관계'를 발전시켜 나가려는 노력의 소산인 것이다.

따라서 '3단계 통일론'은 현 남한 정부의 통일방안이 화해, 협력의 심화를 남북연합의 전제 조건으로 설정하고 있는 것과는 달리 화해, 협력을 진지하게 이끌어내는 장치로서 남북연합을 상정하고 있다. 곧 핵문제의 해결을 위시하여 최소한의 정치적 신뢰만 조성되면 남북연합이라는 협력 장치를 만들어 남북협력을 제도화하고, 이를 통해 화해, 협력을 의도적이고 적극적으로 성취할 수 있다고 보는 것이다. 그러므로 '3단계 통일론'에서 설정하고 있는 남북연합은 남북 교류, 협력의 결과가 아니다. 민족적 합의와 남북 당국의 정치적 결단의 결과이자 동시에 양자간의 화해와 협력을 심화시키는 촉진제인 것이다.

그렇다면 화해와 협력의 성숙 없이 어떻게 남북연합에 진입할 수 있겠는가 하는 의문이 제기될 수 있다. 혹자는 예멘의 예를 들어 화해와 협력이 충분히 조성되지 않은 상태에서의 정치적 통합은 위험하다고 지적할 수도 있다. 그러나 분명한 것은 '3단계 통일론'이 상정하는 남북연합은 정치적 통합이 아니라는 점이다. 즉 남북연합은 남북 통일을 의미하지 않으며, 따라서 예멘의 사례는 적절한 비유가 되지 않는다. 부언하건대, 남북연합은 국가 대 국가의 공존을 전제로 하며, 화해와 협력을 촉진시키기 위한 제도적 장치로서의 의미가 강하다. 그러므로 설사 남북연합 진입 후 과정에 차질이 생긴다 하더라도 위험 부담이 적다.

　남북연합의 주된 임무는 '평화 공존, 평화 교류, 평화통일'의 3대 행동강령을 실현하는 데 있다. 평화 공존은 남북한의 상호 인정에서부터 출발하여 체제 공존을 도모하며, 정치적 신뢰 구축을 통해 어떠한 경우에도 무력 대결이 일어나지 않도록 제도적 실질적 차원에서 평화 장치를 마련함을 뜻한다.

　평화 교류는 남북이 정치, 경제, 사회, 문화 등 모든 분야에서의 교류 협력을 촉진시켜 상호 이익의 증진과 민족 동질성 회복에 전력을 다하고, 이를 통일을 향한 징검다리로 승화시키는 것을 의미한다. 특히 경제 및 사회, 문화 분야에 있어서의 교류, 협력의 활성화는 남북간의 상호 의존성을 제고함으로써 자주적, 평화적, 민주적 통일을 약속하는 하부구조적 기반이 될 것이다.

　평화통일은 통일의 기초가 마련되어 연방으로의 진입을 모색하게 될 때 어느 일방의 힘에 의하지 않고 대화와 협상을 통해 통일의 과정이 평화롭게 진행되어야 함을 의미한다. 6 · 25 전쟁이나 월남전쟁과 같은 무력에 의한 통일이나 적화혁명 방식의 통일은 절대로 용납될 수 없다. 우세한 경제력을 이용한 일방적 흡수통일도 배제되어야 한다."

　② 남북연합으로의 진입 조건

　"'3단계 통일론'의 첫 번째 단계인 남북연합은 남북한 주민들 자신이 통일을 원하고, 이들의 뜻을 반영하여 남북 당국이 이를 위한 정치적 결단을 내릴 경우, 어렵지 않게 이루어질 수 있다. 이 점에서 남북한 간에 신뢰가 구축된 이후에야 남북연합이 가능하다고 보는 현 정부의 입장과는 '통일에 대한 적극적 의지' 표명의 측면에서 기본적으로 문제의식을 달리하고 있다.

　그러나 남과 북은 지난 50여 년 동안 여러 분야에서 심한 이질화 과정을 겪어온 탓에 남북연합으로의 진입을 합의하기 위해서는 양

자간에 최소한의 정치적 신뢰가 구축되어야 한다. 이는 북한 핵문제
와 관련이 있다. 그러나 북미 간에 극적으로 체결된 '제네바 합의' 속
에 해결의 큰 틀은 이미 주어졌다그 본다. 앞으로 경수로 제공의 세
부 실천사항을 둘러싸고 우여곡절이 있을 수 있으나, 관련국들의 명
분과 이해관계의 역학을 고려할 때 '핵'과 '외교 및 경제협력'을 동시
에 교환하는 일괄 타결 방식으로 문제가 자연스럽게 해결될 것으로
판단된다.

　이외에도 남북 기본 합의서 이행을 통한 남북간 정치적 신뢰 조
성, 군사적 긴장 완화 조치의 실행, 주변 4강의 남북한 교차 승인 등
이 남북연합 형성을 촉진시키는 여건이 된다. 그러나 이들 여건은
남북연합 진입에 반드시 필요한 전제 조건이라기보다는 남북연합
진입시기를 앞당기는 데 일정 부분 기여하게 될 촉진 요인에 가깝다
고 볼 수 있다. 따라서 남북연합으로 들어갈 것이냐, 들어간다면 언
제 들어갈 것이냐 하는 문제는 전적으로 남북한 주민과 당국의 결단
에 달려 있다고 하겠다."

　③ 남북연합의 기구 및 운영
　"남북연합에서는 분단 상태를 평화적으로 관리하고 연방으로의
효율적인 진입을 위해 3대 행동강령에 입각한 6대 과제를 실행에 옮
기게 된다. 6대 과제에 대해서는 후술하겠지만, 이들 과제를 달성하
기 위해 다음의 남북연합기구를 둔다. 곧 최고 의사결정기구로서의
'남북연합 정상회의(이하 정상회의)', 대의기구(代議機構)로서의 '남
북연합회의(이하 연합회의)'와 '남북연합회의 사무국(이하 사무국)',
그리고 집행기구인 '남북연합 각료회의(이하 각료회의)' 및 분야별
'남북연합위원회(이하 연합위원회)'가 그것이다.
　'남북연합헌장(이하 연합헌장)'은 남북연합단계에서 남북관계를 규
율하는 기본법으로서 통일(연방)헌법 제정시까지 유효하다. 이는 남

북 정상들에 의해서 채택되고 남북 의회에서 인준을 받아 발효된다.

최고 의사결정기구인 정상회의는 정례회의로서 남북을 오가며 개최된다. 정상회의에서는 민족문제, 통일문제, 그리고 남북관계를 통일 지향적으로 발전시키기 위한 주요 현안 문제에 대해 정치적 결정을 내린다. 또한 정상회의는 연합회의의 의결 사항을 심의하여 수용 여부를 결정하고, 각료회의의 합의 사항을 승인하며, 그 집행 상황을 감독한다.

상설 대의기구인 연합회의는 남북 각지를 순회하며 개최된다. 연합회의는 평화공존·평화교류·평화통일의 3대 행동강령을 추진함에 있어 남북 주민들의 의견을 청취, 토의, 의결하여 정상회의에 회부한다.

연합회의에서의 의사결정 방식은 국가 대 국가의 연합이라는 남북연합의 기본 정신을 살려 양측이 독립적인 입장을 견지할 수 있는 만장일치제를 채택한다. 연합회의는 양측 의회에서 선출한 대표로 구성하며, 여기서 의결된 사항은 정상회의에서 수용 여부를 검토한다. 정상회의는 연합회의로부터 회부된 의결안에 대해 거부권을 행사할 수 있다.

사무국은 연합회의의 운영 업무를 지원하는 기구로서 남북 양측에서 파견된 사무요원으로 구성한다.

정상회의에서 의결된 사안은 각료회의에 회부되어 실행에 옮기도록 한다. 각료회의는 의결 사항을 정책화하고 집행 조치를 강구하는 기능을 수행한다. 각료회의는 분야별 세부 사항에 대한 협의와 이행 대책의 마련 등을 위해 분야별로 남북연합위원회를 둔다. 예를 들어, 남북연합군사위원회는 군사적 우발사태에 대한 대책, 군사적 신뢰 구축 조치, 군축 협상, 감시체제 구축 등과 관련한 문제들을 협의하고 이행 대책을 마련하는 업무를 수행하게 될 것이다."

(2) 연방단계

① 연방의 성격과 의의

"연방으로의 진입은 통일을 의미한다. 연방제하에서는 외교와 국방, 그리고 주요 내정을 연방정부가 관장하며, 그밖의 일반적인 내정에 대해서는 지금까지의 두 공화국이 이제는 지역자치정부의 입장에서 관리하게 된다. 이에 대한 구체적인 역할 규정은 10여 년 이후의 상황을 고려해야 하므로, 여기서는 대강의 윤곽만 제시하도록 한다.

연방제는 왜 필요한 것인가? 다시 말해서 남북연합단계로부터 완전통일단계로 진입하기 이전에 과도적 단계로서 연방제를 실시하는 이유가 무엇인가? 그 이유는 다음과 같다.

첫째, 통합을 추진할 경우 남과 북의 경제, 사회 발전단계의 차이와 반세기 이상 이질화 과정을 거친 정치·사회·문화 등의 전반적 상황을 고려해야 하기 때문이다. 즉 남북한 주민들이 일상 생활 영역에서부터 가치관에 이르기까지 겪게 될 체제통합의 충격을 완화하기 위해서 연방제가 필요하다. 둘째, 북한체제의 특수성과 북한주민의 자존을 존중하여 지역자치를 실시할 필요성이 있기 때문이다. 셋째, 연방정부가 북한지역을 상당 기간 '특별 지원'해야 할 필요성이 있기 때문이다. 특히 북한지역에 사회간접자본 건설을 위한 투자를 집중함으로써 통합된 노동시장의 교란을 최소화하고 사회복지 예산을 합리적으로 배분하기 위해서는 북한지역에 대한 특별한 배려가 필수적이라 할 수 있다.

이러한 이유로 인해 연방과 같은 과도적 단계를 설정하지 않고 남북연합단계에서 곧바로 완전 통일로 진입하자는 현 남한 정부의 안은 많은 무리가 따르리라 예상된다. 또한 별도의 준비단계 없이 서로 다른 두 체제를 그대로 유지하면서 곧바로 연방제로 진입하자는 북한의 주장 역시 남북 분단의 현실을 무시하고 있다는 점에서 실현 가능성을 결여하고 있는 주장이다. 따라서 연방제는 남북연합이라는 예비단계를 상당 기간 거친 후에야 비로소 진입 가능한 단계로서, 완전 통일에 앞서 체제 통합의 충격을 완화하고 연방정부가 북한지역에 대해 특별 지원을 하기 위해 반드시 거쳐야 할 필수적 과정이라 하겠다."

② 연방으로의 진입 조건

"남북연합에서 연방제 단계로 진입하기 위해서는 다음과 같은 요건이 충족되어야 한다.

첫째, 북한이 복수 정당제와 자유선거 제도 등을 도입함으로써 민주화되어야 한다. 남북 공히 민주주의 정치체제를 수용해야만이 양자 간의 정치적 통합이 가능해질 것이다.

둘째, 북한이 시장경제체제를 받아들여 남북 경제공동체가 형성되고, 더 나아가 화폐, 금융, 재정 등에 있어서의 통합이 가능해져야 한다.

셋째, 남북이 군비 통제를 통해 '축소 지향적 군사력 균형'을 이룩하고 나아가 군대 통합이 가능해져야 한다. 이 과정에서 하나의 주권국으로서 국제 무대에서 당당히 권리를 행사할 수 있도록 외교적 통합도 가능해져야 한다.

넷째, 남북 간의 사회·문화적 이질성이 상당 부분 해소되어 민족적 일체감이 회복되고, 더 나아가 사회·문화적 통합을 이루어나갈 수 있어야 한다.

'3단계 통일론'은 앞서 제시한 사회 각 부문에서의 변화가 외부적 강제에 의해 이루어지기보다는 남북한 당사자의 자발적인 의사와 절실한 요구에 의해 추진될 것으로 보고 있다.

연방제의 구성 및 운영 방안을 간략히 개괄해 보면, 외교와 국방,

그리고 주요 내정은 연방정부가 관장하고, 그밖의 일반적인 내정은 남북의 지역자치정부가 관리한다는 것은 앞서 밝힌 바 있다. 연방제 하의 남과 북은 지역자치정부로서의 자율성을 가지게 될 것이며, 양 지역 정부를 통합하는 연방정부는 21세기의 보편적 가치로 자리잡 아가고 있는 시장경제와 민주주의, 그리고 사회복지를 바탕으로 하 는 민족 번영과 발전을 위해 범국가적 차원에서 총력을 기울이게 될 것이다.

연방제하에서는 남북 합의에 의해 마련된 연방헌법에 기초하여 연방 대통령과 연방의회를 구성한다. 연방의회의 형태는 지역 대표 성과 직능 대표성을 감안하여 상하 양원제로 한다. 남북한은 UN에 서 연방의 이름으로 단일 회원국으로 대표되며, 이에 따라 세계 각 국과의 국교도 단일화될 것이다. 나아가 모든 국제기구에 단일 국가 로 가입하여 한민족 전체의 이익을 대변하게 될 것이다."

(3) 완전통일단계

"'3단계 통일론'은 남북연합단계 다음에 남북의 지역자치정부로 구 성되는 연방제 형태를 거쳐, 중앙집권제 또는 여러 개의 지역자치정 부들을 포함하는 미국이나 독일식 연방제를 설정하고 있다. 사실 남 북 지역자치정부로 구성되는 연방으로의 진입으로도 한반도의 통일 은 이미 실현된 것이다. 오늘날 지방 분권화, 지방 자치화를 향해 나 아가고 있는 세계적 추세를 고려하여 연방으로부터 중앙집권적 체제 로 나아갈 것인지, 아니면 세분화된 연방 즉 미국, 독일식 체제로 나 아갈 것인지 여부는 그때에 가서 국민 의사에 따라 결정하도록 한다.

중앙집권제든 세분화된 연방제든 완전 통일이 최종적으로 이룩되 는 시기는 그다지 중요하지 않다. 보다 중요한 것은 남북간 신뢰를 완전히 회복하고 통일된 공동체의 건설 작업을 착실히 진행해 가는

것이다. 남과 북의 지역 정부로 구성되는 연방제하에서 한반도 전체
가 통일적이고 균형적인 발전을 이룩하고 사회·문화적인 동질성을
충분히 확보하게 되면 완전통일단계로 나아갈 수 있다."

5. 재야의 통일방안

재야의 통일방안은 아주 다양한 뿌리를 갖고 있다. 8·15 해방 이
후 김구와 김규식의 통일운동을 그 뿌리로 하고 있는 통일방안이 있
는가 하면, 진보적 정치운동의 연장선상에서 통일방안을 제시해 온
그룹도 있다.

김구와 김규식이 펼쳤던 통일운동의 연장선상에서 통일을 이야기
했던 장준하는 "모든 통일은 다 좋은가? 그렇다. 통일 이상의 지상목
표는 없다"고 역설하면서, "나의 사상, 주의, 지위, 재산, 명예가 진실
로 민족통일에 보탬이 되지 않는 분단체제로부터 누리고 있는 것이
라면 우리는 이를 과감하게 희생시키지 않으면 안 된다"고 강조하였
다. 그러나 장준하 역시 군사 권위주의체제하에서의 당면 과제는 통
일 그 자체가 아니라 통일운동의 자유를 쟁취하는 것이라고 보았다.

장준하의 뒤를 이은 백범사상연구소의 백기완 소장도 통일을 위
해서는 민주주의와 민족자주의 쟁취가 필요하다는 입장을 표명한
바 있다. 따라서 이들은 한국사회의 민주화운동이 곧 통일을 추구해
나가는 일이요, 통일을 위해서는 한국사회의 민주화가 필요하다고
보았던 것이다.

1980년대 한국 재야 운동의 대부 문익환 목사 역시 민주화운동과
통일운동의 연관성을 특별하게 강조하였다. 문익환 목사의 초기 재

야활동은 반독재운동에 초점이 맞춰져 있었으나 점차 통일문제에 대한 관심을 넓혀나갔다. 그리고 1980년대 후반에는 자신의 통일론을 '연방제 3단계 통일방안'으로 압축해 나갔으며, 이후 직접 북한을 방문해서 공동성명을 발표하기도 하였다.

한국의 학생운동은 오랜 역사적 전통이 있다. 일제시대에는 독립운동과 이념운동이 주류를 이루었고, 8·15 직후에는 일제시대의 연장선상에서 다양한 이념과 주장들을 표출하였다. 그러다가 1950년대에는 반독재 운동으로 정리되었으며, 1960년 3·15부정선거 직후에는 4월혁명으로 이승만 정부를 무너뜨리기도 하였다. 4월혁명 직후 2공화국 시절 학생운동은 다양한 통일의 대안을 내세우며 꽃을 피웠다. 이때 대학가에는 '민족통일 전국학생연맹 결성준비위원회'가 만들어졌고, '중립화 통일방안'과 남북한 학생교류가 추진되기도 하였다.

5·16쿠데타 이후 학생운동은 한일회담 반대시위를 통해 재결집되면서 이후 군사 권위주의에 대항하는 민주화운동의 기지 역할을 수행하였다. 학생운동이 다시 이념적으로 심화되기 시작한 것은 1980년대 5공화국 정부의 등장 이후이다. 가장 대표적인 분화는 NL그룹과 PD그룹의 등장이다. NL그룹은 민족운동과 통일운동을 강조했고, PD그룹은 노동운동과 노학연대를 통한 우리 사회의 혁명적 변화를 주장하였다. 이중 NL그룹이 1980년대 후반 이후 학생운동을 주도하면서 남북학생회담이 추진되었고, 그 과정에서 남한대표단의 단장을 맡은 서울대 철학과의 김중기 등에 의해 '민족해방 자주화와 연방공화국의 창설'이라는 1980년대 학생운동의 통일방안이 제시되었다. 이 방안이 정교한 통일방안으로 발전된 것은 아니지만 학생운동의 통일방안에는 NL의 전통이 아직도 강하게 전수되고 있다.

1996년 4월 27일 조국통일 범민족청년학생연합(범청련) 남쪽 본부(의장 정명기 한국대학총학생회연합 의장)는 북한·미국 평화협정 체결과 한미 합동군사훈련 중지를 요구하면서, "오는 8월 15일 북한 청년학생 200여 명을 포함, 남북한 학생과 해외동포 등 6백여 명이 참가하는 제1차 범청학련 총회를 서울에서 열기로 했다"고 밝혔다. 그러나 한총련 집회는 학생운동과 정부가 정면 충돌하는 결과를 가져왔고, 이 충돌은 우리 사회에 큰 후유증과 함께 통일문제에 대한 새로운 인식이 필요하다는 반성을 낳게 하였다.

PD 그룹의 통일방안은 분명하지 않다. 굳이 큰 흐름을 본다면 한국사회의 혁명적 변화와 북한체제의 변화를 통해 통일의 흐름을 만들어내는 것이라고 볼 수 있다. 게다가 김영삼 정부의 등장을 전후하여 PD 그룹에는 다양한 입장의 분화가 나타났다. 즉 어떤 그룹은 진정한 사회주의와 새로운 마르크시즘을 소련 해체 이후의 대안 이념으로 내세우고 있고, 또 어떤 그룹은 진보정당의 건설을 지속적으로 추진하고 있다. 그리고 일부 인사들은 김영삼 정부의 개혁노선에 대한 지지와 참여를 표명하면서 신한국당에 참여하는 등 다양한 활동을 전개하고 있다.

그러나 학생운동의 특징상 학생운동의 통일방안은 유동적일 수밖에 없다는 점도 고려해야 할 것이다. 왜냐하면 4년마다 구성원들이 교체되고 아울러 대학에 영향을 주는 사회적 분위기와 사회적 쟁점도 바뀌기 때문이다.

6. 기존 통일방안들에 대한 평가

이상으로 기존의 다양한 통일방안의 내용을 검토해 보았다. 통일방안과 우리 사회의 제반 문제들과의 연관성에 대한 탐구, 그리고 통일문제와 국제정세 변화와의 연관성에 대한 탐구가 충분하지 못하다는 것이 이 통일방안들을 검토하면서 느낀 아쉬움이다. 통일문제는 남북한의 정치문제 및 경제문제와 분리해서 생각할 수 없으며, 통일문제를 제대로 이해하기 위해서는 분단에 스며 있는 국제정치의 문제를 간과해서는 안 된다.

이 중요한 관련 문제들을 간과한다면 통일문제에 관한 탐구는 단지 통일방안의 제시라는 과제로만 축소되고 말 것이다. 그러나 통일문제는 결코 통일방안 제시로만 국한되는 것은 아니다. 방안을 제시하는 문제와 함께 통일에 이르는 과정에 대한 역동적이고 섬세한 힘 관계의 변화를 예측하고 조정해나가야 하며 동시에 통일한국에 대한 청사진과 추진력을 겸비하지 않으면 안 될 것이다. 그리고 당국과 당국, 정치적 지도자와 지도자, 전문가 포럼, 민간단체들 사이의 관계, 주민과 주민들 사이의 관계가 총체적으로 고려되지 않으면 안 된다.

위에 제시된 통일방안 가운데 그래도 정치적 힘이 강하게 실려 있는 것은 정부의 통일방안과 김대중 씨의 통일방안, 그리고 북한 당국의 통일방안이다. 여기에는 각자의 정치적 지향과 추진력이 담겨 있다.

그러나 김영삼 정부의 통일방안이 기존 군사정부 시대의 것에서 완전히 벗어나지 못한 것은 통일문제에 대한 문제의식과 고민이 충분하지 못했기 때문이 아닌가 하는 느낌을 갖게 한다. 그리고 남북관계를 풀어나가는 데 갈짓자 행보를 계속하고 있는 것도 문제가 아닐 수 없다. 북한의 대응양상이 예측을 불허하는 경우가 많기는 하지만 원인을 북한에만 돌릴 수는 없다. 북한의 대응을 정확히 예측하지 못하는 정보와 판단의 부재현상, 통일관련 부처 책임자의 잦은 교체, 통일정책 결정과 수행의 비제도화(非制度化)와 즉흥성 등이 이런 현상을 낳는 원인으로 지적될 수 있을 것이다. 따라서 대북정책의 결정과정과 수행과정에 대한 검토가 절실하게 필요하다고 할 수 있다.

그러나 문제는 외형에만 있는 게 아니다. 철학과 경륜에 더 큰 문제가 있을지도 모른다. 체제논리(안보논리)와 민족논리에 대한 균형 있고 총체적인 인식이 있어야 북한문제와 통일문제를 제대로 해결해 나갈 수 있을 것이다.

「김대중의 3단계 통일론」 가운데 평화를 전제로 남북연합을 추진하는 것이 아니라 남북연합을 통해 평화문제를 논의하자고 하는 부분은 다소 의문스럽다. "과연 평화 없이 남북연합이 가능할까?"라는 회의적인 생각을 떨쳐버릴 수가 없다. 평화정착 문제에는 미국이 끼여 있지만 통일문제는 남북한이 주인이 되어야 하기 때문에, 평화와 통일의 문제를 반은 통합적으로, 반은 분리해서 사고해야 하는데 그것을 하나의 문제로 보고 있기 때문이다. 필자는 여전히 '연합우선론'보다 '평화우선론'이 현실적이라고 판단하고 있는 것이다.

북한의 통일방안은 강력한 힘을 갖고 있는 연방을 일거에 형성하는 것으로 되어 있는데, 그럴 경우 권력의 불균형 문제가 발생해서 군통수권 등을 놓고 분쟁이 발생할 수 있다는 점에서 역시 비현실적이다. 남북예멘의 경우를 비슷한 사례로 꼽을 수 있다. 그리고 이런 방식의 통일에는 결국 지도자의 결단이 핵심인데, 지도자의 결단만으로 통일의 방식과 내용이 결정된다는 것은 지나치게 엘리트적인 발상이 아닐 수 없다.

따라서 북한의 통일방안은 정치적 공세로서의 성격을 강하게 띠고 있다고 평가된다. 게다가 북한의 연방제 통일방안은 남북한이 유엔에 동시 가입하기 전에 나온 것이라는 점을 유념해야 한다. 예전에는 북한이 단계적인 통일방안에 대해서 두 개의 한국을 고정시키는 통일방안이라고 비판하였지만, 이제는 그럴 수 없는 상황이다. 북한식 논리로 이야기한다면 남북한이 유엔에 동시에 가입함으로

해서 이미 두 개의 한국이 현실화되어 있기 때문이다. '두 개의 한국'
이 국제화되어 있는 상황에서 통일을 지향한다면, 그 누구든지 차근
차근 단계적이고 현실적으로 평화와 통일의 문제를 풀어갈 수밖에
없는 것이다.

　이 세 가지의 통일방안은 각자의 정치적 기반을 전제로 하면서 제
기된 것들이다. 따라서 차이점도 있고 공통점도 있다. 차이점은 앞
에서 충분히 소개되었지만, 공통점은 소홀히 다루어진 것 같다. 공
통점 가운데 가장 중요한 것은 이 세 가지 모두가 국가주의적 통일
방안이라는 것이다. 그 어느 누구도 일반 대중이 통일을 위해 노력
하고 참여할 수 있는 공간을 설정하지 않았다. 이 통일방안들은 엘
리트의 역할만을 상정하고 있을 따름이다. 그래서 일반 사람들은 허
탈할 수밖에 없다.

　허탈하지 않은 통일방안! 그것은 남북한 당국자들의 역할과 함께
풀뿌리 대중들의 참여가 가능한 방법론을 담고 있어야 하지 않을까.
허탈하지 않은 통일방안이라야 통일의 신바람을 만들어 낼 수 있다.
그리고 신바람이 있어야 통일의 바람개비를 힘차게 돌릴 수 있을 것
이다. 참다운 통일방안을 제시하기 위해서는 정부와 체제의 제도적
통합만이 아니라 사회의 통합, 심리의 통합과 같은 유기체적인 통합
방안을 제시하지 않으면 안 된다. 그런 점에서 필자는 남북한 사회
시스템의 통합과 신명의 통합을 모색하는 통일방안을 제시해보고자
한다.

6장 역사를 보면 통일이 보인다

"역사를 보면 통일이 보인다?" 그렇다. 역사를 자세히 들여다보면 민족통일의 지혜를 얻을 수 있다. 고조선과 신라와 고려와 조선을 통해 통일의 원형(原形)을 살펴볼 수 있고, 아울러 단군을 통해, 무열왕과 김유신을 통해, 왕건을 통해, 이성계를 통해 통일을 만든 사람들의 고뇌와 열정을 읽을 수 있다. 이때의 통일은 근대의 민족주의에 의한 통일과는 성격이 다른 것이다.

그래서 우리가 이루어야 하는 통일은 단순히 역사를 반복하는 것이 아닌 새로운 통일이다. 근대화를 완성하면서 또한 근대화를 넘는 현대화의 통일이기 때문이다. '현대화 통일!' 이것은 우리 한국 근현대사에서 추진되는 '세 번째의 대 프로젝트'이다. 제1 프로젝트가 독립운동, 제2 프로젝트가 민주화운동이라고 한다면 '제3의 프로젝트'는 '통일 만들기'라는 말이다. 이제 우리는 이 '제3의 대역사(大役事)'를 성공적으로 완수해야 한다.

오늘 이 자리에서는 성공적인 통일작업을 결의하는 의미에서 잠시 역사에 대한 묵상에 잠겨본다.

1. 삼국의 통일

하늘에서 내려온 환웅의 아들 단군왕검이 고조선을 건국했다는 것은 고조선이 중국에 대해서 독립성을 갖는 나라였음을 의미한다. 다른 곳에서 이동해 온 것이 아니라 하늘로부터 내려와 전혀 새롭게 시작한 나라라는 것이다. 이를테면 단군신화는 성경의 창세기를 연상시키는 민족 시원에 관한 드라마이다. 고구려와 백제, 신라의 건국 신화 역시 이 나라들의 독립성 지수(指數)와 상호 연관되어 있다.

1) 삼국시대의 합종연횡

중국과 이웃한 고구려는 상무(尙武)정신을 가지고 한반도의 북부와 만주로 뻗어나가면서 광대한 영토를 갖는 나라로 발전하였고, 백제사회는 일본에 문물을 전해줄 정도로 우수한 문화를 건설해 나갔다. 중국의 위협으로부터 비교적 안전한 위치에 있던 신라는 가야를 복속하고 화랑제도를 발전시키면서 국력을 키워나갔다.

그런데 고구려와 백제, 신라는 풍부한 평야와 전략적 요충지인 한강 유역을 차지하기 위한 쟁패전을 벌이면서 경쟁하고 대결하고 연합하는 구도를 형성하였는데, 여기에서 연합과 경쟁의 구도는 한반도 내부에 머물렀던 것이 아니라 아시아 전역으로 확대되었다.

본래 서울의 위례성을 수도로 하고 있던 백제는 한강 유역을 둘러싼 쟁패전 과정에서 한반도의 서남부 지역으로 천도하였다. 백제가 근거지를 웅진(공주)과 사비성(부여)으로 옮긴 것이다. 이때 중국에는 남북조시대가 전개되고 있었다. 남북조시대 때 고구려는 북조의 위(魏)나라와, 백제는 남조의 송(宋)나라 및 양(梁)나라와 연결되어

있었다. 당시 동북아시아에는 북위-고구려-신라와 남조(南朝)-백제
-왜(倭)의 대결구조가 형성되어 있었던 것이다.

5세기에는 소수림왕 이후 나라의 체제를 효율적으로 정비하고 전
투에 능한 군대를 갖고 있던 고구려가 한반도의 주도권을 잡는 듯했
다. 그리고 그 과정에서 고구려에 대항하는 나제동맹이 형성되었다.
나제동맹은 한강유역을 고구려로부터 방어하기 위한 동맹구조였으
나 오래가지는 못했다. 이후에는 신라와 백제 사이에 한강을 둘러싼
쟁투가 시작되었기 때문이다. 그 과정에서 신라가 한강유역을 차지
하고 북한산 비봉에 진흥왕 순수비를 세웠다. 그때가 6세기이다.

6세기 이후 동아시아의 국제관계는 동서연합과 남북연합의 대결
구도로 압축되었다. 동서연합에는 당시 중국의 강국이었던 수나라
당나라, 그리고 신라가 포함된다. 한편 남북연합에는 중국의 배후에
있던 돌궐과 고구려, 백제 그리고 일본이 포진되었다.

2) 김춘추와 김유신

중국 대륙과 한반도를 연결하는 지점에 있던 고구려는 중국의 제
국인 수나라와 당나라의 침략을 막아내면서 기상을 드높였다. 그리
고 백제는 문화의 꽃을 만개하면서 자신들의 문물을 일본으로 수출
했다. 그리고 신라는 연합을 위한 군사 외교활동에 열심이었다. 당
시 군사 외교활동의 주역은 김춘추와 김유신이었다.

김춘추는 능변에다가 외교수단도 뛰어나 여러 차례 당나라에 사
신으로 파견되어 외교 성과를 거두었다. 게다가 김춘추는 경험이 많
은 인물이었다. 나제동맹 이후 선덕여왕 11년(642년), 백제의 공격으
로 대야성이 함락되고 사위인 성주 김품석이 죽은 뒤 백제에 보복하
고자 고구려에 원병을 청하러 갔으나 한강 상류 지역의 영토 반환

문제로 오히려 억류되었다가 돌아온 적도 있다.

그는 김유신의 누이와 정략 결혼을 함으로써 이때 새롭게 진골 귀족에 편입된 금관가야계의 군사력을 흡수할 수 있었다. 이를 토대로 장차 진골 귀족내에서 신귀족집단을 형성하는 수완을 발휘했다. 그는 또 이같은 변화에 대항하여 647년에 일어난 '비담의 반란'을 진압하고, 진덕여왕을 옹립하는 과정을 통해 구 귀족세력을 배제하고, 정치적 실권을 완전히 장악하였다. 이후 진덕여왕이 후사 없이 사망하자 김춘추는 화백회의에서 진골 출신으로는 처음으로 왕에 추대되어 태종 무열왕이 되었다.

왕으로 추대된 이후 김춘추는 660년, 과거 귀족세력의 대표로서 왕권을 견제하는 위치에 있었던 상대등의 자리에 측근인 김유신을 앉힘으로써 왕권 전제화의 계기를 마련하였다.

그리고 같은 해 5월 처남인 김유신, 태자 법민(이후 문무왕)과 함께 백제 정벌에 나섰다. 신라의 전략은 당나라와의 연합을 통해서 백제를 앞뒤에서 압박하는 것이었다. 당나라는 백제를 친 이후 동쪽 국경 너머에 만만치 않은 세력을 형성하고 있는 고구려를 붕괴시키는 것이 효과적이라고 보았다. 그리고 이를 위해서는 신라의 힘을 이용하는 것이 필요하다고 보았다. 결국 백제는 나당연합군의 침공에 의해 해체되었다.

백제의 붕괴는 고구려의 후방을 급속히 약화시켰다. 고구려는 수·당과의 오랜 싸움으로 지쳐 있었고, 연개소문이 죽자 권력투쟁으로 지배층 내부가 심각하게 분열되었다. 결국 고구려도 백제가 패망한 지 8년 후에 붕괴되고 말았다. 백제와 고구려가 나당연합군의 침공에 의해 해체된 이후 한반도에는 당나라와 신라의 갈등이 시작되었고, 고구려의 고토에는 고구려의 유민을 기반으로 발해국이 건설되었다.

3) 신라와 발해

신라의 삼국통일은 신라의 신흥귀족 세력을 중심으로 추진된 대규모의 정치·군사 사업이었다. 기득권을 가진 세력이 아니라 가야계의 김유신, 새로운 도약을 꿈꾸는 김춘추와 같은 인물들이 있었기 때문에 역사를 바꾸는 거대한 사업이 추진된 것이다. 김춘추·김유신의 연합은 통일사업을 통해서 자신들의 입지를 구축하고자 했고, 이를 토대로 새로운 시대를 열었다.

그러나 통일신라의 성립은 사회구성원들을 충분히 만족시키지 못하였다. 이번에는 6두품 계열의 지식인들이 현실에 불만을 품고 현상을 변경시키기 위해 나선 것이다. 즉 신라는 김춘추와 김유신의 야망에 의해서 일단 통일을 이루기는 했지만 사회구성원의 통합에까지는 도달하지 못한 불안한 통일체제였던 것이다.

신라시대에 대한 '시대유감'은 무엇보다도 발해의 역사를 놓치는 계기가 되었다는 것이다. 발해의 역사를 놓침으로써 이후 우리는 만주라는 거대한 삶의 무대를 잃고 한반도에 단족해야 했다. 잃어버린 발해의 꿈을 되찾을 날은 과연 언제쯤일지, 통일신라의 역사를 더듬어 보면서 문득 이런 생각을 해보게 된다.

2. 신라의 분열

신라시대는 삼국시대보다 훨씬 화려한 문화를 꽃피웠다. 청운교, 백운교, 무영탑, 다보탑 등으로 유명한 불국사 그리고 석굴암, 석가여래좌상, 안압지, 감은사, 무열왕릉, 문무왕릉, 첨성대, 에밀레종 등이 다 이 시기에 만들어진 것이다. 정복자로서의 위엄과 기술자의 확보, 그리고 보다 강화된 경제력이 이런 문화들을 꽃피우게 했다.

그러나 정치·군사적인 문제는 여전히 간단한 것이 아니었다. 고구려와 백제를 붕괴시킨 나당연합군 내부에 갈등이 시작된 것은 당연한 순서였다. 당나라는 한반도까지 포함하는 대제국을 건설하고자 했으며, 신라는 한반도 전체에 통치권을 행사하고 싶어했다. 두 나라의 이런 의도는, 초기에는 다소 타협점을 찾는 듯했으나, 점차 심각한 갈등으로 번졌다.

종국에는 당나라와 신라 사이에 국경선이 만들어졌다. 그런데 그 과정에서 우리 민족은 발해와 신라로 나뉘었다. 당나라와 연합하여 흡수통일 정책을 밀어붙였던 신라의 흡수통일노선은 결과적으로 우리의 영토를 반도 일부 지역으로 축소, 국지화시키는 결과를 가져오고 말았다.

신라의 통치력은 그리 강한 것이 아니었다. 고구려와 백제의 왕가는 무너뜨렸지만, 그 유민들을 모두 흡수하여 통치하는 정도에는 이르지 못했다. 그런 이유로 신라 내부에는 이미 후삼국이 잉태되고 있었다. 결국 한반도에는 후백제와 후고구려가 등장하고 다시 통치권을 둘러싼 쟁패전이 벌어지게 되었던 것이다.

여기에서 우리는 몇 가지 교훈을 얻을 수 있다. 외세와의 연합에 의한 한반도의 패권 쟁취는 다시 갈등을 불러일으킨다는 점이다. 두 번째는 흡수통일은 결국 다시 분단으로 이어진다는 사실이다. 세 번째는 축소적이고 응축적인 통일이 되어서는 안 되며, 진취적이고 확대지향적인 통일을 도모해야 한다는 것이다.

3. 왕건의 후삼국 통일

철원을 근거지로 했던 태봉국의 궁예는 지도력이 빈곤했다. 배타적이고 독선적인 궁예의 자리는 곧 지도력이 뛰어난 왕건에게 넘어가야 했다.

왕건은 개성에서 태어난 귀족 가문의 일원이다. 그의 아버지 왕융(王隆)은 금성(金城) 태수를 지냈고, 후일 아들 건과 함께 궁예의 부하가 되었다.

왕건은 궁예의 부하가 된 뒤 광주(廣州), 충주, 청주를 평정하였고, 수군을 동원하여 후백제의 금성군(錦城郡)을 공격하여 함락시키기도 하였다. 이 과정에서 시중(侍中)이 된 왕건은 강대해진 세력을 바탕으로 홍유, 신숭겸, 배현경, 복지겸 등의 추대를 받아 궁예를 내쫓고 왕위에 올랐다. 왕건은 국호를 고려라고 칭하고, 그 이듬해 자신의 고향이자 중부권의 새로운 중심지인 송악으로 도읍을 옮겼다.

이어 935년 신라 경순왕의 항복을 받고, 후백제의 견훤(甄萱)과 아들 신검(神劍) 사이에 싸움이 벌어진 틈을 타서 견훤을 포섭하고 신검을 공격해서 멸망시킴으로써 마침내 후삼국을 통일하였다. 왕건은 건국 이념으로 융화정책, 북진정책, 숭불정책을 내세워 통일 고려의 토대를 마련하였다.

왕건은 외세를 끌어들이지 않고 통일을 이룩했기 때문에 고려의 통일에는 외세의 영향력이 적었고, 고려는 끊임없이 외세의 침략에 저항한 불굴의 기록도 갖게 되었다. 대신 고려는 신라와 후백제의 유민들을 포섭하기 위해서 결혼정책을 펴는 등 끊임없는 융합을 시도하였다. 그런 의미에서 왕건 정권은 지방의 호족들을 귀족으로 끌어들인 호족연합 정권이라고 해도 과언이 아니다. 여기에도 문제는 있다. 훈요십조(訓要十條)에 실려 있는 일부 지역에 대한 배타주의는 새로운 분열을 낳을 가능성을 잉태하고 있었다.

고려는 결국 몽고의 침략에 의해 무너진 것이나 다름이 없다. 몽고는 고려를 직접 통치하지는 않았지만, 간접통치를 통해 영향력을 완벽하게 관철시켰다. 몽고의 영향력 아래 놓인 이후 고려의 지배층은 분열되기 시작하였다. 반몽주의자와 친몽주의자로 나뉘었으며, 곧 이어 중국 대륙에 명나라가 등장함으로써 친원파와 친명파로 분열되었다. 이때 고려의 주류라고 할 수 있는 최영 장군과 정몽주 계열은 친원반명(親元反明) 정책을 취한 반면, 정도전을 비롯한 신흥사대부 세력은 친명반원(親明反元)의 입장에서 이성계를 비롯한 비주류의 무장세력과 제휴해나가기 시작했다.

명나라를 치기 위한 파견부대의 지휘관에 임명된 이성계는 접경지대인 위화도에서 말고삐를 돌렸다. 그는 마침내 고려를 전복시키고 정도전 등 성리학 계열의 신흥 사대부들과 손잡고 조선을 건국하였다. 결국 '이성계의 결단'이 새로운 시대를 연 것이다.

4. 이성계의 결단과 조선

조선의 건국은 고려왕조에 대한 역성혁명(易姓革命)이며, 조선의 기틀은 정도전을 중심으로 한 유학자들에 의해 만들어졌다. 정도전은 조선의 이데올로기로 성리학을 채택했으며, 권력구조를 왕조(王朝)와 의정부(議政府) 등 이원집정부제(二元執政府制)적인 것으로 만들었다. 법전 역시 강력한 성리학적 특성을 담고 있다.

정도전은 도시 건축의 전문가이기도 했다. 새로운 도읍으로 한성을 선택했으며, 한성을 유학사상에 입각한 왕성(王城)으로 새롭게 건설했다. 그리고 조선의 외교정책은 성리학의 중심지인 명나라에 대한 사대(事大)와 그밖의 나라들에 대한 교린(交隣)정책으로 표현되었다.

조선은 이성계를 중심으로 한 무장파와 정도전을 중심으로 한 유학자들이 연합하여 세웠기 때문에 거기에 맞는 권력구조와 이데올로기가 만들어진 것이다. 이와 같은 이원성(二元性)과 연합성은 이후 무장파와 유학자에 의한 권력투쟁, 그리고 왕당파와 신하파들 사이의 권력투쟁을 낳았다. 이방원(李方元)이 일으킨 왕자의 난, 세종의 개혁정치, 그리고 세조에 의한 권력 탈취 등은 모두 이와 같은 권력구조의 특성에서 유래된 것이다.

왕권을 강화하고자 했던 사람들은 태종 이방원과 그의 아들인 세종이었다. 태종은 아버지 태조의 동지들을 쳤으며, 세종은 등극 이후 젊은 학자들을 집현전에 집결시키고 한글을 창제함으로써 기존 한자(漢字) 지향의 지식인들에게 타격을 입혔다. 그리고 용비어천가(龍飛御天歌)를 통해 함경도로 이사한 자신의 전주 이씨 조상들을 칭송하는 노래를 짓기도 하였다. 기존의 유학자들에 대한 대공세였다.

통일조선의 등장 가운데 가장 아쉬운 점은 성리학을 지배 이데올로기로 채택하면서 대대적인 친명정책을 전개했다는 것이다. 이로써 조선은 모화사상(慕華思想)과 변두리 의식에 빠지게 되었고, 스스로 개혁하고 개화할 수 있는 가능성에 문을 닫아버렸다. 성리학을 신봉했기 때문에 비성리학을 잡(雜)사상으로 일축해 버렸고, 중국에 대해 사대의식을 갖고 있었기 때문에 주체적으로 개혁과 근대화를 추진하는 데 한계를 갖게 되었다. 게다가 주자학의 원형이 중국에 있다는 근본주의적 사고에 빠짐으로써 스스로 유학을 개혁할 수 있는 기회마저 포기하였다. 중국에 대해 상대적인 인식을 가지고 자신을 새롭게 인식하는 일은 임진왜란과 명청교체기, 그리고 병자호란을 거치면서야 가능하게 되었지만, 그것도 전면적인 것은 아니었다. 이것이 결국에는 조선의 비극을 불러왔다. 그밖에도 지나친 숭문(崇文)주의, 숭유(崇儒)주의 문화는 형식주의와 위선주의를 낳고 무술과 체육을 퇴조시키는 등 후유증이 적지 않았다.

조선의 건국이 우리의 새로운 통일에 주는 교훈이 있다면 그것은 문과 무, 정신과 육체, 그리고 성(聖)과 속(俗)이 조화를 이루며, 동시에 자주의식과 교린의식이 균형을 이루도록 해야 한다는 점일 것이다. 어느 한편으로 치우치면 결국은 문제가 발생할 수밖에 없다.

결국 조선사회는 새로운 통일을 이룬 사회인 동시에, 다시 통일을 잃게 되는 사회이다. 조선은 근대화 개혁에 실패하면서 일제의 식민지가 되었고, 일제 식민지 사회는 결국 분단사회로 이어졌다. 우리는 여기에서 또다시 이데올로기의 한계를 본다. 조선이 잃은 자주성은 조선의 장점마저도 앗아가버림으로써 역사의 장점이 계승되지 못하는 낯선 분단사회를 만들게 되었다.

우리의 지난 50년은 낯선 분단사회에 적응하려는 몸부림의 세월이었다. 그러면서 우리는 어느덧 분단사회의 낯선 얼굴들이 되었다. 형제들에 대한 낯설음! 어쩌면 분단사회의 핵심적인 특징은 바로 이것인지도 모른다.

7장 세계를 보면 통일이 보인다

1. 남북예멘의 합의통일과 재분단

'예멘공화국'은 아라비아 반도의 서남쪽 끝에 있는 나라로 면적은
58만 1,869㎢, 인구는 약 1,260만 명이다.

1990년 합의로 통일되었던 남북예멘은 1994년에 다시 나뉘어 싸
우다가, 현재는 한쪽의 힘에 의해 물리적 봉합이 이뤄진 상태이다.
결국 1990년 합의통일은 실패작인 셈이다. 통일 직전인 1989년 당시
남북예멘의 현황은 다음과 같다.

〈표 3〉 남북예멘의 국가규모 비교

	남 예 멘	북 예 멘
인　구	240만 명	1,020만 명
면　적	33만 6,000㎢	19만 5,000㎢
GNP(1인당)	430달러	650달러

예멘은 가난하고, 국제언론의 주목도 별로 받지 못하는 나라였다.

그런데 분단국가였던 남북예멘이 1990년 5월 22일 합의에 의해 통일을 이룩하고, 정확하게 4년을 지낸 뒤 지난 1994년 5월 21일 재분리되면서 국제사회의 주목을 받게 되었다.

고대 예멘 지방은 교역의 중심지와 물산의 집산지로서 번영을 누렸다. 그리스나 로마 시대에는 '행복의 아라비아(Arabia Felix)'로 알려지기도 했다. BC 7세기의 스바 왕조는 관개시설의 정비를 통한 발달된 농경과 인도산 향료 무역의 중계로 부를 축적하여 최고의 번영을 누리기도 했다. 예멘이 시련을 겪기 시작한 것은 6세기경부터다. 이때 예멘은 주변 강대국인 에디오피아와 사산조 페르시아의 침입을 받았다.

더욱이 16세기에 와서는 당시 이 지역의 최강대국인 오스만 터키의 식민통치를 받게 되었는데 이 식민통치가 분단의 원인이 되었다. 식민통치 이후 독립과정과 건국의 시기가 서로 달랐고, 양쪽에 두 개의 국가가 만들어졌기 때문이다. 북부 지역은 1918년에 독립이 되었다. 이때 이곳에 이슬람 부족사회의 전통이 유지되는 제정일치의 왕국이 만들어졌다가, 1962년에 '예멘 아랍공화국'이 되었다.

이에 비해 남부 지역은 독립 이전에 이미 영국의 지배권에 편입되었고, 따라서 독립운동이 활발하게 전개되었다. '남예멘해방전선', '민족해방전선' 등 사회주의 계열이 주도한 독립운동은 1967년 '예멘 인민민주공화국'이 만들어질 때까지 계속되었다.

1) 남북예멘의 통일과 재분단

21세기를 앞두고 한국이 추구해야 할 목표와 가치 가운데 통일은 백두산과 한라산에 비유할 수 있을 만큼 비중이 크다. 개혁과 실질적인 민주화, 지방자치와 복지사회 건설 등은 통일과 상관 없이 중

요한 국가목표이지만 통일과 동떨어진 과제도 아니다. 통일과정에
도 영향을 미치고, 통일 이후에도 사회적 소프트웨어로서 이러한 문
제들이 제기될 것이기 때문이다. 게다가 최근 국제정세의 변화는 통
일문제를 아주 현실적인 과제로 만들고 있다.

따라서 지금은 통일에 관한 연구를 본격화할 때이다. 통일에 관한
연구를 시작할 경우 방법론은 두 가지이다. 하나는 한국을 둘러싼 세
계사와 한국 근현대사를 균형 있게 공부하는 역사적 접근방법이고,
다른 하나는 분단국가들의 사례를 분석하는 비교론적인 방법론이다.
그리고 이 두 가지 방법을 통해 우리는 통일의 교훈을 얻어야 한다.

비교연구의 대상에는 독일 통일, 베트남 통일과 함께 예멘의 통일
사례가 포함되어야 한다. 그런데 예멘은 통일이 아니라 재분단의 사
례로서 관심의 대상이 되었으니 씁쓸한 감회를 떨쳐버릴 수 없다.

예멘의 통일이 당시 우리에게 주었던 메시지는 분단국가 양쪽 지
도자들이 합의만 한다면 이념이 다른 두 체제가 단일 국가로 통합되
는 것도 가능하다는 것이었다. 이러한 메시지는 냉전체제의 장막이
채 걷히기 전인 1990년의 통일합의 당시만 하더라도 상당히 충격적
인 의미를 내포하고 있었다. 그래서 1990년 5월 예멘의 시계바늘은
세계의 시계보다 앞서가는 것처럼 느껴졌다. 그리고 이제 우리는 예
멘의 시계 바늘이 거꾸로 돌고 있는 것을 지켜보고 있다.

예멘의 통일에는 몇 가지 역사적인 배경이 있다. 우선 남북예멘의
분단은 우리나라처럼 전쟁에 의한 분단이 아니라 두 번의 탈식민화
과정에서 '자연스럽게' 형성된 분단이라는 사실을 상기할 필요가 있
다. 따라서 양쪽 당국자들의 적대감과 불신감이 그리 높지 않았고,
이 점이 합의에 의한 통일을 비교적 쉽게 만들었다.

두 번째 배경은 경제적인 이유이다. 남예멘은 사회주의 계획경제
의 실패와 소련의 페레스트로이카 이후 심각한 경제난에 시달리고
있었다. 이러한 경제난은 남예멘이 자기보다 생산력이 약간 나은 북

예멘과의 통일을 선택하는 촉진제가 되었다. 북예멘으로서도 면적이 넓고 자원이 풍부한 남예멘에 대해 어떤 기대를 갖고 있었다. 유전을 공동개발해서 경제번영을 구가하리라는 것이었다.

　세 번째로 양쪽 지도자들이 통일에 합의할 수 있었던 것은 양쪽의 통일이 '누이 좋고 매부 좋은' 넌제로섬 게임이라고 판단했기 때문이다. 심지어 양쪽의 지도자들은 주변 국가들과 강대국들의 개입을 경계하면서 우선 합치고 봐야 한다는 식의 논리를 전개하고 그대로 실행했다. 그러니까 과도기와 조정기도 없이 불충분한 준비상태에서 전격적으로 재결합을 추진한 셈이었다.

　서툰 수술에 의한 봉합은 결국 실밥이 터지지 않을 수 없었다.

　우선 권력의 분점 원칙이 흔들리기 시작했다. 통일합의 당시에는 인구가 많은 북예멘에서 대통령을 맡고 남예멘 사회당의 당수가 부통령을, 그리고 남예멘의 대통령이 총리를 맡는 방식으로 권력분점에 합의했다. 그런데 시간이 지날수록 북부 출신 살레 대통령에게 권력이 집중되는 경향이 나타났다. 살레 대통령은 또 정부의 요직에 자신의 친인척과 측근들을 대거 기용했다. 중앙치안대, 대통령 친위대, 기갑여단장, 군참모총장 등 통일정부 고위직에 임명된 살레 대통령의 친인척은 25명에 달했던 것으로 전해진다.

　게다가 남북예멘 출신 인사들의 본격적인 갈등이 1993년 4월 통일 이후 첫 번째의 총선에서 촉발되었다. 통일합의에서는 북예멘의 국민회의당과 남예멘의 사회당이 연립정권을 구성해서 권력을 공유하는 것으로 되어 있으나 선거결과는 예멘 사회당을 제3당으로 만들어버렸다. 살레 대통령이 이끄는 국민회의당은 예상대로 121석을 얻어 제1당이 되고, 제2당은 62석을 얻은 알 이슬라당이 차지했다. 이슬라당은 반사회주의 노선을 내세우는 이슬람 강경세력이다. 반면 예멘 사회당은 56석을 얻는 데 그쳤다. 이런 결과는 북부 출신 인구가 전체의 5분의 4를 차지하고 있다는 사실에 힘입은 것이었다.

이에 대해 예멘 사회당의 당수이자 부통령인 바이드는 통일 당시의 합의대로 국민회의당과 사회당의 연정을 주장한 반면에 살레 대통령은 알 이슬라당을 포함한 연정 구성을 추진했다. 게다가 통일 이후 남예멘 사회당 출신 인사들이 잇따라 테러의 표적이 되었던 점도 예멘의 진정한 통합을 지연시킨 요인이 되었다.

그리고 남북 양쪽의 주민들 모두가 통일에 대해서 불만을 이야기하기 시작했다. 통일 전에 북쪽보다 인구밀도가 낮았던 남부인들은 통일 이후 생활수준의 저하와 화계가치의 하락으로 고통을 받고 있다고, 북부 출신들은 공공부문 근무자의 출신 비율에서 남부 출신의 5분의 1 정도밖에 되지 않는다고 각각 불만을 토로했다.

결국 바이드 부통령은 1993년 7월 권력의 실질적인 지방이양과 예산 및 경제개혁의 단행, 정치테러에 대한 철저한 수사, 본격적인 통합작업 추진 등을 요구하면서 자신의 정치적 근거지인 남예멘의 아덴으로 귀환하고 말았다. 이로써 예멘은 사실상 분단상태로 회귀하였다. 1994년 초에 긴급 구성된 27인의 국가위원회가 새로운 '남북화해협정' 체결을 추진하기도 했지만 국민회의당 출신 의원이 남부에서 피살되면서 그것도 무산되고 말았다.

2) 예멘 재분단의 원인

첫째는 두 사회를 졸속으로 합친 데서 나온 문제점이다. 군 지휘권과 경찰권 등 권력의 실체에 속하는 부분이 여전히 양분된 채로 남아 있는 상황에서 그대로 두 체계를 섞어버린 것은 너무나도 무모한 선택이었음이 분명하다.

둘째는 권력의 불균형과 과점화 경향이 너무 쉽게 나타났다는 점이다. 권력의 영역에서만이 아니라 민간의 영역에서도 가난한 남부인들에 대한 차별대우가 문젯거리로 부상했다.

셋째는 남부에서 유전이 많이 발견되면서 경제적 갈등이 심화되었다는 점이다. 게다가 통일 후에도 경제상황이 호전되기는커녕 어려움이 가중되었다는 점이 국민통합을 저해했다. 걸프전 당시 통일 예멘이 이라크의 편을 들었다는 이유로 통일 예멘에 대한 미국, 사우디, 쿠웨이트의 경제원조가 중단되었고, 사우디는 70만 명의 노동자들을 추방해버렸다. 이 여파로 예멘의 인플레율은 100%에 달했고, 실업률이 30%를 상회하게 되었다.

넷째는 살레 대통령과 알바이드 부통령의 강경하고 비타협적인 성격이다. 이러한 점은 성격뿐만 아니라 정치과정에 대한 통제능력과 정치기술이라는 문제를 함께 논의해야 한다. 어떻게 보면 살레와 알바이드는 남아공의 만델라와 데 클레르크, 중동의 아라파트와 라빈에 비해서 정치적 능력이 부족했던 것으로 평가할 수도 있다.

3) 예멘의 통일과 재분단이 남긴 교훈

예멘의 이야기에 귀를 기울이는 것은 예멘 자체에 대한 관심보다는 우리에게 주는 구체적인 교훈 때문이다. 그렇다면 남북예멘이 우리에게 주는 메시지는 무엇인가?

첫째, 화해와 평화적인 합의에 의한 통일의 경우에도 반드시 전제조건, 과도기, 통일단계를 설정해서 질서 있게 통합과정을 밟아나가는 것이 중요하다는 점이다. 그래야 통일과 평화의 구조가 충돌되지 않고 조화를 이룰 수 있게 된다.

둘째, 통일과정에서 양쪽의 당국자, 또는 지도자의 결단이 중요하다는 사실을 보여주었다. 그러나 그것은 필요조건이지 충분조건은 아니다. 양측 지도자의 결심과 결의를 지속적으로 묶어낼 수 있는 제도의 구축이 필요하다.

셋째, 두 체제를 하나로 합치는 과정, 즉 통합이 완전히 정착되기까지는 일대일의 정신이 큰 의미를 갖는다는 사실이다. 그리고 선거와 경쟁은 통합이 완전하게 정착된 단계에서 치러지는 것이 순서일 것이다. 두 사회 모두에게 발전이 있는, 미래지향적이고 진취적인 결합을 이뤄내는 것도 대단히 중요한 과제이다.

넷째는 경제와 외교의 중요성이다. 통일된 나라는 통일을 강화하는 균형된 외교노선을 추구해야 하는데, 예멘의 경우는 그렇지 못했다. 그리고 외교의 실패는 심각한 경제난으로 이어졌다.

다섯째, 아무리 협상과 합의에 의한 통일이라고 할지라도 한꺼번에 외교권과 군사권을 합치는 것은 무리라는 점이다. 점진적이고 질서정연한 통일을 이루려는 노력이 대단히 중요하다는 사실을 우리에게 말해 주고 있다.

지금 우리에게는 개혁과 민주화, 지방자치도 중요하지만 남북문제의 해결과 통일의 과제도 동시에 중요하다. 남북문제는 그 동안 휴전체제와 핵문제를 둘러싸고 ① 미북 관계와 ② 남북 관계 등 두 가지 차원의 문제해결, 또는 갈등의 영역이 존재했다. 그런데 ①의 영역에서는 북한의 강경파와 협상파 그리고 미국의 매파와 비둘기파의 목소리가 교차되면서 파열음을 냈다. ②의 영역에서도 다양한 입장이 혼재되어 나타났다. 그런데 북한의 핵문제는 미국의 비둘기파와 북한의 협상파 간에 제네바 합의가 이루어짐으로써 일단락되었다. 이제 머지 않아 ②의 영역이 중요해지게 된다. 그런데 ②의 영역에서 다양한 입장들이 교통정리되어야 한다. 김영삼 대통령과 북한의 김정일은 두 지도자가 이제 아라파트와 라빈, 만델라와 데 클레르크의 방법을 추구할 것인지, 아니면 대결을 계속할 것인지 조만간 결단을 내려야 한다. 그리고 그 과정에서 남북예멘의 살레와 알바이드의 파경(破鏡)도 타산지석으로 삼을 만하다.

2. 독일의 흡수통일

1) 외세에 의한 독일의 분단

독일은 2차대전 이전에 전쟁을 일으킬 정도로 강력한 제국주의 국가였고, 분단 과정에서도 열전을 치르지 않았다. 독일의 분단은 독일을 공동으로 점령한 연합국들의 냉전에 결정적인 원인이 있다. 보수파, 사민당, 사회당 등 정치세력들의 이념적인 차이도 부수적인 역할을 한 것은 사실이지만 그것이 주요한 것은 아니었다. 독일의 분단 원인은 우리와는 다른 것이다.

분단 이후 두 개의 독일 모습도 우리와는 달랐다. 서독은 제2차 세계대전 이후 철저한 정치적 민주주의를 시행하였고, 경제에서는 발전과 공정성이 동시에 보장되는 '사회적 시장경제론'을 추구하였다. 동독은 공업국가였으며, 북한처럼 특수한 사회주의 노선을 추구하는 사회도 아니었다. 따라서 양쪽 독일은 쉽게 교류가 가능했고 적대감도 높지 않았다.

2) 서독의 '좋은 나라' 만들기

독일의 통일과정을 정확하게 이해하기 위해서는 내부적인 요인과 외부적인 요인을 동시에 봐야 한다. 내부적인 요인은 서독사회의 우수성과 경제력, 그리고 지속적이고 안정된 교류협력 정책이다. 서독은 '형평성 지방자치'가 실시되고 기본적인 인권이 보장되었으며, 국민의 뜻이 정치에 잘 반영되는 민주주의 국가였다.

경제적으로 성장과 형평성이 동시에 보장된 복지국가였다는 사실도 중요하다. 동독 역시 사회주의 국가 가운데는 국민소득이 높은 공업국가였다. 이런 상황에서 꾸준히 서독과 교류하면서 동독인들은 서독의 소비수준을 동경하게 되었다. 그런 가운데 소련의 개방개혁 정책이 실시되고 동유럽의 정치개혁이 이어지면서 동독에 있는 자유주의 그룹이 동독의 사회주의 정부를 붕괴시키고 서독과의 통합을 지향하였다.

서독의 콜 정부는 동독의 붕괴상황에 신속하게 대응하였다. 당초 영국, 프랑스, 미국은 점진적 통일을 주장했다. 특히 소련은 급속한 통일을 반대했다. 그러나 서독은 통일독일의 군비축소, 대규모의 경제협력 제공, 그리고 양국간 우호협력 관계의 강화를 약속함으로써 반대를 철회하도록 했다. 그리고 영·프·미에 대해서는 '북대서양조약기구(NATO)'에의 잔류, EC와 통일유럽 만들기의 적극적인 참여 등을 통해서 조기 통일에 대한 지지를 얻어냈다.

그리고 서독의 기민당 정부는 기민하게 움직였다. 기민당 정부는 소련의 고르바초프에게 경제적 원조를 제공하는 대신 통일독일에 대한 지지를 호소했고, 나토와 유럽공동체 국가들에 대해서는 통합된 유럽에의 참여를 약속하면서 통일독일의 위상을 유럽 속의 독일로 규정지으면서 독일의 비대화에 대한 우려를 불식시켰다.

게다가 서독은 동독 정치인들에 대해서 정치적인 자리와 위상을 보장했고, 서독화폐 가치의 4분의 1밖에 안 되는 동독화폐를 1대 1로 교환하는 시혜 조치를 취했다. 이렇게 해서 독일은 '냉전형 분단'을 냉전 구조의 해소와 함께 스스로 풀어버렸다.

3) 지속적인 민간교류

1948년 베를린 봉쇄 이후 서독은 베를린을 고도(孤島)로 만들지 않기 위해서 적지 않게 노력했는데, 그 중에서 중요한 몇 가지를 꼽아보면 다음과 같다. 우선 동서독 간에는 지속적인 민간교류가 이루어졌다. 동서독 간의 민간교류는 처음에는 체육교류로 시작해서 이후 종교단체, 청소년 교류, 60세 이상 연금수혜자들의 왕래 등으로 활성화되었다.

체육교류는 1964년 동경 올림픽 때 처음 이루어졌다. 동서독은 우여곡절을 거쳐 처음으로 단일팀을 구성했는데, 이때 국가(國歌) 문제는 베토벤의 9번 교향곡인 「합창」으로 정함으로써 해결되었다. 베토벤이 동서독 교류의 물꼬를 트게 만든 것이다. 종교단체의 교류는 동베를린의 주교가 서베를린까지 관할하는 특수한 상황이었기 때문에 쉽게 가능할 수 있었다.

학생과 청소년의 교류 역시 통일에 크게 이바지하였다. 수학여행을 통해서 젊은이들이 서로를 방문하고 대화를 나눔으로써 상대에 대한 이질감을 해소하고 동질성을 확보할 수 있었던 것이다.

서독의 초청이 있을 때 동독의 연금수혜자들은 쉽게 서독을 방문할 수 있었는데, 이들의 숫자는 통일이 논의되는 시점에서는 이미 100만 명을 돌파하고 있었다. 반면 서독에서도 같은 방법으로 동독을 방문해서 마르크화를 많이 소비함으로써 동독경제에 큰 도움을 주었다.

또한 동서독은 이미 1958년에 동서독 간의 거래를 내부거래로 규정하고 이에 대해서 EC로부터도 승인을 받아냈다. 이로 인해 동독경제는 서방세계의 경제로부터 폐쇄되지 않았고 오히려 큰 도움을 받을 수 있었다. 특히 서독은 스윙 시스템(swing system)이라는 이름으로 대금결제 차액의 일정량을 외상으로 처리해 주는 등 동독과의 거래에서는 아주 관대한 입장을 견지하였다. 이런 상황 때문에 동서독은 1972년 유엔 동시가입 이전에 이미 무역대표부를 설치, 운영하였다. 그래서 일반인들을 포함한 동서독의 기업인들은 비교적

세계를 보면 통일이 보인다 199

왕래가 자유로웠으며 특히 기업인들은 산업박람회의 참가를 통해 거래를 더욱 촉진시킬 수 있었다.

한편 서독 정부는 함부르크와 베를린 간을 연결하는 고속도로를 자신이 건설하고 동시에 그것의 사용료는 동독이 징수하게 하는 등 불공평 계약을 마다하지 않았다. 경제적 이득은 동독에게 주면서 서독으로서는 중장기적인 교류의 효과를 수확하겠다는 정책이었던 것이다.

이러한 교류의 대미를 장식한 것은 무엇보다도 매스컴의 교류이다. 동독의 방해와 우려에도 불구하고 서독의 주도에 의해 전개된 정보와 매스컴의 교류는 서로의 삶에 대한 정보를 전 독일인에게 전달하는 효과를 가져왔다. 이때 여론 형성에 영향력이 큰 예술인, 극작가들이 동서독을 상호 방문하면서 언론이 보도하는 내용을 몸으로 확인할 수 있는 기회를 갖기도 했다. 결국 이런 과정을 통해서 동독인들의 마음이 서서히 바뀌게 되는데, 이 과정에서 등장한 것이 바로 동독의 '노이엔 포럼(neuen forum)'이다.

노이엔 포럼은 동독 내부에 비판가 그룹을 조직화하고 1989년 10월부터 매주 월요일 촛불집회를 열면서 동독정권에 대해서 여행의 자유와 언론의 자유를 주장하게 된다. 결국 노이엔 포럼과 국민들의 비폭력 저항을 견디지 못한 동독의 사회당 정부는 선거에서 패배하고 대신 노이엔 포럼의 지지를 받는 메지에르 총리가 등장하였다. 메지에르 총리는 동독을 개혁시키기보다는 서독과의 통합을 결심하였다. 결국 메지에르 총리는 서독의 콜 정부와 함께 1990년 7월 1일 '화폐 · 경제 · 사회 통합'을 단행했으며, 1990년 10월 1일에는 "구 동독을 서독에 편입시킨다"는 2차 협약 23조에 합의하였다.

이런 점에서 볼 때 독일의 통일은 인적 · 물적 교류는 물론이고 무엇보다도 매스컴의 교류에 의한 산물이었던 것이다.

4) 독일통일이 남긴 교훈

독일의 흡수통일은 많은 문제점을 내포하고 있다. 가장 중요한 것은 흡수통일의 후유증이다. 독일의 흡수통일은 동독인과 서독인의 위치를 1등 국민과 2등 국민의 그것으로 만듦으로써 국민의 마음속에 '새로운 장벽'을 쌓고 말았다. 그래서 베를린 장벽 대신에 이제는 사회·경제적 장벽이 만들어졌으며, 그 결과 동독인들의 좌절감은 때로는 신파시즘에 대한 지향으로 나타나기도 한다. 게다가 동독 땅의 옛 주인들이 토지개혁을 거친 동독에서 다시 옛 토지를 찾으려고 함으로써 적지 않은 사회적 갈등이 재현되고 있다.

또한 동독을 복구하는 데 드는 막대한 투자비용이 지금 독일경제의 숨통을 조이고 있다. 2000년까지 10년 동안에 약 2조 마르크가 투자비용으로 들어갈 상황이다. 콜 수상은 당초 연간 투자비용이 500억 마르크 정도면 된다고 예측했는데 실제는 해마다 2,000억 마르크가 필요한 상황이다. 이것은 독일경제 전체에 심각한 부담이 되고 있으며 마르크화의 가치를 떨어뜨리고 있다.

게다가 콜 수상은 4대 1의 실제 환율을 무시하고 서독 마르크와 동독 마르크를 1대 1로 교환해 주었으며 서독 수준의 임금 및 사회보장 정책을 동독에 실시함으로써 동독의 물가가 폭등하고 기업이 문을 닫고 실업자가 격증하게 되었다. 외국인은 물론 서독 실업가까지도 동독에 투자를 기피함에 따라 동독경제는 지금 하강을 계속하고 있다. 실업문제도 심각하다. 900만 명의 옛 동독 노동인구 중에서 약 400만 명이 실업자라는 엄청난 상황이 빚어지고 있다. 따라서 급속한 흡수통합의 후유증으로 인해 과거 서독시대의 활력이 위축되고 유럽에서의 주도권이 흔들리고 있다. 마이너스 성장, 정부 부채의 격증, 실업자의 급속한 증가는 통일 독일의 현실과 장래에 대한 새로운 반성을 촉구하고 있다.

독일통일은 우리에게 급속한 통일보다는 차근차근 준비하면서 점진적으로 통일을 추구하는 것이 좋다는 교훈을 주고 있다. 흡수통일보다는 '통일지향의 공존체제'에 기초해서 차근차근 통일의 단계를 심화시켜 나가는 방법이 현명하다는 사실을 말해 주고 있는 것이다.

독일의 통일에서 무엇을 배울 것인가?

첫째, 민주주의의 중요성이다. 문제점이 전혀 없는 것은 아니었지만, 동독인들이 서독에 대해서 부러워했던 것은 다름 아닌 민주주의이다. 이웃이 부러워할 정도의 민주주의 국가를 만드는 것은 그 어떤 경우에도 필요한 한 사회, 한 나라의 첫째 덕목이 아닐 수 없다.

둘째, 서독은 결코 흡수통일론을 통일론으로 채택하지 않았다는 사실에 주목해야 한다. 다만 민족 내부의 교류와 협력을 중요시하는 정책을 실시했다. 결과적으로 흡수통일을 하긴 했지만 이런 원칙을 고수한 것은 동서독의 관계를 부드럽게 만들었다.

셋째, 독일이 추구한 사회보장 정책과 사회적 형평성을 강조하는 '사회적 시장경제론'이다. 이러한 정책은 사회내부의 계층적 갈등을 완화하는 기능을 했고, 브란트로 하여금 두려워하지 않고 동방정책에 나서게 했던 것이다.

3. 중국의 홍콩 되돌려 받기

1) 150년 만의 땅찾기

1997년 6월 31일 자정이 되면 홍콩의 주권은 중국으로 넘어간다. 홍콩의 주권이 중국으로 넘어간다는 것은 발전된 자본주의체제가 사회주의 정권에 의해 운영되는 세계사적인 대실험을 의미한다. 1847년 남경조약(南京條約)으로 홍콩의 주권이 영국에게 할양된 이후 150년 만의 일이다. 이제 홍콩은 어제의 홍콩이 아니다. 홍콩은 그 동안 중국의 작은 섬과 반도(半島)로부터 국제금융 통상의 중심 지역으로 성장하였다.

중국과 홍콩의 결합은 홍콩에 과연 어떤 변화를 몰고 올 것이며, 주권이 중국으로 넘어간 이후에도 홍콩의 활력은 그대로 유지될 수 있을 것인지, 지금 세계인들은 홍콩의 장래에 이목을 집중시키고 있다. 그런 점에서 우리는 홍콩의 어제와 오늘과 내일을 자세히 살펴볼 필요가 있다.

홍콩의 사례를 통일로 볼 경우 그것은 식민 통치의 종식에 의한 통일이며, 동시에 발전된 자본주의체제와 사회주의 시장경제의 결합과 병립에 의한 통일이고, 정치와 경제의 분리에 의한 통일이라고 분류할 수 있다. 그리고 두 체제의 모순을 상호 인정하면서 50년 동안의 과도기를 갖는 통일이라고 할 수 있겠다.

2) 중국과 영국의 협상

그 동안 중국과 영국은 홍콩의 반환문제를 놓고 세심한 협상을 벌였다. 150년이란 조차기간이 끝났기 때문에 중국에게 돌려주는 것이 당연하다. 그러나 그 과정이 원활하게 정리됐다는 것은 협상당사자들의 협상 능력을 보여주는 대목이라고 아니 할 수 없다. 협상의 과정을 이해하기 위해서는 홍콩의 역사를 알아둘 필요가 있다.

홍콩이 옛부터 지금의 모습이었던 것은 아니다. 1842년 영국이 할양받은 지역은 홍콩 섬뿐이었으며 이후 애로호 사건을 계기로 구룡반도(九龍半島)의 일부와 스톤커터 섬을 획득하여 직할식민지에 편입시키고, 1898년 직할식민지의 방위를 구실로 구룡반도의 나머지 전역과 그밖의 섬들 즉 신계(新界)를 조차함으로써 오늘날의 홍콩 영역을 형성한 것이다.

그 뒤 홍콩은 영국의 대중국, 대아시아의 무역·교통·금융의 거점이 되었고, 중국이 내란에 휩싸일 때는 중국인들의 피난처가 되기도 하였다. 제2차 세계대전 때는 잠시 일본의 지배하에 놓인 적도 있다. 그러나 영국이 다시 지배권을 되찾으면서 1950년대에는 중계무역의 중심지로, 그리고 1960년대 이후에는 공업과 관광이 눈부시게 성장하는 곳으로 변모했다. 이 과정에서 해운업과 금융업이 발전한 것은 당연한 일이었다. 현재 중국에게 홍콩은 화교들의 고향 송금과 중계무역의 창구로서 전체 외화의 30~40%를 벌게 해주는 곳이고, 근대화 정책에 필요한 서양의 기술을 흡수하는 거점이 되고 있다.

신계 지역의 조차 기한을 앞두고 1982년 9월부터 홍콩의 장래를 둘러싼 중국과 영국의 교섭이 시작되었는데, 이때 중국은 현상유지를 반환 이후의 방침으로 제시하였다. 1984년 12월에 조인된 「중·영공동선언」은 "영국은 1997년 6월 말에 신계뿐만 아니라 전 홍콩의 주권을 중국에 일괄 반환하고 중국은 홍콩을 특별행정구로 설정해서 자치권을 인정하며, 이후 50년 동안 자본주의체제를 인정한다"고 명시하였다.

이때쯤 중국에서는 사회주의 시장경제체제를 선언하고 홍콩 인근인 심천(深圳)에 경제특구를 설치해서 개방개혁의 실험을 시작하고 있었다. 이런 점으로 미루어 볼 때 과연 중국이 홍콩을 삼킬지 아니면 홍콩이 중국을 변화시킬지 아직은 미지수라고 해도 과언이 아니다. 아직까지는 중국이 홍콩을 인수하는 것이며 일국 양제(一國兩制)의 과도기를 설정해서 홍콩을 관리한다는 것이 중국의 기본 입장이라고 할 수 있다.

주목할 만한 것은 중국은 홍콩의 순조로운 인수를 위해서 최대한 자제하는 자세를 보였고, 영국은 홍콩 반환을 계기로 적지 않은 이권을 획득하였다는 사실이다. 1984년 9월, 중국과 영국이 홍콩 반환에 관한 합의서에 서명한 뒤 그 대가로 영국은 중국으로부터 다야베이 원자로를 건설하는 프로젝트를 얻어내서 목돈을 챙겼다.

다야 베이는 홍콩에서 50㎞쯤 떨어진 중국 남단의 항만에 자리잡고 있는 곳으로, 이 곳에 원전을 건설하는 것은 홍콩 사람들에게는 심각한 위험을 의미하는 것이다. 홍콩 사람들은 원자로 건설 반대운동에 뛰어들어 순식간에 110만 명이 서명에 참가했다. 그러나 중국 당국은 이러한 움직임에 별 관심을 보이지 않았고 영국은 이 프로젝트를 번듯하게 해치우면서 지갑을 불렸다. 이 일은 오늘날 홍콩인들로 하여금 중국 당국을 불신하게 만든 한 계기가 되었다.

3) 홍콩의 내부 사정

이제 중국으로의 귀속을 몇 달 앞두고 있는 홍콩의 내부 사정을 알아보기로 하자. 영국은 그 동안 직할 식민지인 홍콩에 총독을 파견해서 통치하였다. 그리고 총독의 자문기관으로 '행정평의회'와 '입법평의회'를 두었다.

행정평의회는 1만 2,000명의 군대를 지휘하고 있는 영국군 사령관, 행정장관, 사법장관, 재무장관, 총독이 임명하는 공무원 1명, 그리고 민간인 10명으로 구성되며 모든 정책을 심의 조언한다.

입법평의회는 60석으로 구성되는데 1991년 9월 직접선거에 의해서 18석이 선출되었고 기타는 간접선거에 의한 직능별 단체 대표, 임명 등으로 구성되었다. 1991년 입법평의원 선거를 앞두고 홍콩에도 정당이 결성되었는데, 주요 정당으로는 '홍콩 민주당'(반북경세력)과 '홍콩 자유민주연합'(현직 의원과 재벌 중심의 온건파)을 꼽을 수 있다.

한편 1990년 2월 17일에 만들어진 홍콩의 기본법에 의하면 중국에 반환된 뒤 입법평의회(정원 60명)의 직선 의석수는 97년에 20석, 99년에 24석, 2003년에 40석으로 결정되었다.

이처럼 부분적으로 직선에 의해 입법평의회를 운영하도록 만든 것은 홍콩 반환 이후 중국의 통치권이 바로 영향력을 행사하는 것을 견제하기 위한 것처럼 보인다. 1991년 최초의 선거에서는 전원 반중국계 인사들이 직선 입법의원으르 선출되었다. 금융무역의 중심지로서 친중국계 인사들이 당선될 가능성은 그만큼 적었던 것이다. 그러니까 영국으로서는 홍콩의 중국 반환을 앞두고 제 목소리를 낼 수 있는 정당을 육성하고 입법기관의 현지화를 추진한 것이다.

그러나 홍콩 반환을 앞두고 중국에서는 무리없이 홍콩을 인수하는 동시에 홍콩의 기능을 중국의 사회주의 시장경제를 강화하는 데 도움이 되도록 활용하는 계획을 세우는 데 여념이 없다. 중국의 대홍콩 정책의 제1원칙은 1국 2체제 방안이다. 홍콩을 인수하면서도 홍콩의 세계 무역금융의 중심지로서의 기능은 그대로 살린다는 것이다.

그러나 홍콩의 행정권은 서서히 중국의 영향력 아래 수용될 것으로 예상된다. 정치적인 면에서 중국은 자신의 의도를 명백히 드러냈다. 1996년 3월, 150명으로 구성된 '홍콩특별행정구 주비위'는 '입법평의회'의 해체를 놓고 찬반 투표를 벌였다. 그 결과 149대 1로 해체가 결정됐다. 1995년 9월 홍콩인들의 직접선거로 선출된 주민 대표들이 홍콩 귀속과 함께 입법의원 자격을 박탈당하게 된 것이다. 당시 중국은 이 결정을 만장일치로 유도하기 위해 온갖 수단을 다 동원한 것으로 알려졌다. 막판까지 중국의 요청을 뿌리치며 유일하게 반대표를 던져 소신을 과시했던 '홍콩민주민생협진회' 펑젠지 주석은 결국 주비위에서 축출당했다.

한편 홍콩의 초대 '행정장관'은 1996년 10월 말에 구성된 4백 명의 '추천위원회'에 의해 선출되었다. '임시입법회' 의원들도 선출할 이 추천위원회는 중국에 의해 지명된 150명의 홍콩 '특별행정구 준비위원회(特區委)'에 의해 구성되었다. 결국 행정장관은 물론이고 새로운 임시 입법기관까지 중국 당국에 의해 선출되는 것이나 마찬가지다.

홍콩 민주당 소속 의원들이 홍콩 '입법평의회'의 폐지에 항의하는 시민들의 서명서를 들고 북경을 방문했다. 그러나 북경 당국은 이들이 비행기에서 내리기도 전에 다시 이들을 홍콩으로 돌려보내고 말았다. 그러니까 중국으로서는 체제와 경제는 홍콩식의 것을 인정하지만 정치적 영향력만은 양보하지 않겠다는 입장을 분명히 한 셈이다.

그렇다고 해서 홍콩 특별행정구의 '행정장관'이 중국의 꼭두각시나 단순한 친중 인사로 채워질 수 있는 자리만은 아니다. 홍콩 자본주의의 번영과 홍콩인들의 지지를 담보할 수 있는 능력뿐 아니라 반중세력과도 원만한 관계를 형성해야 하기 때문이다. 바로 이런 측면에서 중국 당국이 내세우는 '항인항치(港人港治 : 홍콩의 정치는 홍콩인에게 맡긴다)'의 원칙을 이해할 수 있다.

따라서 중국으로서는 '행정장관' 선거에 대해서 공개적인 언급을 삼가고 있다. 다만 중국의 최고 실력자인 덩 샤오핑(鄧小平)이 지난 1984년 홍콩의 미래 지도자의 세 가지 기준을 다음과 같이 제시한 것으로 '신화사 통신'의 전 간부인 웡만퐁은 전하고 있다. 첫째는 중국과 홍콩에 대한 사랑, 둘째는 중도성향, 세째는 고위 정치인이어야 한다는 것이다.

결국 홍콩의 해운왕이자 '오리엔트 오버시 인터내셔널'의 회장인 퉁치화가 홍콩의 새로운 행정장관으로 선출되었다. 그러나 이 과정에서 홍콩의 최대 정당이자 반중파인 '민주당'은 민의가 봉쇄되는 상황을 들어 행정장관 선거를 보이콧했다. '홍콩 변호사협회' 역시 선출위원회에 참여하지 않겠다고 공언했다. 선출위원회에 들어갈 경우 민의가 반영되지 않은 상태의 반환 이후 홍콩 정부 구성을 인정하는 꼴이 되기 때문이다.

이런 상황에서 비정부민간조직과 시민운동단체들이 느끼는 불안감도 심각하다. 1989년 천안문 유혈사태 당시 미국으로 건너가 중국 정부의 비도덕성을 공격했던 중국 노동문제연구소의 튀니 렁윙 유는 "현재의 분위기라면 홍콩은 영국 식민지에서 중국 '식민지'로 바뀌는 셈"이라며 중국을 비난했다.

그러나 중국 정부의 입장에서는 홍콩의 자치단체 구성과 관련해서 좌익노선을 경계해야 한다는 입장을 스스로 정한 것으로 알려지고 있다. 홍콩의 「사우스차이나 모닝 포스트」가 북경 지도부의 발언을 인용해서 보도한 바에 의하면, 중국 공산당으로서는 홍콩과 대만 문제에 대해서 좌익노선과 극우노선을 배제하고, 온건 화해 노선을 취하기로 결정했다는 것이다. 이런 정책 노선은 1996년 7월 당 최고 간부들이 참석한 가운데 열린 베이다이허(北戴河) 연례 중앙공작회의에서 결정된 것으로 알려졌다.

중국의 지도부는 특히 좌익노선의 대두를 경계해야 한다고 강조했는데 이런 천명은 지난 1992년 있었던 덩 샤오핑의 「남순강화(南巡講話)」 이후 4년 만에 처음이어서 주목받고 있다. 그러니까 중국은 홍콩의 인사 문제에 대해서 우회적인 정치적 영향력은 행사하지만 직접적으로 사회주의적 정책을 실시하지는 않는다는 것이 북경 정부와 중국 공산당의 입장인 것이다. 북경당국의 이런 입장 때문인지, 1996년 12월 11일 실시된 홍콩특별행정구 초대 행정관 선거에서는 퉁치화 회장이 400명의 위원 가운데 320명의 지지를 얻어 당선되었다.

4) 중국의 영향력과 과도기

홍콩의 자치가 중국의 영향에서 벗어날 수 없다는 것은 엄연한 현실이다.

중국으로서는 이 지역에 군인 2만 명과 800㎞의 전투범위를 갖춘 최신예 '젠-8' 전투기 및 최첨단 장비를 배치하였다. 인민해방군 2만 명 가운데 홍콩에는 6,000명이 상주하고 나머지 병력은 홍콩 인근 광둥성 등지에 배치되며, 미사일 등으로 무장한 200t급 이상의 함정들로 구성된 소형함단도 인민해방군 홍콩사령부에 배치된다고 군사 소식통들은 밝히고 있다. '젠-8' 전투기는 미국의 F-16, 러시아의 수호이-27, 프랑스의 미라주-2000 등에 필적하는 우수한 성능을 갖고 있으며, 이 전투기의 기지는 홍콩에 군용비행장이 없어 광둥성에 둔다고 이들 소식통은 덧붙였다.

다음은 언론의 문제이다. 반중노선을 걸어온 언론들이 위축될 가능성은 대단히 높다. 홍콩에는 많은 언론기관이 있고 언론자유도 확실히 보장돼 있다. 홍콩에는 신문사가 64곳, 잡지사 600여 곳에 이르며 공중파·위성·유선방송 등 방송사도 10곳이나 된다. 홍콩은 아시아에서 가장 자유로운 언론활동을 구가했던 곳으로 평가된다. 좌파에서 우파까지 다양한 언론들이 이곳 홍콩을 무대로 활동했던 것이다.

그런데 이곳에 최근 친중국을 표방하는 좌파 언론인단체가 탄생해 급속히 세력을 넓히고 있다. '신문공작자연합회'라는 이름의 이 단체는 20년 역사를 지닌 우파 성향의 '홍콩기자협회'에 비해 회원수는 아직 미치지 못하지만 앞으로 영향력이 크게 확대될 것이 분명하다. 「명보」의 한 간부는 "1년 뒤 이 좌파 단체가 중국 정부를 대신해 홍콩의 언론 분위기를 주도해 나갈 것"이라고 예상했다.

「사우스차이나 모닝 포스트」의 중국부 부장인 윌리 위랍 램은

"현재 중국은 홍콩 접수를 앞두고 두 가지 작업에 역점을 두고 있다. 하나는 반중국세력(민주화세력)을 무력화시키는 것이고, 또 하나는 홍콩의 경제안정을 유지하는 것"이라고 지적했다.

다음은 대외관계에 관한 것이다. 중국이 1997년 7월 홍콩의 주권 반환 이후 대외 경제제재조처를 취하고 홍콩에 대해 동참을 요구할 경우 행정장관에게 그것을 이행할 권한을 부여하는 내용의 법안이 홍콩 정청 내부에서 작성 중인 것으로 알려짐에 따라 홍콩의 자유경제 무역체제 존속 여부에 대한 우려가 새롭게 제기되기도 하였다. 이것은 과도기에도 주권과 외교권은 명백히 중국 당국에게 있다는 사실을 확인하기 위한 것이라고 할 수 있다.

5) 중국의 대홍콩 정책

중국의 대홍콩 정책은 명확하다. 즉 1국 양제(兩制)의 기본 틀 속에서 홍콩의 경제를 유지, 발전시킨다는 것이다. 여기서 1국이라고 하는 것은 주권과 외교권과 정치적 영향력을 의미하고, 양제와 과도기와 자치권은 홍콩의 사회·경제 생활을 획기적으로 변화시키지는 않는다는 의미이다. 그리고 홍콩 지역의 관리인들을 본토로부터 옮겨오는 것이 아니라 홍콩인들이 스스로 홍콩을 자치하게 만든다는 것이다.

이것은 홍콩의 계층구조를 바꾸지 않겠다는 것을 말하는 것이기도 하다. 사실 홍콩은 5%의 극소수 부유층이 전체 80%의 부를 독차지하고 있는 특수한 지역이다. 홍콩의 10대 재벌가문들이 홍콩 증권시장의 절반이 훨씬 넘는 주식을 소유하고 있을 뿐만 아니라 부동산과 교통수단을 비롯해 제반 상권을 장악하고 있다. 이들은 홍콩 정부의 정책 결정에 막강한 영향력을 행사하고 있기도 한데 중국은 이

들 부유층 인사들의 영향력과 활동공간을 차단하지 않겠다는 입장
을 표명한 것이다.

그러나 홍콩 바람이 본토에 마음대로 상륙하는 것을 허용하겠다
는 것은 아니다. 이미 홍콩은 1989년 6월의 천안문 사태 당시 적극적
으로 자금을 지원한 바 있으며, 2회에 걸쳐 100만 명 이상이 시위를
한 경험이 있다. 따라서 중국으로서는 홍콩의 돈은 활용하되 이념과
문화는 거부한다는 생각을 분명히 하고 있다.

따라서 중국 국무원 홍콩·마카오 판공실의 루핑 주임은 공산당
기관지 「인민일보」와의 회견에서 "홍콩이 중국에 반환된 뒤에도 홍
콩을 방문하려는 중국인들은 중국 정부의 특별 허가를 얻어야 할 것"
이라고 언명한 바 있다. "홍콩이 향후 50년 동안 광범위한 자치를 인
정받는 중국의 '특별행정지역'이 될 예정이기 때문에 홍콩에 가려는
본토의 중국인은 특별허가를 받아야 한다"는 것이다. 그는 "홍콩의
면적이 1,000㎢에 불과하기 때문에 중국인들이 한꺼번에 몰려들 경
우 압력이 가중될 수 있어 통제가 필요하다"고 지적하고 "덩 샤오핑
의 말대로 통제가 지금보다 더 강화될 수도 있다"고 강조했다.

중국의 대홍콩 정책은 중국과 대만과의 관계에서도 시사하는 바
가 적지 않다. 중국은 1국 양제를 통해 분리주의의 움직임을 반대하
면서 동시에 유연한 태도로 체제를 껴안고 아울러 하나의 중국을 관
철시켜 나가려는 의도를 갖고 있는 것이다.

6) 홍콩 사례가 주는 교훈

따라서 중국의 홍콩인수가 우리에게 주는 교훈은 분명하다. 그것
은 줄 것은 주고 얻을 것은 얻어나가는 강인한 협상력에 기초해서
통일을 추구하고 있다는 점이다.

다음은 유연성이다. 중국은 강인함에 바탕을 두면서도 강자다운 유연함을 잃지 않으려고 노력한다. 만만디로 표현되는 느긋함 뒤에는 자존심을 지키려는 중국 특유의 생존논리가 숨어 있는 것이다. 이론화의 강점에 대해서도 우리는 주목해야 한다. 중국은 '1국 양제'와 '과도기'라는 치밀한 이론을 바탕으로 수미일관한 입장을 밀어붙이고 있는 것이다.

그러나 가장 중요한 것은 역시 빈틈없는 준비와 실용주의적 태도이다. 만약 중국이 교조주의적 태도에 사로잡혀 있거나 방만한 상태로 있었다면 홍콩을 인수하는 것도 쉽지 않았을 것이고, 또한 충돌 없이 홍콩을 인수하는 것이 애초부터 불가능했을지 모른다.

4. 평화 지향의 정경분리, 중국과 대만

1) 중국과 대만의 통일정책

중국은 대만에 대해서도 철저하게 1국 2체제의 입장을 갖고 있다. 대만을 하나의 체제로는 인정할 수 있지만 나라로는 절대로 인정할 수 없다는 것이다. 따라서 중국은 중국의 대표권과 하나의 중국 정책을 고수하고 있으며, 대만의 분리독립운동에 대해서는 강경한 입장을 견지하고 있다.

그러나 중국 역시 양안(兩岸)의 대화와 경제협력, 인적 교류 부분에 대해서는 유연한 입장을 견지하고 있다. 실제로 상당수의 대만인들이 대륙을 방문했고, 1996년 6월 말 현재 북경 한 곳에 투자한 대만의 기업만 해도 1,600개이고, 투자하기로 합의한 금액은 무려 21

억 달러, 약 1,700억 원에 이르고 있다.

그 동안 중국과 대만 사이의 무역 거래는 홍콩을 경유하여 활발하게 진행되었다. 하지만 중국은 아직까지 대만을 하나의 나라로 인정해본 적이 없으며, 따라서 중국과 대만 사이의 당국간 대화는 아직까지 이루어지지 않고 있다.

대만의 경우에도 오랫동안 하나의 중국과 대륙수복을 부르짖으면서 중국 정부를 인정하지 않고 있다가 최근에야 중국의 현실을 인정하는 입장으로 선회하였다. 대만은 1991년 그 동안 중국의 현실을 전시상태라고 규정했던 '동원 반란 진압 시기 임시조례'를 폐지하고 민주적인 헌법개정안을 승인하였다. 그리고 하나의 중국이라는 깃발을 내린 것은 아니지만 내용적으로는 대만이 주권 국가라는 사실을 대륙 정부가 인정해야 한다는 입장을 표명하였다.

그리고 지난 1996년 5월 리덩후이 총통은 취임사를 통해 정상회담을 제안하기도 하였다. 이에 대한 중국 정부의 입장은 국가 대표의 입장으로서가 아니라 국민당 대표로서 회담에 임하겠다면 얼마든지 좋다는 것이었다. 한 발 더 나아가서 중국의 강택민 당 총서기는 1국 양제의 입장에서 대만을 직접 방문할 수도 있다는 입장을 표명하기도 하였다. 그리고 중국 정부의 일각에서는 서양식 연방국가를 만드는 문제를 검토할 수도 있다는 입장을 내놓기도 해서 주목을 끌었다.

2) 중국과 대만의 교류와 협력

1991년 대만 정부는 중국의 개방요구에 반대하는 3불정책을 폐지하고, 대신 통우(通郵), 통상(通商), 통항(通航)의 3통정책 실시, 고위 인사의 상호방문을 내용으로 하는 '국가통일강령'을 확정하였으나 아직까지 특별한 성과는 거두지 못했다. 그러나 이러한 정치적 입장의 차이에도 불구하고 중국과 대만 사이에는 협력과 교류가 심도 있게 진행되었다. 무역중개지이자 금융의 중심지인 홍콩을 경유하여 무역 거래와 자본투자가 활발하게 이루어진 것이다.

그런데 이런 상황에서 홍콩의 중국 반환이 이루어지게 되자, 이제 중국과 대만은 교류와 협력에 관한 새로운 합의가 필요한 상황을 맞고 있다. 그런 가운데 중국 정부는 대만을 적국으로 규정하고 일체의 교역을 금지했던 조처를 철폐하고, 대만과 직항항로를 개설할 것이라고 '신화통신'을 통해 보도했다. '신화통신'의 보도에 의하면 이 규정은 중국과 대만 선적의 모든 배에 대해 본토와 대만간을 직접 오갈 수 있도록 함으로써 승객과 화물 운송을 촉진하고 우편, 통상, 공중 및 해상로 연결과 발전을 가속화하는 것을 목적으로 발표와 동시에 이미 효력이 발효된 것이다.

여기에 대해 대만의 본토정책에 관한 전문기구인 행정원 '대륙위원회' 장징위 회장은 "대만은 본토와의 직항 통행을 허용하지 않고 있다"며 "대만은 자체적인 규정에 따라 이를 추진할 것"이라고 말함으로써 일단 유보적인 입장을 표명했다.

그러나 발표 전날 이미 본토와의 직접 교역을 위해 '본토직항협회'를 결성했던 대만의 주요 상선업체들은 긍정적인 반응을 보였다. 대만의 '국영 텔레비전방송'은 이들이 앞으로 중국 정부 당국 및 해운업체들과 본토와 대만 간 직접 해운, 주권 반환 이후의 홍콩과 대만 간 해운 노선의 장래 등 민감한 관심사를 논의하기 위한 비공식회담을 추진할 계획이라고 보도했다. 그리고 차이자오양 대만 교통부 차관도 기자들과 만나 이런 접촉은 본토와의 공식 접촉이 없는 상태에서 상호이해에 도움이 될 것이라고 긍정적으로 논평했다.

베이징의 외교 전문가들은 이번 조치가 대만 당국에 양안 직교역 제한조치를 해제하도록 압력을 가하기 위한 것으로 분석했다. 한편 홍콩에서 발행되는 중국계 「문회보(文淮報)」는 양안 직항로가 개설될 가장 유력한 후보항으로 샤먼(廈門)과 푸저우(福州)를 꼽았다. 그렇다면 이제 중국과 대만은 새로운 경제협력과 교류의 단계에 돌입한다고 볼 수 있다.

통신도 마찬가지이다. 대만과 중국은 다른 동남아 국가 및 동아시아 국가와 협력해 국제 해저 통신 케이블에 투자할 것이라고 현지 언론들이 보도했다. 「중국시보」는 대만 텔레콤이 대만해협의 양안을 연결하게 될 이 사업에 2,800만 달러를 투자할 것이라고 전한 바 있다. 초당 7만 회의 전화 통화를 송신할 수 있는 이 케이블은 앞으로 양안간의 통신을 용이하게 하고 아시아와 유럽을 잇는 주요 연결망이 될 수도 있다. 통신망을 연결할 경우 대만의 연결 지점은 남부의 팡산과 북부의 타우쳉이며 중국의 연결 지점은 상하이와 광저우이다. 많은 사람들이 이 국제적인 사업 추진으로 49년의 내전 이후 적대관계에 있는 대만과 중국간의 정치적 긴장이 크게 완화될 것으로 예측하고 있다는 점도 주목할 필요가 있다. 현재 대만과 중국간에는 직접적인 전화 연결이 없으며 모든 통화는 제3국을 통해 이루어지고 있다.

한편 중국의 민간부문 상공회의소에 해당하는 '중화전국공상업연합회'의 징수핑 주석도 1996년 12월 양안간 통상·통항·통우 등 이른바 '3통문제'를 논의하기 위해서 민간기업 대표단을 이끌고 대만을 방문할 예정이라고 중국 관영 「차이나 데일리(China Daile)」 일요판 「비즈니스 위클리(Business Weekly)」가 보도했다. 징 주석은 「비즈니스 위클리」와의 인터뷰에서 "이번 회의의 의제는 양안간 특정 경제분야 협력 문제지만 '3통수립' 등 광범위한 논의도 이뤄질 것"이라며, "민간기업 단체들이 양측의 기업인과 정부의 이해를 촉진시키는 데 적극적 역할을 해야 한다"고 강조했다.

중국의 103만 개 사영(私營) 기업을 대표하는 '중화전국공상업연합회'와 대만의 '중국타이베이공상기업총회', 홍콩의 '중화제조협회' 등이 공동주최하는 경제협력회의에서는 ① 양안간 농업·기술 협력 ② 중국 내륙지방에 대한 대만기업의 투자유치 ③ 중국 기업의 혁신 등이 논의될 예정이다.

3) 중국과 대만의 양안대화

중국과 대만 사이에는 공식적인 당국간 회담은 이루어지지 않고 있지만 대화가 단절되어 있는 것은 아니다. 중국 정부는 대만과 당대 당의 입장에서 대화를 나누는 것을 선호하였고, 반면 대만에서는 정부 수준의 대화를 요구하고 있기 때문에 대신 반관반민(半官半民) 수준의 대화가 이루어진 것이다.

중국과 대만은 지난 1993년 4월 사상 처음으로 양안의 비공식 접촉기구인 대만 해협교류기금회(海基會) 구진푸 회장과 중국 해협양안관계협회(海協會) 왕다오한 회장 간에 사실상의 정치회담인 '왕·구 회담'을 연 뒤 후속 회담을 계속 가졌으나, 1995년 6월 리덩후이 대만 총통의 미국 방문 이후 양안관계 악화로 중단됐다.

그런데 대만은 1995년 6월 이후 중단된 '양안회담'을 1996년 안에 재개할 목표를 세우고 그 전반적 계획을 마련했다고 홍콩의 「빈과일보(頻果日報)」가 보도한 바 있다. 대만의 중국정책을 총괄하는 행정원 '대륙위원회'의 가오쿵렌 부주임위원은 기자회견에서 이렇게 밝히고, 양안은 '제2차 왕·구 회담' 개최를 위한 예비회담의 필요성을 공유하고 있기 때문에 의제를 비롯해 각자의 관심사를 토론할 수 있을 것이라고 말했다.

1995년 리덩후이 총통의 미국 방문과 1996년 3월의 총통 선거시기에 중국이 대만에 대해 강경한 무력시위를 한 것은 실제로 대만을 공격하기 위한 것이라기보다는 대만의 분리주의에 대해 경고하면서 대만을 국가의 실체로 인정하는 데 대한 항의의 내용을 담고 있는 것이었다.

그러나 이제 리덩후이 총통이 이미 새로운 총통으로 취임하고 중국 정부에 대해서 적극적인 대화 제스처를 취하는 마당에서는 대화의 필요성이 양안 모두에게 절실한 상황이다. 교류와 경제협력으로 인해서 파생되는 제반 문제에 대한 합의가 이루어져야 하기 때문이다. 따라서 머지 않은 장래에 다시 '양안회담'이 재개될 것이라는 사실을 쉽게 짐작할 수 있다. 그리고 여건만 좋아진다면 중국과 대만의 정상회담도 불가능한 것은 아니다.

4) 중국과 대만의 미래와 교훈

그렇다고 해서 가까운 장래에 중국과 대만이 통일될 수 있을 것 같지는 않다. 중국 정부가 갖고 있는 1국 양제와 과도기와 자치권 허용이라는 정책에 대해 대만 정부가 호응할 리도 없고, 그렇다고 해서 국가 자격 인정에 대한 대만의 요구를 중국정부가 받아들일 리도 없기 때문이다. 그러는 가운데 대만은 다시 유엔에 가입하기 위한 활발한 외교 활동을 전개하게 될 것이다. 만약 중국과 대만이 통일이라는 합의에 이르게 된다면, 그것은 중국 정부의 일각에서 검토하고 있는 서양식 연방제를 통해서 가능하게 될지 모른다. 그러나 이것도 쉬운 것은 아니다.

그런 점에서 중국과 대만은 하나의 중국과 2개의 중국을 주장하면서 정치적으로는 현 상태를 유지할 것으로 전망된다. 다만 기존의 적대관계는 차차 평화관계로 전환될 것이며, 경제적으로는 서로 협력하고 교류의 수준을 심화시켜 나가게 될 것이다. 즉 정경분리의 원칙을 통한 교류의 심화, 확대이다. 그런 점에서 중국과 대만의 사례는 우리가 계속 주목해나가야 할 분단국가의 특수한 형태이다.

중국과 대만은 통일을 서두르지 않으면서도 꾸준히 적대관계의 해소와 교류확대를 위해 노력하고 있다는 점에서 우리에게 여러 가지 생각을 하게 한다. 현재 중국과 대만 사이에는 정치적 적대관계가 평화체제로 정리되지 않았음에도 불구하고 다양한 교류와 협력, 통행이 이루어지고 있다.

그리고 중국의 기본정책도 대만의 체제에 관한 것이 아니라 두 개의 중국을 추구하는 세력이 득세하는 것을 예방하기 위한 것이다. 얼마 전 중국이 대만의 총통 선거를 앞두고 군사적 공세를 취한 것도 알고 보면 리덩후이 총통이 두 개의 중국노선으로 경도되는 것을 막기 위한 것이다. 사실 대만의 경우에는 국민당의 대륙 출신 인사들에 의해서가 아니라 민진당처럼 대만 출신의 야당 인사들에 의해서 공공연히 두 개의 중국 노선이 운위되고 있는데, 중국은 여기에 적지 않은 신경을 쓰고 있는 것이다.

5. 민족주의와 사회주의의 결합, 베트남

1) 베트남의 분단 원인

베트남의 분단은 탈식민지화의 과정에서 발생하였다. 따라서 베트남의 분단과정을 이해하기 위해서는 베트남의 역사를 일별해 보는 것이 좋다. 베트남 지역은 BC 3000년부터 사람이 살았던 유물이 발견되는 등 오랜 역사적 뿌리가 있는 곳이다. 그러나 강대한 중국의 영향력 앞에 놓여 있던 베트남은 939년까지 1,050년 동안 중국의 지배를 받으면서 한자와 유교문화권에 편입되었다. 그래서 중부 이남 지방은 인도네시아계인 참족의 참파 왕국과 크메르족의 부남(扶南) 왕국으로 따로 발전하였다.

중국에 대한 북부의 독립운동은 1세기와 6세기에 이르러 반복되다가, 드디어 939년 고퀜(吳權)이 중국군을 격파하고 다음해 왕이 되면서 염원하던 독립을 이루었다. 968년에는 딩보링(丁部領)이 북부를 통일, 대구월(大瞿越)이란 국호로 베트남 초대 왕조인 딩(丁) 왕조를 일으켰다. 이때 딩 왕조는 대승불교와 과거제도 등 중국의 제도를 모방하기도 했고, 한때 명(明)나라의 지배를 받기도 했지만 그러나 19세기까지 베트남은 대체로 독립을 유지할 수 있었다.

그 사이에 왕조는 딩 조에 이어 리(李) 왕조, 친(陳) 왕조, 레(黎) 왕조로 교체되었다. 그 과정에서 15세기에는 참파 왕국을 격파하고 남방으로 지배지역을 확대했으며, 16세기에는 왕조분열을 일으키기는 했지만 수도 '위에'를 근거로 한 구엔(阮)씨의 구엔 왕조가 만들어져 그 영역을 메콩 강 방면에까지 확대시켰고 18세기에는 거의 현재의 영역을 확립했다.

그런데 18세기 말엽 구엔 왕조를 세운 구엔푹안(阮福映)이 농민반란인 '타이손당(西山黨)의 난'을 진압하기 위해 프랑스의 힘을 불러들임으로써 점차 프랑스의 영향력이 베트남에 밀려들기 시작하였다. 우리나라의 동학혁명 때와 비슷한 상황이었다.

이로써 1859년에 사이공, 1862년에 프로콘도르 섬이 점령되고, 1873년에 남부 베트남 전 지역이 식민지화 되었다. 이어 1883년에는 수도 '위에'가 공략되고 중부 베트남(安南), 통킹(東京)이 보호령이 된 뒤, 1885년의 텐진조약(天津條約)에 의해 전 베트남이 식민지화 되었다. 당시 프랑스는 1863년에 보호령으로 삼고 있던 캄보디아를 추가하여 1887년에 프랑스령 인도차이나 연방을 만들었고, 1900년

에는 다시 여기에다 라오스와 중국의 광저우만(廣州灣)을 추가하여
하노이에 총독부를 둔 광범위한 프랑스령 식민지를 개척하였다. 우
리나라가 열강의 이권쟁탈전에 시달리고 결국은 일제의 식민지가
되던 바로 그 전야(前夜) 즈음에 인도차이나의 베트남 역시 비슷한
길을 걸어가고 있었다.

프랑스의 식민지하에 놓였던 베트남은 제2차 세계대전의 과정에
서 1941년 일본의 점령지가 되었고, 이때 베트남의 독립운동가들은
사회주의를 수용하면서 반불투쟁을 반일투쟁으로 전환하였다. 이들
사회주의를 수용한 베트남 민족주의자들이 바로 베트남독립독맹(베
트민)이다. 베트남민주공화국(북베트남)은 베트민들이 1945년 일본
의 퇴각과 함께 세운 나라이다.

그러나 남베트남에는 전전(戰前)의 제국주의국가였던 프랑스가
다시 진출해 들어왔다. 프랑스는 옛 구엔 왕조의 바오다이제(保大帝)
를 내세우면서 자신의 식민통치를 그대로 관철시키려 했다. 프랑스
와 북베트남 사이에는 치열한 인도차이나 전쟁이 벌어졌다. 이때 사
회주의 중국이 북베트남을 도와주었고, 그 결과 1954년 프랑스의 퇴
각을 내용으로 하는 제네바협정에 합의할 수 있었다.

그러나 식민통치에 역부족을 느낀 프랑스가 철수하면서 이 지역
에 평화가 온 것은 아니었다. 이번에는 이 지역에 미국이 개입하게
되었다. 당시 냉전 상황에서 이 지역을 전략적으로 중요하게 생각하
고 있던 미국은 1955년 고 딘 디엠을 대통령으로 하는 베트남공화국
을 수립하고 북위 17도선을 경계로 해서 북베트남과 대치하게 되었
다. 그러나 고 정권은 1963년 군부 쿠데타에 의해 붕괴되었다. 이후
베트남에는 군사독재가 전개되다가 다시 구엔 반 티우 장군에게 정
권이 넘어갔다. 그러나 남베트남에는 이미 1960년에 북베트남의 지
원을 받는 '베트남해방민족전선'이 결성되어 있었고 이들은 남베트
남의 정권을 집요하게 공격하였다.

미국은 이때 전쟁에 대한 직접 개입과 확전을 결정하였다. 1964년 통킹 만 폭격에 의해 직접 개입이 시작되었고, 1965년에는 북베트남에 대한 공격이 시작되었으며, 1968년에는 50만 명의 미군이 파견되었다. 그러나 이런 개입과 확전에도 불구하고 전황을 역전시키기에는 역부족이었다. 미국은 동맹국가들을 동원해서 남베트남에서의 대게릴라 작전을 전개하기도 했지만 결과는 만족스러운 게 아니었다. 오히려 미국의 입장은 수렁에 빠져드는 형국이었으며, 미국 내부에서는 반전운동이 확산되었다.

이런 상황에서 1969년 파리평화회담, 1973년의 베트남평화협정이 체결되었고, 미군철수가 시작되었다. 그러나 전투는 끝난 것이 아니었다. 1975년 3월 북베트남의 대공세가 시작되었고 그 앞에서 남베트남은 그해 4월 무조건 항복을 선언했다.

이와 함께 '남베트남공화국 임시혁명정부'가 남베트남의 정권을 장악하자, 남북 베트남은 1975년 11월 '남북통일에 관한 정치협의회'를 구성하였다. 이 협의회의 결정에 의거해서 1976년 4월 총선거가 실시되었고, 그 뒤 남북이 통일된 '베트남 사회주의 공화국'이 성립되었다.

2) 베트남의 통일

베트남의 통일은 미국의 남베트남 포기에 의해서 이루어졌다고 해도 과언이 아니다. 여기에는 미국의 새로운 외교정책과 미국 시민들의 반전운동이 개입되어 있다. 즉 미국 시민들은 '쓸데없는 전쟁'에 미국이 개입하고 있다고 정부를 강력하게 비판하면서 1960년대 광범위한 반전운동의 물결을 이루었고, 또 이런 과정에서 미국은 서서히 탈냉전 외교를 준비해 나갔다.

그 중에서도 중요한 역할을 한 것은 미·중 수교와 키신저의 외교 이다. 미·중 수교 이후 미국은 아시아의 민족주의를 새로운 관점에 서 평가하고, 아울러 '냉전전략' 대신에 '세력균형 정책'을 취해나갔 다. 그 과정에서 미국은 북베트남과 평화협정을 체결하고 이 지역에 서 철수함으로써 이 지역의 주도권을 다시 사회주의를 수용한 민족 주의자들의 수중으로 넘겨주었다.

통일 이후 베트남의 고민은 체제의 문제가 아니라 경제적 생산력 을 높이는 데 집중할 수밖에 없었다. 오랜 세월 전쟁을 치르면서 베 트남의 사회간접시설은 대부분 파괴되었고, 또 사회기반 시설을 건 설할 여력도 없었기 때문이다.

따라서 베트남은 1986년 이후 지금까지 '도이모이'라는 광범위한 개방개혁 정책을 국가의 사활을 걸고 강력하게 추진하고 있다. 지금 베트남의 최우선 정책은 경제성장과 개발이라고 할 수 있다. 그렇기 때문에 예전의 적대국들까지도 아무렇지도 않은 듯 수교를 하고 경 제협력이라는 이름으로 손을 잡고 있는 것이다.

미국과도 마찬가지이다. 1979년 1월에 베트남에 대한 금수조처를 확대했던 미국과는 1982년 2월에 실종미군 및 전쟁포로 문제 실무 협의를 개시했고, 1988년 9월에는 첫 합동현장조사를 실시했다. 한 편 미국은 1991년 12월에 베트남에 대한 집단여행금지 조처를 해제 했고, 1994년 2월에는 대베트남 금수조처의 해제를 발표했으며, 1995년에는 결국 수교에 이르게 되었다.

그렇다고 해서 베트남이 민족주의와 사회주의를 포기한 것은 아 니다. 전문가들은 베트남이 정치와 국민통합에는 자신이 있기 때문 에 경제에 혼신의 힘으로 매달리고 있다는 분석을 내놓기도 한다. 아닌게 아니라 베트남 내부에는 베트남의 집권세력과 경쟁할 수 있 는 정치세력은 아직까지 없어 보인다.

3) 베트남의 교훈

베트남의 역사를 보면서 느끼게 되는 것은 결국 통일은 경제재건 문제와 직접적으로 연결되어 있다는 것이다. 아무리 전쟁을 통해서 통일을 했다고 하더라도 국가의 경제를 부흥시키지 못한다면 그 통일은 빈 껍데기 통일이 될 수 있다는 점을 베트남의 사례는 우리에게 메시지로 던지고 있는 것이다.

리더쉽에 대해서도 생각할 수 있는 여지를 남겨주고 있다. 즉 통일과정에서는 통일과정을 주도할 수 있는 강력한 민족주의적 리더십이 필요하지만, 통일 이후에는 경제건설을 이루어낼 수 있는 실용주의적이고 성과지향적인 리더십이 필요하다는 사실을 베트남 사례는 우리들에게 증언하고 있는 것이다.

베트남의 수상이 우리나라를 방문하고, 우리나라의 김영삼 대통령이 베트남을 방문하는 것을 보면 경제문제의 현실성이 얼마나 강한 것인가를 다시 한번 절감하게 된다. 그런 점에서 통일은 이상의 문제가 아니라 현실의 문제이다. 통일이 현실의 문제라는 사실을 고려할 경우에라야만 우리는 통일의 과정과 통일 이후의 문제를 안정적으로 관리해나갈 수 있을 것이다.

8장 정보문화시대의 통일 주체와 방법

1. 새로운 사회문화 환경

어느 사이에 통일의 가능성이 우리에게 가까이 왔다. 그래서 지금은 막연한 통일논의가 아니라 구체적인 통일, 그리고 우리 민족의 장래에 좋은 통일을 논의할 차례가 되었다.

통일문제를 보다 구체적으로 논의하기 위해서는 새롭게 변화하는 세계사의 흐름을 주목해야 한다. 통일을 만들기 위해서는 세계사의 흐름에 일면 적응하고, 일면 도전해야 하기 때문이다. 특히 정보문화시대의 도래는 세계의 정치와 경제, 사회, 문화의 위상과 성격을 획기적으로 변화시키고 있다.

정치적인 측면에서는 전 세계적으로 종래의 군사 권위주의 정치가 쇠퇴하고 정치의 민간화와 자유화 현상이 확산되고 있다. 아울러 간접민주주의 정치가 직접민주주의 정치에 의해 크게 보완되는 모습을 볼 수 있다. 비정부민간단체들의 정치참여 증대, 또는 컴퓨터 통신에 의한 전자민주주의의 확산과 심화는 직접 민주주의를 강화하면서 정치의 모습을 크게 바꾸어나갈 것으로 예상된다.

경제의 영역에서는 소비자의 마음을 잡기 위한 경쟁이 불을 뿜고 있다. 실용성과 함께 세련된 아름다움, 그리고 소비자의 마음을 유혹하기 위한 이미지와 디자인과 색채를 만들기 위해 공급자들은 바람 잘 날 없는 자기 혁신의 세월을 보내고 있다. 그래서 이미지와 색채와 디자인 혁명이 전개되고, 그 결과 경제의 영역에서는 다품종 소량체제가 생산과 소비의 새로운 시스템으로 자리잡았다. 공급과잉의 시대, 치열한 경쟁의 시대는 이처럼 경제 영역의 모든 것을 바꾸어놓으면서 소비자 주권시대를 새롭게 열어나가고 있다.

사회의 영역을 보자. 이제 사람들의 관심은 생존의 문제에서 서서히 생활의 질로 이동해가고 있다. 사람들의 관심사가 의식주(衣食住)의 양(量)으로부터 의식주의 품질과 인간다운 생활로 바뀌어가고 있는 것이다. 인간다운 생활에는 휴식과 여가, 문화생활 등이 포함된다. 이것은 바로 다품종 소량생산체제와 생산력의 발전이라는 경제 영역에서의 변화와 궤도를 함께 하는 것이기도 하다. 그래서 산업은 점점 더 소프트화하고 서비스화된다. 사람들의 관심이동은 결국 세상의 모든 것을 변화시킨다. 왜냐하면 정치·경제·사회·문화 등 인간사회의 모든 영역은 결국 사람의 관심사를 중심으로 돌아가기 때문이다. 사람들의 관심이동이야말로 사회를 변화시키는 원동력이라고 할 수 있다.

앞에서도 이야기했듯이 이제 사람들의 관심은 실용성의 세계에서 문화예술의 영역으로 서서히 옮겨가고 있다. 이 사실은 인류의 스승들이 이야기했듯이 사람이 결코 빵만으로 사는 존재가 아니라는 사실을 다시 확인하는 것이다. 현대사회에 들어올수록 인간의 이러한 속성은 보다 분명하게 표현되고 있다. 이제 삶의 의미와 삶의 향기, 그리고 삶의 즐거움에 대한 추구는 사람을 사람답게 만드는 새로운 가치로 자리잡고 있는데, 이것이 바로 문화의 영역이다.

이제 사회와 사람들은 정보와 지식을 먹고산다고 해도 과언이 아닌 새로운 정보지식사회를 맞고 있다. 정보와 지식이 있어야만 합리적으로 선택할 수 있고 정확하게 움직이며 세상과 교류할 수 있다. 그래서 정보와 지식은 사람을 움직이고 사람과 사람, 사람과 사회를 연결해주는 역할을 담당하는 것이다.

정보와 지식을 유통시키는 미디어의 수준은 과학기술의 발전으로 말미암아 점점 더 편리해지면서 대중화되고 있다. 복사기와 팩시밀리, 컴퓨터 통신망과 인터넷의 보급은 사람들에게 새로운 만남의 창구를 열어주었고 개인마다 국제 수준의 자료창고를 갖게 해주었으며, 개인 차원에서도 메시지의 대량 복사를 가능하게 만들어주었다.

변화는 이것만이 아니다. 이제 사람들의 삶의 무대가 입체화되고 있다. 예전의 민족국가 시대에는 사람들의 활동이 대부분 민족국가 내부에서 이루어지고, 또한 민족국가가 모든 것을 통제, 관리할 수 있었지만, 이제는 다르다. 민족국가라는 삶의 단위에만 집착하는 근대식 설명방법으로는 포괄할 수 없는 다양한 현대적 사회현상이 나타나고 있다. 이를테면 다국적 기업과 인터넷, 비정부민간단체 등은 민족국가를 뛰어넘는 조직을 갖고 새로운 활동 영역을 개척해나가고 있다.

게다가 지방을 새롭게 인식하는 다양한 주장들이 제기되어 있다. 이를테면 호소가와 전 일본 수상의『지방의 논리』나 동경도 지사 선거에 입후보했던 이와쿠니 데쓴도 씨의『지방의 도전』과 같은 것들이 바로 그것이다.

지방화, 세계화, 지역화 등 삶의 입체화 현상은 우리에게 고정관념에 사로잡히지 말고 인류의 삶의 무대와 생활단위를 다시 생각해보라는 메시지를 던지고 있다. 그렇다면 통일이란 무엇인가? 그것 역시 삶과 생활의 단위를 조절하는 문제이고, 동시에 커뮤니케이션의 입체화 현상과 궤도를 함께 하는 것이다. 따라서 정보문화시대에는 기존의 낡은 통일론을 뛰어넘는 노력이 절실할 수밖에 없다.

2. 21세기의 화두

세상이 바뀌고 사람들의 관심이 바뀌면 사람들의 말머리(話頭)도 바뀔 수밖에 없다. 사람들의 대화 주제는 역시 관심 있는 사항으로 이루어질 수밖에 없기 때문이다. 그리고 화두가 사람의 생각과 관심사를 바꾸고, 동시에 행동과 관습과 제도와 문화를 바꿔나간다. 따라서 정보문화시대의 통일을 생각하는 사람들은 21세기의 화두를 깊이 있게 검토해야 한다.

앞에서 이야기한 대로 사회의 변화와 사람들의 관심이동은 다음 것들을 21세기의 세계적인 화두로 만들고 있다. 대부분의 세계인에게 공통적인 관심사가 될 수밖에 없는 문제를 세계적 주제라고 부른다.

1) 21세기의 세계적 주제

(1) 건강과 장수

21세기의 최대 관심사는 생명과 건강이다. 생존의 시대에는 건강을 해치면서 일하는 경우도 적지 않았지만 생활의 시대에는 건강하게 살면서 즐겁게 일하는 것이 사람들의 희망이다. 20세기의 생산력

발전이 인류의 의식주 문제를 많이 해결했지만, 그것을 가능하게 했던 산업문명 자체가 인간의 건강과 생명을 심각하게 위협하고 있는 현실도 사람들의 관심 이동을 유도하는 요소이다.

얼마 전 미국의 한 연구소는 절제와 소식(小食)에 의해 잘 관리되기만 한다면, 인간의 수명이 170세까지 연장될 수 있다는 사실을 밝힌 바 있다. 결국 21세기가 되면 사람들의 관심은 생존경쟁으로부터 점차 건강과 장수와 생명으로 이동해 나갈 것으로 보인다.

(2) 환경과 인간안보

환경문제의 중요성에 대해서는 다시 거론할 필요가 없을 것이다. 환경은 쾌적한 삶의 질을 위해서도 필요할 뿐만 아니라 인류의 생존을 위해서도 필수불가결한 요소가 되었다. 그래서 환경과 관련된 민간단체만이 아니라 유엔과 같은 국제기구들도 환경문제에 대해서는 특별한 관심을 가지고 접근하고 있다.

1992년 6월 브라질의 리우데자네이루에서는 환경과 개발에 관한 유엔회의(UNCED)가 열려, 지구헌장의 성격인 「리우 선언」과 지구환경 보전의 실천지침격인 「의제 21」을 채택하고 막을 내린 바 있다. 그러나 리우 회의는 그것만이 아니다. 여기에는 여성단체, 소비자단체, 청소년단체, 종교단체, 지역주민운동단체, 평화운동단체 등 세계 도처의 7천여 비정부민간단체와 1만 8,000여 명의 지도자들이 참가해서 '92 지구환경회의(Global Forum)'를 열었다. 이들은 다양한 배경과 성격에도 불구하고 운영위원회의 주관 아래 '92 지구환경회의' 본회의를 매일 개최하고, 동시에 30개의 분과 회의를 중심으로 한 논의와 워크샵을 통해 세계민간단체 환경협약(NGO's Alternative Treaty)을 채택하였다.

이처럼 세계적, 지구적 주제에 대해서는 국가들의 연합체인 유엔은 물론이고 전 세계의 민간단체들이 동시에 지구회의를 열어 현안에 접근하고 있음을 볼 수 있다. 한국에도 '환경운동연합', '배달녹색연합'과 같은 다양한 환경단체들이 태동해서 활발한 활동을 전개하고 있다.

환경문제와 함께 우리가 눈여겨보아야 할 문제는 '인간안보' 문제이다. 현대사회의 다양한 위험으로부터 인간의 편안함을 지키는 문제는 전 지구적인 관심사가 아닐 수 없다. 여기에 대해서는 1994년 덴마크의 코펜하겐에서 세계 정상회의가 열린 적이 있다.

(3) 인구와 식량, 물

근대의 인구문제는 맬서스가 이야기한 대로 인구의 기하급수적 증가와 식량의 산술급수적 증가에 따른 기아와 빈곤의 문제였다. 반면 현대사회의 인구문제는 지구촌 전체의 인구가 급팽창하고 있다는 것과 함께, 인구증가의 대부분이 가난한 나라에서 이루어지고 있다는 점이다.

맬서스가 『인구론』을 집필할 당시인 1825년 지구에는 약 10억의 인구가 살고 있었는데, 인구가 거기에 이르는 데는 엄청난 세월이 걸렸다. 그러나 당시 산업화와 근대의술의 발전은 인구증가를 가속화시켰다. 이것이 바로 『인구론』 집필의 배경이 되었다.

그로부터 100년 사이에 세계 인구는 배로 증가하여 20억이 되었고, 그 다음 반세기(1927~76년) 동안에 다시 배로 늘어나 40억이 되었다. 1990년에는 53억으로 증가했고, 2025년에는 85억이 될 것으로 전망되고 있다.

게다가 지구촌 인구증가의 대부분이 개발도상국들에 집중되고 있다. 그래서 2025년까지 지구에서 일어날 인구증가의 95%가 개발도상국의 인구증가로 예상되고 있다. 그 이유는 맬서스 시대의 영국이

나 프랑스의 인구증가의 배경이 되었던 산업화 효과가 지금은 아프리카 등 개발도상국에서 나타나고 있기 때문이다.

이와 같은 인구문제는 개발도상국의 도시화 문제, 식량문제, 물문제, 환경문제 등과 밀접하게 연결되어 있다. 따라서 21세기의 문제를 이야기하면서 인구문제를 빼놓을 수는 없다. 따라서 『강대국의 흥망사』로 유명한 예일 대학의 폴 케네디(Paul Kennedy) 교수는 『21세기 준비』라는 최근의 저서에서 21세기 인류가 부딪힐 최대의 위기를 인구문제와 식량문제라고 규정하였던 것이다.

인구문제와 관련한 유엔의 국제회의는 1994년 9월 카이로에서 열린 인구개발국제회의(ICPD)이다. 세계 182개국에서 1만 5,000명에 달하는 외교관과 관료 전문가들이 참여한 이 회의에서 참여자들은 폭발적인 인구팽창 문제를 합리적으로 해결해서 좀더 안정되고 살기 좋은 지구촌을 만들자는 총론에는 쉽게 합의했지만, 낙태문제와 인구억제정책의 구체적인 방법에 대해서는 여전히 적지 않은 견해 차이를 드러냈다.

(4) 인권

1993년 오스트리아의 빈에서는 인권에 관한 유엔회의가 열렸고 동시에 인권 관련 민간단체들의 국제회의도 개최되었다. 인권문제도 환경이나 인구문제처럼 정부와 민간단체, 그리고 선진국과 개발도상국들 사이에 미묘한 견해 차이가 나타나는 문제이다. 선진국들의 경우는 인권문제의 보편적 성격을 강조하고 있으며 중국과 같은 나라들은 자국의 특수한 사정을 고려해야 한다는 점을 주장한다.

그러나 인권이 인간의 기본적인 권리이자 삶의 가치라는 점만은 그 누구도 부인할 수 없을 것이다. 한국의 경우 대표적인 인권운동 단체로는 '참여연대'와 '민주사회를 위한 변호사회'를 들 수 있다.

(5) 소비

세계사의 근대는 자본주의와 사회주의로 양분되었다. 자본주의와 사회주의는 서로 다른 정치·경제 제도를 채택했지만, 대량생산기술에 입각한 대량생산과 대량소비사회라는 점에서는 공통성을 갖고 있었다. 그러나 이제 현대의 소비문명은 여러 가지 어려움을 겪고 있다.

현대 소비문명의 장래에 대해서는 크게 두 가지의 입장이 있다. 한편에서는 과학기술의 발달과 이로 인한 생산력의 진전 때문에 미래의 인간사회는 사회·경제적 갈등이 사라지는 풍요한 소비사회가 될 것이라는 낙관적 전망이 제시된다. 일종의 과학기술과 소비의 유토피아론이다. 다른 한편에서는 소비문명이 사람들에게 상당한 편리함과 풍요를 가져다 준 것이 사실이지만, 동시에 인간성을 왜곡하고 가치관을 붕괴시키며 자원을 고갈시키고 지구환경을 급격하게 악화시키고 있다고 지적한다. 일종의 소비문명 위기론이다.

소비문명의 유토피아론을 이야기하든 아니면 위기론을 언급하든 중요한 것은 소비자의 선택이다. 공급과잉의 시대가 될수록 소비자의 선택이 생산의 방향을 결정짓기 때문이다. 그렇다고 해서 소비자들의 힘이 기업의 힘을 능가하고 있다는 것은 아니다. 다만 소비자들의 힘이 점점 커지고 있고, 그런만큼 소비자들 스스로가 문명의 방향을 결정하는 데 책임의식을 느껴야 한다는 것이다.

이제 소비자들의 선택은 상품의 부침을 결정하고 아울러 기업의 운명에 영향을 줄 수 있게 되었다. 그래서 일본의 오마에 겐이치 같은 사람은 소비자를 정치세력화하는 '소비자 정치론'을 주장하기도 하였다. 그래서 한국에서는 소비자의 주권을 옹호하는 각종 소비자 단체들이 등장하였고, 아울러 최근에는 소비자의 책임과 선도성에 의미를 부여하는 녹색소비자연대가 만들어지기도 하였다.

(6) 성의 범람과 마약

성의 범람 현상은 수요와 공급 양 측면에서 설명될 수 있다. 수요의 측면에서는 성에 대한 관심의 증가와 공개화를 들 수 있다. 즉 인간의 의식주 문제가 상당 부분 해결되면서 사람들의 관심은 의식주와는 다른 영역으로 이동하고 있는데, 그 중에는 정보와 환경, 문화 등의 영역으로 이동하는 측면이 있지만, 또한 상당 부분은 쾌락을 지향하는 방향으로 이동하는 측면도 있다는 것이다. 바로 여기에서 성의 범람 현상이 발생하게 되는 한 원인을 찾을 수 있다.

공급의 측면에서는 산업의 이동현상과 관련되어 있다. 끝없는 산업과 상업의 확장은 결국 성 문제까지도 산업화·상업화시키게 된 것이다. 따라서 이제 성의 상업화·산업화 현상과 섹스산업의 발전은 어느덧 현대사회를 구성하는 한 요소가 되고 말았다.

마약도 마찬가지다. 쾌락과 도피를 찾는 인간의 수요와 이에 대한 약물의 공급이라는 형태가 만나서 마약문제를 일으키고 있는 것이다. 그리고 이러한 문제들은 에이즈와 같이 사회적 문제들을 연쇄적으로 파생시키고 있다.

이러한 문제에 대응하기 위해서 윤리적으로 접근하고 있는 단체로는 '기독교윤리실천운동본부' 등이 있으며, 그밖에 마약과 에이즈 문제에 대처하는 단체로는 '한국마약퇴치운동본부'와 '한국에이즈연맹' 등을 꼽을 수 있다.

(7) 전쟁과 평화, 그리고 군축

냉전구조의 해체는 군축문제의 논의로부터 시작되었다고 해도 과언이 아니다. 미국과 소련을 중심으로 한 전략무기제한협상(SALT)과 전략무기감축협상(START), 그리고 유럽중거리핵무기(INF) 감축협상은 군비경쟁과 대결을 그 핵심적인 특징으로 하는 동서 양 진영 사이에 대화를 열어놓았고, 그 대화의 결과는 무리한 군비경쟁을 억제했을 뿐만 아니라 결과적으로 군비감축과 공존을 가능하게 만들었다. 탈냉전 상황이 군비축소를 가속화시키고 있다. 유럽의 경우 동서 유럽 사이에 유럽안보협력체제(CSCE)가 형성됨으로써 재래식 무기의 감축에까지 합의를 한 것은 시사하는 바가 적지 않다.

따라서 동서 냉전의 해소는 군수산업의 민수산업 전환과 축소효과를 낳고 있다. 그러나 냉전의 해소가 오히려 지역분쟁의 증대로 이어지는 것은 하나의 역설이 아닐 수 없다. 동서대결 대신에 이제는 지역분쟁이 무기산업과 무기시장을 유지시키는 기능을 수행하고 있다. 그렇다면 우리 한반도의 경우에는 이데올로기에 의한 냉전인가 아니면 지역분쟁에 해당하는가, 우리 스스로 자문해 볼 필요가 있다.

이 문제는 남북고위급회담에서 상당 부분 논의된 바가 있는 주제이다. 그런 점에서 군비통제와 군비축소 문제는 남북한의 군부에 의해 먼저 논의되는 것이 좋다는 생각이다.

(8) 멀티미디어와 커뮤니케이션

인간의 자기유지를 위해 존재하는 것이 의식주의 영역이라면 사람들이 사회를 형성하고 그 안에서 인간답게 사는 문제와 연결되는 것은 바로 커뮤니케이션의 문제라고 할 수 있다. 사람이 사회적 동물인 것은 바로 커뮤니케이션이 있기 때문이다. 사람들은 커뮤니케이션을 통해 경제활동과 정치활동을 하고 지식과 정보를 나누며 삶의 의미를 찾아나간다.

따라서 사회와 시대가 변한다는 것은 의식주의 변화와 함께 커뮤니케이션의 변화를 수반하는 것이다. 즉 시대의 변화는 커뮤니케이션 미디어의 변화와 함께 메시지의 변동을 불러오게 된다.

현대사회에서 메시지와 미디어의 변화는 과연 어떻게 다가오고 있는 것일까? 메시지는 인간 삶에 관한 다양한 정보와 지식, 그리고 그것의 의미를 포괄하고 있다. 반면 미디어의 측면에서는 인쇄매체와 함께 영상매체, 그리고 전자매체가 점차 중요한 역할을 수행하고 있다. 그리고 매체의 전자화와 통합화는 멀티미디어의 등장으로 이어진다.

인쇄매체의 비중 감소와 영상매체, 전자매체의 발전은 커뮤니케이션 분야의 엘리트 체계를 심각하게 뒤흔들고 있다. 이를테면 영상시대의 도래는 영화감독과 텔레비전 프로듀서들을 새로운 지식 엘리트로 부각시키고 있다. 어쩌면 이제 인쇄매체와 전자매체의 사용 비중이 시대의 성격을 구분하는 또 하나의 기준이 될지도 모를 일이다.

(9) 초경쟁사회에서의 인간

WTO체제의 출범은 전 세계적인 무한경쟁시대가 도래했다는 사실을 의미하는 것이다. 무한경쟁시대는 인간들의 실질적인 휴식을 감소시키게 될 것이다. 휴식과 여가에 대한 지향은 더욱 강화되면서도 실질적으로는 경쟁 때문에 실질적인 휴식이 감소될 경우 사람들의 상황은 어떻게 될까? 그런 의미에서 무한경쟁시대는 인체에 적지 않은 무리를 줄 가능성이 있다.

게다가 무한경쟁시대는 라이벌의 급격한 증대를 의미한다. 라이벌로 둘러싸인 상황은 심리적인 피로감을 증폭시킨다. 따라서 21세기 경쟁사회는 심신이 피곤한 상황이 전개될 가능성이 높다. 이런 상황에서 사람들은 과연 어떻게 살아나가게 될 것인지, 이 문제 역시 21세기의 중요한 화두가 될 수밖에 없다.

이 문제에 대해서는 미국의 사회학자인 에리히 프롬이 일찌기 자신의 저서인 『인간상실과 인간회복』, 『건전한 사회』, 『사랑의 기술』 등에서 심각하게 문제를 제기한 바 있다. 당시만 하더라도 그것은 지극히 미국적인 문제였다. 그러나 이제는 그것이 한국에서도 심각하게 문제가 되는 상황을 맞게 되었다.

(10) 정보화사회에서의 인간

그 동안 우리 사회에서는 정보화사회의 장밋빛 미래에 대해서 너무나 자주 지나치게 언급된 감이 없지 않다. 그러나 정보화사회 자체가 인간의 문제를 모두 해결하는 것은 아니다. 정보화사회에도 그림자의 요소는 적지 않다. 다가오는 정보화사회의 빛과 그림자의 요소를 균형 있게 파악해야 한다.

정보화사회의 빛의 요소가 인간의 두뇌를 확장시키고 의사전달 채널을 늘림으로써 인간의 커뮤니케이션에 장애가 되는 거리와 시간의 한계를 축소시킨 것이라면, 그림자의 요소는 정보에 지배당하는 사회가 올 수 있다는 우려이다. 소설 『1984년』에 나오는 빅 브러더와 같은 존재가 정보를 장악함으로써 새로운 정보전제정치가 가능하다는 지적은 지속적으로 제기되는 정보화사회의 음울한 그림자이다.

또 한편에서는 정보의 과잉현상으로 말미암아 유래되는 '정보피로 증후군'과 '미디어의 마비'를 새로운 그림자로 들기도 한다. 그밖에 피부접촉에 의한 인간유대의 단절과 정보 쓰레기의 과잉생산, 또는 정보의 격차문제가 정보사회의 그림자로 부각되고 있다.

그렇다면 이상과 같은 세계적인 주제들이 한국의 통일문제와 어떤 관련성들을 갖고 있는 것일까? 이 질문에 대한 답변을 통해 우리는 통일의 방향을 다시 한번 점검해 볼 수 있다.

우리의 통일은 민족구성원들의 건강과 장수, 그리고 인간안보와 인권, 그리고 인간적인 유대를 지향하는 통일이라야 한다. 아울러 통일은 한반도의 환경문제를 개선하고 식량과 물 문제 등의 해결을 지향하는 통일일 수밖에 없다.

건강한 사회를 만듦으로써 인간의 소외를 줄이고 사회적 커뮤니케이션을 확대시키는 것도 통일의 과제 가운데 중요한 영역이다. 결국 통일은 민족 구성원들 사이에 새로운 네트워크를 마련하고 커뮤니케이션 채널을 새롭게 넓혀나가는 과제에 다름 아닌 것이다.

그런 점에서 우리의 통일은 세계적인 주제의 해결과 궤도를 함께 하는 것이라는 사실을 기억해야 한다. 이제 통일을 단순한 민족국가 만들기에 머물러서는 안 되는 것이다. 바로 이것이 통일의 세계사적 의미이기도 하다.

2) 21세기를 여는 새로운 시대정신

인간의 노력이 전제되지 않은 새로운 시대란 없다. 우리에게는 언제나 시대의 도전에 대한 응전과 시대를 개척하는 개척자 정신이 필요하다. 21세기란 새로운 시대도 마찬가지이다. 새롭게 다가오는 21세기를 인간이 살 만한 시간대로 만들기 위해서는 인류의 특별한 노력이 요구된다.

분단시대를 넘는 통일시대도 마찬가지이다. 21세기를 통일의 세기로 기록하기 위해서는 우리 민족의 새로운 각오와 노력이 절실하게 요청되는 것이다. 그렇다면 구체적으로 어떤 각오와 노력이 필요한가를 점검해 보기로 하자.

(1) 정보문화시대의 개척자 정신

새로운 시대를 여는 데는 용기와 헌신이 필요하다. 정보화시대도 마찬가지이다. 정보화시대가 사람들에게 좋은, 인간적인 정보화시대가 되기 위해서는 정보화시대를 이끄는 강력한 21세기의 정신이 있어야 한다.

그렇다면 21세기의 정신은 무엇인가? 그것은 진취적인 휴머니즘 정신이다. 휴머니즘 정신은 인간과 인간, 인간과 자연, 그리고 인간과 신의 공존을 지향하는 사랑과 상호존중의 정신을 말한다. 그리고 그것은 상대를 인정하고 존중하고 염려하고 배려하는 사랑의 정신이기도 하다.

그러나 여기서 말하는 휴머니즘은 단순히 인정이 있다는 것을 말하는 것은 아니다. 그것은 구체적이고 현실적이며 사회를 이끌 만한 힘이 있는 상태를 의미한다. 그런 의미에서 새로운 휴머니즘은 정보화시대를 뛰어넘는 과학적이고 현실적인 휴머니즘을 지칭하는 것이다.

따라서 정보화시대에는 기술전문가들은 물론이고 정보화시대의 방향을 이끌어갈 수 있는 새로운 정보화 휴머니스트들이 필요하다고 할 수 있을 것이다.

(2) 대결을 지양하는 공존의 정신

근대사회는 내부적으로는 노사문제, 외부적으로는 냉전 등 대결을 기본적인 특징으로 하였지만 정보문화사회는 인간들이 네트워크로 연결되어 있다는 것을 전제로 하고 있는 사회이다. 따라서 경쟁을 하더라도 공존의 기반 위에서 경쟁을 하는 공존의 정신이 기초가 되는 사회이다.

바로 이런 점 때문에 현대사회에서는 상대방을 제압하는 리더십보다는 상대방과 공존의 영역을 찾아내는 평화와 공존의 리더십이 더 큰 평가를 받는다. 이를테면 최근 들어 노벨평화상은 지역분쟁을 해결한 양 당사자들에게 주어지고 있으며, 기업에서도 경쟁하는 회사와 제휴하고 손을 잡는 풍토가 늘어나고 있다. 잭 웰치(Jack Welch)도 『성공하는 사람들의 7가지 습관』이라는 책에서 바로 이 점을 지적하고 있다.

이 점은 통일을 논의하는 우리나라의 지도자들이 유념해야 할 점이기도 하다. 상대방을 대화의 자리에 끌어내고 공존의 질서를 만들어내는 것은 다름 아닌 현대사회의 지도력에 속한다.

1996년 가을 「아시안 월스트리트 저널」이 아시아의 지도자들을 평가하면서 김영삼 정부의 개혁에 높은 점수를 주면서도 북한을 대화의 자리에 끌어내지 못한 것에 감점을 주는 것을 보면 현대적 리더십의 요체가 무엇인가를 다시 생각하게 한다. 어려운 상대일수록 대화의 자리에 나오도록 유도하는 지혜가 필요한 것이다.

(3) 사회를 위한 봉사정신

경쟁사회와 정보화사회는 인간관계를 황폐화시켜 사람들을 자폐적이게 만들 가능성이 있다. 따라서 경쟁사회일수록 역설적으로 사회를 위해 봉사하는 자원봉사 정신이 절실하게 필요하다고 하겠다. 봉사정신은 사람들에게 사회에 대해 건전한 관심을 갖게 하는 긍정적인 역할을 수행한다. 자원봉사 정신은 인간과 사회생활의 모든 부분이 경쟁화되는 것을 막고 경쟁을 부분화시키는 효력도 있다.

통일문제에 접근하는 데도 마찬가지이다. 단기적인 관점에서의 이해관계만이 아니라 통일문제를 사회와 민족에 대한 봉사정신에서 접근하는 자세도 절실하게 필요한 것이다.

(4) 자기개혁과 새로운 연합의 정신

현대화된 사회에 적응하고 거기에서 긍정적인 역할을 수행하기 위해서는 무엇보다도 자기개혁이 선행되지 않으면 안 된다. 자기개혁 없이 변화의 물결에 뛰어들었다가는 자신이 먼저 실종되기 십상이다. 21세기를 맞는 우리의 정신상태와 마음자세를 점검하는 일은 우리에게 절실한 과제가 아닐 수 없다.

정보화된 사회에서는 다른 사람과의 유대를 통해 새로운 가치를 창조해 내는 일이 대단히 중요하다. 홀로 유폐되어 지낼 수도 있지만 정보문화사회에 제대로 참여하는 길은 이웃들과 새로운 유대, 보다 첨단화되고 현대화된 유대를 만들어 내고, 그것을 통해 정보화 가치와 문화가치를 증대시켜나가는 데 있다는 사실을 잊어서는 안 될 것이다.

(5) 인간유대의 회복

이웃과의 유대는 미디어를 통한 것만이 아니다. 정보문화사회에서도 실질적인 인간유대, 인간의 호흡이 느껴지는 인간유대는 절실한 것이 아닐 수 없다.

그러나 정보문화사회에서는 그 동안 얼굴을 맞대고 처리되던 일들이 이제는 새로운 미디어와 모니터를 통해서 이루어지게 되기 때문에 발생되는 충격이 적지 않다. 간단히 이야기하자면 정보문화사회에서는 '얼굴 문화'로부터 '내용 문화'로 삶의 모양이 급격하게 이동한다. 이럴 경우 효율성이 높아질 수도 있지만 자칫 익명화와 비인간화의 문제가 심각하게 부각될 수도 있다.

따라서 정보문화사회일수록 역설적으로 더욱더 절실한 인간유대를 지향하지 않으면 안 된다.

이상과 같은 21세기의 정신들은 단순히 21세기만을 위한 것이 아니고, 바로 통일을 만들어 내는 정신적 자산이기도 하다.

3. 새로운 통일환경의 조성

통일을 만들기 위해서는 먼저 20세기에서 21세기로 넘어가는 현재의 경쟁적인 구조에서 살아 남아야 한다. 살아 남아야만 새로운 시대를 만들어낼 수 있다. 그러나 앞에서 이야기한 것처럼 21세기를 앞두고 역사의 결절점을 통과하는 것은 어려운 과제들의 해결과 새로운 정신력의 배양을 통해서만 가능한 것이다.

다시 말하자면 이제 우리의 통일은 20세기형의 통일이 아니라 21세기형의 통일일 수밖에 없고, 또 그것을 지향하지 않으면 안 된다. 21세기의 통일이라면 21세기의 수수께끼를 푸는 통일이어야 하고, 21세기의 정신이 살아 숨쉬는 통일이어야 한다. 다시 말해 이제 우리의 통일은 남한과 북한이 20세기형의 분단사회로 남아 있는 가운데 통일로 봉합되는 것이 아니라, 남한과 북한이 21세기형의 사회로 발전하는 가운데 자연스러운 상승적 결합을 만들어내는 것이다.

그렇다면 21세기의 사회는 어떤 사회인가? 그것은 생산력이 발전해서 의식주의 문제를 해결하고 아울러 이미지와 디자인, 색채혁명을 거친 사회이며 동시에 정보문화사회이고 환경의 가치를 소중하게 생각하는 사회이다. 게다가 21세기의 정신이 약동하는 사회이다.

이처럼 21세기형의 사회가 전제된 가운데 남한의 21세기 비전과 북한의 21세기 계획이 상승적이고 긍정적으로 결합되는 통일을 만들어야만 후유증이 적은 통일, 행복한 통일, 좋은 통일이 만들어질 수 있다. 우리가 지향하는 통일은 문제를 낳는 통일이 아니라 문제를 해결하는 통일이 되도록 해야 한다. 그래야만 21세기의 시대성격을 반영하는 새로운 문명사적인 통일이 될 것이다.

이미 남북한과 한반도를 둘러싼 국제환경은 21세기로의 과도기에 진입해 있는 상황이다. 그것이 남북한에는 과연 어떻게 반영되고 있는 것일까?

1) OECD 가입 이후의 통일환경

1996년 10월 경제협력개발기구(OECD) 이사회는 한국의 OECD 가입을 확정하였다. 그리고 11월 26일에는 국회에서 비준동의안이 통과되었다. 한국의 경제협력개발기구 가입은 위기와 기회의 측면을 동시에 갖는다. 위기의 측면은 자본이동의 자유화와 은행설립의 자유화에 따르는 핫머니의 유입 가능성과 금융산업의 경쟁력에 관한 것이고, 기회의 측면은 우리의 관행과 제도를 선진화할 수 있는 좋은 기회라는 것이다.

경제협력개발기구에 참여하게 되면 그 동안 개발도상국으로서 누리던 약간의 보호장벽과 후진적인 정치사회 관행이 더 이상 용인되지 않는, 그야말로 국제사회에서 책임 있는 성인으로서 행동하지 않으면 안 된다. 그런 점에서 우리의 경제협력개발기구 가입 자체가 우리를 선진국으로 만들어주는 것은 아니지만, 가입한 이상 선진국 수준을 보여주지 않으면 안 된다.

그렇다면 OECD의 가입은 통일에 어떤 영향을 미치게 될 것인가? 우리가 지향하는 통일은 21세기형의 통일로서 선진적인 통일이기 때문에 일단 그 영향은 긍정적인 형태가 될 것이다. 다소 타율적인 방식이지만, 경제협력개발기구에 가입함으로써 우리의 제도가 선진

화되면, 이에 따라 의식과 문화가 선진화될 수 있을 것이다. 그런 점
에서 남북관계의 합리성 증진에도 도움이 될 것이다.

2) 북한의 개방화 정책과 통일

사회주의권의 붕괴와 중국의 개방개혁 이후에 북한이 취하고 있
는 국가경영의 전략을 우리는 예의주시할 필요가 있다. 북한은 아직
까지 본격적으로 개방개혁정책을 취하고 있지는 않지만, 러시아와
중국의 사례를 치밀하게 검토하면서 나진·선봉을 통해 개방의 실
험을 계속하고 있다. 따라서 북한에는 보수파와 함께 개방파의 인맥
이 서서히 형성되고 있다고 보아야 한다.

그러나 북한의 경우에는 아직까지 보수파와 개방파의 입장이 전
면적으로 조율되지는 못하는 상황이다. 나진·선봉 지역의 개방·
개혁 정책은 북한의 노동당이 아니라 정무원에서 주관하고 있기 때
문이다. 프랑스의 「르 몽드」지는 오늘의 북한을 제대로 이해하기 위
해서는 북한의 강온파의 입장 차이와 대립을 이해해야 한다고 강조
하였다.

북한 개방파의 입장을 이해하기 위해서는 대외경제협력추진위원
회의 김정우 위원장 등 해외자본의 투자유치를 위해 뛰고 있는 사람
들의 목소리를 들어볼 필요가 있다. 그러나 여전히 북한에 강력한
보수적 집단이 존재한다는 사실을 기억하지 않으면 안 된다. 그래야
만 북한에 대한 이해에 혼선이 생기는 것을 줄일 수 있다. 김정우 위
원장과 김수용 김일성종합대학 교수는 1996년 여름 도쿄의 투자유
치 세미나에서 나진·선봉의 상황을 다음과 같이 설명하였다.

◇ 투자기반 조성=자유무역지대를 선포한 것은 생산의 국제화와
지역경제 통합추세에 대응하기 위한 것이다. 나진·선봉을 자유무

역지대로 개방하고 아시아가 공동개발함으로써 북한의 경제발전뿐만 아니라 동아시아의 경제교류를 확대하고 이 지역의 평화와 안전보장에도 기여할 것으로 확신한다.

나진·선봉지대에서는 시장가격체제를 적용할 것이므로 (사회주의)국가체제의 관여없이 자유로운 경제·경영활동을 할 수 있다. 정부는 이미 나진·선봉 당국에 △ 토지임대권 △ 기업창설 심의권 △ 자산운영권 등의 필요한 권한을 모두 위임했다.

지난 4년간 투자환경 개선에 힘을 쏟은 결과 투자자격과 경영방식에서 모든 제한을 없앴으며, 무역지대에서는 외국인들의 자유왕래도 보장하고 있다.

나진·선봉지대의 문제점은 우선 비행장이 없어 외부에서 직접 들어올 수 있는 통로가 없다는 점이다. 현재 나진·선봉을 연결하는 육로는 중국의 훈춘~원동을 연결하는 통로와, 러시아의 하산~두만강을 연결하는 통로가 있다. 공화국은 최근 중국과 협의해 훈춘~원동 통로를 국제통로로 결정하고 8월 중순부터 무사증 제도를 시행하기로 했다.

투자보호를 위해 법 정비를 추진해 왔고 스위스·러시아와는 쌍무적 투자보호협정과 이중과세 방지협정을 협의 중이다.

◇ **투자실적**＝현재까지의 투자계약은 49건, 3억 5,000만 달러에 이른다. 이 가운데 60%가 지난해(1995년) 하반기에, 30%는 올 5월까지 이루어진 것이며, 22건 3,400만 달러가 현재 투자이행 단계에 들어갔다.

대표적인 투자계약 또는 투자이행 사례로는 △네덜란드 셸의 원유·석유제품 비축기지 건설(1,000만 달러) △타이 럭슬리의 통신설비 투자(3천만 달러) △네덜란드 ING은행의 나진지점 설치(3,000만 달러) △홍콩 페레그린 은행의 지점 설치 등을 들 수 있다. 특히 나진·선봉의 애로사항이던 통신문제는 럭슬리가 9월까지 500회선, 내년까지 5만 회선, 98년에는 20만 회선을 설비해 통신망 체계를 완성한다. 또한 나진 시내를 비롯한 주변의 연결도로도 포장 및 개설 공사를 하고 있으며, 8월 말까지는 통신·도로 등의 하부구조를 완공할 예정이다.

◇우선투자희망분야＝하부구조의 투자를 중시하는 동시에 투자효과를 낼 수 있는 수출지향적 분야의 투자를 장려할 방침이다. 현재 경공업을 대상으로 하는 모델단지로 나진 신흥공업단지, 청계공업단지를 조성하고 있다. 주변에 고령토·장유석·규석 등이 풍부하므로 세라믹·자기공업에 매우 유리한 조건을 갖추고 있다. 수산물 가공공업, 야채 가공, 생수, 플라스틱, 목재가공, 전자산업 등이 우선적인 투자유치대상이 될 것이다.

그밖에 북한이 영공을 개방하는 문제를 검토하는 것, 그리고 관광산업에 깊은 관심을 갖는 것도 개방의 흐름이라고 이해할 수 있다. 북한의 개방정책은 북한 스스로 자기 개혁을 가능하게 하고 동시에 21세기형의 통일에 큰 도움을 준다는 의미에서 바람직스러운 일이다. 그러나 독일의 경우에서도 보듯이 여기에서 단기적인 이익을 남기려고 하면 북한을 자극함으로써 보다 큰 이익을 놓칠 수 있다.

경제협력과 교류문제는 군사논리와는 다른 실리적이고 단계적인 우보(牛步)전술을 취하는 것이 필요하다. 북한 역시 경제에 관한한 서서히 변화하고 있기 때문이다. 이 변화를 과소평가해 버린다면 남북한은 결코 화해와 공존과 공영의 길에서 만나지 못하게 될 것이다.

4. 통일의 주체와 방법

한반도의 내외정세를 고려할 때 지금까지 제기됐던 '3단계', '연합제', '연방제' 등 국가주의 시대의 통일론이 과연 얼마나 현실적으로 먹혀들 것인가를 염려하지 않을 수 없다.

그 동안에 제기됐던 국가주의적 통일방안은 이제 많은 부분에서 낙후성과 불완전성을 드러내고 있는 20세기형의 통일방안, 또는 냉전시대의 통일방안이라고 해야 할 것이다. 그러나 그렇다고 해서 이것을 폐기처분해야 한다는 것은 아니다. 정부 수준의 대화와 합의는 여전히 유효하다.

그러나 필자는 우리의 시민사회와 국민과 민족구성원이 평화정착과 통일 프로젝트의 구경꾼이 되어서는 안 되며, 남북한 정부가 모든 것을 다 하려고 해서는 안 된다고 생각한다. 그렇다면 남북한 주민들은 무엇을 해야 할 것인가? 그것은 다름 아닌 풀뿌리 네트워크를 통해서 민족공동체를 다시 형성해가는 것이다. 이것이 가능하려면 먼저 한반도에 평화체제가 형성되어야 한다.

평화의 책임은 남북한 당국에 있고, 경제협력의 주인공은 남북한의 기업, 통일의 주인은 우리 민족 구성원 전체라고 필자는 생각한다. 따라서 냉전시대에는 소외되었던 일반 국민들이 정보문화시대에는 통일의 새로운 주역으로 등장할 수 있어야 된다. 그러나 그것은 정부차원에서 진행되어야 할 노력이나 이데올로기의 영역에서의 활동을 말하는 것은 아니다. 통일의 기반이 될 풀뿌리 영역에서 일반 국민들이 해야 될 일이 적지 않다는 것이다. 더욱이 정보문화시대에는 정보화 대중, 참여대중, 시민단체들의 역할이 더욱 중요하게 된다는 사실을 명심하고 자기 역할을 다하면서 북한의 시민사회 형성을 참을성 있게 기다릴 필요가 있다.

정부 수준에서의 역할은 여전히 중요하다. 남북한 당국자와 정부
의 차원에서는 무엇보다도 평화에 대한 합의를 도출하고 전쟁을 예
방하며, 그것을 실질적으로 제도화하는 노력을 기울여야 한다. 그리
고 공존과 공영과 교류와 협력에 대한 대화를 지속적으로 해야 한
다. 그런 점에서 남북한 정부는 당연히 평화와 통일의 주체인 셈이
다. 필자는 당분간 국가주의 통일론과 정보문화시대의 통일론을 병
행해서 운영해야 한다고 보는 것이다.

이제는 통일의 주체를 보다 분명하게 할 필요가 있다. 그 동안 우
리는 통일의 주체를 이야기하면서 막연하게 6천만 우리겨레라는 표
현을 쓰곤 했다. 맞는 말이다. 그러나 이제는 그것을 보다 구체화할
필요가 있다. 통일을 위해서 노력하는 사람이라야 참다운 통일의 주
체가 될 수 있다고 바꾸어서 표현해야 한다. 다만 일반 국민이 통일
의 주체가 되는데 어떤 장벽이 있어서는 안 된다. 누구나 통일의 주
체가 될 수 있도록 통일의 광장은 열려 있어야 한다. 열린 통일의 광
장을 상정한다면 참여하는 사람만이 진정한 통일의 주체라고 표현
해야 한다. 그렇지 않고 통일의 주체를 막연하게 표현하는 것은 단
순한 립서비스에 불과한 것이다.

앞으로 정보화사회의 주체들이 새로운 통일세력을 형성할 가능성
이 매우 높다는 사실을 지적해 두어야 하겠다. 그래서 1차적으로 꼽
을 수 있는 통일의 일꾼들은 정보화 대중, 참여대중, 정부 엘리트와
통일전문가들인 셈이다. 그러나 이것이 통일에 기여할 수 있는 역사
적 기회를 특정 그룹에게 유리하도록 해서는 안 된다. 다시 한번 말
하거니와 통일의 주체가 될 수 있는 기회는 누구에게나 똑같이 열려
있다. 이것을 확인하는 것이 이 글을 쓰는 중요한 목적이기도 하다.

그런 점에서 필자는 우리 모두 통일의 주체가 되자고 제안한다.

5. 풀뿌리 네트워크와 민족공동체의 재형성

결국 세계사의 추세로 보거나 한반도를 둘러싼 국제정세를 보거나 남북한의 변화된 모습을 볼 때 한반도 역시 정보문화시대의 흐름을 피해 나갈 수는 없을 것으로 보인다.

그런데 정보문화시대는 교류와 대화가 필연적일 수밖에 없도록 구성되어 있다. 벌써부터 정보문화시대의 새로운 특성들이 남북한 사회와 한반도에 나타나고 있다. 그렇다면 무엇을 해야 할 것인가?

우리는 교류와 대화를 통해 민족구성원 전체를 묶어내는 네트워크를 형성하고, 아울러 단절되었던 민족공동체의 끈들을 다시 엮어 나가면서 새로운 21세기형의 민족공동체를 창조해야 한다. 민족공동체의 재형성은 시민과 민간 차원에서만 가능한 일이다. 그리고 새로운 민족공동체가 형성되면 정부 차원의 대화와 통일은 그만큼 쉬워지게 될 것이다. 그리고 이 과정에서 정부와 시민사회의 관계도 정상화될 것이다.

결국 통일은 남북한 관계는 물론이고 우리민족과 주변 강대국들과의 관계, 그리고 정부와 시민사회의 관계를 전면적으로 정상화시키는 역사적 대 프로젝트인 셈이다. 우리에게는 지금 이런 희망의 21세기가 기다리고 있다. 그리고 희망을 만드는 일을 할 수 있는 기회는 누구에게나 활짝 열려 있다.

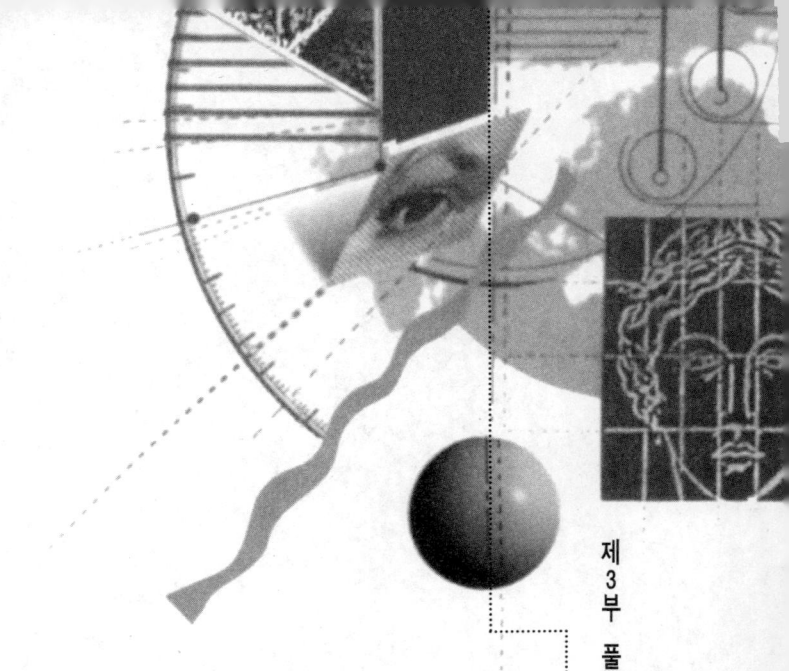

제 3 부 풀뿌리 네트워크 3 단계 통일론

9장 풀뿌리 네트워크 3단계 통일론

1. 통일의 조감도를 함께 만들자

앞에서 우리는 기존 통일방안들의 내용을 개괄적으로 살펴보았다. 남한 정부의 통일방안은 물론이고 북한 정부의 통일방안, 그리고 야당과 재야의 통일방안 역시 시대의 변화에 따라 꾸준히 변화하고 개선되었다. 따라서 어떤 통일방안을 최상의 것으로 고집하다가는 그것보다 더 중요한 본래의 목적인 통일 자체를 놓치기 쉽다는 점을 지적하지 않을 수 없다. 그래서 필자는 분단 및 통일과 관련된 중요한 요인과 변수들이 과연 객관적으로 어떻게 변화하고 있는가를 먼저 살펴보고자 한다.

다음으로는 변화되는 요인과 정세를 고려하면서 우리가 어떻게 평화와 통일의 길을 주체적으로 열어나갈 수 있을 것인가 하는 대응의 요소를 총체적으로 검토해야 한다고 본다. 대응의 요소가 총체적이려면 통일방안 이전에 통일로 가는 경로, 즉 분단에서 통일로 가는 과정 전체에 관한 연구가 선행되지 않으면 안 된다.

통일로 가는 과정은 객관적인 정세변화와 주체적인 대응의 요소를 동시에 고려할 때라야만 정확하게 추출될 수 있다. 그런데 왜 통일방안이 아니라 통일로 가는 과정에 관한 연구인가? 그것은 자칫 통일방안이 가질 수 있는 관념성 때문이다. 통일방안이 좋은 이야기와 아름다운 꿈만을 모아놓은 공허한 이상이 되지 않게 하려면 먼저 분단되어 있는 현실과 통일이라는 이상을 연결하는 정교하되 유연한 '통일로(統一路)'의 건설이 필요하다. 만약 분단과 통일을 잇는 대강(大綱)의 지도가 완성된다면 우리의 통일방안은 보다 현실적이고 의미가 충만해질 것이다.

통일방안에는 힘찬 기상과 이상이 담겨 있어야 하지만 동시에 거기에는 냉엄한 현실 분석과 온갖 장애물들에 대한 고려가 충분하지 않으면 안 된다. 그렇지 않으면 통일방안 자체가 다시 민족의 분열을 부추기거나 사람들에게 공허감과 염증을 제공할 수도 있다. 통일은 현상 변경과 이상주의를 관철시켜나가는 미래지향적 작업인 동시에 분단 현실에서 추진되는 아주 구체적인 과제의 해결을 통해 이루어진다는 사실을 잊지 말아야 한다.

우리는 미래와 함께 과거와 현재를 보아야 하며, 강력한 추진력을 준비하는 동시에 섬세한 관찰력을 잃지 말아야 한다. 이상과 신바람을 갖되 홍분하지 말아야 한다. 통일 대업은 단군 이래 우리 역사의 최대 프로젝트이고, 한반도와 아시아 전체를 관통하는 대역사(大役事)다. 그런 점에서 통일을 이루기 위해서는 한반도는 물론이고 아시아 전체를 응시하는 독수리 같은 눈길이 있어야 하고, 그러면서도 수를 놓는 여인의 손길과 같은 정성이 있어야 한다. 통일을 만들어나가는 데 만약 부실작업이 개입된다면 우리 민족에게 돌이키기 힘든 상처와 후회를 남기게 될 것이다.

따라서 한반도의 분단과 통일을 둘러싼 객관적인 내외정세를 점검해 보고, 다음은 필자가 생각하는 '통일로 가는 과정'과 '통일방안'

을 제시해 보도록 하겠다. 이어 그 과정 및 방안과 관련해서 제기되는 문제들에 어떻게 대응할 것인가를 점검하도록 하겠다.

1) 국제정세의 변화

(1) 분단의 요인 및 성격

많은 연구자들이 '분단'을 한국사회의 특수성을 구성하는 요인으로 지적하고 있다. 따라서 한국사회의 구조를 설명할 때 반드시 분단변수를 포함시키고 있다. 그러나 분단연구가 단순히 한국사회 구성의 성격과 분단구조를 설명하기 위한 것이 아니라 분단구조가 해체되지 않으면 안 되는 내재적 필연성을 정확하게 해명하고, 그러한 현실 인식의 기초 위에서 통일의 가능성을 실천적으로 모색하기 위한 것이라면, 우리는 분단이라는 특수한 현실에 내재해 있는 우리 사회의 특징을 정확하게 해명해 내지 않으면 안 된다. 즉 분단에 대한 과학적 진단이 선행되어야 한다는 것이다.

분단은 ① 자본주의 세계체제와 사회주의 세계체제 사이의 갈등을 그 특징으로 하는 냉전체제(冷戰體制)와 ② 구(舊)식민지 지배하에 있던 주변부 국가가 새로운 세계질서에 편입되는 과정에서 제기되었던 민족문제, 그리고 ③ 한국사회 내부의 정치·경제적 갈등과 정치노선상의 갈등 등 세 가지 차원의 문제가 서로 얽혀 있다.

이것을 우리 입장에서 다시 정리한다면 분단은 한국사회 내부의 사회적 갈등과 국제사회의 갈등이 공존과 타협이 아니라 충돌과 대결로 이어지는 과정에서 나타난 시대적 산물이다.

더욱이 분단은 한국전쟁이라는 열전(熱戰) 과정을 거쳐 형성되었다. 한국전쟁의 싹은 1945년 이후 미·소 양국이 한반도에 두 개의

서로 다른 정부를 만들어놓는 과정에서 이미 자라나고 있었지만, 그
것이 현실화되는 과정에서는 내전(內戰)과 국제전(國際戰)을 동시에
치르게 되었다. 이것은 한국이 독일, 베트남, 중국 등 다른 분단국가
들보다 훨씬 더 치열한 분단과정을 겪었음을 의미한다.

6·25 이후 휴전체제(休戰體制)로 표현된 한반도의 분단구조는 더
욱 강화되고 고착화되었다. 따라서 개인과 가정의 삶에 분열이 일어
나는 것은 물론이고, 남북한이 대치구조를 형성함으로써 민족 동질
성의 상실과 민족 분열이 심화되었고, 정치적으로는 체제간의 적대
감을 이유로 양쪽 사회 모두에 권위주의적 정치체제의 재생산이 계
속되었다. 경제적으로는 남북이 전연 상반된 발전전략을 추구하면
서 군비경쟁을 치열하게 하였다. 분단구조는 국토와 정치·경제에
서 뿐만이 아니라 문화, 예술, 교육 등 거의 모든 분야에서 확대, 재
생산되어 왔던 것으로, 예를 들자면 한이 없다.

분단체제는 고착화와 강화 쪽의 방향으로만 확대, 재생산된 것이
아니라 스스로 자신의 성격을 변화시키기도 했다. 분단을 해체시키
는 에너지는 분단의 고통을 극복하려는 분단 피해자들의 노력은 물
론이고 민족주의적 당위성을 강조하는 민족주의자들의 염원에 의해
서도 형성되고 확산되었다.

통일의 환경이라는 측면에서 보자면 분단의 한 원인이었던 냉전
체제의 해체가 중요하다. 냉전체제는 유럽에서 먼저 해체되었으며,
이제는 동북아시아에서도 급격한 해체의 움직임을 보이고 있다. '냉
전형 분단체제' 즉 '냉전대결분단체제'는 어떤 식으로든 심각한 변화
를 겪지 않으면 안 되는 상황을 맞이하고 있는 것이다.

(2) 탈냉전이 한반도에 미치는 영향

분단에 작동한 에너지 가운데 국제적인 요인이 변화하고 있다면

그것이 어느 범위에서 어떤 강도로 변화하고 있는지 알 필요가 있다. 20세기 후반기는 '냉전의 시대'였다. 냉전은 미국을 중심으로 하는 자본주의 진영과 소련을 중심으로 하는 사회주의 진영이 이데올로기의 차이를 이유로 대결하는, 그러나 세계적인 열전(熱戰)의 형태로는 표출되지 않은 상황을 지칭하는 용어이다. 그 대결의 과정에서 국제적인 수준에서는 외교전쟁과 군비경쟁이 전개되었으며, 각 지역에서는 제한적인 지역분쟁이 발생했다.

이제 세계는 냉전의 시대를 벗어나고 있다. 소련은 해체되었으며, 미국과 러시아는 우호적인 관계를 형성하고 있다. 그리고 핵무기의 감축에 대한 프로그램이 합의되었다. 부시 정부 시절에 미국 국방성은 이미 러시아를 우방국으로 분류하였다. 얼마 전에 클린턴 미국 대통령은 옐친 러시아 대통령을 지원하기 위해서 러시아를 방문하기도 하였다. 이제 군이 냉전적인 요소가 남아 있다면 미국과 중국 사이의 부분적인 갈등을 들 수 있다. 그렇다면 이제 탈냉전의 시대가 과연 어떻게 전개될 것인가에 관심을 가져야 한다.

20세기 말의 세계는 변화의 물결이 출렁이는 격랑의 바다를 연상하게 한다. 지금 변화하는 세계의 구체적인 모습을 추적해 보면 변화의 흐름은 크게 다섯 가지로 정리될 수 있다. 그 중 하나는 사회주의권의 개방과 개혁이다. 사회주의권의 변화는 잘 알려져 있다시피 20세기 말의 세계를 뒤흔들고 있는 역사적 충격임에 틀림이 없다.

다음으로 지적할 수 있는 것은 선진국들 사이의 위상변화와 치열한 경쟁이다. 미국의 저명한 역사학자인 폴 케네디 교수가 『강대국의 흥망사』에서 잘 지적했다시피 미국은 세계체제상의 절대적인 위치로부터 쇠퇴하는 경향을 보이고 있는 반면 일본의 위상은 강화되고 있으며, 유럽은 유럽연합을 형성하면서 영향력을 키워가고 있다. 다만 미국의 정치·군사적 영향력은 여전히 압도적이다. 걸프전은 바로 그 사실을 확인한 것이다. 그리고 문명사적으로는 '미국의 시

대'가 다시 새로운 모습으로 전개되고 있다. WTO체제가 미치는 곳
에는 미국의 생활양식이 보편적인 것으로 자리잡고 있으며, 미국적
인 가치관이 세계의 신세대들에게 급속하게 확산되고 있다.

그런 점에서 미국은 로마를 연상시킨다. 따라서 유럽과 이슬람권
의 도전이 예상되긴 하지만 '팍스 아메리카'체제는 21세기에도 변함
없이 지속될 것으로 전망된다.

이러한 와중에서도 간과할 수 없는 것은 제3세계 국가들에서 일
어나고 있는 민주화와 민족자결주의의 추세이다. 아시아 아프리카,
라틴아메리카의 많은 나라에서 군사 권위주의 정부가 민간정부로
대체되고 있으며, 또한 민족경제를 강화함으로써 강대국의 입김에
서 벗어나려는 움직임을 보이고 있다. 물론 세계경제가 단일한 시장
경제권으로 통합된 WTO체제의 출범은 탈냉전을 대체하는 세계적
경제체제인 것만은 분명하다.

이러한 변화들의 합성에 의해 세계는 지금 이데올로기에 의한 대
결이라는 '냉전'과 군비경쟁체제가 해체되거나 약화되면서 새로운
화해의 시대를 맞이하고 있다. 그런데도 냉전이 해소된 그 자리를
메우는 것은 평화가 아니라 새로운 분쟁과 경제적 민족주의의 대두
라는 사실을 유념하지 않으면 안 된다. WTO체제는 경제적 민족주
의와 만인의 만인에 대한 무한 경쟁을 기초로 하는 범지구 차원의
'모자이크 체제'인 셈이다.

현대는 또한 기존의 기술을 원리적으로 뛰어넘는, 질적으로 전혀
새로운 '과학기술혁명의 시대'를 맞이하고 과학기술의 발전은 인류
의 생활을 획기적으로 바꿔놓고 있다. 한편 과학기술은 경제와 사회
문화, 정치에 영향을 미침으로서 인간의 사회환경을 새롭게 조성하
고, 생활을 빠르고 편리하게 만듦으로서 인간의 생활과 생각을 바꿔
놓고 있다. 그러나 이러한 변화가 인류생활에 장밋빛 미래를 가져
올 것인가, 아니면 환경문제와 인간성 파괴의 문제를 초래함으로써

재앙을 가져올 것인가 하는 것은 아직까지도 미지수이다. 오히려 과학기술의 미래는 인간이 그것을 어떻게 관리하느냐에 달려있다고 보는 것이 더욱 정확한 예측이 될 것이다. 앞으로 과학기술의 민주적, 인간적 관리라는 문제가 대단히 중요한 시대적 과제로 부각될 것이다.

따라서 우리는 통일을 탈냉전과 시장쟁탈을 둘러싼 경제전쟁, 군비축소, 신민족주의, 그리고 새로운 과학기술의 관점에서 바라보는 눈을 갖지 않으면 안 된다.

(3) 새로운 6자 관계

냉전시대 한반도를 중심으로 한 동북아 국제관계는 북방 삼각체제(중국·소련·북한)와 남방 삼각체제(미국·일본·남한)의 대결이라는 양상을 띠고 있었다. 따라서 한반도의 휴전선은 남북한의 분단선인 동시에 강대국의 대립축이었고, 또한 '아시아 냉전의 초점'이라는 성격을 띠고 있었다. 이제 상황은 급격하게 바뀌고 있다. 한반도를 둘러싸고 있는 4대강국이 스스로 바뀌고 있으며, 상호관계가 변화하고 있다. 그 기저에는 경제적 생산력의 문제가 깔려 있다.

미국은 정치·군사적으로 냉전시대의 승리자라고 불릴 수 있는 상황인데도 경제적으로는 어려움을 겪고 있다. 따라서 미국은 이제 정치·군사적으로는 현상유지를 도모하고, 경제적으로는 지적 소유권과 농산물을 포함한 미국 우위의 생산품들을 자유롭게 세계시장에 내다 팔 수 있는 새로운 개방정책에 깊은 관심을 갖고 있다.

소련은 해체되었으며, 러시아의 엘친 정부는 서구식 시장경제와 기업의 민영화를 추진하고 있다. 하지만 러시아는 정치개혁과 경제개혁의 과정에서 진퇴양난의 혼란을 겪고 있다. 한편 경제외교를 강화하고 남북한에 대해서는 등거리정책을 취하며 아울러 '아시아 집단안보체제'를 제창하고 있다.

덩 샤오핑의 「흑묘백묘론」과 조자양의 「사회주의 초급단계론」으로 시작한 중국의 개방개혁 정책은 오늘날 전 세계로 하여금 사회주의 정치와 자본주의 경제의 혼합이 중국의 미래를 과연 어떻게 만들 것인지에 대해서 깊은 관심을 갖게 만들고 있다. 이 과정에서 도출된 것이 중국 공산당 제14차 전당대회에서 채택한 「사회주의 시장경제론」이다. 사회주의적 시장경제의 당면과제는 중국경제의 생산력을 어떻게 높일 것인가 하는 것이다.

현재 세계 최대의 채권국가이자 국제경쟁력 1위의 경제대국 일본은 경제력을 바탕으로 해서 정치대국, 군사대국으로 성장하고 있으며, '전범국가'가 아니라 '보통국가'가 되는 전후 총결산과 새로운 아시아체제를 지향하고 있다. 그리고 한반도에 대해서는 '탈냉전분단'을 전제로 하는 대한반도 정책을 구사하고 있다. 동북아시아에서 새로운 정치·군사적 강자로 떠오르고 있는 경제대국 일본의 존재는 아시아 여러 나라에게 경계심을 갖게 하고 있다.

동북아시아에 나타나고 있는 변화는 4강 내부의 변화만이 아니라 나라 사이의 힘 관계의 변화, 그리고 냉전구조의 해체작업이 미치는 국제정치적 변화를 포괄하는 것이다. 냉전체제하에서 미국, 일본과 함께 남방 삼각체제를 형성하고 있던 한국은 이제 러시아, 중국과 수교를 하고 협력관계를 형성함으로써 '평양으로 가는 또 하나의 삼각형'을 만들었으며, 이에 대해 북한은 핵 문제와 미사일 문제, 유해 송환 문제 등을 고리로 미국과 고위급 회담을 계속하고 있다.

한편 북한과 일본과의 구체적인 수교협상은 진전과 후퇴와 중단이 계속되면서도 중장기적으로는 수교의 방향으로 나아가고 있다. 사실 북한과 일본과의 관계는 한일관계 그리고 북미관계의 향방에 따라 언제든지 급격한 결과를 빚어낼 수 있는 가능성을 잉태하고 있다고 보아야 할 것이다.

게다가 한반도를 둘러싸고 있는 4강들 사이의 관계를 보자면 정치·군사적으로 미·일, 미·러 관계는 안정되어 있다. 미국과 중국 간에도 클린턴의 집권 이후 인권문제 등을 이유로 약간의 갈등양상을 보이긴 했지만 그것이 새로운 냉전체제로 심화될 가능성은 크지 않다.

다만 냉전이 아니라 전통적인 의미의 국가간 세력 경쟁이 전개될 가능성은 배제할 수 없다. 그럴 경우 1996년 4월에 발표된 「미·일 신안보선언」은 대중국 견제 카드로 활용될 수 있다. 북방 4개 도서의 반환문제를 둘러싸고 일본과 러시아 사이에 민족주의적인 갈등 구조가 형성되어 있긴 하지만 그것은 어디까지나 민족문제일 뿐, 이데올로기적인 것은 아니다. 그리고 일본과 중국은 경제문제를 중심으로 한 동반자 관계로 발전하면서 중일전쟁 당시의 제반 문제들에 대해서 원만히 해결하려는 입장을 보이고 있다.

중국과 러시아에는 이미 중소분쟁 당시의 상황과는 전적으로 다른 관계가 형성되었다. 게다가 지난 1996년 4월에는 옐친 러시아 대통령이 중국을 방문해서 새로운 관계의 장을 열었다. 여기서 발표된 공동성명에 의하면 북경과 모스크바 사이에 핫라인을 설치하고, 국경문제를 원만하게 해결하며, 미국의 '패권주의'에 대해서는 반대한다는 것이었다. 그리고 중국은 러시아의 APEC 가입을 지지한다는 입장을 표명하였다.

지금은 '동북아의 국제관계가 새로 짜여지는' 과도기이다. 이같은 과도기에 특징적으로 나타나는 변화의 핵심은 역시 탈냉전이다. 그렇다면 '냉전체제의 6자 관계'를 대신할 '새로운 6자 관계'의 국제정치는 도대체 어떤 모습으로 나타날 것인가? 새로운 6자 관계의 국제정치는 남북한과 주변 네 나라 등 여섯 가닥의 국가이익이 교직(交織)하는 역동의 국제정치라고 표현할 수 있다.

냉전시대에도 고유의 성격과 지향이 있었듯이 탈냉전시대에도 이들 6개국의 상호관계는 어떤 지향성을 배태하고 있음이 분명하다. 정치·외교적으로는 각 나라 사이의 교류가 활발하게 이루어지면서 탈냉전 전방위 국익외교가 전개될 것이고, 각 국가간에 합종연횡이 활발하게 이루어질 전망이다.

군사적으로는 실질적인 군비축소와 '집단안보 문제'가 논의되어야 한다. 아직까지 이 지역에는 공식적인 집단안보체제가 형성되어 있지 않다. 다만 1993년에 발족된 비공식 논의기구인 '동북아협력대화(NEACD)'에 한·미·일·중·러 5개국의 관리와 학자들이 참여해서 이 지역의 안보협의틀 형성과 관련된 정보와 아이디어를 교환하였을 뿐이다.

정치·군사적 문제의 핵심은 새로운 정치·군사 질서가 어떤 모양으로 형성될 것인가 하는 것이다. 그리고 경제문제의 요체는 나라들간의 생산력 경쟁과 동북아 시장에 대한 주도권 문제, 그리고 지역경제체제의 틀이 어떤 모양새로 만들어질 것인가 하는 것이다.

우리는 여기서 한 발 더 나아가, 문제를 보다 더 깊이 들여다봐야 한다. 장기적으로 동북아 6자 관계는 정치·군사적으로는 공존체제에 돌입하면서 균형을 향한 부분적인 힘겨루기가 진행될 것으로 보아야 한다. 얼마 전에 있었던 중국과 대만의 문제, 그리고 이 사태에 대한 미국측의 개입불사 발언 등은 그 좋은 사례이다.

이보다 더 중요하게 지켜보아야 할 대목은 경제적으로 내부의 개혁을 통한 생산력 경쟁과 시장 쟁탈전이 치열하게 전개될 것이라는 점이다. 그래서 새로운 6자 관계의 안정적인 정립 과정에는 여전히 다음과 같은 문제들이 해결을 기다리고 있는 것이다.

① 북한의 핵문제와 북미, 북일 관계, ② 러시아 개혁정치의 운명과 구소련 지역의 민족문제(체첸 문제 등), ③ 중국 내부의 민족문제(대만문제, 티벳문제 등)와 중미 갈등, ④ 러일관계의 갈등(북방도서의 반환문제), ⑤ 남북한 관계.

이 문제들이 해결되는 방향이 곧 동북아시아의 미래를 결정하게
될 것이다.

(4) 아태지역의 새로운 경제 질서

위에서 우리는 탈냉전시대 남북한과 주변의 4대강국이 직접적인
정치·군사적 대결이 아니라 경쟁적인 공존의 틀을 마련하는 과정
과 그 과정에서 제기되는 몇 가지 변수를 정리해 보았다.

이제 탈냉전 상황은 단지 냉전체제가 변화하고 있다는 것뿐만이
아니라 희미하게나마 새로운 질서의 단초를 우리에게 보여주고 있
다. 새로운 질서의 핵심은 지역화와 세계화다.

아시아태평양지역의 지역기구는 규모가 작거나 결합도가 낮은 것
으로서 동남아 국가들의 연합체인 '아세안(ASEAN)'과 '아시아태평
양지역 경제협력체(APEC)', 그리고 '동아시아 경제협의체(EAEC)'
등이 있다.

이 가운데 APEC이 활발하게 움직이면서 이에 대한 미국의 주도
권이 강화되고 있다. 미국은 적극적인 참여를 핵심으로 하는 새로운
아시아태평양 정책을 펼쳐 나가고 있다. 1993년 7월 동경에서 열린
G-7 회담에서 클린턴 미국 대통령은 자신의 새로운 아시아 지역 정
책으로서 '신태평양공동체(New Pacific Community)' 구상을 발표하
였다. 클린턴은 이러한 자신의 신태평양공등체 구상을 한국 국회의
연설에서도 반복해서 거론하였다.

"나는 이제 힘과 번영을 나누어 갖고 민주적 가치에 대한 공동의
지지를 기초로 하는 신태평양공동체를 만들어야 할 때가 되었다고
확신하는 바입니다. 나는 오늘 신태평양공동체의 기본적인 안보문
제와 거기서 미국이 맡아야 할 역할에 대해서 논의하기를 원합니다.
며칠 전에 동경의 G-7 정상회담에 참여한 나는 와세다 대학을 방문

해서 신태평양공동체의 경제문제에 대해서 이야기하였습니다. 이와 같은 경제적 개혁은 한국과 같은 나라에 커다란 시장을 제공할 것입니다. 그러나 우리는 항상 안보문제가 제일의 과제라는 점을 잊어서는 안 되겠습니다. 미국은 이 지역에 남아 실질적으로 활동할 생각입니다. 미국은 결국 태평양 국가인 것입니다."

APEC을 통해 자신의 주도권을 강화하는 신태평양공동체를 만들어나가려는 미국에 대해 아세안(ASEAN) 국가들과 중국, 러시아 등이 자연스럽게 반론을 표출하였다. 중국과 러시아가 함께 제기한 '반패권주의'는 바로 미국을 겨냥한 것이다. 미국이 이 지역에서 너무 많은 역할을 수행하거나 주도권을 행사하려고 하지 말라는 것이 '반패권주의'의 핵심적인 내용이다.

신태평양공동체 창설에 관한 아세안 회원국들과의 의견 조정과정을 보면 아세안 국가들의 견해를 읽을 수 있다. 뒤에 이야기하는 '아시아지역 포럼'과는 달리 APEC에 대해서는 아세안 국가들이 막판까지 이견을 표명하였고, 미국과 아세안 간의 대화에는 진통이 이어졌다. 이 논의에서 막후 절충을 이끈 주인공은 크리스토퍼 미국 국무장관과 윙칸셍(黃根成) 싱가포르 외무장관이었고, 카운터 파트너는 압둘라 바다위 말레이시아 외무장관과 알리 아라타스 인도네시아 외무장관이었다. 크리스토퍼 미 국무장관은 '아시아태평양 경제 협력 각료회의(APEC)'를 토대로 해서 만들어지는 '신태평양공동체'에 아세안 국가들의 참여가 필수적이라는 입장을 가지고 이에 소극적인 말레이시와와 인도네시아를 적극적으로 설득했고, 싱가포르의 윙칸셍 장관은 이들을 중재했다. 결국 이 외무장관 회담을 통해서 미국과 아세안 국가들의 이해관계가 상당 부분 조정되었기 때문에 APEC이 그나마 모양새 있게 출범할 수 있었던 것이다.

이때의 타협 조건은 미국이 이 지역의 안보문제에 대해서 확실한 보장을 해주고, 동시에 말레이시아의 주도로 추진되어 온 '동아시아 경제협의체(EAEC)'를 APEC의 큰 테두리에서 협의체 수준으로 존속시키도록 한다는 것이다. EAEC는 아세안 국가들과 일본의 협력을 염두에 둔 지역공동체인 셈이다. 결국 여기에도 미국과 일본의 힘겨루기, 그리고 말레이시아의 자존심이 걸려 있었다. 미국의 강한 설득에 의해 말레이시아 역시 APEC을 수용하였다. 그리고 여기에는 "EAEC가 APEC과 연계되지 않으면 그 기반을 상실할지도 모른다"는 말레이시아의 우려가 깔려 있었다.

이와 같이 복잡한 논의 과정을 거쳐 출범하는 APEC의 의미는 무엇인가? 그것은 아시아태평양지역에도 지역화와 세계화의 물결이 거침없이 밀려오고 있다는 것을 의미한다. 지역화·세계화는 상당히 복합적인 가치를 잉태하고 있는 개념이다. 따라서 우리는 어떤 지역화와 세계화이며, 누가 그것을 주도하는가를 염두에 두면서 지역화와 세계화 문제를 봐야 한다.

이를테면 신태평양공동체 구상은 아시아를 독자적인 단위로 생각하지 않고 태평양 지역과 함께 묶으면서 결국은 미국의 주도성을 높이고 있다는 데 그 특징이 있다. 신태평양공동체는 미국 주도의 새로운 개방화 계획인 셈이다. 개방화는 점차 비관세장벽을 허물고 관세장벽을 낮추며 상품과 농산물, 그리고 문화와 가치관까지도 울타리 없이 유통시키는 것을 지향하고 있기 때문에, 이는 결국 경제적, 문화적 국경선이 철폐되는 것을 의미한다. 따라서 신태평양공동체는 아시아태평양지역에 '경제 국경선'이 없는 새로운 경제환경을 조성하고 있는 것이다.

1993년 미국 하원 세입위원회의 요청으로 미국 국제무역위원회(ITC)가 만든『동아시아 경제통합과 미국의 대응』이라는 보고서는 "동아시아 국가간에 경제통합이 가속화되면서 동아시아 지역 사이에, 그리고 동아시아와 일본 사이에 적어도 경제적인 국경은 소멸되고 있다"고 분석한 바가 있는데 이와 같은 진단에 기초한 미국의 대응이 신태평양공동체인 셈이다.

지금은 이같은 '제2의 개국정책'에 대한 민족적인 대응 문제와 우리의 생존전략에 대해서 깊이 생각해 봐야 할 때이다. 그 대응은 예전의 쇄국정책도 아니고 그렇다고 해서 무조건적인 개방도 아닐 것이다. 그 원칙은 아마도 19세기 개방화의 물결이 우리에게 밀려왔을 때 주어졌던 시대적 과제인 자주적 근대화, 자주적 개방화에 비견할 수 있는 '자주적 현대화'라고 할 수 있다. 자주적 현대화에는 정보화, 문화화, 통일이 포함된다.

(5) 아태지역의 새로운 정치·군사 질서

클린턴은 한국 국회의 연설에서 싱가포르에서 열리는 아세안 '확대외무장관회담(post ministerial conference)'이 이 지역의 안보문제에 대한 대화의 기회를 제공할 것이라고 설명하면서, 동북아시아의 지리적 중심에 있는 한국의 역할을 강조하였다.

아세안 확대외무장관회담은 1993년 7월 26일부터 28일까지 계속되었다. 이 회담의 의제는 앞서 클린턴이 이야기한 신태평양공동체 문제와 아시아 지역의 안보협력문제, 남지나해의 남사군도(南沙群島) 영유문제, 북한의 핵문제, 캄보디아 사태 등이었다. 이와 같은 의제들 중에서 지역안보 문제에 대해서는 '아시아지역 포럼'을 설치하기로 합의하였다.

'아시아지역 포럼'은 인도네시아, 싱가포르, 말레이시아, 태국, 필리핀, 부르나이 등 아세안 6개국과 아세안 대화 상대 7개국(미국, 일본, 한국, EC, 호주, 뉴질랜드, 캐나다)뿐만이 아니라, 중국과 러시아, 베트남, 라오스, 파푸아뉴기니 등 모두 18개국이 참여하는 '다자간 안보협의체'라는 점에서 경우에 따라서는 장차 '유럽안보협력회의(CSCE)'에 비견되는 역할을 수행할 수 있을 것으로 예상된다.

'아시아지역 포럼'은 러시아와 중국도 중시하고 있는 아시아 지역의 안보에 관한 포괄적인 대화의 자리라는 사실을 상기할 필요가 있다. 1996년 4월 '중·러 공동성명'에서도 "두 나라는 중국과 러시아 등 5개국 국경협정과 '아시아지역 포럼' 등이 모두 중요성을 지닌다"고 언급하였다. 하지만 '아시아지역 포럼'은 아직까지 아시아의 CSCE(유럽안보협력회의)는 아니다. 유럽안보협력회의에는 알바니아를 제외한 전 유럽국가가 참여하는 반면 '아시아지역 포럼'에는 캄보디아와 버마, 그리고 북한이 배제되어 있다. 중국과 러시아의 국경문제 해결에는 카자흐스탄, 키르기스탄, 타지키스탄 등 신흥 국가들이 관련되어 있기 때문에 이 나라들을 '아시아지역 포럼'에 참여시킬 것인가 말 것인가의 문제도 남아 있다.

따라서 동북아시아의 남북한과 4대강국의 문제는 본질상 '아시아지역 포럼'에서보다는 여전히 미북한, 일북한, 미일, 러일, 미중, 남북한 등 해당 국가간의 쌍무(雙務)적 차원에서 대화로 풀어야 할 성격이 강하다고 하겠다. '아시아지역 포럼'이 북한에 상당히 압력을 가하는 분위기를 조성할 것이라는 점은 예측할 수 있다. 그러나 압력만으로 문제를 풀기는 쉽지 않을 것이다. 그런 의미에서 보다 실질적인 '동북아 지역안보협의체'를 형성하는 문제는 '아시아지역 포럼'과는 다른 차원에서 검토하는 것이 좋다고 생각된다.

미국과 북한 사이에 현안 문제들이 풀리고 동시에 미국과 북한, 그리고 북한과 일본 사이에 외교관계가 수립된다면 아시아의 모든 국가가 '아시아지역 포럼'에 참여할 수 있는 가능성을 배제할 수는 없다. 만약 그렇게 된다면 '아시아지역 포럼'은 아시아의 CSCE와 같은 지위를 확보하게 될 것이다. 그러나 그렇다고 해서 한반도의 평화가 자동으로 보장되는 것은 아니라는 사실을 기억할 필요가 있다. 유럽에서의 유고 사태를 보면 쉽게 알 수 있다.

따라서 우리는 '아시아지역 포럼'을 균형 있게 형성하는 문제와 함께 여전히 한반도에 항구적인 평화체제를 구축하는 문제를 깊이 검토하고 모색할 필요가 있다. 이는 휴전체제를 평화체제로 전환하는 문제와 함께 남북한 또는 통일한국이 동북아에서 4대강국과 세력균형을 이룰 수 있는 방법을 포괄하게 될 것이다. 그래서 우리는 곧 거대한 외교 계획과 섬세한 추진력을 필요로 하는 고난도의 민족 생존 외교활동을 도모해야 하는 것이다.

(6) 남북관계의 변화는 가능한가

동북아시아의 정세변화와 함께 남북한 관계도 변화하고 있다. 물론 바뀌지 않고 있는 구석도 적지 않다. 1996년 가을 동해안에서 일어난 잠수함 사건은 아직도 우리가 엄연한 대결체제에 살고 있음을 실감나게 깨우쳐 주었다. 따라서 우리는 변화의 측면과 함께 유지의 측면도 동시에 보지 않으면 안 된다. 동북아시아에는 냉전체제가 해체되고 있음에도 불구하고, 한반도에는 아직까지 분단대결구조가 그대로 유지되고 있다는 현실, 그 자체를 보아야 한다는 것이다. 남북한 관계는 여전히 대결체제를 그 기본적인 성격으로 하고 있다. 그렇지만 먼저 남북한 사회에 나타나고 있는 변화의 측면들을 살펴보기로 하자.

분단은 한국사회에 분단형 권위주의 정치체제를 탄생시켰고, 그 권위주의 정치체제는 이승만의 '이데올로기와 카리스마에 의한 권위주의'체제로부터 3공화국에서 6공화국까지의 '군사적 권위주의 시대'까지 다양하게 펼쳐졌다. 그리고 이제 김영삼 정부에 의해 정치의 민간화 내지 자유화가 추진되고 있다. 그러나 여기에서 정치적 민간화는 기존의 정치적, 경제적 권위주의로부터의 완전한 변화를 의미하기보다는 변화와 유지의 측면을 동시에 갖는 것이다. 따라서 이 변화와 유지의 배합이 어떤 모습으로 구체화되느냐 하는 것은 김영삼 정부에 대한 평가의 기준이 될 것이다. 게다가 우리는 민간화와 자유화 단계를 넘어 내실 있는 민주화와 복지화, 그리고 진정한 현대화를 추구하지 않으면 안 되는 사회적 과제를 안고 있고, 그 연장선 위에서 통일화의 성과가 나와야만 하는 것이다.

경제의 측면에서는 대외의존도가 높은 산업화와 '부실 근대화'의 여러 문제점들이 시급한 해결책을 기다리며 표출되고 있다. 그 중에서도 한국의 민족경제가 세계경제와 어떤 방식으로 관련을 맺을 것인가에 대한 해답은 매우 중요한 것이다.

또 다른 하나는 불균형성장론에 입각한 국가, 재벌, 외자, 수출 주도의 공업화가 야기한 대재벌과 중소기업, 도시와 농촌, 지역과 지역, 사용자와 근로자, 관과 민, 그리고 공업화와 환경 간의 불균형 문제를 어떻게 조정할 것인가 하는 문제이다. 앞으로 이 문제들을 해결하는 방식은 국민통합은 물론이고 생산력과 경제사회의 분위기 형성에 대단히 중요한 영향을 미칠 것이기 때문이다.

한국경제의 건강한 발전과 균형 있는 남북경협은 통일에 긍정적인 영향을 미칠 것이다. 이 점은 독일의 경우를 통해서도 쉽게 이해할 수 있다. 그러나 한국사회가 아직은 서독과 같은 흡입력을 갖춘 사회가 아니라는 점을 명심하지 않으면 안 된다.

동북아시아의 정세변화는 북한사회에드 중대한 영향을 미치고 있다. 1993년 4월, 북한의 헌법개정은 이러한 국제적 힘 관계의 변화에 따른 북한사회의 대응이라는 성격이 있다 북한의 오늘과 내일을 정확하게 파악하기 위해서는 중국의 어제와 오늘을 참고하는 것이 도움이 될 것이다. 현재 북한의 정치 권력은 당 지도부에 과도하게 집중되어 있기 때문에 정치적 위기가 발생할 경우 안전장치의 부재라는 문제에 봉착하게 된다. 따라서 북한은 천안문 사건 당시 중국의 위기 대응방식을 보면서 덩 샤오핑처럼 권력의 추(錘)와 같은 구실을 해줄 수 있는 '권위 있는 존재'(평상시에는 권력에 직접 참여를 하지 않고 있기 때문에 정치적 책임문제로부터는 비교적 자유스럽고, 위기시에는 강력한 정치적 영향력을 행사할 수 있는 힘을 가진 존재)가 필요하다는 판단을 했을 것이다. 이런 점에서 1993년 4월의 헌법개정은 안정된 후계체제의 확립과 함께 권력의 안전장치 확립이라는 과제를 동시에 해결하려는 북한사회의 고민을 반영하고 있는 것으로 평가된다.

그러나 1994년 7월에 김 주석이 사망함으로써 북한의 지도력은 다시 김정일 1인에게 집중되게 되었고, 이는 북한 정치가 위기에 대응할 만한 특별한 안전장치와 예비체제를 갖추지 못하게 되었다는 것을 의미한다.

또한 북한은 심각한 경제위기를 겪고 있다. 1996년 4월 미국 버클리 대학의 토론회에 참석했던 북한의 학생대표들이 '보릿고개'로 표현할 정도로 심각하다. 1997년만 해도 약 300만t의 식량이 모자랄 것으로 알려져 있다. 이렇게 되면 배급제가 흔들릴 수밖에 없다.

지금 북한은 서방 세계의 자본과 기술을 절실하게 필요로 하고 있지만, 이를 해결하기 위해서는 남북한 관계는 물론이고 주변 국가들, 특히 미·일과의 관계가 개선되어야만 한다. 북한은 이 때문에 곤혹스러움을 느끼고 있다.

그렇지만 북한의 정치권력이 흔들리고 있다는 징후는 찾아보기 힘들다. 다만 북한의 국가목표가 김정일체제의 구축과정에서 경제제일주의로 조정되고 있는 것으로 보인다. 이는 1926년 이후 지속된 반제(反帝)노선 대신에 생산력과 경제제일주의를 통해 북한사회를 새롭게 공업화할 가능성이 높아졌다는 것을 의미한다. 하지만 이런 변화의 와중에서도 북한이 남한을 배제하면서 미국과 일본에 경사될 가능성이 있다. 그리고 그것을 미국과 일본이 즐길 가능성도 있다. 따라서 남한은 남북경협이 남북의 공존은 물론이고 남북의 신뢰와 평화체제의 구축, 그리고 통일에 도움이 될 수 있도록 세심한 배려를 할 필요가 있다.

지금까지의 검토작업에서 우리는 남북한의 정치·경제적 변화가 결국은 서로를 더욱 필요로 하게 될 것이라는 사실을 확인하게 되었다. 경제발전을 위해서, 한반도의 평화 신장을 위해서, 그리고 통일을 위해서 서로의 협조가 필요한 시점인 것이다.

그러나 남북정상회담이 무산되면서 남한과 북한에는 갈등과 불신이 증폭되고 있다. 다른 한쪽에서는 식량지원이 이루어지고 경제협력이 강화되는 측면도 있다. 즉 지금은 남북한 관계가 과도기적 혼선을 빚고 있는 상태라고 할 수 있다.

그렇다면 우리는 이 시대의 물줄기를 더욱 섬세하게 관리해야 한다. 여기서 관리의 책임은 1차적으로는 남북한의 정부와 의회에 있겠지만 관리 책임을 정부와 의회에만 떠넘길 일은 아니다. 남북한의 변화와 함께 통일을 지향하는 민족구성원의 에너지를 형성해야 하기 때문이다. 우리에게는 통일지향의 에너지를 표출했던 경험이 적지 않다. 이산가족 찾기 방송, 이산가족들의 고향방문단 신청, 그리고 민간 수준에서 제기되는 다양한 통일 노력은 바로 통일을 지향하는 에너지가 우리 사회에 적지 않게 잠재되어 있다는 것을 말해 주는 것이다. 바로 이런 민족적 에너지들을 선용할 수 있도록 정부만이 아니라 한국의 시민사회와 민간 차원의 통일운동 세력이 더욱 활발하게 움직여야 할 때이다.

2) 통일로 가는 과도기

(1) 남북관계는 어떻게 바뀌고 있는가

국제사회의 변화, 남한과 북한 사회의 변화, 통일을 지향하는 민족적 에너지의 형성 등이 남북관계를 서서히 변화시키고 있다. 그러면 남북관계는 구체적으로 어떻게 바뀌고 있는가?

한국전쟁이라는 열전을 거친 후 한반도에 '냉전분단대결체제'가 고착되었다. 냉전분단대결체제하에서 남북한은 모두 전 한반도를 자기의 영토로 규정하고, 상대방을 적으로 규정함으로써 정치적 협상은 고사하고, 경제·문화의 영역에서까지 적대적으로 대했다. 그러나 현재의 남북한 관계는 초기의 분단대결체제와는 다소 다른 것이 되었다.

즉 현재의 남북관계는 적대관계를 주요한 측면으로 하면서도 약간의 변화를 맞이하고 있는데, 여기에서 변화라는 것은 화해의 측면이 추가되고 있다는 것이다. 그 중에서 가장 대표적인 것은 말할 것도 없이 남북한 고위 당국자가 합의한 「화해 불가침 및 교류협력에 관한 남북합의서」(1991년 12월)의 체결이다.

합의서를 교환했다고 하여 평화체제가 형성된 것은 아니다. 이후의 복잡한 국제정세는 이 합의서의 실천을 어렵게 만들었다. 그런데도 양측이 화해와 불가침에 합의할 수 있었다는 사실은 매우 중대한 경험이 아닐 수 없다. 이 합의는 이제 남북한 사이에도 공존과 협력이 가능하다는 사실을 확인시켜준 셈이다.

「기본합의서」의 교환은 남북한이 기존의 대결체제에서 한 걸음 앞으로 나아갔다는 것을 의미하면서도, 아직까지는 완전한 평화체제에 도달하지 못한 과도기적 상황을 반영한다. 따라서 현재의 남북한 관계는 화해와 대결의 측면이 공존하고 있는 '탈냉전 과정의 과도기형 분단체제'라고 표현할 수 있다. 다만 김일성 사후에 남북관계가 냉각되면서 남북관계의 대결적인 측면만이 부각되고 있는데, 이 문제 역시 길게 보는 지혜가 필요하다.

지금은 남북대화의 흐름을 복원하고, 아울러 화해의 측면을 더욱 확대, 강조하고 대결의 측면은 축소함으로써 '과도기형 분단체제'를

'통일지향의 공존체제' 또는 '통일지향의 평화체제'로 전환시키는 일
이 당면과제로 제기돼 있다. 또 이를 실현함으로써 금세기 안에 통
일로 나아갈 수 있는 준비를 마쳐야 한다.

(2) 통일시대로 가는 연표

① 냉전분단대결체제(1948~1972) : 이데올로기적 갈등, 두 개의
    정부 수립, 내전의 발생, 6·25와 휴전체제.
② 대화 있는 대결체제(1972~1991) : 7·4 남북공동성명, 남북조
    절위원회, 여러 형태의 남북회담.
③ 화해와 대결이 공존하는 과도기형 분단체제(1991~1996) : 남북
    고위급회담, 화해불가침 및 교류협력에 대한 남북합의서, 남북
    한의 인적 교류, 경제협력.
④ 탈냉전 평화공존체제(?) : 남북정상회담, 핵문제와 팀스피리트
    문제에 관한 남북의 합의, 남북 평화선언, 평화협정체결과 전쟁
    예방체제의 구축, 군축협상과 실질적인 군축, 남북한 사회의 실
    질적인 탈권위주의화가 진전될 수 있는 토대 마련.
⑤ 풀뿌리 네트워크와 합의에 의한 통일 : 평화체제를 기반으로
    해서 풀뿌리네트워크와 다양한 분야의 민족공동체가 형성되어
    야 한다. 그래야 이를 토대로 합의에 의한 통일이 이루어질 수
    있다. 여기에도 연합제냐 연방제냐, 아니면 절충식이냐 하는 문
    제가 남아 있다. 그런데 유념할 점은 통일된 사회의 통합된 정
    치·경제·문화제도와 사회의 제반 소프트웨어가 새로운 세대
    에 의해 형성되어야 한다는 사실이다. 실질적인 남북한 사회의
    민주화와 통일이 궤도를 같이해야 한다

이상의 과정은 합의에 의한 평화공존과 평화교류, 그리고 합의에

의한 평화통일의 시나리오를 전제로 한 것이다. 북한이 내부적으로 붕괴될 경우에는 독일식의 흡수통일이 될 가능성도 있지만, 현재로 서는 이런 시나리오의 실현 가능성이 별로 크지 않다. 때문에 합의 에 의한 통일을 전제로 하는 것이 보다 합리적인 통일방안이고, 어 쩌면 가장 현실적인 방안이라고도 할 수 있다. 만약 남측이 정책적 으로 '흡수통일론'을 지향한다면 북한의 체제수호 세력이 이에 반발 하고, 이에 따라 내전이나 유격전이 발생할 가능성도 전혀 배제할 수만은 없다.

게다가 통일에 따르는 경제문제를 해결하기 위해서는 막대한 통 일비용을 감당해야 할 것이다. 이런 점을 감안한다면 전쟁을 예방하 고 단계적이고 평화적으로 통일을 이루는 게 합리적일 뿐만 아니라 우리 민족의 장래와 관련해서도 매우 중요다고 할 수 있다.

위에서 본 바와 같이 탈냉전시대는 국제적인 평화의 시대가 아니 라 협력과 경쟁을 동시에 포함하는 새로운 민족주의의 시대라고 말 할 수 있을 것이다. 그렇다면 지금은 민족의 동질성을 회복한다는 차원에서는 물론이거니와 강대국 정치의 거친 소용돌이 속에서 민 족의 생존권을 지키기 위해서라도 통일을 향한 진지한, 그러나 현실 적인 노력이 경주되어야 할 때이다.

(3) 통일의 청사진을 만들자

분단에서 통일로 가는 도정(道程)에서 현재 남북한 사이에는 대결 과 화해가 일시적인 균형을 이루고 있다. 동시에 한국사회 내부에는 정치적 자유화의 과정에서 다원적인 힘 관계가 조성되고 있다. 그리 고 국제적인 탈냉전의 상황까지 고려한다면 1990년대 초반의 역사 적 시점은 '냉전형 분단체제'가 서서히 해체되면서 '탈냉전형 분단체 제'로 갈 것인가, 아니면 탈냉전의 상황에서 '통일지향의 공존체제',

또는 '합의에 의한 통일체제'로 갈 수 있을 것인가 하는 과도기라고 할 수 있다. 때문에 지금은 우리의 대응이 역사의 방향을 결정하는 중요한 의미를 갖는 시점임이 분명하다. 그렇다면 우리는 무엇을 해야 할 것인가?

첫째, 통일에 대비하면서 현실적으로 통일을 추진할 수 있도록 정치세력을 통일지향적으로 편제해야 한다. 현재의 남북한 정치구조로는 서로를 인정하는 화해단계까지는 도달할 수 있을지 모르지만 통일을 추진하기까지는 쉽지 않을 것이다. 남북한의 정치권력은 아직까지도 중앙에 집중되어 있고, 서로가 기득권을 양보하려고 하지 않을 것이기 때문이다. 게다가 추구하는 경제적 목표가 서로 다르기 때문에 경제의 통합도 쉬운 일은 아니다.

그러면 통일지향의 정치세력 편제란 무엇인가? 그것은 정치에 국민의 목소리가 바로 반영되는 '새로운 정치'가 가능하도록 정치적 에너지의 형성과정과 그것의 작동 시스템을 개혁하는 것을 의미한다. 현재 한국의 정당들은 여야를 막론하고 국민의 정치적 참여를 배제하는 권위주의적이고 폐쇄적인 성격이다. 이러한 정당과 정당체계, 그리고 정치행태로는 통일을 감당하기가 쉽지 않다.

따라서 정치적 측면에서는 정당의 민주적 개혁과 지방자치를 통한 국민적 에너지의 민주적인 결집, 그리고 권력의 수직적 분산을 통한 정치적 안정을 이룰 수 있어야 진정한 통일을 이루어낼 수 있는 것이다. 그리고 통일과정에서 부수적으로 발생하는 제반 사회문제에 대한 대응능력을 획기적으로 제고시켜 나가지 않으면 안 된다. 즉 통일에 대비하여 통일을 실질적으로 준비하는 정치문화와 정치제도의 선진화에 힘을 모을 수 있어야 되는 것이다.

통일은 북한의 붕괴가 아니라 북한의 변화를 전제로 하고 있다. 현재의 북한은 정치와 사상, 경제의 모든 측면에서 심각한 시대적 도전을 맞고 있는데, 이것들을 해결하기 위해서는 북한주민들이 먼저 주체사상의 성격과 문제점들을 진지하게 검토하지 않으면 안 된다. 북한의 주체사상은 발생사적 측면에서는 분단형 사회주의 국가라는 특수한 현실에서 나온 것으로, 30년 이상 북한사회에서 지도이념으로 유지되어 왔지만, 오늘의 시점에서는 주체사상이 표방하는 바와는 달리 역으로 인간의 자유와 자율성을 억압하는 것으로 바깥 세계에 의해 비판되고 있다.

경제적인 측면에서도 국제협조의 중요성을 간과하고 자주만을 강조함으로써 결과적으로는 쇄국의 효과를 나타내고 있다. 생산력의 중요성을 간과하고 생산관계에만 지나치게 집착함으로써 경제 전반의 위기를 초래하고 있다는 점도 문제점으로 지적할 수 있다.

게다가 북한의 정치권력은 심각한 집중현상과 함께 이데올로기적 카리스마와 권위주의의 모습을 보이고 있다. 그러나 경제적 위기가 정치적 변동요인이 될 가능성이 높기 때문에 앞으로 북한사회의 정치적·경제적 변화의 가능성을 예의 주시하면서 통일에 유리한 쪽으로 북한이 변화되도록 대처방안을 준비하지 않으면 안 된다.

다음은 통일에 대한 청사진을 만드는 일이다. 통일의 청사진을 만드는 데는 ① 분단체제의 역사적 발생과정과 함께 현재의 분단구조를 진단하고 아울러 ② 통일로 가는 구체적인 경로, 그리고 ③ 통일 이후의 국가성격에 관한 구상까지를 포함해야 하지만, 무엇보다도 ④ 통일을 추진하는 에너지의 문제를 고려하지 않으면 안 된다.

현재의 냉전형 분단체제는 지금 변화의 시기를 맞이하고 있음이 분명하다. 분단모순에 내재해 있는 냉전의 요소가 해소되고 있기 때문이다. 그렇지만 한국의 분단구조에는 강대국과의 민족문제와 사회·경제적인 문제가 여전히 해결되어야 할 과제로 남아 있다. 그렇다면 이 가운데 그 어떤 것이 당면과제인가? 그것은 민주주의의 확대, 심화와 민족문제의 해결이다. 지금은 탈냉전시대인 동시에 세계화, 지역화, 그리고 신민족주의의 시대이기 때문에 우리는 사회 내부적으로는 자주적인 현대화를 추구하고, 민족 전체적으로는 민족의 화해와 통합을 지향해야 한다. 대외적으로는 민족경제의 통합성에 기초한 자립경제와 국제협조를 동시에 추구하지 않으면 안 된다. 민족의 단합과 통합을 형성하는 기초는 이제 더 이상 권위주의가 아니라 민주주의일 수밖에 없음은 다시 말할 필요도 없다.

따라서 정치적으로는 정치적 민간화의 에너지를 민주주의의 심화로 연결시키면서 먼저 남한과 북한이 한반도의 미래와 통일문제에 대한 원칙에 합의하고 아울러 이를 토대로 미·러·중·일과 균형 있는 관계정립의 프로그램을 추진하는 일이 필요하다. 따라서 지금은 민주주의의 심화와 '(1+1)+4'를 위한 구체적인 프로그램을 마련하고, 또 그것을 국민적인 신뢰 속에서 추진할 수 있는 에너지를 형성하는 노력이 시급하게 요구되는 시점이다.

2. 풀뿌리 네트워크 3단계 통일론의 구체적 내용

1) 통일의 기회를 잡자

지금은 한반도의 평화와 민족의 통일에 대비해서 보다 심화된 인식과 세련된 방법론, 그리고 추진력을 기를 때다. 전 세계적으로는 냉전시대가 막을 내리고, 동시에 남북한에는 새로운 정치상황이 조성되고 있다.

만약 김영삼 대통령과 김일성 주석이 정상회담을 통해서 남북한의 대결상태를 해소하고 한반도에 화해와 평화구조를 정착시켰다면 이는 세계적으로, 그리고 민족적으로 역사적인 사건이 되었을 것이

다. 한반도는 현재까지 '냉전의 섬'으로 남아 있고, 동시에 휴전체제
라는 팽팽한 군사적 대결구조가 온존하고 있는 곳이다. 따라서 한반
도에서 냉전대결구조를 푸는 일은 세계사적으로, 그리고 민족사적
으로 한 시대를 마감하고 새로운 시대를 여는 일이 될 것이다.

남북한 정상이 회담을 통해 한반도에 '분단대결체제' 대신에 '탈냉
전평화체제'를 정착시켰다면 노벨평화상을 수상했을 것이다. 이러한
일이 실제로 일어났다면 남한에서는 김영삼 대통령의 정국주도권을
강화시키는 방향으로 광범위한 정계개편이 전개되었을 가능성이 크
고, 북한에서는 빠른 속도로 개방개혁 정책을 추진할 수밖에 없었을
것이다.

그러나 1994년의 시나리오는 더 이상 검증 불가능한 가상의 것으
로 끝나고 말았다. 김영삼 대통령이 다시 정상회담을 추진한다면 그
기회는 1997년 한 해 뿐이다. 따라서 이제 우리는 새로운 정세에 부
합하는 보다 섬세한 통일의 설계도를 그려내지 않으면 안 된다.

필자가 생각하는 통일방안은 '풀뿌리 네트워크 3단계 통일론'이
다. 풀뿌리 네트워크 3단계 통일론은 주민참여와 지방자치, 그리고
포괄적인 민족공동체의 회복과 건설을 지향하는 '풀뿌리 네트워크
통일론'과 평화를 기반으로 해서 상층부의 남북관계를 변화시켜 나
가는 '3단계 통일론'을 결합시킨 것이다. 풀뿌리 네트워크 통일론이
일반 시민들의 입장을 보다 강력하게 반영하고 있다면 3단계 통일
론은 남북한 정부 차원에서 추진해야 할 과제들을 담고 있다고 할
것이다. 이 중 풀뿌리 네트워크의 의의에 대해서는 이미 서장에서
설명한 바 있다.

그렇다면 3단계 통일론은 어떻게 구성되어 있는가? 여기에는 하
나의 기반과 3원칙, 그리고 '연합 → 연방 → 21세기형의 통일국가'라
는 단계적 통일방안을 그 내용으로 한다. 이때 하나의 전제조건은
바로 '한반도의 평화'이다. 그리고 3원칙은 남북한 당국이 합의하고

아직까지 원칙으로서 유효한 '자주, 평화, 민족대단결의 원칙'이다. 그리고 3단계는 남북연합의 단계, 남북연방의 단계, 지방자치를 토대로 하는 21세기형의 통일국가 단계인바, 마지막 단계에서는 풀뿌리 네트워크와 21세기형의 통일국가 수립의 구상이 만나도록 구성되어 있다.

2) 평화가 선행되어야 한다

현재 한반도의 분단은 단순한 분단이 아니라 '냉전분단대결체제'라는 중층적인 성격을 띠고 있다. 그 중에서도 휴전선을 중심으로 한 대결체제는 대규모의 인력과 첨단의 무기체계가 동원된 광범위한 군비경쟁을 특성으로 하고 있다. 따라서 남북한이 다시 한번 전쟁에 휩쓸릴 경우에는 어느 쪽이 승리하든지 거의 모든 것이 파괴되는 민족의 황폐화 현상과 마주할 수밖에 없게 되어 있다. 따라서 우리 민족구성원의 장래를 위해서는 '전쟁예방체제'를 구축하는 것이 급선무이다. 전쟁예방체제의 구축은 한반도 '평화체제' 구축의 첫 번째 발걸음이라고 할 수 있다.

그러나 평화는 전쟁을 예방한다는 소극적인 의미만을 갖는 것은 아니다. 평화란 사회구성원들이 공포와 위협으로부터 해방된 가운데 건설적으로 무엇을 할 수 있는 상태를 지칭하는 적극적인 개념이다. 이처럼 평화를 적극적으로 사고한다면 한반도의 평화를 위해서는 무엇보다도 전쟁의 정지상태인 정전상태와 무한 군비경쟁을 특징으로 하는 '휴전체제'가 화해의 과정을 거치면서 '평화체제'로 대체되지 않으면 안 된다. 이때 '화해 평화체제'는 남북한의 교류와 협력으로 이어질 것이고, 따라서 평화체제는 결국 남북한 주민들의 상호이해를 증진시키게 될 것이다.

이와 같은 평화체제 수립의 계기가 남북한 당국의 합의에 의해 이미 만들어져 있다는 사실에 주목할 필요가 있다. 다만 현재의 남북한 관계는 이러한 합의가 현실적으로 열매를 맺지 않은 상태라고 이해할 수 있다. 만약 남북정상회담이 이루어졌다면 1991년 12월 13일에 남북한의 총리가 공식적으로 합의하고 서명했던 「남북 사이의 화해와 불가침 및 교류협력에 관한 합의서」가 효력을 발휘했을 가능성이 대단히 높은 것이다.

「남북기본합의서」는 이후 북한의 핵문제 등 새로운 상황 전개로 말미암아 적극적이고 실질적으로 이행되지는 못했지만 그래도 폐기되지는 않은 상태라는 점을 고려할 필요가 있다. 이 문서에 담겨 있는 합의의 정신과 내용은 여전히 중요한 의미가 있는 것이다.

다음은 제2차 세계대전 이후 분단되었다가 통일이 된 나라들이 주는 교훈을 음미해 볼 필요가 있다. 이중 독일의 경우는 제2차 세계대전의 전쟁 책임국가로서 미국, 영국, 프랑스, 러시아가 공동 점령했다가 냉전이 시작되면서 미·영·불의 점령지역은 서독으로, 소련의 점령지역은 동독으로 나누어졌다. 그러니까 독일의 분단원인은 전범국가였다는 사실과 세계적인 냉전체제에 있다.

남북예멘의 경우는 16세기경 이 지역의 강대국으로 부상했던 오스만제국의 식민통치가 분단의 원인이 되었다. 식민통치 이후 독립과정과 건국 시기가 서로 달랐고, 그래서 두 개의 국가가 만들어졌기 때문이다.

베트남의 경우 역시 프랑스의 식민지와 일본의 점령 이후 독립과정에서 북베트남과 남베트남으로 나누어졌다.

그러니까 이 세 나라들은 분단 과정에서 내전을 거치지 않았다는 점이 우리와 다르다. 중국의 경우는 우리처럼 내전을 거치기는 했지만 우리처럼 민족 전체가 동원된 치열한 전투 과정을 거치지 않았고 동시에 중국과 대만의 힘의 균형상태도 우리와는 다른 것이었다.

반면 우리의 분단은 일본의 식민 통치와 제2차 세계대전 이후의 강대국 정치라는 민족문제와 독립운동과 건국과정에서의 정치세력들의 노선대립, 그리고 미소의 냉전이라는 3대 요소가 분단의 배경을 이루고 있을 뿐만 아니라, 한국전쟁이라는 치열한 열전을 거쳤다는 사실을 고려하지 않으면 안 된다. 전쟁을 경험한 세대에게는 평화의 문제가 그만큼 절실할 수밖에 없는 것이다. 따라서 한국의 통일은, 통일과정에서는 물론이고 통일 역시 평화와 번영으로서 열매를 맺게 된다는 확신과 비전을 갖게 하는 일이 대단히 중요하다. 그래야만 민족구성원 전체의 지지를 받을 수 있을 것이다.

한국에서는 평화라는 토대 없이는 통일로 전진하기가 대단히 어렵기 때문에 통일의 기반으로 평화를 내세우지 않으면 안 된다.

3) 자주 · 평화 · 민족대단결의 의미

현재 남북한 당국이 공식적으로 합의한 것은 「7 · 4 남북공동성명」과 「남북기본합의서」 등 크게 두 가지이다.

이와 같은 합의가 만들어지기까지에는 우여곡절이 많았고, 남북한 양쪽의 관심과 이해관계를 조율하는 쉽지 않은 과정을 거쳤다. 그러나 중요한 것은 남북한 양쪽이 합의하고 낙북한 주민들이 공감하는 합의를 만들어냈다는 것이다.

7 · 4 남북공동성명에서 남북한 당국이 합의한 통일의 3대 원칙은 자주와 평화, 그리고 민족대단결이다.

이중 '자주의 원칙'은 통일문제를 책임지고 풀어나가야 할 당사자가 남북한 당국과 우리 민족 모두라는 사실을 확인하는 것이다. 그러나 자주의 원칙이 배타성을 의미하는 것은 아니다. 통일과정과 통일 이후 민족자결주의의 원칙이 보장된다면 국제적인 협조와 친선

278

의 관계를 가져야 하고 동시에 세계평화를 위해서도 적극적으로 헌신하고 노력해야 할 것이다.

'평화의 원칙'은 통일을 위한 토대로서 평화가 필요하며, 통일의 과정도 평화적으로 이루어져야 하고 통일 이후에도 민족구성원의 평화가 보장되어야 한다는 뜻으로 이해될 수 있다.

'민족대단결의 원칙'은 지금과 같이 남북한의 체제가 다른 상황에서 통일을 만들어내는 데 필요한 원칙이라고 할 수 있다. 게다가 지금과 같이 세계화와 지역화, 그리고 신민족주의가 동시에 전개되는 상황에서 민족대단결의 논리는 미래지향적인 생존의 전략으로도 해석될 수 있다.

다시 한번 강조하거니와 풀뿌리 네트워크 3단계 통일론에서는 풀뿌리 서민들의 참여가 중요하다. 그럼에도 불구하고 참여의 원칙을 추가하지 않는 것은 자주의 원칙 속에 그 정신이 녹아들어 있다고 보기 때문이다. 따라서 여기서의 자주는 배타성보다는 주인의식과 주인으로서의 역할에 더 초점을 맞추어야 할 것이라는 생각이다. 그런 점에서 남북한 당국의 엘리트만이 아니라 민족구성원 모두가 주인의 역할을 하는 통일이 추진되어야 할 것이다.

4) 통일의 3단계

남북한 사이에 화해가 이루어지고 평화체제가 구축되며 교류협력이 이루어진다면 남북한 당국 사이에 '통일지향적인, 또는 단계적인 통일관계'를 형성하는 문제에 대해서 허심탄회한 대화가 가능해지게 될 것이다.

한반도에 평화를 정착시키고 본격적인 통일논의를 시작하는 것은 당국 사이에서만 이루어질 문제는 아니다. 이 과정에서 민간 수준의 평화정착운동과 통일촉진 노력은 필수적인 것이기도 하다. 그러나 평화정착을 위한 활동과 통일을 촉진하기 위한 노력도 국민적인 정서를 고려하면서 섬세하게 전개할 필요가 있다. 통일문제가 보다 현실적인 것으로 다가올수록 모든 문제들이 전과는 다르게 민감한 반향을 일으키게 될 것이기 때문이다.

분단 이후 다양한 통일론이 제기되었지만 그것들은 대부분 개인적인 차원에서 이루어졌다. 대중적인 수준에서 본격적인 통일론이 제기되고 통일운동이 시작된 것은 1980년대 이후이다.

그 사이에 '국가연합'에 의한 통일론과 '연방제 통일론', 또는 '공화국 연방제' 등 비중 있는 통일론들이 사회적 의미를 갖는 수준에서 검토되었다. 현재에도 사회적 힘을 갖고 있는 통일론으로는 김영삼 정부의 '3단계 통일방안', 김대중 국민회의 총재가 주장하는 '공화국 연합제', 북한의 '고려연방공화국 창설방안' 등이 있다.

그런데 1980년대만 하더라도 남북한의 통일방안은 이질적인 측면이 훨씬 큰 것이었다. 그러나 이제는 남북한 사이에 신뢰구축만 가능하다면 통일방안에 관한 합의가 가능한 역사적 상황을 맞이하고 있다. 그 배경을 살펴보면 다음과 같다.

1980년대 북한에서는 연합제에 의한 통일방안은 두 개의 한국을 고정화시키는 분단의 논리라고 몰아붙였다. 그리고 당시 북한은 남북한 UN 동시 가입에 대해서도 반대하는 입장을 취했다. 그러나 이제 상황은 상당히 달라졌다. 무엇보다도 현재 남북한이 UN에 각기 다른 국호를 가지고 동시에 가입되어 있다는 현실이 중요하다. 이런 상황에서 남북연합은 분단의 기정사실화라는 기능보다는 서로 협력하고 보다 가까워지면서 그것을 제도화하는 기능을 더 주요한 것으로 수행할 가능성이 높다고 평가할 수 있다. 협상여부에 따라서는 북한 역시 남북연합을 수용할 가능성이 있다.

따라서 필자는 현재 남북한에서 제기된 다양한 통일론을 검토하면서 다음과 같은 단계적인 통일방안이 보다 현실 가능한 것이 아닌가 하는 생각을 하게 된다.

(1) 남북연합단계

남북한이 '전쟁예방체제'를 분명하게 만들고 평화를 정착시킨 가운데 서로 돕고 협조하면서 제한적인 수준에서나마 국제법상 하나의 행위주체를 형성하는 것이다. 이 과정에서 남북의 군통수권과 외교권은 남북한 정부가 각기 독자적으로 행사해야 할 것이다. 외교권과 군사권을 통합하는 것이 통일의 기본이기는 하지만 남북예멘의 사례에서 보듯이 그것을 무리하게 합칠 경우에는 오히려 전쟁의 원인이 될 수 있고, 예기치 않았던 분쟁으로 발전할 가능성이 있다는 사실을 유념할 필요가 있다.

남북연합단계에서는 두 개의 정부와 두 개의 체제가 별도로 활동하지만 양쪽의 당국자들이 포함되어 있는 연합기구를 설치하고 거기에서 민족문제와 통일과 관련된 문제를 협력적인 분위기에서 논의하는 일이 필요할 것이다. 필자가 제기한 남북연합단계가 가능하기 위해서는, 한반도의 대결체제를 평화체제로 전환시키는 것을 전제로 하고 있다는 것은 앞에서 말한 바와 같다.

(2) 남북연방단계

연합의 과정을 통해서 신뢰를 쌓고 남북한의 경제 시스템도 서로 보완적인 것이 되며, 남북한 사이의 문제를 정치적·법적 과정을 통해서 합리적으로 해결할 수준이 된다면 외교권과 군사권을 통합하는 연방단계로 발전할 수 있을 것이다.

그러나 연합에서 연방으로 발전하는 과정은 결코 쉬운 일은 아니다. 이 단계에서 신뢰구축과 분쟁 해결의 법적·제도적 장치가 완비되는 것은 필수불가결한 조건이라고 할 수 있다.

그런데 여기에서 유념해야 할 것이 있다. 그것은 통일이 단순히 양쪽 정부의 합의와 합작에 의해서만 이루어져서는 안 된다는 것이다. 그렇게 될 경우 통일은 양쪽의 권력자나 정치인들의 기득권을 높이거나 단순한 상층결합으로만 끝날 가능성이 있다.

따라서 이 과정에서 민간수준의 참여 확대가 절대적으로 필요하다. 게다가 양쪽 사회는 국민과 주민의 권리를 강화하고 정치와 통일문제에 대해서 참여의 통로를 확대시키는 방향으로 개혁되지 않으면 안 된다. 즉 남한사회는 철저한 지방자치를 통해서 지역자치와 주민자치를 활성화해야 할 것이고, 북한의 경우는 개혁개방정책을 통해서 시장경제를 도입하고 아울러 정치권력을 세속화시키면서 지방분권화 정책을 추진해야 한다.

(3) 아름다운 나라 만들기

세계사의 흐름에서 이제 정치와 사회 민주화의 기준은 국민의 참여권과 지역주민의 실질적인 자치를 얼마나 보장하느냐이다.

그리고 경제 민주화의 기준은 시장경제하에서 공정성과 공평성을 어떻게 구현하며 아울러 건강한 풀뿌리 지역경제를 어떻게 형성하느냐 하는 것이 중요한 과제로 제기되게 된다. 게다가 사회보장제도가 구비되고 민간단체의 다양한 활동에 기초한 복지 프로그램이 충만한 사회를 만드는 일이 중요하다.

통일은 그 자체로 끝나는 것이 아니라 결국 아름다운 나라, 건강한 복지사회를 만드는 문제와 함께 지방이 살아 있는 사회, 지역의 평화와 세계의 건전한 발전에 이바지할 수 있는 태세를 구비하는 문제와 다른 것이 아니라는 사실을 확인하게 된다.

그러니까 통일의 최종 단계는 '냉전분단대결체제'에서 얻어진 역사적 교훈이 발전의 밑거름으로 작동하는 사회여야 하고, 동시에 세계사의 발전과정인 사회의 입체화와 궤도를 같이하는 것이라야 한다. 그리고 무엇보다도 민족구성원이 즐겁게 살 수 있는, 즉 진정한 휴머니즘이 구현되는 그런 수준 높은 사회를 만들어야 한다.

5) 민족사적 3대 과제

평화와 통일, 자치는 결코 다른 것이 아니다. 인간존중에 기초한 참다운 민주주의의 뿌리에서 나오는 세 가지 열매라고 할 수 있다.

그 중에서도 특별히 강조해야 할 것은 자치에 관한 부분이다. 자치야말로 21세기의 시대정신이기 때문이다. 냉전시대가 역사에게 주는 교훈은 자치 정신이 없으면 좌파든 우파든 시민단체든 결국에는 권위주의화된다는 사실이다. 좌파 권위주의는 스탈린니즘을 낳았고, 우파 권위주의는 파시즘으로 이어진 불행한 역사적 경험을 결코 잊지 말아야 할 것이다.

그런데 냉전시대와 산업문명의 시대를 지나면서 역사는 우리에게 다시 한번 자연으로 돌아가 자연으로부터 배울 것을 가르치고 있다. 그것은 이제 새로운 세계는 낙하산 방식에 의해서가 아니라 풀뿌리 방식에 의해 재구성되어야 한다는 것이다. 풀뿌리 정신과 풀뿌리 방식을 이해하기 위해서는 씨앗이 싹을 틔우고, 조그만 풀과 나무가 되었다가 결국에는 무성한 숲을 이루는 모습을 지켜보면 쉽게 이해할 수 있을 것이다.

이제 새로운 문명사의 흐름은 '숲의 원리'처럼 인간의 개성과 자존심을 서로 존중하면서 함께 살 수 있는 상생의 지혜를 만들어야 한다는 것을 우리에게 가르쳐주고 있다. 그런데도 국가주의와 낙하산 방식, 그리고 권력은 여전히 강력한 영향력을 행사하고 있다.

이제는 새로운 역사의 정신을 담지한 민간단체들과 시민들이 스스로 나설 차례이다. 시민과 민간단체들이 자치정신에 기초해서 새로운 역사의 길을 열며, 그 일을 위해서 열린 네트워크를 형성하는 일은 이 시대가 한국사회에게 부과한 시대적 소명인 것이다.

바로 이런 점에서 통일의 완성도를 높여나가는 작업은 정부 당국자들에 의한 노력과 시민사회와 민간단체들의 노력, 전문가들의 포럼, 그리고 풀뿌리 지방자치단체들의 노력이 조화를 이루면서 진행되어야 하는 것이다. 통일의 3단계, 즉 '풀뿌리민주주의에 기초한 아름다운 나라 만들기'는 조화와 협력에 의해 이루어져야 하는 수준 높은 민족공동체의 형성, 바로 그것이다.

6) 민간단체와 시민의 역할

(1) 평화운동

평화운동은 평화스러우면서도 꾸준하게 진행하는 것이 대단히 중요하다. 평화운동의 주체와 대상은 일반 국민대중으로 설정하는 것이 좋지 않을까 생각한다. 전쟁과 평화에 대한 보다 심화된 정보를 전달하고, 평화의 문화, 평화의 문명에 대한 감수성과 헌신성을 확보하는 일이 중요하다. 이런 노력은 남북한 당국이 평화체제를 수립하는 데 큰 도움이 될 것이고, 한국의 정치세력들을 평화지향적으로 선도할 수 있을 것이다.

미국과 일본의 반핵평화운동 사례들을 보면 평화운동의 중요성과 함께 여러 가지 것들을 시사받을 수 있다. 미국의 평화운동은 대중운동이라기보다는 소수의 깨어 있는 시민들에 의한 정보와 자료 운동이고, 계몽운동이다. 그러나 이들이 제공하는 정보의 수준은 탁월한 것이다. 전문가들이 참여하고 있기 때문이다.

일본에서는 핵무기의 공격을 당한 경험 때문에 지역주민들과 지방자치단체들이 반핵평화운동을 함께 한다고 해도 좋을 정도로 평화운동이 일반화되어 있다. 많은 지방자치단체들이 '반핵평화도시'를 선언하였고, 평화교육장이나 평화박물관을 운영하고 있다.

우리의 경우에도 평화운동을 전개하면서 우선 이 분야에 관한 다양하고 심층적인 정보와 자료들을 제공할 필요가 있다. 가장 위험한 지역에서 살고 있으면서도 그 동안 이 분야에 관한 정보와 자료로부터 멀리 떨어져 있었던 것이 우리의 형편이기 때문이다.

그리고 평화문제를 생각할 때는 남한이나 남북한이라는 공간만이 아니라 반드시 그 공간을 동북아시아로 확대해야 한다. 그래야만 군사력의 균형이라는 문제를 고려하는 현실적인 평화운동이 될 것이기 때문이다.

그 동안 우리의 평화운동은 우리 사회의 문제에만 관심을 가진 측면이 없지 않다. 그러나 그것이 소박한 수준을 넘어 전문적인 것이 되기 위해서는 군사비와 복지비의 비교만이 아니라, 남북한의 축소지향적 군사력의 균형 문제와 동북아시아 군축 문제를 동시에 고려하지 않으면 안 될 것이다.

그래야 평화운동이 우리 민족의 생존과 이 지역 주민들의 복지를 동시에 보장하게 될 것이다. 작은 나라의 생존비법은 군비경쟁이 아니라 평화가치의 확산이라는 점을 염두에 두어야 할 것이다.

(2) 통일촉진운동

한반도에서의 탈냉전 흐름이 통일로 이어질 수 있도록 물꼬를 트는 작업과 노력이 필요하다. 동시에 탈냉전에서 통일로 이어지는 바람직한 도정은 무엇이며, 통일과정, 그리고 통일 이후 우리 사회의 모습에 대한 청사진은 어떤 것인지를 찾아내는 섬세한 노력이 요구된다. 통일은 우리 사회의 힘 관계를 재조정하는 것은 물론이고 국제관계의 재조정까지도 의미하기 때문에 이에 대한 사회적 조정력을 길러나가야 한다. 통일의 과정, 통일 이후에도 우리 사회에는 신뢰감을 갖는 사회적 조정력이 필요하게 될 것이다.

(3) 주민자치운동

우리 사회의 자치력이 결국은 통일을 원만하게 하고, 통일 이후에도 우리 사회를 지탱하는 힘이 될 것이다. 따라서 우리 사회의 자치력과 자치문화를 배양하는 것이 결국은 통일을 앞당기고, 통일을 질서정연하면서도 의미 있는 것으로 만드는 첩경이라는 사실을 기억하면서 이를 위해 뜻 있는 시민들과 민간단체들이 앞장서서 노력하는 것이 필요하다고 생각한다. 지방자치단체와 지방의회, 그리고 각 지역에 있는 풀뿌리 시민단체들의 힘이 조화를 이룰 때 우리의 자치력은 획기적으로 증대될 수 있다.

(4) 한민족 네트워크 운동

앞에서도 이야기했지만 통일은 결국 민족의 커뮤니케이션과 문화공동체를 회복하는 것이고, 이 작업은 남북한 정부 사이의 관계개선과 병행되어 추진되어야 한다. 민족 구성원들 사이의 의사교류가 원활하게 이루어지는 가운데 통일의 분위기가 조성될 수 있고, 또한 통일의 열매도 민족 구성원들 사이의 의사소통과 거래 확대로 나타날 수 있기 때문이다.

통일을 해서 무엇을 하자는 것인가? 그것은 서로 대화를 나누고 어울려 살며 교류하고, 경제협력을 원활하게 하면서 살자는 것이 아니겠는가? 통일이 되었다고 해서 인간관계들이 막연한 꿈의 관계가 되는 것은 아니다. 통일은 민족 구성원들 사이의 끊어진 네트워크를 회복하는 것에 다름 아니다. 따라서 지금은 정보와 지식의 네트워크, 역사와 문화의 네트워크, 인적인 네트워크, 지혜와 경험의 네트워크를 엮어나가는 노력이 절실하게 요구되는 시점이다.

(5) 아시아 시민사회의 개척

통일은 또한 아시아의 평화 네트워크를 만들어나가는 것이다. 통일을 위해서, 그리고 통일 이후 나라의 발전을 위해서는 주변 4대강국은 물론이고 아시아의 다양한 나라들에 대해서 관심을 갖는 것이 필수적이다. 아시아의 여러 나라들, 그리고 여러 민족들과 평화공존을 지향하기 위해서는 먼저 그들에 대해서 잘 알아야 한다.

근대 이후 우리나라의 역사를 돌아보면 4대강국이 우리나라의 운명을 놓고 마음대로 요리한 측면이 강하다. 그러나 이제는 그 반대가 되어야 한다. 이제는 우리나라가 중심이 되어 4대강국의 힘을 조율해야 한다. 독일과 러시아 사이에서 시련을 겪은 폴란드가 아니라 프랑스와 독일과 러시아의 세력 균형을 통해서 자신의 생존권을 확보했던 영국을 닮아야 한다는 것이다.

한반도가 동북아시아 세력균형의 추(錐)가 되면서 동북아의 평화를 유지하고 아울러 우리나라의 운명을 우리 스스로 개척하지 않으면 안 될 때가 되었다. 이를 위해서는 우선 4대강국에 대해서 잘 알아야 하고, 또 탁월한 외교가들이 나와야 한다. 동시에 외교 문제를 정부에만 맡기지 말고, 민간수준에서도 논의하고 참여할 수 있는 방도를 찾아야 한다. 다른 나라에는 다양한 '민간외교협회'들이 존재한다. 우리도 이제는 아시아 전체의 세력균형에 대해서 민감한 관심을 갖는 민간수준의 다양한 외교협회들이 만들어져서 입체적인 외교를 펼쳐나가야 할 때라고 생각하는 것이다.

결국 우리가 평화적으로 통일을 만들어나가기 위해서는 우리 스스로가 솔선수범하는 노력이 필요하다. 분단 이후 너무나 많은 에너지가 상대방을 비방하고 공격하는 데 쓰여졌다는 점을 생각하면 안타까운 마음이 적지 않다. 이제는 우리 스스로가 먼저 달라지는 노력을 전개해야 한다.

그런 의미에서 보자면 통일을 위해서는 무엇보다도 먼저 우리 사회의 질을 우리 스스로가 높여나가야 한다. 그러면 상대도 달라질 수밖에 없는 것이다. 보다 구체적으로 이야기하자면 경제를 발전시키고 시장경제의 공정성과 공평성을 높이고 사회복지제도를 완비해야 한다. 독일의 경우에서 배울 수 있는 첫 번째 교훈이 바로 이것이다. 정치적으로는 지방자치를 심화, 발전시키면서 정당 등 다양한 정치세력들의 내부 민주화를 촉진시켜 나가야 한다. 그래야만 자발적인 단결과 협조가 이루어지는 사회를 만들 수 있기 때문이다. 그러고 나서 북한과 다양한 대화의 자리를 만들어나간다면 결국은 우리 민족 전체에 이익이 되는 통일 방도를 찾을 수 있을 것이다.

지금부터는 지금까지 논의한 통일의 경로와 통일의 방안을 가지고 그것을 구체적으로 실천할 수 있는 추진방법을 탐구해 보기로 하자.

10장 통일의 기초(1) : 평화선행론

1. 무기의 그늘

1) 서울 불바다론, 평양 초토화론

1994년 3월 18일 남북특사교환을 위한 예비회담에서 북한의 박영수 단장은 "서울이 불바다가 될 수 있다"는 협박성 발언을 함으로써 남북대화의 분위기를 일순간에 얼어붙게 만들었다.

이 발언은 감정적인 발언만은 아닌 것으로 알려졌다. 북한에서 귀순한 김경호 씨 일가족이 서울의 명멸하는 네온사인 불빛을 보면서 '불바다'라고 표현했기 때문에 그런 것은 아니다. 군사평론가인 지만원 박사에 의하면 북한은 170㎜ 대구경 장거리 곡사포를 무더기 단위로 전방 군단마다 배치하고 있다. 이들 무기는 진지를 옮기지 않고서도 서울뿐만 아니라 수원까지 불바다로 만들 수 있다는 것이다. 또한 북한은 남한 인구를 세 번씩이나 멸망시킬 수 있는 화생무기도 갖고 있는 것으로 알려져 있다.

남한에도 북한을 마비시킬 군사력이 있다. 그래서 정부의 책임자들이 북한이 도발을 감행한다면 그것은 스스로 무덤을 파는 일이 될 것이라는 사실을 강조했다. 평양초토화론은 1970년대 미국의 국방장관이었던 슐레진저에 의해 확인된 바 있다. 당시 슐레진저는 평양이 군사적 공격을 취할 경우, 전술핵무기로 평양을 초토화시킬 것이라는 강경한 메시지를 보냈다.

이처럼 한반도의 휴전체제는 안온한 것이 아니다. 어느 한쪽이라도 전쟁에의 유혹을 느낀다면 일격과 반격, 재반격을 통해 한반도 전체가 초토화될 수 있다.

2) 무기의 그늘 아래

무기의 그늘은 과연 시원스러운 평화를 보장하는가? 그 동안 너무 바쁜 산업화의 시대를 살아왔기 때문에 우리는 이런 문제들에 대해서 별로 생각할 겨를을 갖지 못했다. 그러나 1996년 가을의 잠수함 침투사건은 휴전체제하의 평화로운 삶이 얼마나 깨지기 쉽고 위태위태한 것인가를 우리들에게 잘 말해 주었다. 불과 20명 남짓한 공작원들이 우리 사회와 우리 군 전체를 흔들어놓은 것이다.

북한에는 군사력의 사용에 유혹을 느끼는 강경파들이 아직도 건재하고 있으며, 여전히 강력한 군사력이 존재하고 있다는 사실을 기억하지 않으면 안 된다. 국방부에서 펴낸 『96-97 국방백서』는 남북한의 군사적 대치상황이 어느 정도인가를 알려주는 자료들 가운데 하나이다. 미 중앙정보국의 자료와 스웨덴 평화연구소(SIPRI)의 자료를 참조할 수 있다.

『96-97 국방백서』에 의하면 북한의 지상군은 1995년 91만 명에서 1996년에는 92만 명으로 1만 명의 병력이 증가됐다. 북한의 지상군

은 인민무력부 예하에 4개의 기계화 군단과 2개의 포병군단을 포함
하여 20개 군단사령부와 전차교도지도국, 포병사령부, 그리고 특수
전부대를 관장하는 경보교도지도국으로 편성되어 있다. 주요 전투
부대는 보병 60개 사단/여단, 기계화 보병 25개 여단, 전차 13개 여
단, 특수부대 25개 여단, 포병 30개 여단 등 총 153개 사단/여단으로
구성되어 있다. 지상군은 평양-원산선 이남 전방에 10개 군단, 60여
개 정규 사단/여단이 전진 배치돼 있는 것으로 알려졌다. 지상군의
주요 장비로는 신형 T-62전차 및 경전차 800여 대를 포함, 총 3,800
여 대의 전차를 보유하고 있다. 장갑차는 BTR 계열 등 총 2,800여
대, 포병은 8,300여 문의 곡사 및 평사포와 240㎜ 방사포 등 1만
2,500여 문의 방공무기를 갖고 있다. 특수전 부대는 10만여 명으로
유사시 전·후방 지역에 대량으로 침투해서 낙한 전역에 대한 동시
전장화를 노리고 있는 것으로 보고되어 있다.

북한의 해군은 해군사령부 예하에 동서해 함대로 양분되어 있으
며 서해함대 사령부에 6개 전대, 동해함대 사령부에 10개 전대가 편
성되어 총 16개의 전대가 배치되어 있다. 이중 동해함대 사령부는
약 470여 척, 서해함대 사령부는 약 330여 척의 함정을 보유하고 있
는 것으로 알려졌다. 이들 함정은 경비함, 유도탄정, 어뢰정, 화력지
원정 등 수상전투함 430여 척, 잠수함 35척(소형잠수함 9척 포함), 상
륙함, 공기부양정 등 지원함 335척으로 구성되어 있으며, 이중 60%
의 함정이 전방지역에 전진 배치되어 있는 것으로 알려졌다.

북한 공군은 공군사령부 예하에 6개 항공사단으로 구성되어 있으
며 공군사령부는 이들 부대를 직접 지휘통제하고 있다. 이중 3개 항
공사단은 전술기 연대, 2개 항공사단은 수송기 연대로 편성되어 있
으며, 1개 항공사단은 조종사 양성훈련을 전담하고 있는 것으로 알
려졌다. 북한 공군은 MIG-23/29 등 최신예 전술기 60여 대를 비롯
하여, 주력기종인 MIG-19/21, IL28, SU-7/25 등 460여 대,

MIG-15/17계열 320여 대, AN-2기를 비롯한 지원기 510여 대 및 헬기 290여 대를 포함하여 총 1,640여 대의 항공기를 보유하고 있다. 1980년대 후반 이후 북한 공군은 MIG-25 전투기, SU-25 근접지원기, IL-76수송기, M1-26 공격용 헬기 등 신예기를 도입하여 전술항공 전력의 질적 증강을 도모하고 있다.

북한에는 정규군 외에도 교도대, 노농적위대, 붉은청년 근위대, 인민경비대 등 660만 명에 이르는 예비전력이 있는 것으로 『96-97 국방백서』는 보고하고 있다. 이는 14세부터 60세까지의 인구 중 약 30%를 동원대상으로로 하고 있는 것이다.

이밖에도 『96-97 국방백서』는 북한이 핵무기 1~2개 분량의 플루토늄을 추출했을 가능성이 크다고 지적한다. 그리고 최근에는 화학무기와 핵무기의 탑재가 가능한 사정거리 1,000㎞ 이상의 '노동1호'를 시험발사한 데 이어 대포동 1, 2호 등 신형 중·장거리 미사일을 지속적으로 개발함으로써 한반도는 물론이고 동북아 지역 전체에 위협이 되고 있다고 분석한다.

이상에서 보듯이 북한은 현재 전시사회주의 체제와 군사적 동원 체제를 유지하고 있고, 따라서 우리의 경우에도 이에 준하거나 이를 능가하는 군비태세를 갖추지 않으면 안 되는 상황을 강요하고 있는 것이다. 그리고 이처럼 과도한 군비지출은 북한에게는 경제적인 어려움으로 남한의 경우에는 국방비의 하향 경직성과 증액에 따른 타 분야의 상대적 위축으로 나타난다.

그래도 그 동안 남한은 GNP의 성장 때문에 방위력에 투자할 수 있는 상당한 여력을 확보하였다. 1975년부터 1990년까지는 방위세를 신설해서 운영하였다. 그래서 제1차 율곡사업(74~81)에 3조 1,402억 원, 제2차 율곡사업(82~86)에 5조 3,280억 원, 그리고 87년에서 95년까지의 전력정비 사업에 22조 5,797억 원을 투자하였다. 이처럼 큰 규모의 군사비 투자는 북한을 초조하게 만들고 있는 것으로 알려져 있다. 북한은 경제적인 여력이 없으며 그래서 총력전 태세를 갖추고 있는 것이고, 이와 같은 총력전 태세는 체제유지에 부담이 가는 상황까지 가고 있다는 것이다. 지만원 박사는 북한은 재래식 무기경쟁에서 상당한 위기위식을 느끼고 대신 핵무기와 화생무기 등의 개발을 통해서 일거에 공포의 균형을 달성하려는 시도를 하고 있다고 분석한 바가 있다.

그러나 남북한의 군사력을 양으로 비교해볼 때는 아직도 북한쪽이 더 많은 군사력을 유지하고 있는 것으로 알려져 있다. 『96-97 국방백서』에 나와 있는 남북한 군사력 현황은 <표 4>와 같다.

〈표 4〉 1996년 남북한 군사력 비교

남 한				북 한		
육군	56	69**	병력(만 명)	육군	9.2	105.5
해군	6.6*			해군	4.7	
공군	6.4			공군	8.8	
11(개)			군 단	20(개)		
50(개)			사 단	54(개)		
21(개)			여 단	99(개)		
2,050(대)			전 차	3,800(대)		
2,250(대)			장갑차	2,800(대)		
4,700(문)			야 포	11,000(문)		
180(척)			전투함	430(척)		
330(척)			지원함	50(척)		
4(척)			잠수함	35(척)		
530(대)			전술기	840(대)		
160(대)			지원기	510(대)		
630(대)			헬 기	290(대)		

* 해병사단 포함, **방위병 제도 폐지에 따른 현역화로 병력 3만 5천 명 증가(서울신문 1996년 10월 5일자를 수정 인용-).

이 그림을 보면 우리나라의 풀뿌리 시민들은 남북한을 막론하고 모두가 무기의 그늘 아래 보금자리를 틀고 있다고 비유할 수 있다. 그렇다면 오늘밤 우리는 무기의 그늘 아래서 과연 어떤 꿈을 꾸어야 하는 것인가? 그리고 우리가 진정으로 행복한 삶을 소망하는 사람들이라면 우리는 과연 어떤 선택을 해야 하는 것일까? 끝없는 군비경쟁인가 아니면 평화에 대한 합의인가?

2. 4자회담과 한반도의 평화문제

1) 4자회담의 제안과 북미 접촉의 공식화

지난 1996년 4월 16일 제주도에서는 한미 정상회담이 있었다. 한미 정상회담 이후 김영삼 대통령과 클린턴 미국 대통령은 공동기자회견을 통해 이른바 '제주선언'으로 불리는 대북정책 기조를 발표했다.

'제주선언'의 내용은 크게 두 가지이다. 하나는 한반도의 평화 정착을 위한 새로운 대화의 틀로써 4자회담을 제안한다는 것이고, 다른 하나는 미국과 북한이 직접 대화할 수 있는 통로의 설치를 공식화한 것이다. 한반도의 평화체제에 관한 문제는 4자회담에서 논의하고 그밖의 문제에 대해서는 미국과 북한이 공식으로 대화를 나눌 수 있다는 것이 이번 회담의 주요 내용이다. 제주회담에서 발표된 내용은 언론에서 미리 보도했던 제주 3원칙과 크게 다르지 않다. 제주 3원칙은 ① 한반도의 평화 문제와 미국과 북한 간의 대화문제를 양자 분리해서 처리한다, ② 한반도 평화 문제는 한국이 주도한다, ③ 정

전협정 등 한반도 평화문제와 관련해 미국은 북한과 직접 협의하지
않는다는 것이었다.

우리 정부는 그 동안 고수했던 한반도 평화 문제의 남북대화 방식
에 의한 해결원칙을 수정했고, 미국은 한국의 어깨를 넘어 북한과
평화협정 체결을 논의하지 않는다는 입장을 천명한 것이다. 그러나
그 대가로 미국과 북한 사이에 한반도 평화문제에 대한 논의와는 별
개의 차원에서 협상 테이블을 마련할 수 있게 되었다.

우리 정부가 4자회담을 수용한 것은 지금까지 한반도 평화문제는
남북한 당사자 사이에서만 논의해야 한다는 기존 입장에 대한 궤도
수정을 의미한다. 따라서 우리는 먼저 4자회담이 제기된 배경을 살펴
보고 아울러 그것이 갖는 의미와 전망을 점검해 봐야 한다.

지금까지 보도된 바에 의하면 김영삼 대통령과 클린턴 미국 대통
령이 공동 제안한 4자회담은 양국간 치밀한 막후교섭의 외교적 산물
이다. 그렇지만 누가 먼저 제안한 것인지는 분명하지 않다. 두 정부가
한반도 평화 정착을 위한 대안으로 4자회담을 제의하기로 의견을 모
은 것은 1996년 1월 앤서니 레이크 백악관 안보담당 보좌관이 방한했
을 때라고 한다. 당시 유종하 청와대외교안보 수석의 초청으로 방한
한 레이크 보좌관은 유 수석과 함께 한라산을 등반하는 등 겉으로는
한가로운 일정을 보냈으나 내면적으로는 4자회담에 대한 심도 있는
협의를 계속했다는 것이다. 유 수석은 이후 레이크 보좌관과 실무 절
충을 계속해서 4자회담의 윤곽을 마련했으며, 클린턴 대통령의 방한
이 확정되자 그것을 구체화하는 작업에 들어갔던 것으로 알려졌다.
4자회담 제안과정에서 중요한 역할을 수행했던 유 수석은 기자들에
게 "김 대통령은 정전협정을 항구적 평화협정으로 대체하기 위한 대
안을 줄곧 생각해 왔으며 지난해 4자회담 제안을 생각했으나 한반도
정세 등이 불확실해 실현되지 못했다"고 설명했다.

한국 정부는 4자회담 제안을 인도네시아 정부를 통해 미리 북한

측에 통보했고, 중국의 장쩌민(江澤民) 주석에게도 제안 내용을 상세히 설명한 것으로 알려졌다. 4자회담에 대해서 미국과 일본은 환영의 뜻을 표했고, 중국은 신중한 반응이었으며 러시아는 노골적으로 반발하는 반응을 보였다. 그렇다면 왜 이렇게 다양한 반응이 나오는가? 그 해답을 찾기 위해서는 한반도 평화정착 문제와 관련된 논의구조의 변화를 점검해 보는 일이 필요하다.

2) 한반도의 대화구조

(1) 남북대화

남북대화에서 가장 중요한 축은 남북한 정부 당국자들 사이의 회담이다. 그리고 당국자들 사이의 대화가 단절되어 있던 상황에서 중요한 역할을 수행하고 이후 인도적인 차원의 역할을 담당하고 있는 남북 적십자회담과 남북 정치인들이 참여했던 남북 국회회담도 중요한 대화의 창구이다. 그밖에도 종교, 체육, 문화, 학술 분야에서 대화의 창구들이 마련되어 있었다.

이 중 남북 정부 당국자들의 대화는 1972년 7·4 남북공동성명과 함께 시작되었다. 대결체제하에 있던 남북한 당국이 남북조절위원회라는 협의기구를 만든 것은 중대한 의미가 있었지만 이후 남북관계의 경색과 함께 유야무야되고 말았다.

1980년에는 총리회담을 위한 예비접촉이 시작되었지만, 중간에 무산되고 말았다. 제5공화국 시절에는 남북한 사이에 밀사교환이 이루어졌던 것으로 알려졌지만, 가시적인 성과는 없었다. 남북대화가 다시 활발하게 재개된 것은 1980년대 후반이다. 남북한 총리를 단장으로 하는 고위급 회담이 전개되면서 남북한의 총리들은 서울과 평

양을 여러 차례 방문하였다. 그리고 고위급 회담은 「남북 기본합의
서」를 만들어내었다. 이 합의서는 그 동안 제도적, 공식적인 관계가
전무했던 남북관계에 '과도기적 특수관계'라는 일정한 성격을 부여
하였다. 즉 이 합의서는 대결적인 남북한 관계에 화해와 불가침과
교류 협력을 약속한 것이다. 비록 이 합의문들이 지금 잠을 자고 있
기는 하지만 이 합의서는 새로운 남북관계의 이정표라는 점에서 중
대한 의미를 담고 있는 것이다.

　남북대화의 꽃은 역시 '남북정상회담'이다. 박정희 정부 이래 전두
환, 노태우 정부가 모두 남북정상회담을 추진했지만, 그것이 구체적
인 수준에까지 도달한 것은 김영삼 정부 등장 이후의 일이다. 1994
년 7월 남북한 정부는 남북정상회담에 합의하였고, 그것을 구체적으
로 추진하였다. 그런데 그 과정에서 북한의 김일성 주석이 사망함으
로써 남북정상회담은 무위로 끝나고, 이후 남북관계는 다시 새로운
긴장상태에 돌입하였다.

　그 원인은 김일성에 대한 남북한의 평가가 판이하게 다르고, 또한
그것이 표출되는 과정에서의 불협화음 때문이었다. 김일성의 사망
이후 남북대화는 쌀 문제 등 제한적인 형태로만 이루어졌다. 그리고
이 과정에서 우리 정부는 한반도의 평화문제를 논의하기 위한 남북
대화의 필요성을 강조했고, 북한은 평화협정을 위한 유일한 대화창
구로서 북미대화의 필요성을 주장했다.

　우리 정부의 입장은 한반도 평화문제의 '실질적인 당사자'는 남한
과 북한이라는 것이었고, 북한의 입장은 '정전협정의 서명자'인 북한
과 미국 사이에 휴전협정을 평화협정으로 대체하는 문제가 논의되
어야 한다는 것이었다. 이 과정에서 북한에서는 3자회담을 제의한
바 있고, 우리 정부에서는 6자회담을 제의한 바 있으며 이번에 새롭
게 4자회담을 제의했다.

　그런데 여기에서 언급된 회담들은 무엇보다도 한반도에 평화를

정착시키는 평화정착회의라는 사실을 잊지 말아야 한다. 평화정착과 관련된 회의에는 관련 국가들의 참여가 허용될 수 있지만, 통일과 관련된 대화와 회의는 남북한 사이에 이루어져야 하는 것이다. 그런 점에서 우리는 남북대화의 심화, 발전을 위해서 노력해야 한다.

(2) 3자회담

3자회담론이 제기된 것은 1978년과 1984년이다. 1978년 김일성 북한 주석은 일본 『세계(世界)』지 편집국장과의 회견에서 "3자회담은 두 개의 한국을 고정시키기 위한 것이기 때문에 일체 고려할 수 없다"는 입장을 표명하였다. 반면 1984년에는 북한의 정부(중앙인민위원회)와 국회(최고인민회의 상설회의)가 연합회의를 열고 3자회담을 제안하였다. 즉 남북한과 미국이 참여하는 3자회담을 열고 '평화협정'과 '불가침선언', 그리고 통일문제를 논의하자는 것이었다. 그러나 이번에는 한국과 미국이 이를 받아들이지 않았다.

(3) 6자회담

6공 때 '6자회담'이 제기됐다. 당시 노태우 대통령은 북방외교의 성과를 기초로 해서 남북한과 미·일·중·소가 참여하는 6자회담을 통해서 한반도 평화문제를 논의하자는 6자회담안을 유엔 총회 연설에서 제의하였다. 여기에 대해 일본과 러시아가 만족을 표명했지만 구체적으로 추진되지는 못했다. 실질성보다는 명분성이 강했기 때문이다. 4자회담이 제안된 이후 러시아는 예전에 제기됐던 6자회담에 비추어서 반론을 폈는데, 그만큼 한반도 문제가 동북아시아의 세력균형에 중요한 의미를 갖고 있다는 것을 말해 주는 것이다.

(4) 8자회담

8자회담은 러시아가 제기한 한반도 문제의 논의방식이다. 즉 한반도 문제의 해결을 위해서 남북한은 물론이고 미·일·중·소와 국제원자력기구, 유엔이 함께 참여해서 논의하자는 것이다. 그러니까 이 안은 한반도 문제를 완전히 국제화시키자는 것이다.

(5) 4자회담

4자회담은 휴전체제를 평화체제로 전환하기 위한 과정에서 남북대화를 꺼리는 북한을 대화의 자리로 끌어내기 위한 방안으로 제시되었다. 우리 정부는 휴전체제를 평화체제로 전환하는 과정은 반드시 남북대화를 통해서 이루어져야 하며, 한국의 머리를 넘어 미국과 북한 사이에 협상이 이루어져서는 안 된다는 입장을 고수했다. 반면 북한은, 평화협정은 정전협정에 서명한 당사자인 북한과 미국 사이에 이루어져야 한다는 입장을 강력하게 주장했다.

그래서 4자회담은 남북한의 입장을 절충해서 제안한 것이라고 할 수 있다. 남북한 대표와 미국이 참여하고 아울러 휴전협정에 '인민지원군 사령관'의 이름으로 서명했던 중국까지 참여시키자는 것이다. 중국의 참여는 형식적인 논리만이 아니라 주변 국가들 가운데 북한에 영향을 끼칠 수 있는 거의 유일한 국가이기 때문에 선택되었다고 볼 수 있다. 공식 제의 과정에서 왜 중국을 참여시키는지에 관한 특별한 설명은 없었다. 그래서 그런지 중국이 한반도의 휴전체제 대체 논의에 왜 참여해야 하는가에 대해서는 논란이 많은 것 같다.

논란은 이것만이 아니다. 과연 북한이 4자회담을 수용할 것인가 하는 문제가 중요하다. 이 문제는 북한의 내부 사정과 주변 국가들 사이의 역학관계에 의해서 결정될 것이라고 예측할 수 있다. 4자회

담의 방정식을 풀기 위해서는 남북한과 주변 국가들의 입장은 물론
이고 각 나라들의 사정이 어떠한지를 아는 게 중요하다.

당시 미국은 1996년 11월의 대통령 선거를 앞두고 시간에 쫓긴 반
면 힘이 있고, 북한은 일사불란한 시나리오로 외교활동을 벌여 외교
적 생산력을 높이면서도 쌀 부족으로 인해 경제적 기반이 약하다는
문제가 심각하였다. 중국은 북한에 대한 영향력이 있으면서도 그 영
향력의 행사에는 주저하고 있었다. 영향력의 남용이 영향력의 상실
을 가져올 수 있기 때문이었다. 우리 정부의 경우에는 한반도 문제
의 처리가 머리 위나 등 뒤에서 이루어질 경우의 소외감을 걱정하면
서 남북대화 선행의 원칙을 고수해야 하는 딜레마가 있었다.

따라서 4자회담의 방정식은 우여곡절을 거치면서 형식적이 되거
나 또는 다양한 채널의 막후 쌍무협상을 거치면서 실질적인 것은 모
두 거기에서 결정되고 정작 4자회담은 그것을 승인하는 회의가 되
는 것은 아닌가 하는 걱정을 금할 수가 없다. 이런 점에서 보았을 때
중요한 것은 4자회담의 형식이 아니라 4자회담의 내용이라고 할 수
있다.

다음은 한반도를 둘러싼 쌍무적인 관계의 틀을 논의할 차례이다.

3) 경쟁적인 남북한 외교

(1) 한국의 북방외교

동북아시아와 세계의 탈냉전 과정은 6공화국 당시의 북방외교와
맞물렸다. 우리나라는 자유화 과정에 있던 동유럽의 여러 나라들과
차례로 외교관계를 맺었고, 이후 고르바초프와 당시 노태우 대통령
과의 대좌를 통해 한소수교를 조기에 매듭짓기도 했다. 그리고 나중

에는 한중수교까지도 이루어졌다.

이와 같은 우리 정부의 북방정책은 중간 중간에 미국이 우려할 정도로 깊숙하게 추진되기도 하였고, 국내에서도 북방정책에 제동을 거는 여러 징후들이 나타나기도 하였다. 그 중에서도 주목할 만한 것은 북방정책을 강력하게 추진하던 박철언 씨를 미국이 초청한 일이라든지, 또는 육사 교장이었던 민병돈 장군이 노태우 당시 대통령에게 경례를 하지 않는 일 등이 발생한 것들을 들 수 있다. 이런 일련의 과정을 통해 한국과 북방 여러 나라들 사이의 관계가 재조정되었고, 그 과정에서 남북관계가 부분적으로 개선되기도 하였다.

그러나 몇 가지 우여곡절이 있었다. 그 중에서도 남북한 사이의 여러 합의문서들이 실행되지 못하고 캐비닛 속에 묻혀 있다는 사실은 주목할 만한 일이다. 일례를 든다면 정주영 현대그룹 명예회장의 대북한 경제협력 계획과 대북방 경제협력 프로젝트들은 소련과 북한, 한국과 일본으로 이어지는 거대한 사업구상으로 알려졌는데, 그것들이 시행되지 못하면서 현대그룹과 정부와의 관계가 악화되기도 하였다. 혹자는 이 과정에서 대륙세력과 해양세력, 또는 아시아 프로젝트 대 태평양 프로젝트 사이에 갈등이 있었던 것이 아닌가 하는 의혹을 제기하기도 한다. 아무튼 현대그룹의 정주영 회장이 당시에 러시아의 고르바쵸프와 북한의 김일성, 한국의 노태우, 일본의 가네무라 신을 연결할 수 있는 대규모의 사업을 추진했었다는 것만은 분명한 것 같다.

이런 일련의 상황들은 결국 '통일국민당'의 창당과 정주영 회장의 대통령 선거 참여로 나타났다. 파장은 그것만이 아니었다. 북방정책이 추진되면서 북한에서는 심각한 소외감을 표시하였고, 이후 북한은 소련과 불협화음을 냈고 '조소동맹 조약'의 파기를 거론하기에 이르렀다. 그런데 1990년대 후반에 들어와서는 북한의 대서방 외교가 활발하게 전개되고 있으니 이 또한 역설이 아닐 수 없다.

(2) 북한의 서방외교

① 북미 접촉의 심화

최근 한반도 주변 상황의 변화 가운데 주목할 만한 것은 미국과 북한의 접촉이 눈에 띄게 늘었다는 것이다. 공식통계가 있는 것은 아니지만 북한 관리들의 미국 방문은 1995년 한 해만 해도 12～13회에 이르고 있고, 방문자만 해도 연인원 60여 명에 이르는 것으로 집계된다.

북한의 대외경제위원회 김정우 부위원장의 경우 5개월 사이에 미국을 세 번이나 방문했다. 1995년 12월에는 뉴욕에서 열린 '유엔개발계획(UNDP)' 주관의 두만강개발계획관리위원회 6차 회의에 참석한 뒤 뉴욕 인근에서 투자유치설명회를 갖기도 했다. 지난 96년 1월 18일에는 호놀룰루에서 열린 미 하와이대 동서문화센터 주최 '환동해 심포지엄'에도 참석했다. 그리고 1996년 4월에는 조지 워싱턴대 시거 동아시아연구소가 주최한 한반도 세미나에 참석했다.

리종혁 아태평화위원회 부위원장도 1996년 4월 애틀랜타에서 열린 북미 기독자협회 주최의 세미나에 참석하고 워싱턴에서는 미국의 고위 관료들을 방문했다. 그의 방미도 이때가 처음은 아니다. 그는 1995년 2월에도 종교행사 참여로 미국에 와서 워싱턴 등 5곳을 돌아다녔다.

더 중요한 것은 북한의 고위급 인사들이 미국을 방문하는 횟수가 늘어나는 것에 있는 것이 아니라, 이미 미국과 북한 사이에 공식적인 대화의 채널이 형성되어 있다는 것이다. 그 중에서 대표적인 것만 해도 94년 제네바 합의를 이끌어낸 북미 3단계 회담을 잇는 '북미 미사일 협상', '한국전쟁 실종 미군 유해 송환 협상', 그리고 '영변의 핵연료봉 봉인 작업에 파견된 미국무성 관리의 행정지원' 등 다양하다. 그밖에도 테러국 리스트나 경제제재 대상국가에서 북한을 제외시키기 위한 다양한 물밑 대화들이 이루어지고 있는 것으로 알려져 있다. 이와 관련해서 미 국무부는 경제제재의 해제 조건으로 △테러의 완전포기 △한국전쟁 때 실종된 ㅁ군 유해 반환 협의 △미사일 협의 계속 등의 3가지 조건을 제시했다고 일본의 산케이(産經) 신문이 보도한 바 있다.

〈유해송환협상〉

지난 96년 1월 10일 하와이에서 미군 유해송환문제 협상이 열렸다. 미 국방부의 제임스 월드 전쟁포로 및 실종자 담당 부차관보와 북한 쪽에서 김병홍 군축 및 평화연구소 소장(외교부 국제기구국장 겸임)이 수석대표로 나왔다. 이 협상은 미국 대표가 국방부의 부차관보급 고위실무자이고, 북한 쪽도 대표단에 인민군 판문점대표부 박임수 대좌를 비롯해 군부 인사들이 다수 포함돼 있어 북미 군관계자들의 첫 접촉이라는 사실 때문에 주목을 받았다. 88년 시작된 베이징에서의 8차례 참사관급 접촉을 통해 실마리가 풀린 미군유해송환은 90년 5월 처음으로 5구가 인도된 이래 지금까지 2백여 구의 유해가 미국 쪽에 넘겨졌다. 또 93년 8월에는 북미간에 「미군유해문제와 관련한 합의서」가 체결돼 이를 기초로 판문점에서 공식적인 협의가 진행되었다. 그러나 유해송환 비용 문제와 본격적인 송환을 위한 공동 조사단 구성 등을 둘러싼 이견으로 판문점에서의 협상이 교착상태에 빠졌다.

하와이 협상은 이를 타개하기 위해 열린 것이었다. 북한은 이를 북미간 군사접촉이자 관계정상화의 한 과정으로 간주했다. 1996년 3월 하순 「워싱턴 포스트」가 보도한 바에 따르면 1차 협상에서는 쟁점 가운데 하나인 유해송환비용 문제에서 지난 93~94년 인계한 162구의 유해 대가로 북한이 400만 달러를 요구한 데 대해 미국이 100만 달러를 말하자 결렬됐다. 그러나 미국 쪽 수석대표인 월드 부차관보는 200만 달러로 상향 조정할 수 있다는 의사를 보였으며, 비용문제보다는 유해 발굴을 위한 공동조사단 구성에 북한이 동의할 것인가가 협상의 관건이라는 게 관측통들의 지적이었다. 미 국방부 당국자들에 따르면 미국은 유전자 감식법을 이용하면 실종자 8,100명 가운데 3,500명 이상의 유해가 송환될 수 있을 것으로 보고 있으며, 이는 유해송환을 위한 북미간 협력이 상당 기간에 걸쳐 지속될 수 있음을 보여주는 것이기도 하다.

〈미사일 협상〉

1996년 4월 20일 베를린에서 열린 미사일 비확산협상은 미사일 문제를 전면에 내세우긴 했지만 미사일을 비롯해 화학무기 등 대량 파괴 무기에 대한 군비통제 협상의 성격이 강한 것이었다. 미국 쪽에서 로버트 아인호른 국무부 정치·군사국 부차관보가, 그리고 북한 쪽에서는 리형철 미주국장이 수석대표로 나온 이 베를린 협상은 회담의제와 일정 등이 협의되는 초기단계에 머물고 있다. 미국은 우선 개량형 스커드 및 로동 1호 등 북한이 개발한 미사일 등 사정거리가 300km를 넘는 북한 미사일이 동북아 일원뿐 아니라 이란·시리아 등 중동지역에 수출됨으로써 전 세계적 위협요인이 되고 있다는 인식 아래 북한을 미사일기술 통제체제에 가입시키려 하고 있다.

그러나 이는 1차적 목표일 뿐이다. 미국은 단순히 미사일 기술의 수출만이 아니라 미사일의 생산, 그리고 미사일에 탑재되는 화학무기 등도 통제·감축의 대상으로 삼을 것으로 예상되고 있다. 이에 대해 북한은 미사일의 개발·보유가 자위권 차원에서 이뤄지고 있다는 논리로 미국 쪽의 요구가 국가 자주권을 침해하는 것이라고 반발하면서 평화협정 체결 등 미국의 군사적 위협부터 제거해야 한다는 주장을 내세우고 있다.

베를린 협상은 장기적인 관점에서 볼 때 북미는 물론이고 남한까지도 포함하는 한반도의 포괄적인 군비통제 협상이 될 수밖에 없을 것으로 보인다. 그런 의미에서 우리는 베를린 협상을 주시할 필요가 있다.

〈미 국무부 실무자 영변지역 상주파견〉

연료봉 봉인작업에 대한 행정적 지원을 위한 미 관리들의 파견은 1996년 2월 중순 미 국무부의 케네스 퀴노네스 정보조사국 북한정세 담당관으로부터 시작되었다. 한미 양국은 그의 방문에 대해 "영변에 있는 미 기술자들의 사용 후 핵연료봉 봉인작업에 대한 연락업무를 위한 것"이라고 말했으며 그 뒤 미국의 북미 연락사무소 소장으로 내정된 스펜서 리처드슨이 1996년 3월 1일 북한에 들어가 임무교대를 했다. 또 세 번째로 국무부 한국과의 스테파니 에셀만 북한 경제 담당관이 3월 27일 북한에 들어갔다. 현재 영변에서 진행 중인 8천여 개의 연료봉에 대한 봉인작업은 10개월여의 기간이 소요될 것으로 예상된다. 결과적으로 10개월 동안은 번갈아가며 국무부 실무자들이 영변에 파견된다는 것인데, 차기 연락사무소장이 파견된 것에서도 알 수 있듯이 연락사무소가 개설되지 않은 상태에서 이들이 그 역할을 대행하게 되는 것이 아니냐는 관측이 유력하다.

이처럼 북미 접촉이 확대되는 데는 미국과 북한 사이에 다양한 대화 인맥이 형성되었기 때문이다. 우선 미국측에서는 지미 카터 전 대통령의 역할이 적지 않다. 애틀랜타에서 카터센터를 운영하고 있는 지미 카터는 퇴임 이후 분쟁지역에서 다양한 중재활동을 전개하고 있다. 지난 1994년 여름에는 평양을 방문하여 김일성 북한 주석을 만나고 남북정상회담을 주선한 바 있다.

정치인들 가운데는 상원의 폴 사이먼 의원(민주당, 일리노이 주)이 북한통으로 알려져 있고, 하원의 빌 리처드슨 의원(뉴멕시코 주)은 지난 1994년 12월 평양을 방문해서 당시 헬기 추락 사고로 북한에

억류되어 있던 홀 준위를 석방시키는 역할을 담당하였다. 리처드슨 의원은 최근 김정일과의 면담을 추진하고 있는 것으로 알려져 있다.

그밖에도 CNN 인터내셔널의 사장인 이슨 조던, 뉴스위크 동경 지국장 버나드 크리셔, 카네기 평화재단의 셀리그 해리슨 연구원, 워싱턴 포스트 지 기자였던 돈 오버도프, 워싱턴 전략문제연구소 윌리암 테일러 소장, 빌리 그레이함 목사, 컬럼비아 대학 스티브 린튼 교수, 스탠퍼드 대학의 존 루이스 교수, 조지 워싱턴대의 김영진 교수, 조지아 대학의 박한식 교수 등이 북미대화의 과정에서 다양한 역할을 담당하고 있다.

② 북일접촉의 재개

북한과 일본은 오랫동안 수교협상을 계속하였다. 그러다 북한의 핵문제가 이슈화되면서 북일 수교 창구는 잠시 휴면상태에 있었다. 그런데 이제 이 창구가 다시 가동되고 있다. 그러면서도 일본의 이께다 외상은 4자회담이 이루어지기 전에는 북한과 일본의 수교문제가 논의되지 않을 것이라고 강조했다.

자칫 모순처럼 느껴지는 이러한 상황을 어떻게 이해해야 할 것인가. 일본 입명관 대학의 기꾸이 레이지(菊井禮次) 교수는 이 점을 이렇게 설명했다.

"한·미·일 협력과 북한에 대한 견제, 그리고 조일 수교 문제는 겉보기에는 모순되는 것 같지만 전혀 모순된 것이 아니다. 일본의 대북한 자본진출을 위해서는 조일 수교가 필요한 것이고 안정된 시장확대를 위한 지역질서를 위해서는 미군의 존재와 한·미·일 군사협력관계가 필요한 것이다. 모순된 것이 아니다. 얼마 전에 중국과 대만 사이에 긴장이 고조되었는데, 그때 미국이 취한 행동을 연구해 보면 남북한에도 마찬가지로 적용될 것이다. 미국은 한반도에서 남북한 어느 한쪽이 흡수되는 상황을 원하지 않고 있으며, 현재

상태에서 더 심각한 위기를 만들지 않고 긴장상태를 통제 가능하도
록 유지하는 데 깊은 관심을 갖고 있다.

이것은 미국과 일본의 기업들에게 큰 도움이 된다. 그러나 극단적
인 위기상황을 피하고 전쟁을 회피한다는 기본적인 입장이 있기 때
문에 이 점은 일반 국민들에게도 도움이 될 것이라고 생각한다."

그러면서 기꾸이 교수는 정상회담을 통해 미국이 한국에게 독도
문제나 정신대 문제 등에 대해서 보다 부드러운 접근을 권고했을 가
능성이 있다고 지적하기도 했다. 그만큼 클린턴 정부는 동북아시아
의 안정과 한·미·일 동맹관계를 중요시하고 있다는 것이다.

북한과 일본 사이에는 북미관계에 비해 다양한 인맥이 형성되어
있었다. 일본에는 북한에 우호적인 사회당과 조총련이 있기 때문이
다. 그래서 1990년 9월에는 일본 자민당의 가네마루 신과 사회당의
대표, 그리고 북한 노동당의 김용순이 3당선언을 발표하기도 하였
다.

그러나 일본 사회당이 노선을 우경화하면서 이제는 북한과의 대
화통로가 아예 자민당으로 바뀌고 있다는 느낌이다. 가토 고이치(加
藤紘一) 간사장은 북한에 대한 쌀 원조 회담을 통해 북한과의 대화
통로를 확보하였고 대북외교를 통해 자신의 입지를 강화하면서 차
기 총리를 노리고 있다. 그리고 간사장 대리인 노나카 히로무(野中
廣務) 의원은 조총련계와 가까운 관계를 유지하면서 북한과 일본의
경제적 파이프 역할을 하고 있으며, 다시 재건되는 일조 의원연맹의
대표에는 다니 요이치 의원이 내정된 것으로 알려졌다. 그는 줄곧
북한과의 어업협상 문제에 관여해 온 인물이다.

한편 조총련계 재일교포 2세인 신일본산업 다케시 사장의 역할도
적지 않다. 그는 가네마루 신의 방북시 연락책 역할을 담당했으며,
정주영 회장의 북한 방문 당시는 안내역을 담당한 것으로 알려져 있
다. 한편 종전에 북일관계의 매개 역할을 해온 노동당-조총련-사민

당(옛 사회당의 우파)의 연결고리는 많이 약화되기는 했지만 여전히 힘을 회복하기 위해 노력하고 있다. 사민당측은 1996년 이후 후카다 조직국장의 방북을 계기로 북한 노동당 김용순 서기의 방일을 추진하는 한편 사사키 의원은 일조 의원연맹의 재건을 위해서 상당한 노력을 쏟아 부었다. 이 밖에도 역도산의 제자인 프로 레슬러 출신 이노키 간지 전 참의원은 북한의 역도산 가족들과 왕래하면서 스포츠 교류에 앞장서고 있다.

한편 북한에서 대미, 대일외교를 담당하는 인맥들을 보면 김용순 노동당 서기와 강석주 외교부 부부장, 박길연 주 유엔 대사, 김정우 대외경제위원회 부위원장, 리종혁 노동당 부부장 등 국제협상 전문가들이다. 이들은 혁명 1세대들과는 달리 중도개혁 성향을 보이는 북한의 새로운 전문가들이라고 할 수 있을 것이다.

4) 동북아시아의 탈냉전과 한반도의 탈냉전

동북아의 냉전구도는 북방 삼각관계와 남방 삼각관계로 구성되어 있었다. 이 관계는 경제와 군사 등 거의 모든 영역에서 그대로 관철되고 있었다. 그러나 이제는 달라졌다. 지금 이 구도가 탈냉전형으로 바뀌어 나가고 있다. 우선 남한이 중국, 러시아와 수교를 했으며, 북한과 미국·일본이 관계개선을 위한 접촉과 대화를 하고 있는 것이 탈냉전을 상징적으로 보여준다. 탈냉전의 시대는 군사력을 기초로 하면서도 경제전쟁이 전면에 부상된다. 지금 북한 시장을 놓고 미국과 일본, 한국 사이에는 보이지 않는 경쟁이 벌어지고 있는데, 이런 현상이야말로 탈냉전이 무엇인가를 그대로 말해 주고 있는 것이다. 앞으로 동북아시아의 시장을 놓고 미국과 일본만이 아니라 중국 또는 중화경제권, 그리고 남북한이 치열한 경쟁을 펼칠 수밖에 없는 것이 동북아시아의 탈냉전 구도이다.

군사적인 차원에서는 미국과 소련의 상호 봉쇄정책 대신에 미국과 중국의 힘겨루기가 이루어지고 있다. 또는 아시아를 놓고 미국과 유럽이 경쟁적인 관계에 놓이게 된 것도 그 특징 중의 하나이다.

그래서 클린턴의 동북아시아 정책을 제대로 이해하기 위해서는 미국의 새로운 경쟁자로 부상하고 있는 중국과 유럽연합과의 관계를 고려하지 않으면 안 된다는 지적이 나올 수 있는 것이다. 그래서 클린턴의 동북아 방문 시기와 비슷한 때에 중국의 리펑(李明鳥) 총리는 파리를 방문했고, 러시아의 옐친 대통령은 중국을 방문했다. 한편 클린턴이 우리나라를 방문하기 직전 러시아의 이그나텐코 부총리가 북한을 방문해서 경제원조를 약속한 것은 의미심장한 일이다. 러시아와 북한은 상품경제위원회와 과학기술협력위원회 등을 포괄하는 '경제기술과학협력위원회'를 구성해서 기존의 군사협력 대신에 경제·문화·과학·기술의 협력을 모색하기 시작한 것이다. 게다가 새로운 '조러 기본조약'도 논의되는 것으로 알려지고 있다. 지금 러시아와 북한은 새로운 성격의 친선협력관계를 형성하기 위한 노력을 본격적으로 시작한 것이다.

중국의 리 펑 총리는 파리의 에펠탑 아래에서 중국의 인권상황을 문제삼는 인권단체들의 시위가 벌어지는 가운데 유럽연합과의 새로운 협력관계를 모색했다. 최근 미국과 중국은 대만문제, 무역문제, 인권문제, 핵기술의 유출문제 등으로 심각한 갈등관계를 표출했다. 그래서 중국은 유럽지역에 새로운 관심을 쏟고 있다. 아셈(ASEM) 회의에서도 보듯이 유럽도 아시아를 주시하고 있다.

반면 미국은 동북아시아의 탈냉전 과정에서 자신의 역할을 확대시키는 것은 물론이고 탈냉전 이후에도 이 지역의 문제에 개입할 수 있는 구조를 만들려고 하고 있다. 그것은 유럽 지역에서의 탈냉전 과정에서 미국의 입지가 상대적으로 축소되었던 경험과 무관한 일이 아니다. 1921년에 창설되어 조지 케난(Jeorge Kennan)과 키신저 (Kissenger)와 같은 미국의 외교 거물들을 배출해 온 미국외교협회 (Council on Foreign Rerations)의 「대아(對亞) 정책보고서」는 "아시아에 깊은 관심을 가져야 한다"는 강력한 주장을 담고 있다. 종래 친유럽적인 입장을 견지해 왔던 이 기관의 성격을 고려할 때 금석지감을 느낄 수밖에 없다. 아시아에서 미국과 유럽연합의 은근한 경쟁과 샅바싸움이 벌써부터 전개되고 있는 것이다.

미국과 일본의 「신안보 선언」은 미국과 일본의 군사적 협력을 탈냉전 이후에도 지속시킨다는 것이다. 그리고 미국과 일본의 군사적 협력의 축을 통해 탈냉전 상황에서의 동북아 안보협력 구조를 만들어간다는 것이다. 바로 이 대목에서 일본의 군사적 강대국화의 가능성이 존재하고 있으며, 이 대목은 우리가 경계하지 않으면 안 되는 구조가 되는 것이다. 물론 미국과 일본의 「신안보 선언」이 염두에 두고 있는 것은 중국이라는 존재이다.

미국은 동북아시아에서 중국의 군사적 입김이 강화되는 것을 크게 경계하고 있다. 그러나 「신안보 선언」은 중국은 물론이고 러시아와 북한 등에게도 경계의 대상이 되고 있다. 미국과 러시아의 관계가 최근 좋은 편임에도 불구하고 러시아가 중국과 함께 미국의 '패권주의'에 대해 우려를 표명한 것은 이러한 상황을 반영하고 있는 것이다.

북한 역시 「신안보 선언」에 대해서 강력하게 반발하고 있다. 북한은 탈냉전과 함께 이 지역의 군사적 질서가 많이 바뀌기를 기대하고 있다. 그것은 현재 북한의 경제상황과도 관련되어 있다. 북한은 나진·선봉 지역을 중심으로 한 두만강 유역의 '황금 삼각지대'에서 경제문제를 해결해야 한다. 그리고 그 과정에서 미국과 일본의 자본을 끌어들이지 않으면 안 된다. 따라서 북한으로서는 미국과 일본, 한국의 군사적 협력관계를 이완시키려는 노력을 하고 있고, 북미 평화협정 체결을 강력하게 요구하고 있는 것이다.

북한은 지금 이 문제에 승부수를 던지고 있다. 1996년의 4·11총선 당시 북한군이 판문점에 무장한 모습으로 출현한 것은 이제 냉전시대의 정전위원회체제가 지속될 수 없으며, 이미 지속되지 못하고 있다는 것을 시위한 것이라고 해석해도 지나치지 않는다. 그리고 그 요구는 미국 일본의 자본 도입을 가능하게 하는 군사적 구조의 현상 변경인 것이다. 어쩌면 북한은 경제문제의 해결을 위해서 1926년 이후 강조했던 '반제 노선'을 서서히 변경시키고 있는지도 모를 일이다. 그리고 바로 이런 점 때문에 북한 내부에 군부를 중심으로 한 강경파와 경제관료를 중심으로 한 개방파 사이에 입장 차이가 노정될 수 있는 가능성이 있다.

그렇다면 이 지역의 군사력 구조는 입체적이고 다층적인 경쟁의 장을 형성하는 동시에 그 중에서도 미국과 중국의 경쟁구조가 중요한 갈등의 축을 형성할 것이라고 볼 수 있다.

그러나 더 중요한 것은 시장이다. 이 지역의 다양한 시장을 둘러싸고 각 나라가 무한한 입체적 경쟁을 벌이고 있다. 그렇다면 경제적 교류를 막을 정도의 군사적 대결상태는 경쟁형태로 전환된다고 보아야 할 것이다. 그 과정에서 간헐적으로 군사적 긴장이 제기될 가능성을 배제할 수 없다. 이를테면 중국의 군사력은 하나의 중국을 수호하기 위해서 대만의 독립노선을 견제할 것이며, 티베트의 독립도 쉽게 허용하지 않을 것이다. 그리고 북한의 경우는 체제를 수호하려는 강력한 군사노선이 존재한다. 그럼에도 불구하고 동북아시아의 군사적 대결상태는 거래를 가능하게 할 정도로 낮춰지는 추세로 전환될 것임이 분명하다. 그 과정에서 우리는 동북아시아의 군사적 탈냉전 구조와 마주하게 될 것이고, 한반도에서도 냉전형 휴전체제가 탈(脫)휴전 향(向)평화체제로 전환되는 과정을 지켜보게 될 것이다.

다만 이 과정에서 협상의 성격을 놓고 다양한 힘겨루기와 갈등이 수반된다는 점은 우리가 유념할 점이다. 즉 북한과의 대화 문제에 대해서는 미국과 한국 사이에 시각차이가 존재한다. 한국에서는 미국이 물러선 가운데 한국이 남북대화를 주도하기를 원하고 있고, 미국에서는 그 동안 한반도 문제의 역사적 경험을 보거나 세계 여러 곳의 분쟁해결 사례를 볼 때 미국이 개입하지 않고는 한반도 문제가 풀리기 어렵다는 시각을 갖고 있다. 비단 역사성 때문만이 아니라 현재 북한이 북미 협상을 고집하고 있기 때문에 현실적으로는 미묘한 3자 관계가 형성되어 있다.

미국의 주요 신문인 「워싱턴 포스트」나 그밖의 연구기관들이 발표한 한반도 문제에 관한 보고들은 미국의 입장을 강하게 반영하고 있는데, 이 보고들은 "이제 한반도에 평화의 과정을 지속 가능한 원칙에 의해서 실현시킬 때가 됐다"고 쓰고 있다.

'지속 가능한 원칙'이란 표현은 추상적이면서도 많은 뉘앙스를 담고 있다. 여기에는 미국과 한국 사이의 원칙 정립과 합의만이 아니라 미국과 북한 사이의 다양한 대화와 합의를 포함할 가능성이 있는 것이다. 사실 워싱턴 외교가에서는 북한이 제안한 '북미 평화협정'이라고 하는 것도 완전히 부정적으로만 받아들여지는 것은 아니라는 사실도 기억해야 한다. 미국 국가안보회의(NSC) 아시아 국장이었던 스탠리 로스는 1996년 4월 14일자 워싱턴 포스트에 쓴 글에서 "지금이야말로 한반도에 평화과정을 실현시킬 수 있는 방법을 모색해야 할 때"라고 강조하였다. 그러면서 "북한이 제기한 평화협정이 유일하고 바람직한 대안은 아니지만, 현실적으로 논의할 수 있는 다른 대안은 아직까지 없다"는 발언을 했다. 이는 중요한 의미를 갖고 있다.

현재 우리의 관심사는 남북문제의 주도권이지만, 미국에게는 현재가 동북아에서 탈냉전 군사질서를 만들어나가는 중요한 시점이라는 사실을 고려할 필요가 있는 것이다. 미국에는 외교적 문제에 관한 다양한 입장과 색깔들이 있다. 그래서 중요한 것은 과연 "클린턴의 최종 선택이 무엇인가?" 하는 것이다. 선거를 앞둔 시점에서는 대체로 온건하고 더욱 평화지향적인 정책이 선호된다. 선거가 끝난 이후에는 군산 복합체의 보수적인 목소리가 나올 수 있는 것이 미국 사회의 특징이다.

미국은 상업적인 이익을 대단히 중요시한다. 그 동안 남북문제와 관련해서 미국은 군사적인 이익에 관심을 갖고 있었지만, 소련이 해체되고 탈냉전을 맞는 상황이므로 북한에 대해서도 기업적인 이익이 보다 중요해지고 있는 것이다. 코카콜라 등등 많은 기업이 이미 북한에 진출하고 있다는 점을 고려하지 않고 전통적인 시각으로만 보면 미국의 태도를 이해하기 어렵다. 보스니아의 경우를 보면 쉽게 알 수 있다. 전쟁이 완전히 종식되지 않았는데도 상무장관과 기업인들이 상업적인 이익을 위해서 현장에 달려간다. 그렇기 때문에 미국은 북한이 남한보다 미국을 더 중시한다는 점을 즐기고 있는 것처럼 보인다.

이같은 사례들은 군사적인 문제에 대해서는 한 · 미 · 일이 협조관계이지만 경제적인 측면에서는 경쟁관계일 수 있다는 점을 우리에게 새삼 일깨워준다. 미국에게는 문제를 풀고 평화를 정착시킬 수 있는 힘이 있다. 그러나 한반도 문제 역시 미국으로서는 다양한 외교현안 중의 하나에 불과하기 때문에 가치평가보다는 편의주의적으로 문제를 푸는 일이 적지 않다. 그 점을 경계하지 않으면 안 된다. 한반도의 미래에 대해서 가치를 불어넣는 것은 바로 우리가 할 일이다.

이와 같이 미묘한 탈냉전의 3자 관계를 둘어나가는 과정에서 우리 정부와 미국은 4자회담을 제안하였고, 북미대화는 4자회담과 분리해서 추진하기로 합의하였다. 그래도 문제는 있다. 과연 4자회담에서 분리된 북미대화가 어디까지 나아갈 것인가 하는 점이다. 그래서 우리 정부는 '북미접촉 양해기준'과 '한국참여 3원칙'을 마련하고 있다.

여기에서 '한국참여 3원칙'은 △한반도의 현상 변경, △한반도의 장래, △한반도의 평화와 안전 등 한반도의 주권과 국익에 직결되는 문제에는 한국이 반드시 참여해야 한다는 것이다. 보다 구체적으로 나열하자면 △정전체제의 변경, △평화체제의 수립, △한반도 군축, △북미 간 장성급 접촉, △북한 미사일의 생산과 배치, △북미 수교 문제 등이다. 반면 양해 사항은 △북미 간 유해 송환 협상, △미사일 수출통제 협상, △북미 연락사무소 개설, △경제제재 완화 문제 등이 포함된 것으로 알려졌다.

그런데 이상의 문제들은 동북아시아의 탈냉전 구조와 한반도의 탈냉전 구조라는 문제로 압축이 된다. 동북아시아의 탈냉전 구조화가 본격화되면서 이제 한반도에도 냉전체제와 휴전체제를 대체하는 구조가 필수적일 수밖에 없는 것이다. 그렇다면 남아 있는 문제는 "한반도의 탈냉전 구조가 과연 무엇인가?"에 대해 대답하는 것이다.

휴전체제를 철거하면서 평화체제를 만들고 아울러 남북한의 불가침을 선언한 「기본합의서」의 내용을 실질적으로 발효시킬 수 있는 지혜로운 방법을 찾는 것이 통일을 지향하는 우리 사회의 당면과제인 셈이다.

5) 탈냉전시대의 민족 전략

(1) 한반도의 지정학적 성격의 변화

많은 문명 사학자들이 지중해 시대에서 대서양 시대로, 그리고 태평양 시대로 역사의 무대가 옮겨가고 있다는 말을 자주 한다. 우리는 이 말의 뜻을 잘 새겨들어야 한다. 과연 역사의 무대와 함께 역사의 주역도 변화하고 있는 것인가를 자문해봐야 한다는 것이다. 역사의 무대가 옮겨가는 것만은 분명하다. 따라서 동해에서 남지나해로 이어지는 바닷길, 그리고 이 지역의 지방과 국가들은 세계에서 가장 중요한 지역이다. 해안을 끼고 있으면서 서로 물자수송이 가능한 나라와 지방들 사이의 거래와 협력이 이 지역은 물론이고 세계인의 삶에 크게 영향을 미치는 시대에 우리는 살고 있다. 그런데 문제는 이 지역에 과연 어떤 질서가 형성되며, 그 질서에 우리는 과연 어떻게 대응하느냐 하는 것이다.

중국이 생각하는 질서와 일본이 생각하는 질서, 미국이 구상하는 체계와 유럽이 그리는 체계는 서로 다를 수 있다. 남북한도 마찬가지이다. 이를테면 미국으로서는 중국을 적강히 견제할 수 있는 '동아시아 해양국가 연합'이 이 지역을 주도했으면 하는 희망을 갖고 있다. 반면 중국은 이 지역에 배타적인 해양국가 연합이 형성되는 것을 경계하고 있다. 그리고 북한으로서는 나진·선봉과 두만강 유역의 황금삼각지대가 러시아, 중국 등 대륙 국가들의 문호가 되기를 기대한다.

이 지역에 관한 여러 구상들은 서로 대치적인 것만은 아니고 경쟁의 요소와 함께 협력의 요소를 동시에 갖고 있다는 것을 고려해야 한다. 바로 이런 점이 한반도의 지정학적인 성격을 결정한다. 지정학적인 가치는 시대에 따라 변하는 것이다. 그런 점에서 오늘의 한반도는 어제의 한반도가 아니다. 세계화가 급격하게 진행되는 시점에서 한반도의 지정학적인 가치와 위상은 급격하게 상승하고 있다. 해양국가들을 결합시키는 기능을 수행할 수 있는 위치를 점하고 있으며 동시에 동북아시아 전체를 묶어 세우면서 '세력균형의 추'와 같은 기능과 역할을 담당할 수도 있다.

(2) 4대강국의 세력균형

냉전시대 한반도의 위상은 주변적이었다. 동·서 양 진영으로 분리되어 있기 때문에 한반도는 최전선이었고 변방이었다. 보다 구체적으로 말하자면 한국은 하나의 큰 섬과 다른 하나의 불완전한 반도로 이루어져 있다. 휴전선을 경계로 해서 북쪽이 막혀 있기 때문에 한국 자체가 섬과 같은 위치였다는 것이다. 북한의 경우는 동해와 서해가 서로 차단되어 있다.

그러나 이제는 동북아에서 냉전의 장벽이 서서히 걷혀나가고 있기 때문에 한반도의 위상은 달라지고 있다. 이런 상황에서 한반도만이 유일한 냉전의 섬이 되어서는 안 된다. 군사적인 긴장이 남아 있다고 할지라도 북쪽과의 경계선을 낮추는 노력을 하지 않으면 안 된다. 동시에 중국 러시아와도 협력과 교류를 확대, 강화해야 한다. 즉 한반도는 탈냉전시대에 대륙과 해양세력을 중계하는 동북아의 중심이 되어야 한다는 것이다. 남북한의 대결상태 때문에 그것이 현실화되는 데는 상당한 시간이 걸린다고 할지라도 방향은 그쪽이다.

구한말에 국제환경의 변화에 우리 민족이 중심을 잡고 합리적이고 주체적으로 대응하지 못했던 역사적 경험을 반추해 볼 필요가 있다. 당시 어려운 상황에서도 우리는 동북아의 중심이 되어 세력균형을 도모할 수 있었고, 한반도가 세력균형의 추(錐) 역할을 할 수 있었다.

그러나 구한말의 내부사정은 주변 강대국 중 어떤 나라가 강하냐에 따라 친청파, 친일파, 친러파 등이 순서대로 집권하였다. 서로 힘을 모아 각 나라의 힘을 중화시키고 경쟁적인 정책대결을 벌인 것이 아니다. 이런 태도 때문에 나중에는 강해진 일본을 견디지 못하고 식민지로 전락한 것이다. 당시에도 뜻있는 많은 사람들이 주변 강대국 중 어떤 나라도 한국에 대해서 압도적인 힘을 행사하지 못하도록 중립지대로 만들려는 노력을 했지만 뜻을 이루지 못했다.

요즘 한반도의 주변 상황은 흡사 19세기 말의 세력 쟁탈전과 비슷하다. 유럽에서 프랑스와 독일이 경쟁했을 때 영국은 대륙에서의 세력균형 정책을 도모했다. 일본과 중국, 미국과 러시아 등의 강국이 주변에 있는 한, 우리 한국은 영국처럼 섬세한 세력균형자의 역할을 해야 한다. 러시아와 독일 사이에서 고난을 당한 폴란드의 슬픈 역사를 되풀이해서는 안 된다.

(3) 어떤 나라를 지향할 것인가

우리는 변화하는 세계의 흐름과 동북아, 즉 한반도 주변의 정세를 진지하게 탐구하지 않으면 안 된다. 이제 게으름은 허용되지 않는다. 우리가 게으르고 한눈을 파는 사이에 우리의 운명이 결정되어버리기 때문이다.

그리고 우리의 운명과 비전을 보다 주도적으로 선택해야 한다. 우리가 앞으로 나아가는 데 미국의 자유주의 모델과 일본의 국가주의적 모델은 물론이고, 유럽의 사회적 시장경제 모델, 나아가서는 중국과 아랍국가들의 고민까지도 이해하려는 열린 마음의 자세가 필요하다.

아울러 여러 나라들의 다양한 경험을 반추해 보지 않으면 안 된다. 발전하는 나라인 동시에 좋은 나라가 되기 위해서는 경쟁력과 함께 공동체적인 돌봄이 있는 사회를 만들어나가야 한다. 즉 시장경제의 공정성과 함께 복지사회의 다양한 프로그램을 만들어나가는 노력이 우리 민족이 추구해야 할 과제라는 것이다. 그리고 궁극적으로 남북한으로 편재되어 있는 다양한 정치세력을 어떻게 평화공존형으로 배치해야 할 것인가의 문제가 논의되어야 한다. 지금은 좌우파가 각기 남북한으로 나뉘어 존재하고 있는데, 이것을 과연 남북으로 계속 배치되게 할 것인지 아니면 한 사회 내부에 보수와 진보, 중도 세력으로 재편성해 나갈 것인지에 관한 구상도 필요하다는 것이다.

동해를 바라보면서 한반도 내부의 정치세력 편제 과정을 보면 한반도에는 좌우의 세력이 각기 좌편(북한)과 우편(남한)에 집중적으로 배치되어 있다. 그리고 북한의 뒤에는 사회주의 국가인 중국이 자리를 잡고 있으며, 남한이 면해 있는 태평양은 미국과 일본으로 이어진다. 만약 한반도 전체가 대결상태가 아니라 평화공존 상태라고 한다면 한반도는 그야말로 대륙세력과 해양세력, 좌파세력과 우파세력을 중재 내지 중화시킬 수 있는 구심적(求心的), 혹은 용광로의 역할을 할 수 있을 텐데 현실은 오히려 각각의 세력이 맞부딪히는 대결의 무대가 되고 있으니 안타까운 일이 아닐 수 없다.

이런 점을 고려할 때 동심원적(同心圓的)인 민족주의, 즉 주체적이면서도 개방적인 민족주의가 필요하다는 지적은 숙고해 볼 만한 의미가 있다. 그러기 위해서는 먼저 '한글문화공동체'를 회복해야 하며, 일본·중국 등과의 지역연합 전략을 기초로 하면서 동시에 세계로 나아가야 한다. 한국이 홀로 문제를 풀 수도 없는 것이고, 그렇다고 해서 미국과의 동맹만으로 문제를 풀 수도 없기 때문이다. 다만 문제를 푸는 데 보다 자립적인 생각을 갖는 것이 대단히 중요하다. 바로 여기에서 우리의 21세기 만들기가 시작되어야 한다. 21세기 한국의 비전은 고뇌 속에서 창조되어야 하는 것이지 아름답게 채색되기만 해서는 안 되는 것이다.

(4) 남북한이 뭉쳐야 민족이 산다

앞에서 우리는 동심원적인 민족주의를 이야기했다. 지금은 민족주의가 절실하게 필요한 시점이다. 민족주의가 강대국의 패권주의가 되고 국수주의가 된다면 민족주의는 합리적인 사회적 대안이 되지 않고, 광기의 이데올로기가 된다. 이런 경우의 대표적인 사례는 히틀러에 의해 주도된 게르만 민족주의이다.

그러나 민족자결주의와 민족과 민족의 공존을 지향하는 개방적이고 민주적인 민족주의는 세계화시대인 오늘에도 전적으로 유용한 사회적 가치가 아닐 수 없다.

그렇다면 우리의 민족주의는 무엇을 지향해야 하는가? 그것은 다름 아닌 민족의 공존과 공생, 그리고 공영을 지향하지 않으면 안 된다. 그리고 이를 위해서는 무엇보다도 남북한의 차원 높은 대화와 협조가 필요하다. 한국의 민족주의는 잘못된 지방주의를 뛰어넘는, 국민통합의 그물코 역할을 담당할 수도 있을 것이다. 그러나 한국의 민족주의가 수행해야 하는 일은 국민통합은 물론이고 민족의 통합과 공생 공영을 지향하는 단계에 이르기까지 발전할 수 있어야 한다.

북한과 일본이 축구시합을 할 때 북한을 응원하는 것이 바로 민족주의이다. 그리고 이 민족주의가 다른 나라에 대해서도 예의를 지킬 때 이것은 개방적 민족주의가 되는 것이다. 만약 우리가 강해졌다고 해서 미국과 일본을 괴롭히거나 러시아와 중국을 멸시한다면 그것은 건강한 민족주의가 아니라 국수주의 또는 파시즘이 되는 것이다. 그런 점에서 지금의 우리에게는 심화된 민족주의, 건강한 민족주의, 즉 통일지향적 민족주의가 그 어느 때보다도 절실하다.

(5) 결론은 통일이다

한국의 민족주의는 통일이 되어야만 민족주의로서 완성이 된다. 우리에게 통일은 이제 더 이상 이데올로기의 문제가 아니라 민족생존의 전략과 직결되어 있다. 무한경쟁을 특징으로 하는 WTO체제를 맞아 민족구성원 사이에 여전히 대결체제를 유지하고 서로 공격만 되풀이한다면 민족의 장래는 어떻게 될 것인가? 비록 이념과 체제가 서로 다르다고 할지라도 평화에 합의하고 차원 높은 민족적 협조구조를 만들어내는 것은 남북한 당국자들이 시급하게 해결해야 할 민족적 과제가 아닐 수 없다.

만약 통일을 상대를 제압하는 '제로섬 게임'으로 본다면 통일은 요원할 수밖에 없다. 게다가 한반도 주변에는 탈냉전이 왔음에도 불구하고 한반도에는 시대착오적인 냉전체제가 유지, 강화되거나 전쟁의 위험 속에서 불안한 나날을 보낼 수밖에 없는 것이다.

앞에서 이야기한 대로 우리는 전쟁을 예방하고 평화체제를 구축하면서 합리적으로 하나하나씩 통일의 계단을 올라가야 한다. 그리고 통일의 계단은 공존과 공생과 공영의 모델이 되도록 관리되어야 하는 것이다.

그것을 그림으로 그려보면 다음과 같다.

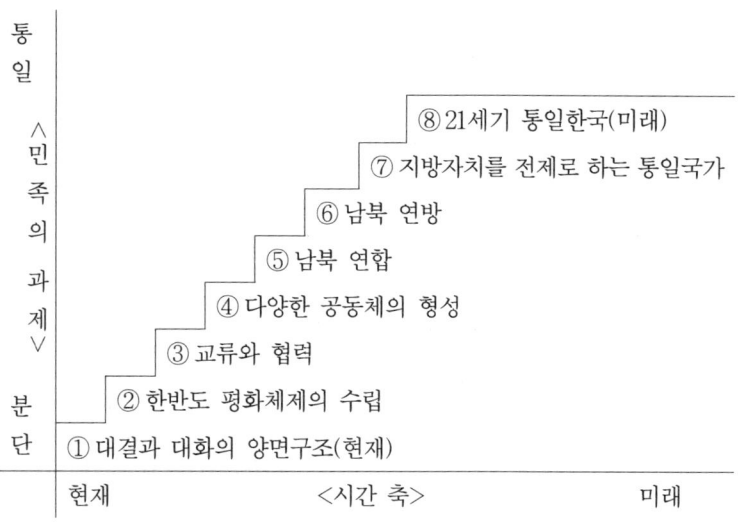

11장 통일의 기초(2) : 교류협력론

1. 남북합작회사의 설립

1996년 4월 4자회담의 제안 직후에 방송기자 모임인 '여의도 클럽' 초청 토론회에 참석한 권오기 통일부총리는 "지난 4월 27일 삼성·대우전자·태창 등에 대한 협력사업자 승인 등의 경협확대 조처도 4자회담 실현을 위해 정부가 취하고 있는 다각도의 노력 가운데 하나"라고 강조했다. 재정경제원 당국자 역시 4월 29일 "북한은 최근 중국 베이징에서 열린 두만강 개발관련 5개국 회의에서 우리에게 쌀 추가 지원 의사를 타진하는 등 여러 경로를 통해 쌀 지원을 요구하고 있다. 정부도 전향적으로 검토하고 있으나 4자회담 진전이 없으면 불가능하다"고 말함으로써 4자회담을 위한 정부의 노력이 다양하게 전개되고 있음을 시사했다.

그런 가운데 북한의 합작회사경영법(합영법)에 따라 '주식회사 대우'와 북한의 '조선삼천리총회사'에 의한 합작회사가 북한에 설립됐다는 소식이 알려져 사람들의 관심을 끌었다 두 회사가 1,050만 달러씩 투자한 이 합작회사의 이름은 '민족산업총회사'로 남포공단에 세운 봉제공장에서 1,300여 명을 고용해서 셔츠와 가방, 재킷 등을 생산한다는 것이다.

놀라운 일이 아닐 수 없다. 게다가 부사장을 포함해서 30여 명의 대우 직원들이 남포공단에 파견되어 상주할 것으로 알려지고 있는데, 이는 지금까지의 남북관계에 비추어 보았을 때 파격적인 일이 아닐 수 없다.

대우와 조선삼천리총회사의 이같은 실험은 이미 남북 경협업체로 승인을 받은 다른 10개의 회사는 물론이고 남북경협, 그리고 북한의 경제정책에도 상당한 영향을 미칠 수밖에 없을 것이다. 자본주의적 기업체제를 갖춘 합작회사가 사회주의적 경제체제에 미치는 영향에 대해서는 우리 모두가 눈여겨볼 문제이기도 하다. 이같은 사례를 통해서 우리가 다시 확인하게 되는 것은 한반도 평화체제에 관한 논의는 결국 교류 협력으로 열매를 맺게 되리라는 것이다. 섣부른 예상이긴 하지만 이러한 교류 협력의 열매들은 한반도에 다양한 공동체의 숲을 형성하게 될 것이다.

그 동안에도 남북한 사이에는 다양한 경제 교류가 이루어졌다. 1988년 인도적 차원의 식량교역 이후 남한과 북한은 수많은 우여곡절을 거치면서 연간 2억 달러 수준의 교역 규모를 유지했다. 그 과정에서 섬유분야를 중심으로 한 위탁 가공업이 증가했고, 남한의 기업들이 나진·선봉 지역에 투자 조사단을 파견하였다. 그리고 남북합작회사가 설립된 것이다. 북한의 경제규모가 현재의 수준에서 볼 때 제한적인 것이긴 하지만 그래도 북한의 노동력과 시장을 놓고 동북아시아에 치열한 경쟁이 벌어지고 있다는 사실을 고려해 본다면 이번의 사례를 통해서 경제교류와 협력을 더욱 확대, 심화시켜 나갈 수 있는 정책적 지원이 절실하게 필요하다는 점을 다시 한번 확인할 수 있다.

한편 LG상사는 1996년 초 북한에 원부자재와 생산설비를 반출해

현지에서 생산한 컬러 텔레비전 완제품이 남포항을 거쳐서 인천항
에 들어온다는 사실을 5월 2일 밝혔다. 이렇게 들어온 컬러 텔레비
전은 이미 시제품을 통해 품질검사까지 끝냈기 때문에 인천항에 하
역돼 통관절차를 마치는 대로 대리점을 통해 일반 소비자들에게 바
로 선보일 수 있게 되는 것이다. 이 제품에는 골드 스타(Gold Star)
마크가 부착되어 있긴 하지만, 원산지가 북한이라는 사실을 명백하
게 표시하고 있다. 이처럼 북한에서의 위탁가공품도 그 동안 완구,
의류, 가방 등 경공업 제품에서 이제는 전자제품으로 심화되고 있는
것이다.

　　대우전자 역시 북한의 삼천리총회사와 640만 달러를 투자해서 남
포공단에 합작공장을 설립하고 컬러 텔레비전과 세탁기를 생산할
계획을 갖고 있는 것으로 알려졌다. 그렇다면 남북교역과 위탁가공,
그리고 남북 합작회사는 남북한 관계에 어떤 영향을 미칠 것인가?
그것은 단기적으로는 남북 경제교류의 흐름을 이어가게 될 것이고,
중기적으로는 남북한 경제가 보완적인 관계를 이루게 됨을 의미하
며, 길게는 '한글경제공동체'를 형성하는 데 기여할 것으로 보인다.

　　민족경제공동체의 형성은 통일의 기초가 되는 것이고 아울러 무
한경쟁의 국제사회에서 민족의 생존권을 확보하는 방법의 하나라는
점을 잊지 말아야 하겠다. 따라서 남북한의 경제교류와 경제협력은
단기적인 시각보다는 중장기적인 안목으로 추진하는 게 중요하다고
할 것이다. 이처럼 어렵게 이루어지는 경제협력이 서서히 심화, 발
전될 수 있도록 더욱더 분위기를 조성하고 신뢰를 쌓아나가는 가운
데 한반도에는 경제를 통한 협력의 네트워크가 점점 더 촘촘하게 엮
어지는 것이다.

2. 경제공동체의 형성과 발전

통일원은 1996년 4월 27일 삼성전자, 태창, 대우전자 등 3개 업체에 대해서 1,920만 달러 규모의 대북 투자(협력사업자 신청)를 허용했다고 발표했다. 1996년 4월 삼성전자는 북한의 나진·선봉 지구 내에 통신센터 건설과 운영을 위해 700만 달러 규모를 합작방식으로 투자하는데, 합작 파트너는 조선체신회사이다. (주)태창의 경우는 금강산의 샘물 개발과 판매를 위해 강원도 고성군 온정리에 580만 달러의 투자를 허용했으며, 대우전자의 경우 컬러 텔레비전, 세탁기, 전자레인지, 카 스테레오 등 전기 전자 제품의 생산을 허용했다. 따라서 지금까지 통일원이 승인한 북한과의 협력사업 현황은 다음의 <표 5>와 같다.

〈표 5〉 남북협력사업 현황

날 짜	회 사	협 력 사 업
1992. 10	(주)대우	남포 공단 내의 셔츠 가방 재킷 등 9개 품목
1995. 5	고합물산	의류 봉제 직물 등 4개 사업 686만 달러
1995. 6	한일합섬	스웨터 봉제 방적 등 4개 사업 980만 달러
1995. 6	국제상사	신발 350만 달러
1995. 9	녹십자	의약품 300만 달러
1995. 9	동양시멘트	시멘트 사일로 건설 300만 달러
1995. 9	동룡해운	하역설비 500만 달러
1996. 4	삼성전자	통신센터 건설과 운영을 위해 700만 달러 규모
1996. 4	태창	금강산 샘물 개발과 판매에 580만 달러 규모
1996. 4	대우전자	컬러 텔레비전, 세탁기, 전자레인지, 카 스테레오 등 전기 전자 제품의 생산

1996년 4월의 대북투자 허용은 1995년 9월 남북 쌀 회담의 결렬과 함께 중단된 이후 7개월 만에 처음으로 이뤄진 것인 동시에, 투자 한 도액을 500만 달러로부터 늘려 잡았다. 정부는 또 생산품목도 의류, 봉제, 직물, 약품 등 경공업 분야의 생필품에 한정하던 것을 통신, 전자 분야 등으로 확대한 것이다.

그러면 왜 이런 경협 확대가 이루어지는 것일까? 그것은 북한에 대한 한·미·일과 유럽 나라들의 경쟁 때문이다. 그러나 우리는 경협의 확대를 소극적이고 단기적으로만 이해해서는 안 된다. 여기에서 우리는 진취적인 미래를 준비해야 한다.

경협확대를 통한 진취적인 미래란 과연 무엇인가? 그것은 '민족경제공동체'와 '동북아시아 경제협력체'를 동시에 만들어가는 것이다. '민족경제공동체'는 남북한 주민은 둘론이고 러시아에 거주하는 고려인들, 중국에 거주하는 조선인들, 그리고 재미동포와 재일동포를 비롯한 해외 동포들이 경제적 네트워크를 형성하고 아울러 경제권역을 확보하는 것을 의미한다. 그 과정에서 남북한의 거래는 민족내부 거래로 정착되고 인정받을 수 있도록 자연스럽게 발전시켜야 하며, 해외 동포들의 경우에는 상호부조 관계가 형성되도록 해야 한다. 게다가 '민족경제공동체'의 발전으로 이어져야만 시민들 사이에서도 자연스러운 경제교류가 가능하게 될 것이다.

이런 점을 생각할 때 우리의 대 중국 투자도 해안지역에만 집중시킬 것이 아니라 조선족이 많이 거주하는 연변지역으로까지 확대시킬 필요가 있다. 연변지역이 연안지역에 비해 경제력이 떨어지면서 이 지역의 조선족 공동체가 서서히 해체되고 있기 때문이다. 그렇지 않아도 이들의 국적의식은 중국으로 분명한데 이들이 중국 전역으로 흩어져 버린다면 이들 사이의 네트워크를 만드는 문제가 대단히 힘들어지게 될 것이다.

우리의 대중국 투자가 조선족들의 문화적 공동체를 측면 지원하는 효과가 있다면 이것은 우리의 통일에도 긍정적인 역할을 하게 될 것이다. 신민족주의와 지역화가 동시에 진행되는 이 시점에서 우리는 '민족경제공동체'를 통해서 '동북아시아 경제협력체'로 나아가야 하고, 동시에 '동북아시아 경제협력체'라는 새로운 틀 속에서 '민족경제공동체'를 바라보는 열린 눈을 가져야 할 것이다. 여기에서 '동북아시아 경제협력체'란 앞으로 만들어져야 할 가상의 경제협력체이지만, 이런 지역기구를 굳이 여기에서 거론하는 것은 APEC이 지나치게 광범위한 지역을 포괄하고 있기 때문에 중간단계의 지역기구가 필요하겠다는 생각 때문이기도 하다.

3. 교류협력과 통일의 관계

이상에서 우리는 교류와 협력, 그리고 공동체의 창조라는 관점에서 평화를 전제로 한 남북관계를 점검하고 미래를 예측해 보았다. 그렇다면 우리는 이 대목에서 과연 통일이란 무엇이며 무엇이어야 하는가를 자문해 볼 필요가 있다. 우리의 입장에서는 단계적 통일과 궁극적인 통일을 구분해서 이야기하며, 북한에서는 2정부 2체제의 통일연방국가를 이야기하고 있기 때문에 어느 정도의 수준이 되어야 통일이 되었다고 볼 수 있는가 하는 문제에 대해서는 이견이 있을 수 있다.

그러나 모든 일은 시작이 중요한 것이다. 그런 점에서 평화를 토대로 하는 교류와 협력이 전개되고 공동체의 창조가 이루어지기 시작한다면 이는 이미 통일의 단계에 접어들었다고 볼 수 있을 것이다. 사실 현대와 같이 분권화가 중요시되는 시대에서는 중앙으로의 통합만이 통일은 아니다. 오히려 분화를 통한 협조체제의 구축과 공동체성의 회복이 통일로 이해될 수도 있다는 점을 기억할 필요가 있다. 그런 점에서 우리는 통일을 다소 느슨하고 느긋하게 볼 수도 있다.

통일의 완성 단계에서는 화폐의 통일과 외교 국방문제의 통합이 필수요건으로 거론될 것이다. 통일국가의 가장 기본적인 제도들이기 때문이다. 그러나 중요한 것은 제도만이 아니다. 정보문화시대에는 법적인 제도나 기구보다도 민족공동체의 회복, 그 자체가 중대한 의미를 지닐 수 있다.

다행스럽게도 탈근대 시대에는 공동체를 구성하는 요소의 중요성이 변화하고 있다. 즉 이제는 정치나 법률 제도보다도 오히려 경제, 환경, 문화, 정보통신이 중요한 요소로 부상하고 있는 것이다. 그런 의미에서 여기에서는 민족공동체의 회복과 재(再)형성 문제에 대한 생각들을 정리해 보기로 하자.

12장 통일의 진전(1) : 풀뿌리 민족공동체의 형성

1. 정보통신을 이어나가야 한다

1) 북한의 통신시장

한국통신 남북통신협력부 전민주(全敏柱) 부장은 '민족통일 중앙 협의회'에서 내는 월간지『통일』1994년 8월호에 기고한 글에서 "앞으로 확장될 북한의 통신시장에 외국의 자본과 기술의 난립을 막기 위해서라도 남한의 신속한 진입이 필요하다"고 했다. 옳은 지적이다. 사실 지금 북한의 통신시장에는 미국의 통신회사들이 진출을 위해 대기하고 있고, 이 통신회사들이 클린턴으로 하여금 대북 유화정책을 추진하도록 요구하고 있다는 지적도 나오고 있다.

전 부장은 "우선 남북간 통신용 기간 전송로의 공동구축사업이 필요하다"고 지적했다. 현재 북한의 통신 상황은 우리의 70년대 수준이고, 남한에 보편화된 광통신, 전자교환 기술 등이 도입되지 않고 있다는 것이다. 다음은 계속되는 그의 주장이다.

"따라서 통신이 통합된다고 할지라도 극히 일부 시설을 제외하고는 재활용이 불가능한 실정이고 통신교류가 활성화되면 북한 내의 전송로 부족으로 신규 건설 및 증설사업이 뒤따라야 한다. 남북 교통망 연결계획과 연계시켜 1단계로 판문점-평양 간의 통신망 공동 건설을 추진하고, 이어 평양-신의주, 평양-청진-나진에 이르는 통신망을 건설해 동서남북의 기간 전송로를 확보해야 한다. 한편 북한의 통신 기술체계는 구 소련과 동구권의 영향으로 우리와 다르며, 평양을 중심으로 지방으로 분산되는 단순방식에 의존하고 있다. 통일 전의 통신분야 교류협력은 북한의 경제력을 회생시키고 남북 주민이 자주 접촉하는 기회를 제공해 통일의 기반을 마련하는 데 도움을 줄 것이다. 통일 후 북한의 인구를 약 3천만 명으로 추산할 경우 인구 1백명 당 50대 수준의 전화보급을 위해서 총 1,500만 회선의 전화시설이 필요하다는 점을 고려한다면 통신교류 또는 통신 기술교류의 중요성은 아무리 강조해도 지나치지 않는 것이다."

통일이란 다른 것이 아니다. 끊어진 것을 이어나가는 것이다. 다만 현재 남북한이 대결상황에 있기 때문에 화해와 신뢰와 평화를 기반으로 하면서 조심스럽고 질서 있게 이어나가고, 동시에 그것을 심화시켜 나가야 한다.

이어나가는 데 가장 중요한 것은 통신과 언론, 교통 등이다. 독일의 통일은 통신과 언론과 교통이 만들어낸 통일이라고 해도 과언이 아니다. 그런 점에서도 통신과 언론, 교통의 중요성은 다시 확인되는 셈이다. 그러나 이 중요한 영역이 우리의 경우에는 실현되기가 쉽지 않다. 불신이 깊고 강하기 때문이다. 상호불신은 오랜 역사를 갖고 있다. 길게 올라가자면 일제시대, 짧게는 8·15 이후의 좌우익 투쟁과 6·25전쟁, 그리고 이후의 오랜 대결체제에서 연유하는 것이다. 지금도 남북한은 서로에 대해서 적화통일과 흡수통일의 음모를 가진 집단으로 인식하고 있다는 점을 고려해야 한다.

따라서 정보통신을 이어나가기 위해서는 단계적인 노력이 필요하

다. 우선은 한반도에 평화체제를 구축하고 불신을 해소시켜나가면
서 「남북 기본합의서」를 정상적으로 발효시켜나가야 한다. 아울러
서서히 커뮤니케이션 채널을 확대시켜야 한다. 남한의 경우는 신문
과 라디오 텔레비전의 개방을 선호하는 쪽으로 방향이 잡혀가고 있
지만, 북한은 이에 부정적이다. 개방 효과가 체제의 이완과 동요를
가져온다고 보기 때문인 듯싶다. 북한측은 "우리나라에서는 모든 인
민이 서로 단합하고 동지적으로 협조하면서 건전하게 일하고 생활
하고 있으며 자본주의사회에서 흔히 볼 수 있는 이러저러한 사회적
인 병폐들이 없다"고 주장하면서 "우리가 신문, 라디오, 텔레비전
및 출판물의 개방을 반대하는 것은 이처럼 깨끗한 우리 사회를 악취
풍기는 썩은 문화의 오염으로부터 보호하기 위한 것"이라고 설명한
다.

　반면에 남측은 세계사와 문명의 흐름이 이미 개방화를 향해 나아
가고 있으며, 현대와 같은 문명사회에서 폐쇄란 있을 수 없다는 점
을 강조한다. 양측의 반박 논리를 보면 마치 구한말 대원군과 개화
파의 쇄국-개국 논쟁을 연상하게 되지만, 향후 상황 변화에 따라서
는 이 문제에 대한 전향적인 합의점이 도출될 가능성도 없는 것은
아니다.

2) 남북한 핫라인의 설치

　남북한의 정보통신을 잇는 일은 중요하다. 남한과 북한이 진정한
화해를 이루어나가는 과정에서, 그리고 그 결과로 만들어나갈 수 있
는 정보통신 교통망의 회복과 건설의 청사진을 만든다면, 그 첫 번
째 순서는 남북한의 정상회담을 통해 남북한 정상 사이에 핫라인을
설치하는 것이다.

남북한 핫라인은 1996년 181회 정기국회의 국정감사에서도 논란이 되었던 문제이다. 1996년 10월 1일 열린 국회외무통일위원회의 외무부에 대한 국정감사에서 박철언 의원이 이 문제를 거론한 것이다. 문화일보 이병선 기자가 「취재수첩」에 쓴 내용은 다음과 같은 것이다.

"노태우 정권 당시 한때 남북한 비밀접촉 창구역을 맡았던 박철언 의원은 무장공비 침투사건에 대한 정부의 대응 및 이로 인한 긴장고조를 지적하면서 '과거에도 막후 대화 채널은 남북한 간 우발적으로 발생할 뻔한 군사적 충돌을 막아주는 등 순기능이 많았다'며 핫라인의 필요성과 존재여부를 질의했다.

여기에 대해 외무부의 이기주 차관은 '현재 남북한 간 핫라인은 존재하지 않는 것으로 알고 있다'고 짤막하게 답변했다.

그러자 박 의원은 '그럼 필요성에 대해서는 어떻게 생각하느냐'고 다시 물었다. 이 차관은 한참 생각하더니 '이번 무장공비 사건에서도 보듯이 훈련 중 표류됐다고 터무니없는 주장을 하고 백배 천배로 보복하겠다고 주장하는 상대와 대화가 되겠느냐'며 '핫라인은 쌍방 간에 어느 정도 신뢰가 있어야 가능한 것 아니냐'고 반문했다.

박 의원의 재반박이 이어졌다. 그는 '첨예한 대립상태일수록 오히려 핫라인의 필요성이 커진다'며 '과거 아웅산 폭탄테러 이후 본격적으로 남북한 간 막후 채널이 모색된 것으로 알고 있는데 이 차관이 너무 단정적으로 이야기하는 것 아니냐'고 추궁했다.

논쟁은 이 차관이 '단정적으로 말한 것은 아니고 외무부가 알기에는 핫라인이 없다'고 한 발 물러섬으로써 일단락됐다."

핫라인 설치가 어떤 의미와 기능을 담당하게 될 것인가를 다시 생각하게 하는 대목이다. 미국과 소련이 냉전구조를 뛰어넘는 과정에서 중요한 역할을 한 것이 바로 이 핫라인이다. 그런 점에서 '핫라인의 설치'는 신뢰 회복과 남북한이 다양한 공동체를 만들어나가는 과정에서 필수적으로 이루어져야 할 과제라고 할 수 있다.

두 번째는 군사 당국자들 사이의 통신망 개설과 회의체의 구성이다. 교류협력이 민간분야에서만 이루어져서는 안 된다. 대결 체제에서 가장 앞 부분에 있는 양쪽의 군부 사이에 대화가 있어야만 불신을 해소할 수 있다. 군부의 대화는 쌍무적으로 이루어져야 하겠지만, 그밖에 양측이 모두 가입하고 있는 유엔의 주선이나 또는 '아시아지역 포럼', '동북아 안보 포럼'과 같은 다자간의 대화 채널도 활용되어야 한다.

세 번째는 남북한 간의 서신교환과 이산가족의 상봉사업과 같은 제한적인 인적 교류가 추진되어야 한다.

네 번째는 언론사의 상호 주재 허용과 단계적으로 언론망을 연결하는 문제를 해결하는 것이다. 이 과정에서 신문의 구독과 라디오와 텔레비전의 교류가 이루어질 수 있을 것이다.

다섯 번째는 전화망을 연결하는 것이다. 그래서 남북한이 자유롭게 전화를 걸 수 있는 수준까지 가는 것이다. 이 정도가 되면 사실은 상당한 수준의 통신 공동체를 형성하게 되는 것이다.

여섯 번째는 서로 자유로운 방문을 허용하는 것이고, 일곱 번째는 제한적이나마 이주의 자유까지도 허용하는 문제를 검토할 수 있다.

이와 같은 정보통신 공동체의 형성과정에 대해서는 섬세한 판단과 강력한 추진력이 필요하다. 따라서 이 문제에 대해서는 우리 정부와 전문가들이 심도 깊은 연구를 계속해야 하고, 정상회담과 같이 중요한 자리에서 논의가 이루어져야 한다.

중간 단계에서는 「남북 기본합의서」의 문화·예술분야 관련 조항인 제16조를 실천하는 방법을 연구해야 한다. 16조의 내용은 "남과 북은 과학·기술, 교육, 문학·예술, 보건, 체육, 환경과 신문, 라디오, 텔레비전 및 출판물을 비롯한 출판·보도 등 여러 분야에서 교류와 협력을 실시한다"이다.

아울러 이 합의서의 부속 합의서에 나와 있는 '교류협력 분과위원회'를 가동시키면서, 정상회담에서 논의될 큰 문제들을 구체적으로 조정하고 아울러 그것을 실질적으로 추진해나가야 한다.

3) 정보고속도로의 확장

통신에서 또 한 가지 고려해야 할 것은 남북한 사이에 정보고속도로를 만드는 것이다. 현재 한국에서 추진하고 있는 정보고속도로를 머지 않은 장래에 북한에도 연결할 수 있도록 미리 준비하는 일은 통일에 큰 도움이 될 것이다.

잘 알려져 있다시피 현재 한국에는 '새빛망(New Korea Net)'이라는 이름으로 초고속정보통신망 구축 사업이 진행되고 있다. '새빛망'은 음성, 데이터, 영상 등의 정보는 물론이고 이들 정보가 융합되어 나타나는 멀티미디어 정보까지 빠른 속도로 전송할 수 있는 '한국판 정보고속도로'인 셈이다. 2015년까지 모두 45조 2,000여억 원을 들여 구축될 '새빛망' 사업은 우리 사회의 모습을 적지 않게 바꿔놓을 것으로 예상할 수 있다.

우선 2010년까지 먼저 구축될 '초고속국가정보통신망'은 공공기관, 연구소, 대학 등의 정보통신망을 연결하는 사업으로 국가경쟁력 강화 차원에서 공공재원으로 건설된다. 다음으로 '초고속공중정보통신망'은 오는 2015년까지 민간재원으로 통신사업자가 구축해서 운용하며 정부는 통신망이 효율적으로 구축될 수 있도록 제반 여건을 정비하는 것으로 되어 있다.

이처럼 정보고속도로가 전국 방방곡곡에 구축되고 이를 활용하게 될 다양한 응용 소프트웨어 및 데이터베이스가 갖춰지게 되면 원격교육, 재택근무, 원격진료, 홈 쇼핑 등 영상 중심의 첨단 서비스가 가

능해져 국민들의 일상생활은 물론 행정업무나 기업활동이 크게 변
모되리라고 예측할 수 있다.

그런데 우리가 여기에서 유념해야 할 것은 새빛망 구축사업이
2010년 또는 2015년 등 남북관계와 한반도 주변 정세가 크게 달라질
것이라고 기대되는 연도에 완성될 사업이라는 것이다. 그렇다면 이
러한 정보고속도로의 건설 사업이 통일에 이바지할 수 있는 구체적
가능성에 대한 진지한 검토가 필요하다. 통일의 과정 또는 통일이
완성되는 과정에서 남북한의 정보통신망을 연결하는 것은 중대한
의미가 있기 때문이다. 그러나 '초고속정보통신망구축기획단'이
1995년 3월에 내놓은 「초고속정보통신기반구축 종합추진계획 해설
서」에는 이런 문제들이 전연 검토되어 있지 않아 아쉬움을 남겼다.

남북한을 연결하는 데에는 반드시 '새빛망'만을 이용해야 하는 것
은 아니다. 새로운 '동북아시아 네트워크(East Asia Information
Network)'가 구축될 수도 있고, 기존의 인터넷 망을 활용할 수도 있
다.

현재 우리나라와 일본·홍콩·싱가포르 등의 인터넷 서비스 업체
들은 아시아태평양지역을 서로 연결하는 고속 인터넷 통신망을 새
롭게 건설하고 있다. 국내의 인터넷 연결 서비스 업체인 아이네트
기술은 최근 일본·싱가포르·홍콩 합작업체인 '아시아인터넷 홀딩
사'와 손잡고 동아시아 지역을 서로 연결하는 인터넷 통신망을 구축
하였다. 아이네트 기술은 1996년 10월부터 국내 가입자들에게 이 서
비스를 제공하고 있다. 이에 따라 아시아 다른 나라의 정보를 검색
하기 위해서 미국을 거치지 않아도 돼 인터넷 정보를 이용하는 속도
가 훨씬 빨라졌다. 두 회사는 한국-일본, 일본-홍콩, 일본-싱가포르
구간을 개통하고, 이어 1996년 말에 대만·타이·말레이시아·인도
네시아·인도 등도 이 망에 연결하였다. 두 회사는 또 98년까지 이
망을 오스트레일리아·중국·베트남·필리핀까지 확장할 계획이다.

그렇다면 이 망에 앞으로 북한이 가입하지 말란 법도 없다. 그런 점에서 통신망을 통한 남북한의 연결은 머지 않은 장래에 이루어질 공산이 큰 것이다. 그러나 지금 당장은 아니다. 지금으로서는 북한이 인터넷 사용을 자제하고 있고, 앞으로도 싱가포르와 같이 인터넷의 제한 사용과 통제정책을 계속할 것으로 보이기 때문이다.

하지만 그런 통제정책이 현재와 같이 다차원적인 통신시대에 언제까지 먹혀들지는 의문이다. 유럽에 있는 북한 유학생들은 이미 인터넷 망을 사용하고 있고, 따라서 한번 '네티즌(Netizen)'이 된 사람들이 과연 그 개방성과 통신습관을 버릴 수 있을지 의문이 아닐 수 없다.

이런 점에서 향후 인터넷이 남북한 관계와 남북한 신세대 젊은이들에게 미칠 영향에 대해서는 통일이라는 관점에서 깊은 연구가 필요한 대목이다.

4) 인터넷과 통일

그 동안 세계를 연결해 온 것이 교통망이라고 한다면 이제 새롭게 세계를 연결해주는 것은 통신망이다. 통신망 가운데에서도 인터넷의 등장은 획기적인 것이다. 인터넷은 인터넷이 연결된 각 나라의 사람들을 '네티즌'이라는 새로운 개념의 사람들로 바꾸어나가고 있으며, 아울러 독특한 통신문화를 창조하고 있다. 따라서 인터넷과 네티즌은 20세기 말과 21세기 초라는 연대에 새로운 의미를 불어넣고 있는 범세계적인 사회현상이라고 이해할 수 있다.

인터넷 현상이 심대한 만큼 인터넷의 성격과 장래에 대해서도 수많은 논란이 있다. 적지 않은 사람들이 인터넷을 새롭게 등장한 민주적 매체라고 칭송하는 반면, 또 다른 한편에서는 미국적 가치관을 세계에 전파하는 미국 주도의 매체라는 점을 지적한다. 즉 "모든 길은 로마로 통한다"는 말이 있는 것처럼, 인터넷도 결국은 미국으로 통하게 되어 있는 매체라는 것이다.

인터넷의 미래 전망과 관련해서도 다양한 견해가 있다. 인터넷이 인류에게 장밋빛 정보사회를 보장하는 꿈의 매체가 될 것이라는 낙관적 전망에서부터 정보의 양이 넘치고 넘쳐 정보정체가 심해지고 결국은 정보의 쓰레기통이 될 것이라는 비관적 전망에 이르기까지 다양한 주장들이 제기되고 있는 것이다.

그러나 현실적으로 인터넷이 거의 전 세계를 망라하는 정보 미디어의 기능을 담당하고 있다는 사실을 부인하는 사람은 거의 없다. 그래서 통일원은 정부의 통일정책과 북한정보 등을 전세계에 알리기 위해 국제 정보통신망인 인터넷에 통일원 홈페이지를 개설하기로 하고 작업을 진행하였다. 1996년 10월에 개설된 통일원의 홈페이지는 '코리언 유니피케이션 네트(Korean Unification Net)'이다. 총 7,000여만 원의 예산을 들여 준비한 이 사업은, 최근 논란이 된 인터넷을 통한 북한 선전에도 효과적 대응책이 될 것으로 통일원을 기대하고 있다. 이제 남북한 사이의 논쟁이 말싸움 단계에서 인터넷상의 정보경쟁으로 확대된 것이다.

통일원의 홈페이지에는 통일원이 내는 보도자료와 남북현안에 대한 해설자료, 통일 관련 논문·논단, 주요 남북 합의문서와 북한관련 정보자료, 토론광장 등이 한글과 영어로 올려지고 있다. 토론광장에선 이용자들의 통일문제에 관한 토론을 접수하거나 북한에 대한 궁금한 점을 질문받아 답변해 주기도 한다.

또 국내외 통일관련 연구기관과 대학들을 수록하고 통신망을 서로 연결해, 해당기관의 명칭만 누르면 바로 그 기관의 웹사이트와 연결되도록 하였다. 통일원 관계자는 "기관간의 통신망 연결과 자료교환을 통해 통일원 홈페이지를 '통일관련 정보종합센터'로 확대 발전시킬 계획도 갖고 있다"고 한다.

한국대학총학생회연합(한총련)은 자신들의 주장을 널리 알리기 위해 일찍부터 인터넷을 활용하였다. '한총련 통신사업단'이 '나우누리'에 개설한 한총련 인터넷 홈페이지(주소 http/blue.nowcom. co. kr/~hcy)에는 ① 정부의 연세대 사태 강제진압을 비난하는 한총련 성명서, ② 한총련 강령, ③ 한총련 조국통일위원회가 지역총련 조통위에 보내는 투쟁지침 등이 들어 있다.

이상의 사실을 볼 때 통일원은 인터넷에 대한 체계적인 접근의 측면에서 한총련보다 한 발 늦었다고 해도 과언이 아니다. 이것은 우리 사회의 한 단면을 보여주는 것이다. 정보문화시대에 대한 대응만을 놓고 볼 때는 신세대들이 훨씬 앞서가고 있다. 정부 기관들은 더욱 적극적으로 정보화 감각을 배양하고, 그것을 실행화할 필요가 있다. 매체에 대한 접근의 속도만이 모든 것을 말해 주는 것은 아니다. 그것을 활용하고 거기에 어떤 정보와 메시지를 넣느냐 하는 것도 대단히 중요한 문제가 아닐 수 없다. 따라서 우리에게 필요한 것은 기민한 정보화 감각과 함께 세련된 데이터의 생산과 관리능력, 그리고 미래를 밝혀주는 비전의 제시이다.

다시 미디어의 문제로 돌아가서 이야기한다면, 한총련의 경우에는 인터넷만이 아니라 국내용 '전용정보통신망(CUG)'을 활용하면서 내부의 커뮤니케이션 채널 확보에 노력하였다. 지난 1996년 8월 '한총련 사태' 이후 한총련이 개설한 컴퓨터통신 채널들은 모두 공안당국에 의해서 문제시되고 있다.

서울지검은 한총련이 개설한 인터넷 홈페이지와 국내 전용정보통신망(ID : 한총련 1, 2, 3 및 서총련)을 폐쇄조처하였다. 그러나 문제는 이것을 폐쇄한다고 해서 문제가 끝나지는 않는다는 것이다. 우선 △ 통신의 자유를 침해함으로써 컴퓨터를 통한 '전자민주주의'를 위협한다고 컴퓨터통신 이용자들이 반발할 수 있는 데다 △이념적인 문제로 특정 인터넷 홈페이지를 수사한다는 점에서 파문이 전 세계로 번질 가능성도 있기 때문이다. 다른 나라들의 이념 정책은 분단되어 있는 우리나라와는 사정이 다르기 때문에, 이념의 문제로 인한 통신의 폐쇄를 어떻게 이해할 것인지는 아직까지도 미지수인 부분이다.

한편 수배 중인 한총련 대변인 박병언(연세대 총학생회장) 씨는 1996년 9월 2일 경찰의 전용정보통신망 압수수색 및 폐쇄조처 취소를 요구하는 준항고서를 안상운 변호사를 통해 서울지법에 냈다. 박씨는 준항고서에서 "압수는 증거 수집이 주요 목적이므로 전용정보통신망에 올라온 게시물을 복사하는 방법으로 충분히 목적 달성이 가능하다"며 "통신망 폐쇄는 법의 허용범위를 넘는 것"이라고 주장했다.

검찰수사의 실효성에 의문을 표시하는 시각도 통신사업계 안팎에 폭넓게 있다. 설령 당국이 나우누리에 개설한 인터넷 홈페이지를 폐쇄한다고 하더라도, 한총련 쪽이 마음만 먹으면 미국 등 다른 나라의 통신서비스회사를 통해 제2, 제3의 홈페이지를 얼마든지 만들 수 있다는 것이다. 실제로 멕시코의 치아파스 반군세력의 경우 멕시코 정부의 규제를 피해 자기 파의 홈페이지를 미국에 개설하였다.

중국은 인터넷에 대해 엄격한 제재정책을 취하고 있다. 인터넷이 급속도로 보급되는 데 따른 부작용을 막는다는 이유로 「워싱턴 포스트」, 「CNN」 등 주요 외국언론사와 홍콩의 '민주당', 티베트 망명자단체들이 만든 '달라이라마 / 티베트 망명자' 홈페이지 등 1백여 개에 이르는 사이트의 접근을 봉쇄했다고 「아시아 월스트리트 저널」이 보도했다.

중국의 이 조처는 1996년 초 모든 컴퓨터 네트워크에 대해 당국에 등록할 것과 음란물 및 정치적인 내용에 대한 접근을 금지한다고 발표할 때부터 예상된 것이기는 하나 자신들에게 불리한 정보가 담긴 내용에 대해서는 접근을 금지한다는 점과 인터넷이 생긴 이후 가장 광범위한 통신검열이란 점에서 귀추가 주목되고 있다.

현재 중국에는 약 2만 명이 상업용 컴퓨터통신망을 통해 인터넷에 가입해 있고, 두 곳의 학술용 통신망을 통해서도 2만 명이 가입해 있으나, 많은 중국인들이 이를 같이 사용하는 점을 감안하면 인터넷 사용자는 이보다 훨씬 더 많을 것으로 추정되고 있다.

중국은 그 동안 개방화에 따라 다양한 정보들이 쏟아져 들어오자 '다우존스'나 '로이터'가 제공하는 경제정보는 반드시 '신화사 통신'을 통해 발표하도록 제한하는 등 '불순한 사상'이 국민들에게 퍼지는 것을 막기 위해 힘을 기울였다. 중국 당국이 접근을 제한한 인터넷 사이트는 '플레이보이'나 '펜트하우스' 같은 도색잡지와 음란물이 게재된 사이트뿐만 아니라 '워싱턴 포스트'와 같은 주요 언론과 반중국적 태도를 보이고 있는 대만 홍콩의 언론과 정치단체, 그리고 분리 독립운동을 펼치고 있는 티베트 및 신장지역 출신 망명자들이 만든 사이트 등이다.

중국의 인터넷 정책을 보면서 우리는 인터넷이 가져오는 문명적인 변화와 정치사회적인 영향과 함께 정치적 파장을 예의주시할 필요가 있겠다는 생각을 하게 된다. 아무도 주인이 아니고 모든 사람이 주인인 것처럼 생각하게 하는 정보화시대의 새로운 물결, 인터넷! 인터넷의 물결이 닿는 곳마다 사람들이 달라지고 인터넷이 달라지고 있다. 그렇다면 과연 우리는 통일과 관련해서 인터넷을 어떻게 봐야 하는 것일까?

북한은 오랫동안 인테넷망과 연결되지 않았다. 1996년 12월 들어서야 조선중앙통신이 홈페이지를 개설하였다. 그러나 그 동안 북한이 인터넷과 완전히 단절된 상태는 아니었다는 사실을 알아야 한다. 국내 컴퓨터 잡지인 『PC라인』에 따르면 유엔개발계획(UNDP)의 평양사무소 소장인 파르크 아키크자드 씨가 1995년 10월 중순부터 평양사무소와 인터넷을 통해 뉴욕으로 접속하는 방식으로 북한과 외부세계를 연결했다고 한다.

북한 당국도 이 유엔개발계획 평양사무소를 통해 간접적이나마 인터넷에 연결되었던 것이다. 이는 엄밀하게 보면 북한에서 뉴욕으로 국제전화를 걸어 뉴욕에 있는 호스트를 통해 접속하는 것이므로 북한과 유엔 간에 직접적으로 인터넷이 구축되어 있다고는 할 수 없다. 게다가 북한은 정보문화사회라기보다는 산업사회에 가깝다. 따라서 정보문화시대를 전제로 하는 우리의 통일논의는 북한이 산업사회를 지나 정보문화사회로 이동하는 것을 전제로 하고 있다고 말할 수 있다.

그러나 북한에도 인터넷의 물결은 서서히 다가가고 있다. 북한 내부와 인터넷을 연결하는 것도 그렇지만 유학생들이 전하는 바에 의하면 북한 유학생들이 인터넷에 접속하는 경우가 적지 않다는 것이다.

그리고 인터넷망에 북한 관련 자료나 한반도 문제에 대한 정보가 게재되고 있는 사실도 비슷한 측면에서 볼 수 있다. 예전에는 그런 정보나 자료들이 아예 없었다는 사실을 기억한다면 변화의 물결은 간단한 것이 아니다.

「한겨레신문」의 보도에 의하면 인터넷에는 북한과 한반도 관련 웹사이트들이 서서히 늘어나고 있다. 1995년 9월 24일 북한수해에 대한 피해를 알려주며 온정을 베풀 것을 호소한 「북한수해구호」웹사이트(http : //www.race.u-tokyo.ac.jp/~mrosin/flood/index.html)는 미국의 시사주간지 「뉴스위크」 도쿄 지국장을 지낸 캄보디아 난민구호 활동가이자 「캄보디아 데일리」 지의 발행인인 미국인 버나드 크리셔가 개설한 홈페이지다. 이곳에는 크리셔 씨가 아들 조셉(Joseph)과 함께 1995년 11월에 이어 1996년 3월 초에 2번째로 북한을 방문해, 그 동안 모금한 6만 5,000달러 상당의 담요, 쌀, 옷 등을 전달한 내용이 실렸다. 또 1995년 수해 때 지하보일러가 파손돼 환자를 돌보지 못하고 문을 닫게 된 자강도 희천시에 있는 한 병원의 딱한 사정을 전하면서 1만 달러 상당의 수리비 지원모금을 요청하는 호소문도 실려 있다. 크리셔 씨는 이 사이트가 "북한 당국이 인터넷의 존재와 위력을 인식하는 첫 번째 기회가 될 것"이라고 말했지만, 남한에 사는 우리로서는 인터넷을 통해 북한을 직접 들여다보는 계기가 됐다는 것이 「한겨레신문」의 지적이다.

북한과 직접 관련은 없지만 인터넷을 통한 남북한 및 한반도 통일 문제에 대한 정보제공이라는 흐름을 주도하는 사이트로는 '주간코리아웹'과 '북미주조국통일동포회의' 그리고 'IMRIUSA'를 들 수 있다.

특정 당파를 대변하지 않으며 비영리를 목적의 자원자들이 만들고 있다고 밝힌 '주간코리아웹(http : //www.kimsoft.com)'은 한미 정상이 제주에서 제의한 4자회담을 비롯해 북한의 식량난, 그리고 조선 '중앙통신'의 보도 내용에서부터 각종 한국언론의 보도, 남북한 통일과 관련된 단체·정책, 얼마 전 비밀이 해제된 광주항쟁에서의 미국의 역할에 관한 미 국무부 문건들을 특종 보도한 「저널 오브 커머스」 팀 셔록(Tim Sherlock) 기자의 기사들, 북한에 대한 목격자들의 보고 등을 싣는 등 남북한 관계에 관한 한 최근의 뉴스와 정보를 근접해서 전달하는 데 사이트 개설의 목표를 두고 있다.

'북미주조국통일동포회의(http : //www.pond.com)'는 1995년 3월 창립된 '미주평화통일연구소'가 만든 곳이다. 여기에서는 개입·확장전략이라는 개념으로 미국의 대한반도 정책을 분석하고 최근의 북미관계 개선의 움직임 등을 추적한 논문들을 비롯, 한반도 문제에 관한 여러 글을 한글로 볼 수 있다.

한편 IMRIUSA(http : //www.korea.com/IMRIUSA)는 미국의 로스앤젤레스에 본사를 두고 있는 북한투자자문회사인 국제경영연구원이 개설한 사이트다. 1개월에 30달러의 가입비를 받고 정보를 제공하는 회원제로, 북한에 대한 투자정보 제공에 중점을 두고 있다. 이 사이트에서는 북한 우표의 구입신청이 가능하다.

이 밖에 일본 조총련 계열의 「조선신보」사가 만든 것으로 보이는 '코리안네트워크 일본(http : //www.knj.com)'이 있으나 아직은 초보적 수준이다. 그리고 한국전쟁에 참전한 미군의 2세이자 사진기자 겸 작가인 할 바커 씨가 주축이 돼 만든 '한국전쟁 프로젝트(http : //www.onramp.net/~hbarker/)'가 미국 내 참전용사들의 동정과 한국전쟁 자료들을 소개하고 있다. 그리고 북한에 대한 가장 일반적인 정보를 보려면 미 중앙정보부(CIA)가 운영하는 인터넷 사이트를 보면 된다.

'세계각국정보(http : //www.odci.gov/cia/)'는 CIA가 운영하는 세계 여러 나라에 관한 종합정보센터이다. 이중 Korea, North(http : //www.odci.gov/cia/publications/95fact/kn.html)를 찾으면 세계 최대의 정보기관인 미 중앙정보부가 제공하는 인구·면적·경제 등 연감에서 볼 수 있는 북한에 관한 기본 정보를 얻을 수 있다.

지금까지 사례에서도 보듯이 이제 인터넷은 단순한 컴퓨터 통신망이 아니라 개인과 나라와 세계를 변화시키는 원동력을 가슴에 내장하고 있는 '변화의 매체'이다. 통일을 생각하는 사람들은 변화의 매체인 인터넷에 대해서 깊은 관심을 갖지 않을 수 없다. 통일 역시 변화를 전제로 하고 있는 문명적인 사업이기 때문이다.

그러나 지금으로서는 인터넷이 남북한 사이에 커뮤니케이션을 원활하게 해주는 '평화의 매체'는 아니다. 오히려 지금으로서는 새로 제기된 대결의 장이라고 이해해야 할지도 모른다. 글과 음성과 영상과 데이터를 통해서 각자 자신의 입장을 홍보, 선전하는 기능을 담당하고 있기 때문이다.

그런 점에서는 팩스 매체의 현황과도 비슷한 입장이다. 강릉 잠수함 사건 이후에 북한이 한국의 요처에 팩스를 보낸 사건은 공세적인 선전전을 의미한다. 그러나 이 사건은 역설적으로 현대가 단순한 군사대결의 시대가 아닌 열린 정보문화시대라는 사실을 더욱 실감나게 만들었다.

이제는 팩스번호만 알면 자신의 입장을 적은 메시지를 일방적으로 보낼 수 있는 사회인 것이다. 보다 구체적으로 이야기하자면 북한의 입장에서는 일본이든 중국에서든 한국의 팩스번호만 알면 문건을 보낼 수 있게 되어 있다. 무장간첩은 해안선을 잘 지키면 막을 수 있지만 팩스는 보초를 잘 선다고 해서 막아낼 수 있는 게 아니라는 점에 정보문화시대의 특성이 있다. 그러나 남한의 입장에서는 북한에 일반 팩스가 많지 않기 때문에 남한의 입장을 선전하는 팩스 메시지를 보내기가 쉽지 않게 되어 있다. 그렇다면 이 점을 어떻게 할 것인가?

그러나 팩스든 인터넷이든 북한이 일정한 발전단계를 넘게 되면 상황은 반전될 가능성이 높다. 그때는 오히려 인터넷과 팩스가 북한을 변화시키고 정보문화사회에 접어든 한국사회와의 친화성을 높이며 새로운 통합에 이르게 하는 매체가 될지도 모른다. 이것은 동서독의 매스컴 교류와 비교할 수 있는 조그만 단초인 셈이기도 하다.

그런 점에서 인터넷은 다소 더 기다려야 할 통일의 매체라고 할 수 있을 것이다. 그러나 인터넷은 남북한의 신세대들이 접근한다는 측면에서 중요한 신흥 매체이다. 즉 세대적으로 볼 때 인터넷은 분단세대가 아닌 통일 신세대들의 활동의 장인 셈이다. 그러기에 우리는 '인터넷을 통한 통일', '통일과정에서의 인터넷의 역할'에 대해 깊은 관심을 갖고 준비를 게을리 하지 말아야 할 것이다.

이제 남북대결은 군사적인 방법만을 통해서 이루어지는 것은 아니다. 예전에는 상상도 못하던 팩스와 인터넷을 통한 싸움이 시작되고 있다. 이 싸움은 '미움의 싸움'으로 시작되더라고 결국에는 상대를 이해하고 상대를 껴안는 '포용의 싸움'으로 발전해야 할 것이다.

그래야만 통신이 미움이 아니라 신뢰와 사랑을 낳고 통일에 기여할 수 있다. 통신의 역할이란 것이 본래부터 미움을 위한 것이 아니라 상호 이해를 위한 것이라는 점을 우리는 기억할 필요가 있다.

우리는 그 가능성을 이미 「동북아 환경포럼」에서 보게 된다. 1995년 9월 남북한 등 7개국이 참가한 가운데 일본 홋카이도 구시로에서 열린 '제4회 동북아 및 북태평양 환경포럼'은 폐막성명에서 동북아 지역의 환경 현안에 대한 신속한 정보교환과 해결책 도출을 위해 인터넷에 지역환경 전자게시판을 설치한다고 밝힌 바 있다. 이처럼 인터넷은 통일과 평화로운 지역화에 이바지할 수 있는 무궁한 가능성을 갖고 있는 것이다.

정보화야말로 인간과 인간, 사회와 사회, 나라와 나라를 연결하고 합쳐나갈 수 있는 최선의 방법인지도 모른다. 그래서 G-7 국가들은 개발도상국들을 지구촌 정보사회에 통합시키기 위해서 '정보화사회 개발회의'를 열고 개발도상국들에 대한 지원을 약속했다. 지난 1996년 5월 남아프리카공화국의 미들랜드에서 개막된 '정보화사회개발 회의'에 조셉 스티글리츠(Joseph Stiglitz) 경제자문위원회 의장을 단장으로 한 1백여 명의 대표단을 보낸 미국은 "앞으로 5년간 20개 아프리카 나라에 인터넷을 보급하기 위해 1,500만 달러를 지원할 것"이라고 밝힌 바가 있다. 앨버트 고어(Albert Gore) 부통령은 회의 개막행사에 맞춰 위성을 통해 "아프리카 나라들은 인터넷 접속을 통해 경제사회개발을 위한 강력한 도구를 얻게 될 것"이라는 화상 메시지를 보냈다.

한편 자크 상테르(Jacques Santer) 유럽연합(EU) 집행위원장도 개막연설에서 "정보사회는 새로운 시장만을 뜻하는 것이 아니라 개도국들이 번영으로 향하는 새로운 개발전략에 따라 21세기로 들어갈 수 있게 해줄 것"이라며 "유럽연합은 정보기술을 개도국에 보급하는 데 앞장서고 있다"고 말했다. 주최국인 남아공의 타보 음베키 부통령도 "정보사회로 가는 길이 선·후진국 간의 격차를 확대하도록 해서는 안 될 것"이라고 강조했다.

그렇다면 정보화사회의 정신은 무엇인가? 그것은 격차를 확대하기 위한 정보화가 아니라 격차를 줄이는 정보화를 지향해야 한다는 것이다. 그런 점에서 우리는 지금 남북한 간의 격차를 줄여나가는 정보문화화를 진지하게 고민하고 그 대비책을 내놓지 않으면 안 된다.

지금 우리는 본격적인 정보문화사회의 입구에 서 있으며 북한으로서는 사회주의적 산업화에 몰두하고 있는 시점이다. 그렇다면 우리가 모두 함께 만날 수 있는 정보문화사회는 언제쯤 도래하는 것일까? 그것은 아마도 21세기 초에나 가능할지 모른다.

그러나 명심할 것이 있다. 그것은 아무리 먼 길이라고 할지라도 그 길을 가기 위해서는 결국 첫걸음부터 시작해야 한다는 것이다. 우리에게 다가오는 획기적인 변화도 결국은 철저한 준비와 조그만 변화의 누적을 통해서만 가능하다는 사실을 우리는 유념할 필요가 있다. 그런 점에서 아무리 조그마한 것이라고 할지라도 서로 대화를 나눌 수 있는 창구와 채널의 확대는 현단계 우리의 중요한 과제가 아닐 수 없다.

5) 한반도의 교통과 통일문제

"모든 길은 로마로!" 이 말은 길을 잡는 자가 세계를 제패하고, 아울러 세계를 제패하는 자는 무엇보다도 길을 확보하는 데 신경을 쓴다는 사실을 말해 주는 것이다. 로마는 길을 통해 물자와 군대를 이동시켰다. 유럽의 역사를 보면 철도의 발전이 시장과 민족주의와 근대국가를 낳았다. 우리의 경우에는 자주적인 근대화의 상징으로서 한반도 전체를 관통하는 길을 닦아보지 못했다. 우리에게 신작로와 철도는 열강들의 이권쟁탈과 식민통치의 과정에서 만들어진 것이었고, 우리 사회 내부의 발전을 대변하는 역동성의 표현은 되지 못했다. 그런 의미에서 남북한이 길을 이어나가고 길을 함께 만드는 것은 통일로 가는 바른 길이라고 해야 할 것이다.

세계의 역사는 길의 역사이고, 분단이 반역사적인 것은 그것이 무엇보다도 길을 막고 있기 때문이다. 분단 때문에 한국인이 지불하는 교통비용은 심각하다. 최근에 북한 영공의 개방문제가 관심사가 되는 것도 공간 이동에 드는 시간과 비용을 절약해 주기 때문이다.

남북한 사이에 경제협력이 심화되면 될수록 교통로의 회복문제가 중요하게 거론되어야 한다. 북한을 방문하려면 북경에서 항공로를 이용해야 하고, 해상교통로로 화물을 운반하는 데는 한계가 있다. 따라서 머지 않은 장래에 남북한은 육로와 항공로를 이어야 한다. 그리고 남북한의 교통로를 잇는 게 동북아시아에서의 한반도의 위상, 그리고 한반도의 지정학적인 성격과 깊이 관련되어 있다는 점을 충분하게 고려해야 한다.

한반도가 해양과 대륙을 이어나가면서 동시에 자주적인 나라가 되기 위해서는 아시아의 교통 중심지인 동시에 세계의 교통 중심지로 발전해야 한다. 그래야만 유럽과 아시아태평양지역을 연결하고, 아울러 미·일·중·러를 조율할 수 있게 된다. 폐쇄적이어서는 이 문제를 해결할 수가 없다.

우리는 한반도를 동북아 시대의 새로운 중심지로 만드는 교통의 비전을 만들어야 한다. 부산을 통해 아시아태평양지역으로 나아가야 하며, 목포와 서해안 지역을 통해서는 황해 경제권을 묶어낼 수 있어야 한다. 그리고 신의주를 통해 육로로 중국에 연결되어야 하고, 두만강 유역을 통해서는 시베리아 지역으로 나아갈 수 있어야 한다. 아울러 일본의 서남지방과 한국의 제주도와 동해안, 그리고 중국과 시베리아를 연결하는 광범위한 동북아 교류의 장이 펼치기 위해서는 남북한의 교통로 회복이 필수적이다.

이렇게 연결되고, 열린 동북아시아에서 독립과 자주와 번영이 숨쉬는 위대한 민족공동체와 통일국가를 일궈나가는 것, 그것이 바로 우리에게 주어진 시대적 과제라는 사실을 남북한의 지도자들은 공히 통찰할 필요가 있다.

2. 문화 공동체의 회복과 민족문화 창조

1996년 5월 4일자 「경향신문」의 1면 머릿기사로 국내 영화사상 처음으로 남북합작영화가 만들어진다는 소식이 실렸다. 김호선 감독이 "미국 뉴욕에 거주하는 한국계 영화인 더글러스 주 회장을 통해 북한측과 협의한 결과 춘사(春史) 나운규의 일생을 담은 「아리랑아」의 남북합작 제작에 합의했다"는 것이다. 김 감독은 이어 "주 씨로부터 북한 당국의 촬영 승인서를 전달받는 대로 통일원에 대북 접촉 승인서를 제출, 올 가을부터 본격적으로 제작에 나설 계획"이라고 덧붙였다. 지금까지 남북합작영화 제작 등 문화교류는 국내에서 허가된 반면 북한측의 반대로 무산되었기 때문에 이번 합작영화의 제작은 북한 당국이 먼저 승인했다는 점에서 그 어느 때보다 성사 가능성이 높은 것으로 관측되고 있다. 통일원 당국자도 "남북 공동영화 제작이 순수한 문화교류를 위한 것이라면 적극 허용한다는 것이 정부의 입장"이라고 언급함으로써 협조할 뜻임을 내비쳤다.

이러한 일들은 남북한의 문화적 관계에 의미 있는 변화들을 예고하는 것이다. 분단은 정치적·군사적 대치관계만이 아니라 남북한에 이질적인 문화를 뿌리내리게 만들었다. 문화의 이질성은 보통 심각한 것이 아니다. 남한의 문화는 자유주의적 문화이며 다원적인 문화인 반면, 북한 문화는 민족적, 계급적, 혁명적 성격을 지향하는 것으로 되어 있다.

남한의 경우 문화가 향수의 영역으로 설명되는 반면, 북한에서는 혁명투쟁의 대상으로 설정되어 있다. 아울러 북한의 문화는 사상·과학기술과 함께 3대 혁명의 주요 구성 부분을 이루고 있다. 3대혁명이란 '사회주의 단계'에서 '사회주의의 완전 승리'를 이룩할 때까지의 과도기 단계에서 수행하여야 할 당면 전략적 과업으로 상정된 것들이다. 북한은 문화혁명을 성공적으로 수행하기 위해서 사회주의적 민족문화건설 노선이 철저히 관철되어야 한다고 주장한다.

남한의 경우 문화는 민간의 영역에서 자율적으로 이루어지는 것으로 되어 있다. 내용적으로는 정부의 문화시책이 있고, 상업성이라는 장애물을 뛰어넘지 못하면 살아 남지 못하는 특성이 있다. 그런데 북한의 경우 문화란 당과 국가의 혁명노선에 복무해야 하는 투쟁의 무기이기 때문에 강력한 문화정책이 존재한다.

그런데 주목할 만한 점은 현재 북한의 최고 지도자가 된 김정일이 30년 이상 북한의 문화정책을 이끌어왔다는 점이다. 굳이 말하자면 김정일은 북한의 '문화전문가'라고 표현할 수 있다.

김정일은 1966년 당 선전선동부 지도원으로 근무를 시작하여 1968년 선전선동부 영화예술과장, 1969년 선전선동부 부부장, 1970년 선전선동부 문화예술담당 부부장을 거쳐 1972년 문화정책을 총괄하는 선전선동부 부장을 지낸 바 있다. 이때 김정일은 「피바다」등 혁명문학 작품들을 재창작하여 무대에 올리는 등 문화정책을 통해 김일성 유일사상체계의 확립에 일조하였다.

북한의 혁명원로들이 김정일을 지지하게 된 데는 김정일의 「피바다」연출이 중요한 계기가 되었다는 주장도 제기되어 있다. 이후 김정일은 『영화예술론』, 『가극예술에 대하여』, 『연극예술에 대하여』

등의 저작을 통하여, 또는 작가들에 대한 현지지도를 통하여, 그리고 4·15 창작단의 지도를 통하여 문화분야에 커다란 영향력을 행사하여 왔다.

1980년대 중반 이후부터는 김정일이 북한의 문화정책을 실질적으로 주도하게 되었다. 이는 북한의 문화정책 분야의 각종 문건에서 이미 김일성의 '교시' 대신 김정일의 '지적'으로 대체되었던 사실을 통해서도 잘 알 수 있다.

김정일은 1991년에 "작가들은 우리 당 건설과 활동에 영원한 동행자, 충실한 방조자, 훌륭한 조언자여야 하며 또 당 문예노선의 견결한 옹호자, 철저한 관찰자가 되어야 한다"는 「5대 명제」를 발표하는가 하면, 「다부작 예술영화 '민족과 운명'의 창작성에 토대하여 문학예술 건설에서 새로운 전환을 일으키자」를 통해 구체적인 창작지침을 제시하기도 하였다. 뿐만 아니라 『무용예술론』(1992. 5), 『미술론』(1992. 6), 『음악예술론』(1992. 6), 『주체문학론』(1992. 6) 등 모든 예술분야를 포괄하는 저서를 잇따라 출간한 바 있다.

1990년대에 들어와서 「로동신문」, 「근로자」, 「조선문학」, 「조선예술」 등 주요 신문과 잡지의 편집방식이 김정일의 문화에 관한 지적을 중심으로 수행되고 있는 것도 북한 문화의 한 특징이라고 하겠다.

문화·예술에 대한 북한의 인식은 매우 복합적이다. 어떤 점에서 북한은 자신들의 문화와 예술이 상당히 우수한 경지에 도달했음을 강조하고, 문화와 예술을 통한 홍보효과를 기대한다. 1985년 이산가족 고향방문단의 교환 방문시에 북한은 예술단의 교환을 요구했고, 1990년 범민족 통일음악회와 송년 통일전통음악회 행사에도 적극적이었다. 더욱이 제2차 이산가족방문단 교환을 위한 실무대표접촉에서 북한측은 혁명가극인 「꽃파는 처녀」의 공연을 위한 예술단의 교환을 주장하기도 하였다. 북한측은 「남북기본합의서」와 그 「부속합의서」의 타결과정에서도 문화분야의 교류·협력에 적극적이었다.

그 중에서도 가장 적극적인 분야는 예술작품과 문화유물, 도서출판물의 교환전시와 국제무대에의 공동진출이다. 최근에는 단군릉의 발견을 주장하고, 대대적인 단군릉 조성공사를 벌이기도 하였다. 여기에는 김영삼 대통령의 은사인 안호상 씨가 남한의 대종교 대표자격으로 방문하여 파문이 일기도 했다. 북한은 단군릉 조성공사를 통해 단군을 상징화함으로써 정치적 선전효과가 적지 않을 것으로 판단한 것이다.

하지만 북한이 자신들의 문화에 대해서 자신감을 갖는 것만은 아니다. 북한은 북한예술단의 서울 공연에 대한 우리측의 반응이 그다지 좋지 않았다는 사실을 고려하면서 우리측의 문화교류 제의에 대해서 제동을 걸기도 했다. 게다가 북한의 김정일이 신상옥 감독과 배우인 최은희 씨를 만나서 나눈 대화들은 충격적이다. 『월간조선』 1995년 10월호의 부록으로 제공된 녹음 테이프를 들어보면, 김정일은 북한영화 제작의 문제점들을 노골적으로 지적하면서 신상옥 씨와 최은희 씨에게 도움을 요청하고 있다. 북한의 최고지도자가 북한사회의 문제점으로 '이윤 동기가 없기 때문에 창의성이 나오지 않는 데 있다'라고 지적했다는 점에서, 북한사회의 개방·개혁 가능성을 읽을 수 있는 것이기도 하지만 동시에 북한사회의 문화와 예술이 갖는 고민을 그대로 접할 수 있기 때문이다.

북한의 문화와 예술에 깃들어 있는 이와 같은 이중성을 제대로 이해할 수 있어야만 내실있는 문화 예술의 교류와 문화공동체의 형성이 가능한 것이다. 이와 같은 점들을 고려하면서 남북문화 교류와 문화공동체의 형성을 위한 대안을 제시해 보면 다음과 같다.

첫째, 남한과 북한에 공통적인 요소들을 찾고, 거기에서부터 시작해야 한다. 남한과 북한의 가장 큰 공통점은 다름 아닌 우리 말과 한글이다. 말과 글의 공통성이 남한과 북한을 이어나갈 수 있는 가장 큰 자산이다. 따라서 남한과 북한이 이뤄나가야 할 문화공동체는 다름 아닌 '한글 문화공동체'이다.

여기에도 주의해야 할 점이 있다. 현재 남한과 북한은 서로 다른 어문정책을 취하고 있기 때문에 말과 글의 차이점도 결코 작지 않다는 것이다. 남한의 말과 글은 주시경 선생의 제자 가운데 최현배 선생의 문법을 기초로 발전해 온 반면, 북한에서는 한글학자이면서 무장투쟁가였던 김두봉의 영향을 많이 받았다. 따라서 문법 하나하나에 집착할 경우에는 오히려 새로운 분쟁이 생길 수도 있다. 문법과 어법 문제도 길고 긴 대화와 토론과 상호이해가 선행되어야 한다.

이 분야는 민간과 학계의 역할이 중요하다. 지금부터 완전히 통일이 이루어질 때까지 길고 긴 대화의 대장정을 시작해나가는 것이 바로 한글문화공동체를 일궈나가는 방법일 것이다.

둘째, 양쪽 문화의 기초가 되고 있는 민족성이라는 공통의 요소를 확대시켜 나가야 한다. 민족성이라는 것 자체만 놓고 보면 남한과 북한의 해석이 다를 수 있다는 점을 우리는 인정해야 한다. 그러나 서로 다른 해석에도 불구하고 거기에 공통성이 전혀 없는 것은 아니다. 전통의 부분에서도 일제시대 직전까지에 대해서는 공통적인 해석이 존재한다. 이를테면 오랜 외세 침탈의 역사 속에서 우리 민족의 독립성을 지키기 위한 노력은 남북한이 공히 중요시하고 있는 부분들이다. 수나라, 당나라, 몽고, 일본의 침략과 여기에 대한 우리의 국토 방위 노력에 대한 해석이 다를 수는 없는 것이다. 특히 일본에 대한 태도에 대해서는 남북한에 공통적인 부분이 적지 않다.

따라서 WTO체제와 신민족주의의 등장이 남북한에게 공히 생존과 번영의 전략으로서 통일민족주의를 강화할 가능성도 적지 않은 것이다. 다만 여기에도 주도권 문제가 개입되어 있기 때문에, 이 문제만 지혜롭게 잘 처리한다면 민족 내부의 균형성을 유지하면서 상호발전하고 아울러 주변 국가들의 영향력까지도 상호규제할 수 있는 모델을 개발할 수 있을 것이다.

셋째, 해외동포 사회의 완충적인 노력이 효과를 발휘할 수 있다는 점이다. 그 동안 해외동포들이 남북한의 문화를 공동으로 이해하는 행사를 주최한 경우가 적지 않다. 앞에서 언급한 더글러스 주 회장이 중심이 되어 뉴욕에서 개최한 '코리아 영화제', 1991년부터 1993년까지 모두 여섯 차례에 걸쳐 남북 합동공연 형식으로 일본에서 열린 '한겨레 음악회' 등이 대표적인 사례들이다. 해외에서의 남북한 문화교류 프로그램이 영화나 음악에 머무르지 않고, 다른 장르까지 확산될 수 있도록 노력하는 것이 중요하다. 그 중에서도 북미 동포 사회의 역할은 남북한의 문화교류와 문화공동체의 형성을 위해서 매우 중요하다. 일본의 경우처럼 민단과 조총련으로 분열되지 않았고, 정치사회 환경도 비교적 자유롭기 때문이다.

재일동포들의 경우도 민단과 조총련의 공동행사를 확대해 나갈 필요가 있다. 특히 재일동포 여학생들이 일본인들로부터 테러에 가까운 봉변을 당하는 경우가 적지 않은데, 이때에는 남북한과 재일동포 사회의 모든 조직들이 인권운동 차원에서 공동으로 대처해야 할 것이다. 그래야만 민족의 중요성을 알고 통일의 필요성을 서로 이해할 수 있다. 그런 것이 가능하기 위한 기반은 평소의 문화교류에 있음은 두말할 것도 없다.

넷째, 문화교류의 전문가들과 문화공동체를 형성하는 데 앞장설 능력이 있는 통일문화 기획가들이 필요하다. 문화교류가 문화의 이질성만 심화시키고 서로의 오해를 증폭시키는, 새로운 갈등 요소로 등장하지 않게 하려면 여기에는 전문 기획가들이 있어야 한다. 이 기획가들은 남북한 사회는 물론이고 동포 사회에도 필요하다. 이벤트 능력을 갖추고 있으면서도 섬세하게 이질적인 문화들을 융합시켜 나갈 수 있는 기획가들의 존재가 그 어느 때보다 아쉬운 때임에도 불구하고 이 방면의 전문가들은 아직까지 부각되지 않고 있다.

다섯째, 문화교류는 민간 주도의 교류와 비정치적 교류로 시작되어야 한다. 민간 주도의 문화교류를 시행할 경우라야만 모든 문제들이 순조롭게 해결될 수 있고, 문화교류가 문화공동체의 형성으로 발전할 수 있다. 여기에 정치가 개입할 경우에는 항상 정치적 환경을 고려해야 하기 때문에 일회성 행사로 그치기 쉽고, 정치적으로 해석되면서 쓸데없는 갈등을 낳기 쉽다.

문화교류를 심화시켜 나가기 위해서는 남북한 당국자들의 대화와 지원이 필요하다. 그러나 당국자들 사이의 대화와 지원은 그 자체에 머물러야지 간섭이나 제약으로 발전하게 되면 장기적으로 볼 때 교류와 공동체의 형성에 오히려 장애가 될 수 있다.

결국 문화 교류와 문화공동체의 형성은 통일을 위한 또 하나의 커뮤니케이션 채널을 확보하는 것이다. 이 채널을 기존의 정치·군사 채널처럼 운용한다면 이것은 문화가 갖는 고유한 성격의 기능을 제대로 활용하지 못하는 것이 되는 셈이다. 따라서 우리는 정치·군사적 통일론만이 아니라 문화를 통한 통일론에 깊은 관심을 기울여나가지 않으면 안 된다.

3. 환경공동체와 통일

1) 분단체제는 환경파괴체제

현대화의 과제에는 정보문화만이 아니라 환경문제가 중요하게 부각된다. 그래서 세계는 개발의 시대로부터 서서히 개발과 환경의 균형을 추구하는 시대로, 그리고 환경의 가치를 강조하는 시대로 이동하고 있는 것이다. 그렇다면 현대화의 관점에서 통일을 보는 우리로서는 당연히 환경과 통일의 관련성을 탐구하지 않을 수 없다.

전쟁은 인류의 행위 중 가장 반환경적인 악습이다. 1991년의 걸프전을 기억하는 사람들은 당시 원유에 오염된 죽음의 바다와 영문 모르고 주위를 두리번거리던 물새들의 모습을 기억할 것이다. 네이팜탄에 화상을 입고 울부짖던 베트남 소녀의 모습과 고엽제의 후유증에 시달리는 파월 장병의 고통은 전쟁이 인간만을 살상하는 것이 아니라 모든 삼라만상을 해치는 참혹의 극치라는 사실을 알게 한다.

원자폭탄이 얼마나 무서운 것인가 하는 것은 설명을 필요로 하지 않는다. 전쟁을 일으켰던 일본이 종종 피해국가로 둔갑하는 것은 다름 아닌 핵무기의 가공할 파괴성 때문이다. 그 동안 미국의 원폭 투하는 종전을 위해 불가피한 것으로 설명되었지만, 지금은 미국에서도 그 불가피성에 의문을 제기하는 사람들이 늘어나고 있다. 이미 전세가 기울어져 있는 상황에서 일본은 원폭의 투하 없이도 11월 1일 이전에 항복했을 것이라는 지적이다. 원폭투하는 오히려 냉전에 대비해서 소련을 견제하는 전략적 측면이 더 컸다는 것이다.

한국전쟁이라고 해서 예외는 아니다. 한국전쟁은 수많은 인명과 함께 한반도의 생태계를 해친 전쟁이다. 한국전쟁에서 피해를 입은 민간인은 사상자, 실종자, 포로를 포함하여 남한 86만 명, 북한 200만 명에 이르는 것으로 알려졌다. 그리고 국군을 포함한 연합군 약 100만 명, 중국군 약 90만 명, 인민군 52만 명 등 200만 명이 훨씬 넘는 전투원이 피해를 입은 것으로 알려져 있다. 또한 전쟁은 엄청난 물적 손실을 가져와 남북한 전체를 통해서 볼 때 경제기반인 농토와 공장, 그리고 학교, 교회, 사찰, 병원, 도로, 교량 등과 같은 공공시설과 사회기반시설이 무수히 파괴되었다. 민간가옥이 파괴된 것은 말할 것도 없다.

게다가 한국전은 물자 소비전이라는 측면이 있다. 한국전쟁에서 엄청난 물자가 소비됨으로써 제2차 세계대전 당시 과잉팽창되었던 세계적인 군수산업들이 종전(終戰) 직후의 위기를 넘길 수 있었으며, 일본은 한국전쟁에서의 물자공급을 통해서 전전(戰前)의 경제적 생산력과 재벌 중심의 경제구조를 재건할 수 있었다.

전쟁에서 소비하는 물자의 양은 환경파괴와 비례한다. 투하되는 폭탄과 사용되는 탄약의 양은 인명과 함께 한반도의 생태계를 파괴하였다. 전쟁 직후 민둥산과 파괴된 도시를 기억하는 사람들은 한국전쟁이 결국 엄청난 환경파괴 전쟁이었다는 사실을 쉽게 이해할 수 있을 것이다. 뺏고 뺏기는 전투 때문에 어떤 곳은 본래의 지형이 아예 사라져버리기도 했다. 그 정도로 심각하게 자연이 파괴되었다.

그리고 전쟁으로 인해 지역사회의 공동체가 파괴되면서 사람들은 도시로 몰려들기 시작했고, 도시의 인구팽창은 만성적인 실업문제와 함께 심각한 도시문제를 양산하기 시작하였다. 게다가 전쟁 이후 구호물자의 도입은 당장은 굶주림을 면하게 해주었지만, 장기적으로는 농촌경제를 위축시키면서 광범위한 탈농과 이촌향도(離村向都)의 물결을 형성하면서 도시문제를 가속화시켰다. 오늘날 한국의 환경문제는 서구사회의 도시화가 가져온 환경문제에 비해 질적으로 더욱 심각한 양상을 나타내고 있는데, 이것은 수준차의 문제라기보다는 도시화의 성격 차이에서 오는 역사성을 내포하고 있는 것이다.

이 대목에서 우리는 환경문제에 대한 역사적 접근법의 중요성을 다시 한번 절감하게 된다. 최근에 논의되는 환경에 관한 담론들은 오늘의 환경문제를 이야기하고 여기에 대해서 '환경적으로 건전하면서 지속 가능한 개발'의 중요성을 강조한다. 그러나 이러한 주장들은 '환경 계몽주의'에 기초한 슬로건에 가깝다고 할 수 있다.

환경문제를 하나의 사회적 이슈로서 '상업화하는' 것이 아니라 그야말로 '해결하기' 위해서는 환경오염에 대한 실사구시적 탐구와 함께 진지한 자기고백과 역사적 반성이 필요하다. 그리고 바로 오늘 환경의 훼손을 줄여나가는 일과 함께, 인류문명의 미래에 대한 '환

경 비전'을 준비하지 않으면 안 된다. 그래야만 선진국 중심의 환경
문제 접근이 아니라 인류 전체의 입장에서 환경문제를 진단하고 처
방하는 일이 가능하게 될 것이다.

휴전체제의 형성 이후 비무장지대의 모습은 비무장(非武裝)의 친
(親)환경적 효과를 감동적으로 보여주고 있다. 지금 비무장지대에는
특별한 생태계의 보고(寶庫)가 형성되어 있다. 1996년 여름 교육방
송(EBS)이 방영한 비무장지대의 생태에 관한 기록영화는 비무장이
가져온 자연보호 및 재생 효과를 생생하게 증언하고 있다.

그러나 한반도 전체에서 비무장지대는 그야말로 특별한 구역일
뿐이다. 그 이외의 다른 지역에서는 오히려 무장이 더욱 강화되었으
며, 철저한 대결체제를 형성하였다. 달 그대로 휴전체제는 전쟁을
잠시 멈춘 것일 뿐이고 평화체제의 정착을 의미하는 것은 아니다.
따라서 휴전체제라는 준전시체제는 심각한 환경손상을 가져오고 있
는 것이다.

휴전체제는 환경과 복지보다는 군비경쟁에 많은 비용을 투자해야
하는 체제이다. 그리고 그 동안 남북한이 지출한 군사비는 환경의
희생 위에 추진된 급속한 공업화에 의해 마련된 것이다. 따라서 휴
전체제란 한반도에 환경의 손상을 가속화시키는 시스템으로 자리잡
은 것이다.

군비경쟁체제가 어떻게 환경을 해치는가? 첫째 군수산업 자체가
야기하는 환경문제를 들 수 있다. 둘째 화력 실험장 등 무기의 실험
과정에서 환경이 훼손된다. 화력 실험 과정에서 산불 등 재난이 발생
하여 환경을 해치기도 한다. 셋째 대량의 군사기지를 유지해야 되기
때문에 나타나는 환경문제를 생각할 수 있다. 넷째 과거 팀 스피리트
등과 같은 대규모의 군사훈련은 적지 않은 환경문제를 가져온다.

어느 나라든 국방에 필요한 적절한 군사력과 군사비가 필요하다.
그러나 한반도의 경우에는 남북한 사이에 오랫동안 과도한 군비 경

쟁이 벌어짐으로써 필요 이상의 환경비용을 지불해야 했다. 이 문제는 세계 다른 나라들의 경우와 비교해서 보는 것이 좋다. 남북한 모두가 국민총생산에 대한 군사비의 지출 비율이 최상위에 속한다는 것은 남북 대결의 상황논리로 설명될 수 있지만, 환경적으로 건전하며 복지 지향적인 자원배분의 방식과는 너무나 거리가 먼 것이라는 점은 누가 설명해 주지 않더라도 우리 스스로가 느껴야 한다.

군비 경쟁에 필요한 자금을 만드는 과정에서도 적지 않은 환경문제가 발생하였다. 한국의 군사비는 1950년대까지는 미국의 원조에 의존했지만 1960년대부터는 수출 지향의 산업화를 통해서 군사비를 마련할 수밖에 없었다. 1960년대 이후 한국의 공업화가 가져온 빛과 그림자 중 빛의 요소가 경제의 양적 성장이라고 한다면, 그 이면에는 삼풍백화점 붕괴 사고처럼 부실 근대화의 후유증과 환경파괴라는 심각한 부작용이 도사리고 있었던 것이다. 바로 이런 점들 때문에 분단체제는 구조적으로 환경을 훼손시키는 체제가 될 수밖에 없다.

가치관과 의식 문제까지 고려한다면 남북대결체제는 환경과 생명에 대해서 더욱 심각한 위험성을 내포하고 있다고 평가할 수 있다.

2) 평화정착과 환경문제의 전망

필자가 생각하는 통일방안은 앞에서도 이야기했듯이 '풀뿌리 네트워크 3단계 통일론'이다. 여기에서 유념할 것은 3단계에 의한 상층부의 통일방안과 함께 풀뿌리 수준에서 민족의 공동체를 만들어 나가는 것을 동시에 병행한다는 사실이다.

그러나 하나의 기반과 3원칙은 그 어떤 경우에도 적용될 수 있는 가치임이 분명하다. 이때 하나의 기반은 무엇인가? 그것은 다름 아닌 한반도의 평화이다.

현재 휴전선을 중심으로 한 대결체제로 표현되는 한반도의 분단은 많은 인력과 첨단무기 체계가 동원된 광범위한 군비경쟁을 특징으로 하고 있다. 따라서 남북한이 다시 한번 전쟁에 휩쓸리게 된다면 어느 쪽이 승리하든지 거의 모든 것이 파괴되는 민족의 황폐화현상과 맞닥뜨릴 수밖에 없다. 따라서 우리 민족의 장래를 위해서는 무엇보다도 먼저 '전쟁예방체제'를 구축하는 것이 급선무이다. '전쟁예방체제'의 구축은 한반도 '평화체제' 구축의 첫 번째 발걸음이다.

그러나 평화는 전쟁을 예방한다는 소극적인 의미만을 갖는 것은 아니다. 평화란 사회구성원들이 공포와 위협으로부터 해방된 가운데 건설적으로 무엇을 할 수 있는 상태를 지칭하는 적극적인 개념이다. 바로 여기에서 우리는 환경문제의 중요성을 다시 인식하게 된다. 사람들이 무엇인가 의욕을 느끼고 행복을 느끼기 위해서는 환경과의 조화로운 공존이 필요하기 때문이다.

그런 점에서 평화체제는 군사적 평화체제인 동시에 환경적 평화체제이다. 통일로 가는 단계적인 과제를 설정할 경우 거기에는 필수적으로 환경과 문화의 비전이 포함되지 않으면 안 된다.

3) 통일과 생태공동체의 관계

통일은 관념적인 것이 아니라 우리 삶의 문제와 직결되는 것이다. 구체적인 삶의 무대를 만들어내는 일이고, 동시에 거기에서 우리의 자연스러운 삶을 형성해가는 것이다. 따라서 통일문제는 정치, 경제, 환경, 사회, 문화 등 다양한 삶의 영역을 포괄하고 있는 것일 수밖에 없다. 그리고 통일문제는 무엇보다도 가치관의 전환과 삶의 의미 문제에 대한 심화 과정을 포괄하고 있다.

서로 다른 역사적 경로를 걸어온 두 사회의 통합, 그리고 잠시나마 적대적인 정치적 관계를 형성했던 사람들의 공존이 가능해지기 위해서는 흑백논리와 적과 동지의 논리를 넘는 보다 입체적이고 심화된 논리와 가치관을 준비해야 한다.

그것은 문화의 논리일 수도 있고, 생명과 생태의 논리일 수도 있다. 생태계를 보면 거기에는 인간사회의 단순한 대결 논리를 뛰어넘는 갈등과 통합의 조화로운 질서가 내재되어 있다. 통일은 바로 그런 입체적 사회질서를 만들어내는 것이다.

그런 의미에서 통일의 환경적 의미는 한반도에 생태공동체를 회복하고 다시 건설하는 과정인 셈이다. 환경문제를 풀어가는 데도 역시 한반도와 주변 국가의 문제를 동시에 보아야 한다. 동북아시아의 평화와 한반도의 평화가 직결되어 있는 문제인 것처럼, 한반도의 환경과 동북아시아의 환경은 밀접하게 연결되어 있다.

따라서 한반도의 생태공동체 회복은 먼저 남북한 사이에 진행되어야 하겠지만, 그 연장선상에서 동북아 환경협력회의(NEACEC)와 같은 다자간 협력회의에 공동으로 참여해야 한다.

4) 생태공동체 형성을 위한 과제

현재의 분단체제가 한반도 생태공동체로 전환되기 위해서는 몇 가지 중요한 문제들이 깊이 있게 논구(論究)되지 않으면 안 된다. 하나는 한국사회 내부의 계층간, 지역간, 세대간의 갈등을 어떻게 관리하고 통합해 나갈 것인가 하는 것이다. 갈등이라고 하는 것은 자연스러운 사회적 현상이라고 할지라도 갈등의 성격과 그것의 관리 통합 방식은 그 사회의 역사성을 결정짓는 중요한 문제이기 때문에 한국사회 내부의 통합문제는 한반도 생태공동체 형성에 중요한 관건이 아닐 수 없다.

두 번째는 시장경제체제의 남한과 사회주의경제체제의 북한 사이에 '경제 공동체'를 형성하는 문제이다. 북한이 중국처럼 사회주의 시장경제로 나아갈 수 있는 가능성은 있지만, 현시점에서 경제체제의 차이에도 불구하고 교류와 협력을 통해 공존과 상생의 질서를 만들어나가는 것은 미래지향적이고 생산적인 활동이 될 것이다.

세 번째는 남북한 모두가 환경적으로 건전한 발전전략을 수립하는 일이다. 남한의 경우에는 그 동안의 부실 근대화와 환경 희생적인 경제성장 제일주의 노선을 환경 가치와 생명 가치를 중시하는 방향으로 전환해야 하며, 북한의 경우에는 개방개혁정책으로 예상되는 급속한 경제성장 과정에서 애초부터 환경에 대한 심도 있는 고려가 필요하다. 사회주의 국가인 중국과 몽골은 시장경제체제를 도입하여 경제성장을 촉진시키고자 하지만 아직 노동집약적 경공업 구조를 중심으로 갈 수밖에 없는 상황이다. 러시아는 중국이나 몽골과 보다는 경제가 발전하였지만 최근 심각한 혼란을 맞고 있을 뿐만 아니라 특히 극동지방의 경제개발을 풍부한 자연자원의 채취에 의존하고 있다. 북한은 아직 '자주경제 노선'은 고수하고 있지만 조만간 개방체제로의 전환이 불가피할 것으로 보인다. 그럴 경우 북한은 낮은 수준에서 근대화 정책을 추진해야 하기 때문에 심각한 환경문제에 봉착할 가능성이 크다.

따라서 남북한 사이에는 경제협력뿐만이 아니라 환경에 대한 진지한 대화가 필요하다. 한국이 겪었던 급속한 공업화 과정에서의 환경 희생과 그것을 극복하는 과정에서 획득한 경험, 이를테면 자원 재활용, 폐기물 처리방법 등은 북한에게도 참고가 될 것이다. 그리고 북한이 유지하고 있는 훼손되지 않은 자연자원들을 보호하는 문제에 대해서도 남북한 사이에 각별한 협조가 필요하다. 생각해 보자. 북한이 심각하게 오염된다면 남한은 어떻게 되겠는가?

남북한 환경회의를 구성할 경우에는 당국자간의 회담도 중요하지만 민간차원에서의 협력이 중요하다는 것은 다시 말할 필요도 없을 것이다. 또는 남북한의 국회회담에서 이 문제를 다룰 수도 있을 것이다. 민간차원에서 협조할 수 있는 영역들로서는 전문인력의 교육, 정보지식의 교환, 환경보호 기술의 지원, 해양 환경을 포함한 생태계의 공동 조사와 보호활동 등 다양한 사업들이 있을 수 있다.

그리고 다른 한편에서는 남북한 사이에 에너지 공동체를 형성하는 문제를 검토할 수 있다. 현재 남북한 사이에는 에너지의 소비에서 계절적 편차가 크기 때문에 부분적으로 협조할 수도 있고, 전면적으로 협조할 수도 있다. 남쪽에서 전기가 모자라는 여름철에는 북쪽 댐에서 넘쳐흐르는 물로 발전한 전기를 빌려 쓰고 대신 북쪽에서 전기 부족 현상을 일으키는 겨울에는 같은 양의 전기를 돌려주면 멋진 상부상조가 될 것이다. 현재 남한은 여름철에 전력이 모자라고 겨울철에 남아돈다. 반면 북한은 수력발전에 의지하기 때문에 겨울철에는 부족하고 여름철에는 남는 상황이다.

남북한 전력교류가 이루어질 경우 북한은 수풍 발전소 하나가 새로 건설되는 이익이 있고, 남한은 울진 원전과 같은 발전소 하나를 추가로 건설하는 효과가 있다. 남북 전력교류를 통해서 가능한 융통 전력은 20만kw 규모이다. 한전측은 남한에서 전압이 가장 높은 양주변전소(345kv)와 북한에서 전압이 가장 높은 평산변전소(220kv)를 연결하는 안을 제시한다. 200km 거리에 있는 두 변전소를 연결할 경우 1백40만kw의 전력융통을 기대할 수 있다는 것이다.

네 번째 중요한 것은 남북한의 전문가들이 생태계를 공동으로 조사하고, 한반도에 사는 모든 생물들이 건강하게 살아 남을 수 있는 방법론을 찾는 것이다. 현대사회에서 생태계의 파괴를 막기 위해서는 철저한 조사와 환경보호 계획, 그리고 과감한 행동계획이 없으면 불가능하기 때문에 한반도에 생태공동체를 건설하기 위해서 우리 민족이 본래부터 갖고 있는 생명 존중의 힘을 실천의 힘으로 결집시켜야 한다.

통독과정의 환경문제를 연구했던 김상종(서울대, 미생물학) 교수는 1995년 5월 20일자 「한겨레신문」에 "통일 뒤 독일의 환경분야 공공예산은 91년 총 6조 5,420억 마르크(360조 원)로 88년의 185억 마르크보다 350배나 증가했다"며 "통일 뒤를 생각해서 북한지역에 생태적으로 건전한 개발이 이뤄지도록 남한이 협력해야 한다"고 지적했다. 정당한 지적이 아닐 수 없다. 남북 경협이 본격적으로 이루어질 것으로 기대되는 이 시점에서 우리는 남북 경협에 참여하는 기업들이 기업의 윤리와 함께, 통일과 환경을 생각하는 민족의 윤리, 그리고 생명의 윤리를 간직하고 있어야 한다고 생각한다.

북한은 1986년에 환경법을 제정하고 1992년에는 헌법에 환경보호 의무를 명문화시켰다. 하지만 대표적인 공업도시가 남한과 마찬가지로 심각한 환경오염에 시달리고 있지만 아직까지 구체적인 규제 조항 및 절차는 마련되어 있지 않은 실정이다. 따라서 경협에 참여하는 기업들이 북한의 환경기준을 만족시키는 수준에서 공장을 가동한다면 엄청난 양의 공해물질이 배출되고 결국 한반도의 자연파괴를 가속화할 뿐만 아니라 통일시대의 환경비용을 엄청나게 증가시키게 될 것이다. 그런 점에서 환경문제는 통일로 가는 길에서 미리 생각해 두어야 할 필수적인 영역이 아닐 수 없다.

5) 환경문제가 주는 의미

생태공동체를 건설하기 위해서는 무엇보다도 먼저 환경의 오염을 줄여나가지 않으면 안 된다. 그러나 문제는 그것이 그렇게 쉽지 않다는 데 있다. 그것은 사람들의 환경파괴적인 생활패턴과 반환경적인 문명의 관성 때문이다. 따라서 생태공동체를 건설하는 문제는 우

리의 생각과 행동과 문명을 개선해나가는 세계사적인 과제이기도
하다.

이럴 경우 문제는 "실마리를 어디에서 찾아야 하는가?" 하는 것이
다. 그것은 자각과 새로운 철학의 정립이다. 바로 이런 점 때문에 우
리는 다음과 같은 환경의 메시지 즉 시대의 메시지를 놓치지 말아야
한다.

① 지구의 환경문제는 결국 인류가 운명 공동체라는 사실을 말해
준다. 따라서 한반도의 통일은 아시아의 평화와 세계 인류사회
의 문제를 함께 풀어가는 세계 민주주의의 형성과 궤도를 같이
하는 문제이다. 동북아시아 지역경제 및 환경문제의 갈등은 그
동안 이 지역에서 유지되던 정치적, 군사적, 이데올로기적 대립
관계와 이에 따른 상호위협을 대신하여 새로운 지역위기를 촉
발할 수 있는 조건을 형성할 가능성이 높다. 따라서 이 지역에
잠재된 환경문제와 나아가 경제·정치적 문제를 해결하기 위
한 아시아의 협력체제가 형성되지 않으면 안 된다.

② 생태공동체는 인간들 사이만이 아니라 인간과 동식물, 그리고
무기물질들까지도 함께 공존해야 한다는 사실을 말해 준다. 그
리고 공존의 지혜는 서로의 역할을 존중하고 동시에 균형을 지
향하는 가운데 뿌리내린다는 사실도 알게 되었다.

③ 생태계에는 엄숙한 생명의 법칙이 살아 움직이고 있음을 알아
야 한다. 동시에 죽음과 파괴로 이끄는 일시적인 안락의 유혹
과 파괴의 충동 역시 인간과 인간의 문명 사이에 깊이 끼여들
어 있다.

④ 인간의 삶과 인간의 문명은 깨달음과 깨어 있음, 이성과 양심,
신성(神性)과 아름다움에 대한 지향을 통해서 항상 관리되고 고
취되어야만 그 생명을 유지할 수 있다는 점을 유념해야 한다.

⑤ 인간의 오만함에는 한계가 있을 수밖에 없으며, 결국 상호존중
과 겸허함 속에서만 인간의 참다운 평화가 있다는 사실을 기억
해야 한다.

⑥ 환경문제는 정치·경제·문화와 깊이 관련되어 있기 때문에,
환경문제를 풀기 위해서는 지역의 풀뿌리 민주주의와 환경·
경제는 물론이고 인간의 즐거움이 물자의 소비 대신 문화에서
충족될 수 있도록 문명의 방향을 조정하는 것이 필요하다.

⑦ 이제 환경문제는 환경운동가들이나 예언자들의 영역이 아니라
우리 모두의 영역이기 때문에, 문제인식과 실천의 대중화가 절
실하게 필요하다는 점을 지적할 수 있다. 더욱이 정치의 영역
에서도 이제는 환경문제를 선전의 차원에서가 아니라 일의 차
원에서 다룰 필요가 있다.

⑧ 환경문제의 해결을 위해서는 다양한 노력이 필요하다. 즉 장기
적인 근본적 대안 마련과 함께 실현 가능한 오늘의 노력이 병
행될 수 있도록 해야 한다. 따라서 환경에 관심을 갖는 모든 사
람들의 역할분담과 협조체제가 필수적이다.

⑨ 환경교육의 수준을 높이고 환경교육의 효율성을 제고하는 문
제에 대해서 깊은 관심을 갖는 노력이 필요하다.

⑩ 환경문제를 우리의 모든 생활과 결합시켜 설명하고 대안을 제
시하는 환경철학과 친환경적 문명의 정립이 필요하다.

6) 통일운동으로서의 환경운동

우리는 위에서 통일이란 남북 사이의 막연한 결합이 아니라 평화
와 생명, 생활의 가치를 존중하는 한반도 생태공동체의 건설이라는
과제임을 확인하였다. 그러나 분단 대결의 기존 체제와 지금까지의

관성을 넘어 생태공동체를 건설하는 문제는 말로만 되는 일은 아니다. 이를 위해서는 역사를 진전시켜 나가는 선의의 힘을 결집시켜 나가야 한다.

그렇다면 현대화라는 역사적 관점에서의 통일에는 환경인들의 역할이 무엇보다도 중요하다. 이제 환경인들은 우리 사회 내부는 물론이고 북한의 환경문제에 대해서도 깊은 관심을 가져야 하며, 아울러 아시아의 환경과 인류문명에 대한 새로운 인식과 실천을 준비하지 않으면 안 된다.

4. 체육교류와 민족체육의 전망

1996년 3월 28일자 「일간스포츠」에는 의미 있는 기사가 하나 실려 있다. 세계를 제패했던 탁구 여왕 현정화 씨가 지난 91년 세계탁구선수권대회에 남북단일팀으로 참가해서 함께 우승을 이끌었던 북한의 이분희 씨에게 득남을 축하하는 편지를 보냈다는 것이다.

지난 94년 은퇴하고, 한국화장품의 과장으로 재직 중인 현정화 씨는 91년에 의자매를 맺은 이분희에게 "그리운 분희 언니 보세요. 그동안 어떻게 지내고 몸은 건강한지, 아들을 낳았다는 소식 들었는데 언니 닮아 예쁜지……"라는 내용의 편지와 함께 화장품 2세트를 인편으로 전달했다. 현정화 씨의 편지는 탁구협회 관계자에 의해 96년 애틀랜타 올림픽 아시아 지역 예선을 위해 일본 지바에 온 이분희의 남편 김성희에게 96년 3월 26일 전해졌다.

김성희는 "이거 승인받아야 하는데……"라면서도 "꼭 전해주겠다"며 환하게 웃었다. 김성희는 자신들의 근황에 대해 "아홉 달 난

아들이 12㎏이나 나가 마치 두세 살처럼 보인다. 얼굴은 이분희를 빼닮았으며 이름은 김진성이다. 애 엄마는 은퇴한 후 지도자로 활동하면서 조선체대 3학년에 다닌다. 사는 곳은 평양시 창광거리에 있는 방 두 칸짜리 아파트"라며 현정화에게 이 소식을 전해줄 것을 당부했다. 이 지역예선 대회에서 96년 애틀랜타 올림픽 출전 티켓을 따낸 김성희는 1996년 7월 미국 현지에서 이분희의 답장을 현정화에게 전달할 것을 약속했다.

이 기사는 어찌 보면 그냥 넘어갈 수도 있지만, 나는 여기서 적지 않은 인간적 감동과 통일에 대한 시사점를 얻을 수 있었다. 체육을 통한 인간의 교류, 혹은 정치와는 별개의 형제애적 교류란 참으로 소중하고 고귀한 것이다. 그리고 통일이란 과연 무엇인가? 그것은 사람과 사람을 이어나가는 작업이다. 그리고 나아가서 궁극적인 삶의 단위를 새롭게 설정하는 문제이다.

그런 점에서 현정화 선수는 통일의 길을 닦아나가는 데 훌륭한 공헌을 하고 있는 셈이다. 1991년 일본의 지바 현에서 열린 세계탁구선수권 대회에 '코리아'라는 이름의 단일 탁구팀으로 참가했다는 사실만 해도 분단체제에 살고 있는 사람들에게는 큰 감회를 느끼게 했다. 게다가 현정화 선수와 이분희 선수는 우승까지 함으로써 민족적 자존심을 드높였으며, 이제는 새로운 모습의 형제애를 과시함으로써 우리들 모두에게 사람이 어울려 산다는 것의 깊은 의미를 다시 한번 생각하게 만들어주었다.

이 때문에 우리는 체육의 의미를 다시 생각해 보게 된다. 우리 민족에게 체육이란 정신과 육체를 동시에 연마하는 소중한 민족적 자산이다. 태권도가 그렇고, 경당을 비롯한 무술이 그렇다. 화랑과 같은 삼국시대의 청년 조직들도 지금 생각해 보면 일종의 체육조직이 아닌가 싶다. 고려시대에는 불교를 지배이데올로기로 하는 귀족사회가 형성되었지만, 무인들의 힘도 결코 작은 것이 아니었다. 무인들에 의한 쿠데타의 발생도 사실은 무인들이 힘을 갖고 있었기 때문에 가능한 것이었다. 반면 조선시대에 와서 성리학이 득세하면서 무가 경시되고, 체육이 다소 소홀히 여겨진 감이 없지 않다. 그러나 일제시대에 이르러서는 우리나라의 체육은 민족 체육으로서 독립운동의 한 분야를 형성했다고 해도 과언이 아니다.

당시 조선체육회장을 지냈던 여운형과 같은 인물은 "조선 청년들은 무엇보다도 건강해야 한다"면서 체육과 스포츠를 장려하고 사람들을 키웠다. 우리나라 체육이론의 선구자라고 할 수 있는 서상천과 태릉선수촌장을 역임한 그의 제자 김성집, 양정고보의 농구 코치를 했고 대한농구협회 고문 역임한 이성구, 농구 선수 정상윤, 당시의 명축구 선수이자 대한체육인동우회 고문을 지낸 정용흥, 권투선수 김유창, YMCA 유도사범 장권, 유도 선수이자 쌍용그룹의 창업자인 김성곤 씨 등이 독립운동을 하던 여운형의 영향을 받으면서 스포츠맨십과 함께 민족의식을 배웠다. 당시 YMCA 체육부는 청년들에게 민족의식을 고취하는 민족학교라고 해도 과언이 아니었고, 거기에는 스포츠 정신이 강한 여운형 같은 인물들이 선배와 스승의 역할을 담당했던 것이다. 이와 같은 민족 체육의 전통을 살려내는 것은 우리의 체육 공동체의 형성과 체육계의 발전에 큰 도움이 될 것이다. 그리고 경평전(京平戰)과 같은 운동경기의 재건도 통일에 이바지하는 바가 적지 않을 것이다.

체육계는 분단 이후에도 교류가 적지 않은 분야에 속한다. 게다가 단일팀까지 만들어냈던 역사적 경험은 우리에게 시사하는 바가 적지 않다. 1996년에 전개되었던 '월드컵 공동개최' 캠페인 혹은 정몽준 축구협회 회장이 언급했던 남북 분산개최 가능성도 이런 점에서 큰 의미를 갖고 있다. 월드컵 경기를 일본과 공동으로 개최하는 것보다 북한과 공동, 혹은 분산 개최하는 것이 우리 민족에게 주는 의미가 각별할 것임은 두말 할 필요도 없는 것이다. 휴전선을 넘나들

며 남북한 전역에서 세계 최고의 축구제전을 펼친다면, 과연 어떻게
될 것인가? 이는 지구촌에 홀로 남아 있는 냉전과 분단의 섬, 한반도
에 탈냉전과 화해의 훈풍을 불어 넣는 대향연(大饗宴)이 될 것이다.

5. 공동체 구축의 장애물

평화체제의 구축과 공동체를 형성하는 데는 적지 않은 어려움이
뒤따른다. 하지만 진통 없는 발전이 어느 나라, 어느 역사에 있었던
가? 우리는 갈등과 진통을 해결해나가는 민족적 지혜를 가져야 한
다. 또 민주적인 지도력을 형성해야 하고, 동시에 통일민족주의를
구현할 수 있는 새로운 힘을 만들어나가야 한다. 중심을 잡고 있으
되, 연합하고 공존할 수 있는 여유와 지혜를 담아 21세기형의 '새로
운 물결'을 만들어나가야 한다.

이를 위해서는 변화하는 동북아의 정세를 예리하게 읽어낼 수 있
는 지성이 우리에게 절실하다. 동시에 우리에게는 분단에 안주하는
소극적이고 방어적인 태도를 넘어 적극적으로 민족의 운명을 개척
해 나갈 수 있는 용기가 필요하다.

통일로 나아가는 과정에서 우려되는 것은 4대강국과의 갈등이다.
사실 4대강국이 한반도에 대해 갖는 관심은 통일이 아니라 한반도
의 현상유지이다. 그럼에도 불구하고 그들은 동북아의 탈냉전을 지
향할 수밖에 없으며, 그 과정에서 한반도의 탈냉전에 대해서는 동의
할 수밖에 없다. 그렇다면 탈냉전의 상황을 우리가 활용하면 된다.
결국 통일을 만드는 것은 우리들 자신이기 때문이다. 우리는 평화체
제의 수립과정에서부터 한반도를 중심으로 한 4강의 세력균형에 신

경을 써야 한다.

그리고 그것을 위해서는 4강 사이의 상호 견제를 통한 균형을 유도해야 하며, 동시에 현재의 남북한 구도를 잘 활용해서 정부간의 외교와 함께 민족 외교가 동시에 추진되어야 한다. 그것만이 아니다. 민간의 여론을 활용할 수 있도록 다양한 민간외교 단체들이 만들어져서 활발한 활동을 해야 한다.

그렇다고 해서 우리의 통일이 꼭 배타적일 필요는 없다. 오히려 우리의 통일이 동북아시아의 다른 나라들에게도 도움을 주며, 인류 공동체에게도 교훈과 의미를 준다는 여유와 자신감을 가져야 한다. 그리고 그것이 통일에 훨씬 도움을 줄 수 있다는 사실도 유념할 필요가 있다.

우리 민족 내부에도 적지 않은 문제들이 도사리고 있다. 이를테면 이데올로기와 체제의 문제가 남아 있으며, 정치세력들의 재편 문제와 공정한 경쟁의 규칙을 형성하는 문제가 남아 있다. 게다가 좌우익 대결 시절과 6·25전쟁 때 형성된 역사적 적대감정 문제가 남아 있다. 그러나 우리는 이 문제를 해결해야 한다. 미국 역시 남북전쟁을 겪었음에도 불구하고 강력하게 결합된 합중국을 형성하고 있지 않은가?

그렇다면 문제를 해결하는 방법은 무엇인가? 그것은 돌아봄과 개혁과 개편, 그리고 비전이다. 그리고 오래 기다리면서 자연스러워져야 한다. 그러기 위해서는 상대방을 미워하는 일만이 아니라 상대방의 처지를 이해하는 묵상의 시간이 필요하다. 남북한의 역사를 반추할 필요가 있다. 그 동안 적대감을 양산하기 위해서 이루어진 역사교육이 이제는 화해와 공동체의 회복과 통일을 위한 교육으로 개선되어 나가야 한다. 그래서 말로만이 아니라 실질적으로 좋은 나라, 21세기형의 통일한국을 만들어나가야 한다.

이런 역할을 담당해야 할 사람들은 1차적으로 정치인들이다. 그러나 정치인들이 하지 않는다면 우리의 시민사회가 먼저 시작해야 한다. 근대 이래 독립운동을 추진했던 경험, 그리고 민주화운동을 전개했던 경륜으로 이제는 '제3의 프로젝트', 즉 '21세기 통일조국 만들기 운동'을 추진해야 하는 것이다. 이 거대한 프로젝트가 있다는 것은 우리에게 얼마나 큰 행운인가? 이것은 마치 우리에게 신대륙이 남아 있는 것과 같은 것이다. 과연 이렇게 큰 프로젝트가 이 시대의 어느 민족에게 남아 있는가? 이것을 시련으로 생각하지 않고 도전과 기회로 여기는 진취적 사고만이 우리에게 통일을 가져다 줄 것이다.

후일 역사가들은 "남북조의 시대를 넘어 통일의 시대를 열기 위해 수많은 사람들이 피와 땀과 눈물을 흘렸다"고 기록할 것이다. 바로 이런 역사적 시점이 우리 무릎 아래 펼쳐져 있는 이 시대에 우린 과연 무엇을 하고 있는 것일까?

13장 통일의 진전(2) : 상층정치의 제도화

우리에게는 단계적이고 질서정연하며, 준비가 잘 되어 있는 좋은 통일이 필요하다. 그리고 이를 위해서는 먼저 평화체제가 구축되고, 아울러 교류협력을 통해 다양한 공동체가 구축되어야 한다.

남북한 사이에 화해가 이루어지고 평화체제가 구축되며 교류협력이 이루어진다면 남북한 당국 사이에 '통일지향적인, 또는 단계적인 통일관계'를 형성하는 문제에 대해서 허심탄회한 대화가 가능해지게 될 것이다. 허심탄회한 대화, 그리고 이해관계를 섬세하게 조정하는 실용적인 논의의 과정을 거쳐 남북한의 지도자들이 어떤 결단을 내리는가 하는 문제는 민족의 장래와 관련하여 대단히 중요한 기능을 하게 될 것이다.

한반도에 평화를 정착시키고 본격적인 통일논의를 시작하는 것은 당국 사이에서만 이루어질 문제는 아니다. 이 과정에서 민간 수준의 평화정착 운동과 통일촉진 노력은 필수적인 것이기도 하다. 평화정착을 위한 활동과 통일을 촉진하기 위한 노력은 통일에 대한 국민의 정서를 담아낼 수 있는 섬세하면서도 폭넓은 것이어야 함은 두말할 나위가 없다. 통일의 주인은 국민이고, 이제 통일문제가 보다 현실적인 것으로 다가올수록 모든 문제들이 예전과는 다르게 민감한 반향을 불러일으키게 될 것이기 때문이다.

이 과정에서는 전문가들의 역할이 중요하다. 통일을 만들어나가는 과정은 거대한 새 세계를 설계하는 것과 다른 것이 아니다. 조그마한 공사도 제대로 완성되려면 치밀한 설계도와 시방서가 있어야 하고, 아울러 좋은 시공과 감리절차를 거쳐야 한다. 그런데 그것이 우리 민족 최대의 프로젝트라고 한다면 어떻게 할 것인가?

여기에는 역사를 관통하는 민족의 지혜는 물론이고 민족구성원 전체가 꿈꾸는 이상, 그리고 이를 위한 헌신, 국민적인 토론, 지도자들의 결단, 전문가들의 치밀한 검토 이 모든 것들이 어우러져야 한다. 그러나 이 모든 것들을 논의하자면 끝이 없기 때문에 여기에서는 그래도 우리의 통일대업이 어떤 과정과 단계를 밟아서 이루어져야 할 것인가 하는 대강의 문제를 논의하고 넘어가도록 하겠다.

1. 제1단계 : 남북연합단계의 과제

'통일지향적인 평화공존 관계'를 형성하고, 통일지향적인 발걸음을 내디딜 때 가장 먼저 해낼 수 있는 제도적인 성과는 '남북연합'을 형성하는 문제이다. 남북연합은 남북한 당국자들의 합의를 전제로 하는 것이다. 1980년대만 하더라도 남북한의 통일방안은 이질적인 측면이 훨씬 큰 것이었고, 따라서 남북연합은 두 개의 한국을 고정시킨다는 공격을 받을 가능성이 있었다.

특히 1980년대 북한에서는 연합제에 의한 통일방안은 두 개의 한국을 고정시키는 분단의 논리라고 몰아붙였다. 그리고 당시 북한은 남북한 UN 동시 가입에 대해서도 반대하는 입장을 취했다. 아직도 이런 입장은 고수되고 있지만, 그러나 상황은 많이 달라졌다. 무엇보다도 현재 남북한이 UN에 각기 다른 국호를 가지고 동시에 가입되어 있다는 현실이 중요하다. 이런 상황에서 남북연합은 분단의 기정사실화라는 기능보다는 서로 협력하고 보다 가까워지면서 통일의 첫 단계 역할을 담당할 수 있으며 그것을 제도화하는 기능을 더 주요한 것으로 수행할 가능성이 높아지게 된 것이다. 따라서 협상 여부에 따라서는 북한 역시 남북연합을 수용할 가능성이 있다는 사실을 지적해 두고자 한다.

남북연합이란 남북한이 '전쟁예방체제'를 분명하게 만들고 평화를 정착시킨 가운데 서로 돕고 협조하면서 제한적인 수준에서나마 국제법상 하나의 행위주체를 형성하는 것이다. 이 과정에서 남북의 군 통수권과 외교권은 남북한 정부가 각기 독자적으로 행사하게 된다. 외교권과 군사권을 통합하는 것이 통일의 기본이기는 하지만 남북예멘의 사례에서 보듯이 그것을 무리하게 합칠 경우에는 오히려 전쟁의 원인이 될 수 있고, 예기치 않았던 분쟁으로 발전할 가능성이 있다는 사실을 유념할 필요가 있다.

남북연합단계에서는 두 개의 정부와 두 개의 체제가 각각 별도로 활동하지만 양쪽 당국자들이 포함되어 있는 연합기구를 설치하고 거기에서 민족문제와 통일과 관련된 문제, 특정 사안의 외교문제를 협력적인 분위기 속에서 논의하게 될 것이다.

남북연합단계에서는 연합기구가 만들어지는 것이지 통일된 국가가 만들어지는 것은 아니기 때문에 양쪽의 관계는 통일헌법이 아니라 마치 유엔헌장처럼 '연합헌장'이 필요하다. 즉 남북연합은 정치적 결단과 그의 제도화에 의해서 규율된다는 점을 명심할 필요가 있다. 따라서 연합단계에서 가장 중요한 것은 '정상연합'과 '정기회의', '연합기구'의 설치, 그리고 각각의 기능에 대한 남북한의 합의가 필요하다.

 '정상연합회의'는 남북한 정상들이 만나서 논의하는 연합의 최고 결정 기구이고, 이를 뒷받침하기 위해서 정례적인 '남북각료회의'가 운용될 수도 있다. 그밖에 필요할 경우에는 남북한 국회 대표들이 참여하는 '의회연합'을 운영하는 것도 바람직스럽다. 그러나 중요한 것은 남북한 최고 당국자들 사이의 결단이고 이를 양측 의회에서 비준하는 것이다.

 '연합기구'로는 특별위원회와 사무국을 구성해야 한다. 특별위원회에서 가장 중요한 것은 '군사위원회'이다. 한반도의 평화체제를 안정화시키기 위해서는 남북 양쪽의 군 대표들이 상시적인 대화창구를 갖고 있어야 하기 때문이다. 남북연합의 구성이 평화체제를 전제로 하는 것이긴 하지만, 그래도 오래된 대결의 관행 때문에 남북한 군부의 상시적인 대화창구는 남북한이 통일로 나아가는 데 대단히 중요한 역할을 담당하게 될 것이다. 남북연합의 군사위원회는 남북한의 군비를 공동으로 통제하는 기능과 역할을 담당하게 될 것이며, 나아가서 제한적인 수준에서나마 남북연합군을 구성해서 운용하는 경험도 가져봐야 할 것이다. 그래야만 연방단계에서 군의 통합을 용이하게 할 것이기 때문이다.

 그밖에 '정치외교위원회'는 연합을 연방으로 상승시켜 나가기 위한 정치적 준비들과 연합 수준에서 감당해야 할 제한적인 외교활동을 담당해야 한다. 그리고 바로 '의회연합'에서는 이후 예상되는 통일에 대비해서 통일헌법을 연구해야 하고 그 초안을 준비해야 한다. 그리고 그 과정에서 남북한의 법령체계를 조정하는 문제들을 논의할 수 있다.

 '남북협력위원회'는 남북한의 경제교류와 협력, 그밖에 통신, 교통, 문화, 체육 등 다양한 분야에서의 협력사업을 추진하고 아울러 남북한 주민들에게 통일에 대비한 교육 프로그램을 공급해야 할 것이다.

 최근의 세계사가 흘러가는 것을 보면 같은 민족이 아니더라도 서로 연합하고 공동체를 형성하는 모습을 쉽게 볼 수 있다. 그런 의미에서 남북한의 연합은 시급한 것이기도 하다. 남한이나 북한이나 남북연합을 꺼릴 필요가 전혀 없는 것이다. 설사 통일이 아니더라도 한반도라는 특정 지역의 제반 문제를 논의하고 협력한다는 차원에서도 남북한 사이에 연합은 가능한 것이다. 다만 그 기반은 전쟁예방체제와 평화체제의 형성이다.

2. 제2단계 : 남북연방단계의 과제

연합을 통해서 신뢰를 쌓고 남북한의 경제 시스템도 서로 보완적인 것이 되며, 남북한 사이의 문제를 정치적 법적 과정을 통해서 합리적으로 해결할 수준이 된다면 외교권과 군사권을 통합하는 연방단계로 발전할 수 있을 것이다. 연방단계는 연합단계와는 질적으로 다른 남북관계이다. 연방기구 자체가 하나의 연방국가가 되는 것이기 때문에 연방국가로서 필요한 헌법과 국가기구들을 갖추어나가야 하고, 또한 연방기구와 지역 공화국 사이의 관계가 원만하게 발전할 수 있도록 그 관계에도 신경을 써야 한다.

그러나 연합에서 연방으로 발전하는 과정은 결코 쉬운 일이 아니다. 이 단계에서 신뢰구축과 분쟁해결의 법적 제도적 장치가 완비되는 것은 필수불가결한 조건이라고 할 수 있다. 여기에서 가장 핵심이 되는 문제는 아무래도 군사권과 외교권을 통합하는 문제와 연방대통령을 어떻게 선출하며, 연방의회를 어떻게 구성하느냐 하는 것이다. 연방의회는 공화국의회와는 달리 지역비례에 의해서 선출되어야 하겠지만 연방대통령을 선출하는 문제는 그리 간단하지가 않다. 따라서 이 단계에서는 연합 단계와는 달리 남북한의 국민통합이 부분적으로 진행되어 있어야 한다.

그래서 유념해 두어야 할 것이 있다. 그것은 통일이 단순히 양쪽 정부의 합의와 합작에 의해서만 이루어져서는 안 된다는 것이다. 그렇게 될 경우 통일은 양쪽의 권력자나 정치인들의 기득권을 높이거나 단순한 상층 결합으로만 끝날 가능성이 있기 때문이다.

따라서 이 과정에서 민간 수준의 참여 확대가 절대적으로 필요하게 된다. 게다가 양쪽 사회는 국민과 주민의 권리를 강화하고 정치와 통일문제에 대해서 참여의 통로를 확대시키는 방향으로 개혁되지 않으면 안 된다. 즉 남한사회는 철저한 지방자치를 통해서 지역자치와 주민자치를 활성화해야 할 것이고, 북한의 경우는 개혁 개방 정책을 통해서 시장경제를 도입하고 아울러 정치권력을 세속화시키면서 지방분권화 정책을 추진해야 한다.

연방단계의 갈등을 축소시키기 위해서는 여기에서도 일정한 소단계를 설정하는 문제를 검토할 수 있다. 첫 번째의 선거는 간선으로 복수의 대통령을 선출한다든지, 대통령과 부통령으로 역할을 조정한다든지 하면서 긴장을 줄이고 통합을 강화해야 한다. 군의 통합과정도 단계적인 과정을 밟는 것이 긴장을 줄일 수 있다. 이와 같은 절차를 밟아 나간다면 궁극적으로는 미국식의 연방국가를 만들어나갈 수 있게 될 것이다.

그런데 이 단계에서 유념할 점은 권력구조를 안정적인 것으로 만들어나가는 것이다. 그래서 대통령제와 내각제, 그리고 그 이원집정부제를 균형 있게 검토해야 한다. 아울러 국회의 구성을 어떻게 할 것인지에 대해서도 깊이 연구해야 한다. 단원제나 양원제만이 아니라 지역구를 나누는 문제, 지역선출제와 비례대표제 등 그 모든 것들이 검토의 대상이다. 마치 미국이 헌법을 만들고 연방국가를 만들기 위해서 갖가지 대안을 검토했듯이 우리도 어떤 권력구조를 만들어야 안정되고 효율적인 것이 될 것인가를 미리미리 고민하지 않으면 안 된다.

3. 제3단계 : 아름다운 나라 만들기

세계사의 흐름에서 이제 정치·사회 민주화의 기준은 국민의 자치권과 지역주민의 실질적인 자치를 얼마나 보장하느냐에 달려 있다. 그리고 경제 민주화의 기준은 시장경제하에서 공정성과 공평성을 어떻게 구현하며, 건강한 풀뿌리 지역경제를 어떻게 형성하느냐다. 게다가 사회적으로는 사회보장제도가 구비되고 민간단체의 다양한 활동에 기초한 복지 프로그램이 충만한 사회를 만드는 일이 중요하다.

그러나 이제 사회적 발전의 문제는 단순히 인간과 인간 사이의 관계를 민주화하는 문제로써 끝나는 것이 아니다. 이제 인간의 문제는 인간관계의 수준을 넘어 인간과 자연, 인간과 신의 문제로까지 확대 심화되고 있다. 인류의 역사에서 근대가 생산력의 양(量)과 생산력의 분배문제에 몰두했다면 이제 현대사회의 과제는 생산력의 품질, 그리고 거기에 기초한 '삶의 질과 의미'의 문제에 이르기까지 확산, 심화되고 있는 것이다.

따라서 현대사회의 화두는 이미지와 디자인, 환경과 생명, 정보와 지식, 문화 등으로 이동해 가고 있다. 한국사회는 봉건 요소와 근대 요소, 탈근대 요소들의 기묘한 결합으로 이루어져 있다. 따라서 한국사회의 과제는 봉건적인 요소를 근대화하여 상식과 합리가 통하는 사회로 만드는 것, 부실 근대화를 '내실 근대화'로 전환하여 건강한 사회를 만드는 일, 현대화의 영역을 확산시키고 심화시켜 세련되고 아름다운 생활공간을 만들어나가는 일 들을 동시에 포함하고 있는 것이다.

따라서 통일로 가는 도정의 역사적 성격은 한국 역사에 잔존해 있는 전근대성을 청산하는 일과 서로 다른 체제이긴 하지만 남북한 모두가 내실 있는 근대화를 이루는 일, 그리고 그것을 현대화의 과제로 통합시켜나가는 과정을 동시에 밟는 것이다. 그렇다면 통일은 단지 통일 그 자체에서 끝나는 것이 아니라 민족구성원에게 새로운 삶의 희망을 주는 좋은 나라와 아름다운 사회 만들기에 연결되는 것이다. 좋은 나라란 정직한 지도자와 튼튼한 경제력, 그리고 건강한 복지사회의 프로그램이 있고, 무엇보다도 인간과 자연이 조화를 이루면서 사는 사회이다. 지방이 살아 있는 사회, 그리고 아시아의 평화와 인류의 건전한 발전에 이바지하는 나라이다.

그러니까 통일의 최종 단계는 '냉전 분단대결체제'에서 얻어진 역사적 교훈이 발전의 밑거름으로 작동하는 사회여야 하며, 동시에 세계사의 발전과정인 사회의 입체화(지방화, 지역화, 세계화)와 궤도를 같이하는 것이라야 한다. 무엇보다도 민족구성원이 즐겁게 살 수 있는, '진정한 휴머니즘'이 구현되는 그런 수준 높은 사회를 만드는 것이다.

그런 의미에서 "통일의 3단계는 중앙의 연방 권력을 강화시켜나가는 것이 아니라, 권력을 철저하게 분산시켜나가는 과정이다. 역설적이게도 통일은 중심으로 모이는 것이 아니라 지방으로 분산되고 다시 세분화되는 과정을 통해 완성된다"는 점을 강조하지 않을 수 없다. 이렇게 이뤄진 통일은 다시 아시아 지역주의와 세계주의로도 이어지게 된다. 그런 의미에서 향후 한국의 재통일은 근대적 민족주의를 뛰어넘어 현대적 휴머니즘으로 발전하는 아름다운 통일, 완성도가 높은 통일이 되어야 한다. 근대적 통일민족주의에서 통일의 1

차적 에너지를 모아내기는 하되, 통일의 심화과정을 통해서 포스트모더니즘, 그리고 현대적 휴머니즘의 단계에까지 도달하는 인식의 상승화 과정이 함께 따라가야 한다는 것이다.

따라서 통일의 완성된 모습에 대해서는 제도적인 그림을 그리기보다는 논의의 장을 만들고 열어두는 것이 오히려 효율적인 길이 될 것이다.

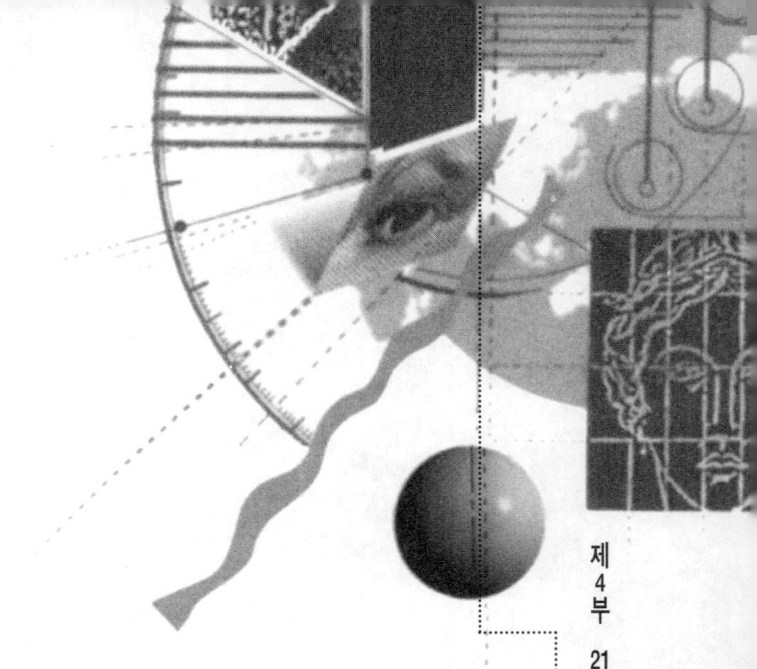

제 4 부 21세기 통일한국의 비전

14장 냉철하게 통일을 준비하자

1. 역사의 흐름을 읽자

이제 머지 않아 '21세기'뿐만이 아니라 새로운 '천년의 역사'가 시작된다. 4년만 지나면 시작되는 2000년대는 많은 점에서 현재와는 다른 모습을 띠게 될 것이다.

우리가 관심을 갖는 것은 물리적인 시간보다도 새로운 역사의 도전이 무엇인가 하는 것이다. 그리그 시대적 도전에 대해 최선을 다해 응전해야 한다.

17세기 이후 자주적 근대화의 새싹이 돋아나던 한국사회가 식민지로 전락한 것은, 19세기 말의 집권 세력이 국제정세에 어두워 세계 변화에 적절하게 대응하지 못했기 때문이다.

20세기 말에는 이러한 역사의 실패가 반복되어서는 안 된다. 19세기말의 실패는 우리 민족에게 100년의 고통을 강요하였다. 일제 식민통치와 분단, 군사독재와 부정부패의 역사가 어떠했는가 하는 것은 이미 잘 알고 있는 바이다.

그러나 우리는 결코 좌절하지 않았고, 줄기찬 재기전(再起戰)을 통해 역사의 부활을 꿈꿔왔다. 풍찬노숙(風餐露宿)의 독립운동과 피와 땀과 눈물의 민주화운동, 민족의 하나됨을 기도하는 통일운동의 흐름은 대하(大河)와 같은 역사의 장정 바로 그 자체였다.

이제 다시 우리는 새로운 역사의 도전을 맞고 있다. 20세기말 역사적 소용돌이의 특성은 크게 일곱 가지로 정리할 수 있다.

가장 큰 것은 UR로 대표되는 경제 전쟁이다. 사회주의권의 붕괴와 탈냉전 이후 강대국 민족주의의 흐름도 거세다. 제3세계 국가들에는 민주화와 민족주의의 기풍이 증대되고, 세계 도처에서 체제 정비의 바람이 불고 있다. '과학기술혁명'으로 표현되는 빠르고 폭발적인 과학기술의 발전이 이루어지고 있다. 교통과 통신의 발달로 인한 국제 커뮤니케이션의 확대와 무역거래의 증대 등으로 인해 '세계화' 현상이 촉진되었다. 따라서 세계에는 환경, 후진국의 인구폭발과 빈곤, 핵, 군비 축소와 같은 '세계적인 주제'들이 등장했다. 산업 구조의 변화와 소비 문명, 생활 패턴과 가치관의 변화는 '인간이 무엇이며 어떻게 살아야 하는가?'를 다시 묻고 있다. 그런 가운데 인간을 둘러싼 공동체 생활은 다층화·입체화되고 있다. 지금 세계는 국제화, 신민족주의와 함께 지역통합과 지방화가 동시에 진행되고 있으며, 조그만 모임과 비정부민간기구들이 번성하고 있다.

변화의 흐름을 파악하는 일보다 더 중요한 것은 이에 어떻게 대처하며 어떤 희망과 꿈을 가꾸느냐 하는 문제이다. 변화에 대처하는 가장 기본적인 정신은 무엇보다도 자기혁신, 자기정립이어야 한다. 자기혁신, 더 나아가서 국내사회의 철저한 민주적 개혁 없이는 변화에 대한 대응이 '소문난 말잔치'로 끝날 위험성이 높다.

변화의 물결을 타는 것은 좋지만 거기에 휩쓸려서는 안 된다. 변화에는 주체적이고 적극적으로 대응해야 하며, 변화의 흐름과 대응 전략은 구별되어야 한다. 그런 의미에서 보자면 '국제화'와 '개방화'는 섬세하게 구별하여 사용해야 한다. UR협상 과정에서 프랑스가 영상에 대한 개방은 결코 허용하지 않는 것을 보더라도 잘 알 수 있다. 그리고 '국제화'와 '개방화'를 동일시 해버린다면 '시간전략'도 나오지 않는다.

결국 이제 우리는 우리 사회의 모든 분야를 총체적으로 품질개선하면서 동시에 세계로 나아가야 한다. 사회적 품질개선을 위해서는 토론과 사회구성원들 사이의 공명(共鳴)이 있어야 한다. 사회적 품질개선은 계몽적인 구호나 정치적 슬로건으로 이루어지는 것이 아니고 각 분야에서 치열한 실천을 통해 이루어지는 대단히 어려운 과제라는 사실을 기억해야 한다.

그런 점에서 한국의 21세기 준비는 위에서 홀로 뛰는 방식이 아니라 정치권과 국민, 정부와 국회, 여와 야가 함께 치열하게 수행해야 할 '자주적 현대화'의 과제이다.

그러면 21세기의 한국은 어떤 꿈과 철학을 가져야 하는가? 21세기의 한국은 자주적이면서도 국제사회에 모범이 되는 통일한국이라야 한다. 아울러 우리는 경제전쟁의 시대라는 어려운 현실주의의 터널을 힘 있게 통과하면서 동시에 '신인본주의'라는 이상을 견지하고 그것을 풍성하게 가꾸어내야 한다.

2. 중심을 잃지 말자

한반도의 탈냉전 과정에서 한반도를 둘러싼 정세들은 엎치락 뒷치락 우여곡절을 겪고 있다. 그 중에 중요한 것만 해도 남북조절위원회의 구성과 이의 무력화(無力化), 남한의 북방정책과 북한의 서방정책, 남북한 기본합의서의 채택과 뒤이은 남북대화의 교착상태,

남북 경협의 진전과 핵문제의 부상, 지리한 핵회담과 제네바에서의
북미 핵회담 타결, 한반도에너지개발기구(KEDO)의 구성과 실무회
담, 남북정상회담의 합의와 김일성의 사망, 조문파동, 남북한 쌀회담
타결과 남북 관계의 경색, 북미대화의 본격화와 4자회담의 제의, 강
릉지역 잠수함사건과 북한의 보복위협 발언 등 다양한다.

남북한의 관계는 계속해서 파동을 형성하고 있다. 남북 조절위원
회를 구성했다가 그 뒤에는 대화가 없었고, 남북 고위급 회담에서
'기본 합의서'가 채택되자 마자, 핵 문제가 불거지면서 '기본 합의서'
는 문서로만 남게 되었다. 남북 경협도 마찬가지이다. 6공 당시 정주
영 현대그룹 명예회장이 북한을 방문해서 금강산을 개발하는 등 다
양한 계획을 제시했음에도 불구하고 이후 남북 관계가 경색되면서
특별한 성과를 거두지 못했다. 더욱이 정주영 회장이 거론했던 프로
젝트들은 남북한은 물론이고 일본과 소련까지도 참여한 '동북아의
대 프로젝트'라는 점에서 눈길을 끌었다. 즉 북한의 관광개발은 물
론이고 시베리아의 자원개발과 남북한을 관통하는 가스 파이프 건
설 사업, 그리고 시베리아의 가스를 일본에 공급하는 문제까지 논의
되었던 것이다. 여기에 개입한 사람만 하더라도 소련의 고르바초프,
북한의 김일성, 남한의 정주영, 일본의 가네마루 신과 사가와 규빈
등 다양했다.

그러나 이 모든 일들이 북한의 핵 문제가 쟁점이 되면서 무대 뒤
로 사라져야만 했고, 핵 문제를 논의하는 과정에서 대화의 자리는
미국 국무부와 북한 외교부 사이로 이동하였다. 그렇다면 왜 이런
변화무쌍한 정세의 변화가 나타나는 것일까? 그것은 한반도 문제가
남북한의 문제인 동시에 복합적인 국제적 이해관계가 교차하고 있
기 때문이다.

3. 북한 핵문제의 진실

1) 북한의 핵 능력

처음 북한의 핵 문제가 논의될 때 북한의 핵 능력에 대해서는 다양한 견해가 존재했다. 당시 확인된 것은 북한이 자립적인 핵개발 계획에 따라 원자로를 독자적으로 개발하고, 박천과 평산에 있는 우라늄 정강공장에서 우라늄도 자체적으로 생산해서 연료로 쓰고 있다는 사실이다. 그런데 중요한 것은 원자로에서 사용하고 난 핵 연료를 '재처리'해서 플루토늄을 추출하고, 그것을 원료로 핵폭탄을 만들 수 있는 '능력'과 '시설'이 있느냐 하는 것이었다. 북한의 핵 재처리 능력, 즉 사용한 우라늄으로부터 플루토늄을 추출하는 기술수준과 시설에 대해서는 견해 차이가 컸다. 당시 영국 「선데이 타임즈」도 바로 이 점을 지적했다.

미국의 인공위성이 촬영한 같은 사진을 들고 미국 중앙정보국(CIA)과 국방부는 북한이 핵무기 제조능력을 갖고 있다고 판단했으나 국가안보회의(NSC)와 국무부의 관리들은 북한의 핵무기는 아직까지는 가상의 것으로 북한은 핵무기 개발을 미국, 일본, 한국과 정치적 협상을 하기 위한 지렛대로 활용하고 있다고 판단했다는 것이다.

미국 국방부와 중앙정보국 인사들은 북한이 핵무기 개발능력에 도달했을 가능성이 높다는 언급을 되풀이해 왔다. 반면에 미국 의회 조사국과 헤리티지 재단의 경우에는 북한의 영변 원자로가 완공되어야만 핵무기 제조능력을 갖추게 될 것이라고 분석했다. 한편 러시아 과학아카데미 산하 극동 연구소 한국과장인 바짐 트카첸코씨는 북한이 핵무기 제조의 마지막 단계인 플루토늄 추출에 곤란을 느끼는 기술수준인 것으로 관측했다.

북한의 핵 능력을 높게 평가하는 사람들은 특히 북한이 '실험 시설'이라고 주장하는 영변의 핵 시설을 의혹의 눈으로 보면서, 규모가 작다고 할지라고 그 동안 실험용 핵 재처리 시설을 몰래 운용한 것이 아니냐는 의심을 풀지 않았다. 그렇지만 그 어떤 경우에도 주장을 뒷받침하는 특별한 판단 근거는 제시하지 않았다.

2) 북한 핵문제의 성격

북한 핵문제는 무엇보다도 탈냉전 이후의 세계질서와 관련되어 있다. 냉전 이후 세계 '유일강대국'이 된 미국으로서는 세계 곳곳의 질서를 자신의 군사적 영향력과 시장질서로 묶어내려는 반면 북한은 여기에 순응하지 않고 있기 때문에 발생하는 갈등으로서의 성격이 있는 것이다. 또한 북한의 핵 카드 활용정책과 핵과점(核寡占)체제인 NPT체제와의 마찰이라는 측면도 바로 이 대목에서 제기될 수 있다.

둘째, 탈냉전 상황에서 미국이 생각하는 한반도와 동북아시아에 관한 청사진과 이를 둘러싼 일본, 러시아, 중국 그리고 남북한의 입장이 어떻게 교차되는가 하는 것이 북한 핵문제에 투영되어 있다. 이를테면 미국은 '탈냉전형 분단체제'를 통해 동북아시아 문제에 군사적으로 개입할 수 있는 여지가 남아 있기를 원하는 반면, 북한은 핵 카드를 통해 한반도에서의 힘의 균형상태를 일거에 달성하려고 시도했던 것이다.

당시 북한은 핵문제를 체제유지를 위한 대미 협상 카드로 인식하고 있었다고 전해진다. 즉 탈냉전과 개방 개혁의 시대에 핵 카드를 활용해서 체제를 유지하고, 동시에 중국식 개방개혁 노선을 받아들이거나, 결정적인 순간에 핵무기의 개발을 통해서 대치구조를 완성하는 것이 북한이 생각하는 생존전략이라는 것이다. 또는 북한이 핵카드를 사용해서 국제무역과 투자를 얻어내려 한다는 분석도 있었다. 당시 미국의 시사주간지인 「뉴스위크」에 실린 분석은 다음과 같다.

"북한을 불리한 카드를 쥔 포커 플레이어에 비유할 수 있다. 핵 위협 이외에 다른 카드가 없기 때문에 이를 이용해서 북한이 필요로 하는 국제무역과 투자를 얻어내려 한다는 이야기이다. 북한의 재래식 군사력은 더 이상 위협이 되지 못하기 때문에 포커의 판돈을 계속 올리는 것밖에 다른 선택이 없다는 것이 이들의 지적이다. 북한군의 병력은 많지만 장비는 낡고 오래되었다. ……주요 공장조차 가동이 중단될 정도로 연료 부족이 심각한 상황에서 군대가 비록 우선적인 대우를 받는다고 할지라도 타격을 받을 것임은 물론이다."

셋째는 북한의 핵 능력을 둘러싼 군사적 힘 관계의 변화이다. 현재 한반도에는 휴전선을 둘러싸고 북한군 대 한미 연합군의 대치구조가 형성되어 있는데 여기에서 북한군이 핵 무기를 갖는다면 상당한 상황 변화가 초래된다. 북한이 핵 무기를 갖게 될 경우에는 동북아의 군사지도가 바뀔 가능성까지 있다. 가령 일본의 핵 무장화가 촉진되고 동북아시아 전체에서 핵무기 경쟁이 발생할 가능성도 배제할 수 없다.

북한의 핵문제에는 이처럼 다차원적인 성격이 있다. 따라서 북한과 미국, 북한과 국제원자력기구, 남한과 북한 사이에 새로운 대화, 또는 대결구조가 형성될 수 밖에 없었던 것이다. 게다가 북한의 핵문제는 동북아의 새로운 질서 형성과도 직결된다는 의미에서 일본과 중국, 러시아도 이 문제에 대해서 촉각을 곤두세우지 않을 수 없었다.

3) 두 개의 가상 시나리오

북한의 핵문제를 다루는 방법론과 관련하여 두 가지의 주장이 팽팽하게 제기되었다는 사실은 이미 지나간 일이 되었다. 그러나 당시는 심각한 상황이 조성되었다. 한편에서는 힘에 의한 제재를 주장했고, 다른 한편에서는 협상으로 문제를 풀어야 한다는 입장을 피력하였다. 미국의 군부와 정보부 쪽에서는 힘에 의한 제재 방안을 제시하였고, 협상론은 국무부를 중심으로 한 외교 전문가들에 의해 제기되었다. 그리고 결과는 어찌되었는가?

강경파에 의해서 엔테베식 작전까지 운위되던 북한의 핵문제가 대화의 실마리를 찾은 것은 1993년 말 미국 국무부와 북한 외교부 사이의 대화와 합의에 의해서였다. 그 합의는 국제원자력기구의 사찰 재개, 남북 특사교환을 위한 실무회담 재개, 팀스피리트 훈련의 중단과 3단계 북미 회담의 개최 등이다.

이러한 합의는 북한의 핵 문제를 협상에 의해 평화적으로 풀 수 있을 것이라는 낙관적인 기대를 가능하게 했다. 그러나 이러한 낙관론은 1994년 울시 CIA국장의 한국 방문과 군수 전문가인 윌리엄 페리(William Perry) 부장관(部長官)이 펜타곤의 수장(首長)으로 올라서면서 흔들리기 시작했다. 즉 제재론이 강력하게 등장하기 시작한 것이다. 그러나 제재론이 군사적 공격으로까지 올라가지는 않았다. 다만 이 과정을 통해서 한국에 패트리엇 미사일이 배치되고, 군사적 제재론자들의 입지가 넓어진 것은 사실이다.

미국의 입장은 매파와 비둘기파로 나누어 설명할 수 있다. 매파(강경파, 제재파)는 이데올로기와 군사정치에 관심이 있는 일종의 국가주의적 입장이라고 해석할 수 있다. 미국의 군부와 정보기관, 그리고 군수산업이 이를 뒷받침하고 있다.

비둘기파(온건파, 협상파)는 경제논리와 세계경영에 관심을 갖고 있는 자유무역주의자들의 논리로 이해된다. 미국의 국무부와 상무부, 그리고 미국의 산업자본과 상업자본이 이를 뒷받침하고 있다.

미국의 외교는 흔히 이러한 두 줄기의 흐름 속에서 백악관의 선택을 통해 이루어진다. 백악관은 협상과 제재론을 병행해서 이야기하면서, 패트리엇 미사일의 배치 등 매파의 이해가 부분적으로 보장되자, 다시 협상론으로 기울어졌다. 결국 북한의 핵문제 해법은 제네바에서의 북미 3단계 회담을 통해 합의에 도달하였다. 이로써 미국은 NPT 체제를 수호할 수 있게 되었고, 북한은 40억 달러에 달하는 경수로 사업 자금을 확보할 수 있게 되었다.

4. 남북정상회담의 가능성

1994년 남북한 정상회담에 관한 합의는 한국 현대사의 흐름을 뒤흔드는 일대 충격이었다. 미국과 북한 사이에는 협상론과 제재론이 부침을 거듭했고, 북한에 대한 제재론이 검토되고 있던 상황에서 클린턴 정부와 교감을 갖고 있던 미국의 전 대통령 카터의 북한방문이 이루어졌다.

카터가 서울에서 출발할 때만 하더라도 그의 역할과 비중은 과소평가되었던 같다. 그러나 카터는 획기적인 카드를 들고 서울로 돌아왔다. 바로 남북정상회담 카드였던 것이다.

분단 이후 최초의 정상회담이 이루어진다는 소식은 우리 민족 전체를 설레게 했고, 동시에 그것은 세계에서 유일하게 남아 있는 냉전의 섬에 봄이 찾아온다는 것을 의미했다.

이때의 남북정상회담에는 그 개최를 가능하게 했던 미북 관계의 변화가 전제되어 있었다. 카터의 방북 이후 미국의 행정부는 정식으로 3단계 고위급 회담을 제의하였다. 이것은 그때까지 미국이 북한의 핵 투명성을 선행조건으로 내걸었던 사실을 고려해 볼 때 북한이 핵 동결에 대한 어떤 보장책을 미국에 전달한 것으로 예측할 수 있게 하였다. 게다가 북한의 경우 핵 투명성의 전제조건으로 북미 수교와 경수로에 대한 지원을 내걸었던 사실을 고려한다면 미국이 북한에 대해서 수교를 언질했을 가능성 역시 대단히 높은 것이었다.

카터의 방문은 형식상 개인자격임이 강조되었다. 그러나 카터가 북한에 머무르는 동안 지속적으로 클린턴 대통령과 통화를 했다는 사실을 고려한다면 카터는, 사실상 핵특사로서의 역할을 수행한 것이다. 따라서 카터는 북한이 핵개발을 동결시키는 것을 전제로 북미수교를 중재했을 가능성이 대단히 높다.

독실한 침례교인이자 땅콩 농장을 경영하면서 소박하게 살던 카터 전 대통령은 재임 시절부터 군축과 인권을 외교정책의 주요 목표로 내세우는 등 강경파와는 거리가 먼 사람이다. 퇴임 이후에는 가난한 사람의 주택문제 해결을 위한 시민운동을 전개하면서 직접 목수가 되어서 집을 짓기도 하고, 국제적으로 분쟁해결을 위해 다양하게 노력했다. 따라서 카터의 입장과 활동은 미국내 협상파의 입장을 대변한다고 할 수 있다.

그러면 클린턴은 왜 협상파의 논리와 입장을 채택했을까? 클린턴 역시 젊은 시절 반전운동(反戰運動)에 참여하는 등 온건한 입장을 견지했던 인물이다. 그의 출신지인 아칸소 주는 카터의 조지아 주처럼 농업지역이다. 선거기간 동안에도 클린턴은 군축을 통한 경제 회생을 주장하는 등 군수산업의 이익과는 일정한 거리를 두고 있었다. 대통령이 된 이후에는 이해관계 조율의 차원에서 강경파의 입장을 배척하기보다는 수렴하는 태도를 취해왔다. 그러나 1994년 11월 중간선거를 앞둔 시점에서는 북한의 핵문제를 둘러싸고 극적인 외교적 성공을 거두기를 희망했던 것이다.

1994년의 남북정상회담이 실현되었다면 한반도와 한반도를 둘러싼 국제관계는 크게 바뀌었을 것이다. 한반도 내부에는 보다 안정된 남북관계가 형성되고, 교류가 확산되었을 것이며, 북한과 미국, 북한과 일본 사이에도 일정한 외교관계가 형성되었을 가능성이 크다. 그것을 계기로 한반도와 동북아시아에는 탈냉전시대가 개막되었을 것이다.

당시 상황이 잘만 풀렸으면 김영삼 정부의 임기 안에 '평화와 교류에 관한 선언'은 확실히 이루어졌을 것이다. 또는 통일로 나아가는 첫 번째 단계인 '국가연합'에 대한 합의 가능성도 완전히 배제할 수 없다. 그리고 정상회담을 통해서 한반도에 평화체제를 구축하는 데 성공했다면 김영삼 대통령과 김일성 주석은 노벨평화상을 공동으로 수상했을지도 모른다. 이것은 그 동안 미국의 중재 하에 남아프리카공화국과 중동에서 평화회담이 성과를 거둠으로써 만델라와 데 클레르크, 이츠하크 라빈과 아라파트가 노벨평화상을 공동 수상했던 경험과 비슷한 패턴이다.

그러나 더 중요한 것은 무엇인가? 그것은 남북한의 새로운 협조관계를 통해서 탈냉전시대 민족의 생존과 번영의 길을 모색하고 실현하는 일이다. 이렇게 되는 과정에서 북한으로서는 경제개혁과 선거제도를 새롭게 도입하는 등 진지한 개혁 프로그램을 추진했어야 할 것이고, 우리 정부로서는 북한의 개혁을 돕는 포용성과 지원, 그리고 동반관계의 발전을 도모했어야 할 것이다.

게다가 남북의 자본과 인력이 결합하는 남북 경협이 보다 심화되었다면 빠른 속도로 한반도 경제권이 형성됐을 것이라는 기대도 할 수 있다. 이를테면 북한이 제의하는 경수로 전환사업만 하더라도 미국과 남한의 기술과 자본, 북한의 인력이 결합할 수 있는 대규모 프로젝트인 것이다. 그러나 김일성 사망과 이후의 남북관계를 보면 남북정상회담 합의가 단기적으로는 역효과를 냈음을 알 수 있다.

그러나 우리는 이런 우여곡절의 역사에 좌절하지 말고, 오히려 교훈을 찾아야 한다. 그 교훈은 역사적인 성격을 띠고 있으며 동시에 국제적인 이해관계가 걸려 있는, 우리의 민족문제를 풀어 나가는 데는 생각하지 않았던 다양한 장애물들이 출현할 수 있다는 것이다. 장애물은 극복하라고 있는 것이지 좌절하라고 있는 것은 아니라는 사실을 명심해야 한다.

5. 신바람나는 통일을 만들자

한국이 21세기를 제대로 맞이하기 위해서는 통일한국을 만들어 내지 않으면 안 된다. 따라서 앞으로 한국인들이 가야 할 대장정은 통일로 미래로 함께 가는 것이다.

통일로 미래로 가는 길에는 즐거움도 있을 것이고, 장애물도 있을 것이며, 고난이 있는가 하면 보람도 있을 것이다. 따라서 통일의 대장정에는 우여곡절을 거치면서도 좌절하지 않고 힘 있게 나아가는 정신이 중요하다.

또 한 가지 중요한 것은 현재 남북한이 서로 다른 구성원리를 가진 사회이며, 서로 다른 발전단계에 있다는 점이다. 따라서 무조건 합치기만 하면 되는 것이 아니라 조심스럽게 미래지향적으로 합쳐 나가야 한다.

그런 점에서 우리는 통일이 과연 무엇인가를 진지하게 재고할 필요가 있다. 과연 완전히 합쳐서 중앙집권적인 하나의 정부를 만들어야만 통일인지, 아니면 서로 믿고 교류하면서 교통과 통신과 교류를 나누는 단계에서부터 이미 통일은 시작된 것인지를 고민해 봐야 한다는 것이다.

필자는 통일에 관한 고정관념을 깨뜨리자고 제안하고 싶다. 이 세상은 계속 분화되어 나가고 있는데 응집만을 지향해 가지고는 세계사의 흐름을 놓치기 쉽다. 한편에서는 합치고 다른 한편에서는 계속 분화해 나가는 것이 현대적인 의미에서의 통일이라고 할 수 있을 것이다.

통일은 어떤 고정적인 상태가 아니라 통일을 만들어나가는 과정 전체를 지칭하는 게 옳을지 모른다. 적대적인 단계를 넘기만 하면, 남북한이 공존과 평화를 지향하기만 하면, 서로 돕고 교류를 지향하기만 하면, 우리는 벌써 통일을 만들어나가고 있는 것이다. 아울러 다양한 분야의 공동체를 만들어 가면서, 단계적으로 정치·군사의 통합 강도를 높여야 한다. 그리고 지방자치를 발전시키고, 지방의 자율성을 강화해야 한다. 그리고 아시아의 여러 나라와 평화적인 연대를 지향할 때 우리는 매 단계마다 통일의 체취를 실감나게 느끼게 될 것이다.

아니면 더 넓게 보아도 될지 모른다. 평화로운 아시아 공동체를 함께 만들어나가는 과정에서, 생명을 고양시키는 인류문명의 발전을 위해 노력하는 가운데서, 우리는 이미 통일을 보게 될지도 모르는 일이다. 다시 말하면 통일민족주의의 시각과 함께 세방화의 관점에서도 통일을 볼 필요가 있다는 것이다. 이제 사람들의 정체성은 민족만이 아니라 개인, 가정, 지방, 계급계층, 세대, 지역, 인류 등 다차원적인 정체성을 갖게 되었기 때문이다.

다음은 속도의 문제를 잘 조절하자는 것이다. 때로는 천천히, 때로는 빠르게 일을 추진하자는 것이다. 천천히 나아가야 할 때는 천천히 나아가야 한다. 그러나 빠르게 일을 해야 할 때에는 빠르게 밀어부치는 속도와 리듬 감각이 필요하다. 그래서 은근하되 줄기차야 한다. 다만 적대체제를 평화체제로 전환하는 문제에 대해서만은 집중적으로 힘을 내서 처리하는 것이 좋다. 그리고 그 이후는 천천히 문제를 줄이면서 즐겁고 희망적인 통일을 신바람 나게 만들어나가야 한다.

독일처럼 고통스러운 통일이 아니라 희망적인 통일을 원한다면 우리는 독일 프랑크푸르트 대학의 철학·사회학 교수인 위르겐 하버마스의 다음과 같은 조언에 귀 기울일 필요가 있다.

"(독일통일의 경우) 정치영역에서 보다 더 광범위한 토론과 의견 개진, 그리고 보다 더 많은 생각을 해본 주민들의 폭넓은 참여를 허용하면서 통일이 진행되었더라면 동독과 서독의 주민들은 차후에 벌어지는 일에 대해 보다 더 강한 책임의식을 지녔을 것이다.

바라지도 않았던 일에 대해서조차 책임을 지우려 한다면 이는 애당초 방향을 잘못 잡은 일이나 다름없을 것이다. 우리가 책임을 지고 끝까지 해결하여야 하는 것은 우리 스스로 저지른 오류들인 것이다.

동독과 서독의 주민들은 서로 상대방에 대해서 기대하는 것이 무엇이냐에 대한 공개적인 논의가 없었기 때문에, 오늘날 서독은 의기소침한 분위기에 싸여 있으며, 동독에서는 다소 원한이 번져 나가고 있다.

…… 여러분들은 내가 통일과정에서 제기된 문제들을 비교적 적게 다루고 있음을 알아 차렸을 것이다. 나는 오히려 조급한, 가까운 길을 택한 전략이 몰고 온 환멸을 정신적으로 소화해내는 과정에 대해서 말하였다. 물론 다른 전략들도 환멸적인 결과들을 초래하였을 수도 있다. 그런데 바로 이러한 상황 때문에 우리가 갔던 길이 지닌 단점이 보다 분명히 드러난다. 이러한 길을 택함으로써 동독 주민들은 스스로 오류를 범하고, 무엇보다도 극심하게 어려운 과도기에 자

신들이 범한 오류를 통해 새로운 사실을 배울 수 있는 가능성을 아예 차단당하고 말았다.

이는 정치적 결단이 가져온 결과에 대해 누가 책임을 져야 하는가 하는 문제에만 해당되는 것이 아니라, '더 잘 알고 있는 서독인들'에 의해 아직 보호 감독 받고 있지 않던 구 동독의 정치 상황에서 자신의 경험 및 관심을 논할 수 있는 수단과 가능성의 문제에도 해당된다.

…… 우리는 일반적으로 부정적인 경험으로부터 무엇인가를 배운다. 이는 역사로부터 무엇인가를 배우려는 시도의 경우에 1차적으로 해당되는 말이다.

그 누구도 남한과 북한 역시 앞으로 언젠가 시대의 흐름을 타고 운좋게 통일되게 될 상황들을 예견할 수는 없다. 앞으로 오게 될지도 모를 그날에 빠른 길과 느린 길 사이의 선택이 도대체 문제가 될 경우가 있다면, 나는 여러분에게 독일인들이 조급하게 걸어간, 짧은 길이 남기고 간, 긴 그림자를 사려 깊게 되돌아보도록 권하고 싶다."
(1996년 4월 30일 서울대학교에서 열린 서남공개강좌에서)

기회가 올 경우 과연 천천히 가는 길을 택할 수 있느냐는 그리 간단한 문제가 아니다. 국내 문제만이 아니라 국제정치 문제가 개입되기 때문이다. 그렇지만 하버마스의 말에 귀를 기울여야 할 이유는 분명하다. 무엇보다도 통일에 관해서, 그리고 민족의 운명에 관해서 지역 주민들이 정보와 지식을 갖고 있어야 하고, 통일을 주민들의 선택의 문제로 위치지워야 한다는 것이다. 그렇지 않을 경우 통일은 엘리트들만의 것이 되어 버릴 수도 있으며, 어느 날 갑자기 다가와 사람들을 당황하게 하고 고통스런 생활상의 부담을 강요할 수도 있기 때문이다.

따라서 우리는 느린 통일, 준비된 통일, 주민들의 참여가 가능한 통일을 지향하면서 힘차게 나아가야 한다. 그리고 나아가는 과정에서 어느 만큼 왔는가를 가늠하는 것이 가능할 수 있도록 정보와 지식이 상시적으로 공급되어야 한다.

주민 참여의 통일, 민족공동체가 이루어지는 통일, 다양성이 존중되는 통일, 경쟁과 함께 복지가 있는 통일, 지방과 사회 각 분야의 분화가 가능한 통일이 이루어지기 위해서는 우리 모두가 통일에 관심을 가져야 하는 동시에, 또 그러한 방향으로 통일이 설정될 수 있도록 통일에 관한 다양한 논의와 토론의 장을 만들어가야 한다.

현재의 한반도 남북관계에는 분명 대결의 관계가 존재하고, 그 대결의 관계는 어떤 위험성을 내포하고 있다. 그러나 그것만이 전부는 아니다. 가끔은 그것이 대결의 분위기에 의해 완전히 파묻히기도 하지만 현재의 한반도와 주변 정세에는 화해와 교류의 영역이 존재한다. 따라서 우리는 안전보장의 논리와 화해의 논리를 동시에 읽어내야 한다. 그 중간에 서 있으라는 것이 아니라 이 두 가지의 역설적인 관계를 입체적으로 읽고 대응책을 세워야 한다는 것이다. 그렇지 않고 어느 한쪽만을 본다면 우리의 시선은 헷갈릴 것이고 우리의 걸음은 비틀거릴 것이다.

그러나 그래서는 안 된다. 현실에서 통일의 희망을 만들어나가기 위해서는 길이 험해 우리의 몸이 다소 비틀거릴지언정 우왕좌왕해서는 안 된다. 따라서 맑은 정신과 균형된 지성, 주변을 돌아보는 포용력, 그리고 강력한 추진력을 발전시킬 필요가 있다.

15장 통일한국의 국제적 위상

1. 한반도와 4대강국의 관계

통일은 남북한 당국과 7,000만 한겨레가 함께 이뤄내야 할 것이지만 그것이 이루어지는 공간은 한반도이다. 때문에 우리는 통일과 관련해서 동북아시아의 상황, 그리고 한반도와 4대강국과의 관계를 잘 이해하지 않으면 안 된다.

지금은 미래의 한반도와 동북아시아를 내다볼 때이다. 미래를 제대로 이해하고, 이에 대비하기 위해서는 현실에 대한 엄밀한 실증과 함께 '문학적 상상력'도 발휘되어야 한다. 다만 그 상상력이 근거없이 들뜬 것이 되지 않게 하기 위해서는 변화하는 현재의 추세와 거기에 대응하는 인간들의 의지를 균형 있게 합성시키는 노력이 필요하다.

20세기의 한국은 고난의 세월을 겪었다. 그러나 21세기 한국은 더 이상 실패해서는 안 된다. 21세기의 한국은 세계의 모범 국가가 되어야 한다. 세계의 모범국가가 되기 위해서는 우리 사회 내부의 개혁을 진행하는 일과 함께 세계와 동북아시아, 또는 아시아태평양지역에서의 국가 위상을 확립하는 작업이 동시에 진행되어야 한다.

우리를 바로 세우기 위해서는 지구촌이 돌아가는 상황과 추세를 정확하게 파악해야 한다. 한반도를 둘러싸고 있는 4대강국에 대해서는 과거와 현재만이 아니라 그 미래까지 예측하는 노력이 경주되어야 한다. 그리고 그들의 대한반도 정책을 이해하고 거기에 적절하게 대응하는 우리의 전략이 나와야 한다.

경제 제일주의, 미국 제일주의를 내세우고 있는 미국은 '신태평양 공동체'와 '아시아 안보협력체제'를 클린턴 정부의 새로운 아시아 정책으로 내놓았다. 미국 정부의 이런 정책은 아시아태평양의 탈냉전, 신질서 형성에 미국이 적극적으로 참여하고, 아울러 주도권을 행사하겠다는 입장을 표명한 것으로 분석할 수 있다. 미국은 이미 APEC을 주도하고 있다. 1993년 7월 21일 미국의 「인터내셔널 헤럴드 트리뷴」지도 "미국의 외교 정책과 통상 정책의 초점이 유럽과 서반구로부터 급성장하는 동아시아로 전환하기 시작했다"고 보도했다.

일본은 지금 세계 최고의 경제대국으로서 지역 블록화와 세계화에도 자신감을 보이고 있다. 다만 지역 블록화 문제에 대해서는 자신이 주도하는 방안과 미국이 함께 주도하는 방안에 대해서 저울질하면서 눈치를 보고 있다. 일본이 직접 주도하는 경제 블록화는 주로 아세안 국가들과의 관계를 통해서 이루어질 것이고, 미국과 함께하는 경제 블록은 APEC이다. 그런데 정작 일본이 아쉬움을 느끼는 부분은 경제력에 걸맞은 정치력이다. 일본은 정치력의 강화를 위해서 유엔 안전보장이사회의 상임이사국이 되고 싶어한다. 이에 따라 유엔의 군사활동에도 적극적으로 참여하고 있다. 이때의 정치력에는 군사력이 포함된다.

그런데 새롭게 개편된 일본의 정치세력들을 잘 살펴볼 필요가 있다. 지금 일본은 구보수주의 세력인 자민당과 신보수주의 세력인 신진당이 정치세력을 양분하면서 보수 양당체제의 형성을 향해 달려가고 있다. 그 동안에 등장했던 호소가와의 '일본 신당' 등은 깨끗한 정치를 주장한다는 측면에서 기존의 자민당과 견해를 달리한다. 그렇지만 이들 역시 오자와 이치로가 이끄는 신보수주의 정당인 신진당으로 흡수되었다. 이들의 민족적 입장은 제2차 세계대전 당시 전범 국가로서의 부채의식을 씻어버리고 아시아로 새롭게 진출하자는 것이다. 그러니까 신보수주의의 입장을 개진하고 있는 신진당이나 구보수주의의 입장을 표명하고 있는 자민당이나 알고 보면 새로운 대아시아 정책을 일본 민족주의의 입장에서 추진하고 있는 것이다.

중국은 지금 경제의 생산력을 높이기 위한 노력을 경주하고 있다. 구체적으로는 개방 특구를 설치해서 운영하고 기업의 자주 경영과 상품에 대한 가격 제도를 도입하고 있다. 그러니까 그 동안의 계획 정책과 시장 분권제도를 조화시킨다는 것인데, 그런 과정에서 경기 과열과 부정부패 문제가 발생해서 요즈음은 그 문제를 해결하는 데 큰 어려움을 겪고 있다. 그렇지만 중국은 개방과 개혁, 그리고 개발 정책을 계속 펼쳐나갈 것이다.

필리핀을 방문했던 이철영 국가경제체제 개혁위원회 위원장의 설명에 의하면 중국은 중앙계획경제에서 시장지향경제로 이행하는 목표 시점을 오는 2000년으로 잡고 있다. 중국은 과연 정치적인 파란 없이 계획과 시장을 양립시키는 '사회주의적 시장경제'를 현실에 뿌리를 내릴 수 있는가 하는 중대한 시험대에 올라선 셈이다.

러시아는 옐친 정부와 최고회의 사이에 권력투쟁이 계속되어 왔고, 옐친 대통령과 주가노프 공산당수 사이에는 1996년 6월과 7월에 치열한 대통령 선거전이 전개된 바 있다. 선거 결과는 옐친의 승리로 끝났지만, 주가노프가 이끄는 공산당은 2차 결선투표에서 지지율 40%가 넘는 대약진을 과시했다. 이에 대한 평가는 시간을 요하는 문제이지만, 이 선거결과는 향후 러시아의 대내외 정책에서 옐친진영이 직선형 급진개혁만을 고집할 수 없게 만드는 압력으로 작용할 전망이다. 러시아는 구체제 붕괴 이후 불과 5년여 만에 역(逆)절충과

역(逆)수렴의 완충기를 맞이한 것이다. 하지만 기왕에 시작된 개방 개혁 노선을 철회할 수는 없을 것이다. 이것은 꼭 모든 정치세력들이 합의해서가 아니라 현실적으로 다른 대안이 없기 때문이다.

옐친의 목표는 서방식 시장경제이고 그것을 위해서 민영화 정책을 추진하고 있다. 그러나 여기에 대해 러시아의 다양한 세력들이 이의를 제기하고 있다. 결과적으로 러시아의 민영화와 시장경제는 뿌리를 내리지 못하고 있으며, 경제적 효율성도 떨어져 이것도 저것도 아닌 상황에서 표류하고 있다. 때문에 우리는 표류하는 러시아가 과연 어디로 갈 것인가를 주목해야 할 것이다. 이는 러시아가 갖는 잠재력을 무시할 수 없기 때문이기도 하고, 표류를 해도 흘러가는 방향은 있는 것이기 때문이다.

2. 미래의 한중 관계

현재 중국의 대한반도 정책의 핵심은 한반도의 현상유지이다. 중국은 남북한과 동시에 외교 관계를 갖고 있으며, 그 중 정치는 북한과, 경제는 남한과 보다 가깝다고 할 수 있다. 중국이 현재의 남북한 관계에서 중요한 이유는 남북한 양측과 깊은 대화가 가능하다는 점 때문이고, 장차 21세기 통일한국에서 중요한 이유는 우리 민족과 가장 넓게 국경선을 갖게 될 동북아의 거인이기 때문이다.

따라서 통일을 이루기 위해서는 중국의 긍정적인 역할을 활용해야 하며, 동시에 이웃 나라로서 선린우호 관계를 갖지 않으면 안 된다. 그러나 지금 동북아시아에서 중국과 미국의 경쟁이 치열하게 벌어지고 있기 때문에, 21세기 통일한국은 미국과 중국 사이에서 중심을 잘 잡아야 할 것이다. 그리고 쉽지는 않겠지만 미국과 중국의 갈등을 조절해 낼 수 있는 균형추의 역할도 원만하게 수행하지 않으면 안 된다.

통일이 될 때까지 한국은 미국 쪽에 그리고 북한은 중국쪽에 상대적으로 더 가까울지 모른다. 하지만 이런 외교노선도 통일한국에 대비하기 위해서는 서서히 균형을 도모하는 것이 장차 국익과 민족의 이익에 도움이 된다. 즉 남한은 중국에 더 가까이 다가가고, 북한은 미국을 더 깊이 이해해야 한다는 것이다.

이밖에도 한국과 중국 사이에는 장기적으로 생각해 두어야 할 점들이 몇 가지 있다. 첫째는 만주지역과 조선족 동포들의 위상에 관한 문제이다. 전통적으로 중앙집권과 지방분권을 되풀이했던 역사적 경험과 세계적인 지방화의 물결을 고려할 경우, 중국이 현재와 같은 정치적 통합성과 중앙집권을 계속 유지할 것이란 보장은 없다. 이 때문에 만주와 조선족의 위상은 상당히 입체적이고 중층적인 성격을 띨 것으로 예측할 수 있다.

둘째는 대북경 정책과 대만주 정책에 보완과 균형을 이루어야 한다는 것이다. 만주지역은 향후 대만과 홍콩, 중국 대륙, 동남아시아를 연결하는 중화 경제권이 뿌리를 내릴 지역이면서, 동시에 통일한국의 경제적·문화적 영향력이 확산될 가능성이 있다. 그리고 이 지역을 중심으로 해서 한국과 중국의 경제관계에서 보완할 수 있는 점도 적지 않을 것이다.

한국과 중국의 영향력이 혼재되어 나타나는 이들 국경 지역에서는 여러 가지 갈등이 표출될 가능성도 있다. 그러므로 경제관계와 정치관계를 혼동하지 않아야 하며, 경제적인 실리를 높이고 정치·외교적인 안정성을 유지하는 데 깊이 연구해야 한다. 이를 위해서는 남북한의 협조, 민과 관의 협력, 중국에 대한 입체적 전략이 필요함은 다시 말할 필요도 없는 것이다.

셋째는 지방과 지방의 교류이다. 한국은 1995년에 본격적인 지방 자치가 시작되었고, 중국은 전통적으로 지방의 역할이 강한 사회이다. 이런 점을 고려하면서 한중 관계를 단지 북경과 서울만의 관계가 아니라 다양한 지방간의 관계로 발전시키는 지방외교 전략도 한중 관계에서 깊이 고려해야 될 사항이다.

넷째는 한국인과 중국인들의 상호 이미지에 관한 것이다. 중국인들은 한국인들을 '졸부'로 인식하는 경향이 있고, 한국인들은 중국을 무능한 거인으로 생각하는 불신의 경향이 적지 않다. 이 문제는 한중 관계를 길게 볼 때 심각한 문제이다. 서로를 보다 진지하게 생각하고 신뢰구조를 공고히 할 수 있는 방법이 모색되어야 한다.

3. 미래의 한일 관계

일본은 한국을 강점했던 과거가 있으며, 8·15 직후에는 한국의 분단을 도모하고 지금은 두 개의 한국정책을 고수하고 있다. 그런데도 일본은 냉전의 혜택 속에서 경제대국으로 성장했고, 또한 경제력에 걸맞은 정치·군사력의 확보를 위해서 노력하고 있다.

따라서 한일 간에 선린우호 관계를 유지하기 위해서는 과거사에 대한 진정한 사죄와 함께 식민지 시대의 유산에 대한 정리를 분명히 하지 않으면 안 된다. 이를테면 원폭 피해자와 정신대로 강제 동원되었던 사람들에게 일본정부가 공식으로 사죄를 하고, 손해배상을 하는 일 등은 과거청산을 위해서 당연히 선행되어야 할 과제들이다.

일본의 식민지 지배는 '재일 한국인 문제'를 남겨놓았다. 지금 재일 한국인들은 현지에서 세금은 내면서도 '외국인'으로서 심각한 차별대우를 받고 있다. 이러한 문제에 대한 일본 정부의 개선노력은 가시적인 성과를 거둘 때까지 계속 강화되어야 한다. 그리고 한일 간 무역역조의 개선을 위해서 한국과 일본 모두가 함께 구체적인 개선 프로그램을 마련해야 할 것이다.

미래의 한일관계가 이러한 것을 일본에 요구하는 것으로 국한되어서는 안 된다. 한민족의 자강(自强)을 위한 노력과 동북아시아의 평화에 대한 공동의 노력과 책임의식 등이 병행되어 논의되어야 할 것이다. 그러나 일본에는 아직도 국수주의자들이 적지 않고, 정치인들의 대부분은 과거사에 대한 솔직한 반성을 꺼리고 있다.

그렇다면 우리는 과연 일본을 어떻게 대해야 할 것인가? 일본의 군국주의화에 대해서는 아시아 여러 나라들과 아시아의 평화를 위한 연대를 구축해야 한다. 그리고 일본의 시민운동 그룹에 대해서도 깊은 관심을 갖고 그들과 평화를 위한 교류와 연대를 나누어야 한다. 이런 일을 할 수 있는 그룹은 한국내의 다양한 시민운동 단체들이다. 그리고 정부 차원에서는 보다 당당한 외교를 펼쳐야 한다. 그러면서 동시에 합리적인 논박과 설득을 할 수 있는 힘을 길러나가야 할 것이다. 그리고 한일 간의 문제와 관련해서 또 한 가지 유념할 것은 미시적인 문제도 중요하지만 동시에 동북아 전체의 세력균형이라는 거시적인 시각을 항상 병행해야 한다는 것이다.

4. 미래의 한러 관계

러시아는 두만강을 건너 우리와 국경을 맞대고 있는 세계적인 대국이다. 8·15 직후에는 38선 이북에 진주하여 북한정권의 수립에 관여하였다. 그리고 남한과는 오랫동안 수교도 이루어지지 않았다.

북방외교의 결과 한소수교가 이루어지면서 이제 러시아는 남북한 모두와 외교관계를 갖는 나라가 되었다. 한소수교가 이루어진 직후에는 소련이 북한에 갖는 영향력을 고려하여 우리 정부에서 한반도와 동북아의 평화를 위한 6자회담을 제안하기도 했지만, 이제는 6자회담 대신 4자회담이 제의되었고 여기에 대해서 러시아는 민감한 반응을 보이고 있다.

대신 러시아에서는 북한과의 관계를 다시 강화하는 쪽으로 외교적 노력을 하고 있는데, 이러한 외교적 노력의 일환으로 지난 1996년 4월에는 이그나텐코 부총리가 북한을 방문하였다. 여기에서 러시아는 기존의 군사협력 대신에 경제·문화·과학기술의 협력을 모색하기 시작했다. 따라서 폐지된 「조소 우호조약」 대신에 새로운 「조러 기본조약」의 체결이 본격적으로 논의될 전망이다.

이런 점을 고려할 때 우리는 무엇보다도 러시아에 있는 각 정치세력들의 지향과 그들의 성장 가능성을 정확하게 파악해야 한다. 아울러 오늘의 러시아에 내재해 있는 다양한 요소들을 수용하면서 동북아시아에서 그들과 공존공영하는 방법을 모색해야 한다.

더욱이 자원이 부족한 우리로서는 러시아가 시베리아에 갖고 있는 에너지 자원과 임산자원에 대해 깊은 관심을 갖지 않을 수 없다. 따라서 시베리아-두만강 유역-나진·선봉-동해안-한국으로 이어지는 발전의 축에 대한 우리의 전략이 있어야 한다.

휴전체제를 평화체제로 대체하는 문제에 대해서는 러시아를 일부러 끌어들일 필요가 없다. 그러나 동북아 전체가 관련되는 군사력의 균형과 군비축소 문제에 대해서는 러시아와도 다자간 협상 테이블에서 만나지 않으면 안 된다. 그러니까 앞으로 동북아의 평화체제를 위해서는 중·러·북한의 북방 삼각체제와 한·미·일의 남방 삼각체제에 하나의 지붕을 씌우는 '미니 CSCE 체제', 또는 통일한국을 균형추로 하는 미·일·중·러의 세력균형체제 등이 검토될 수 있는 것이다.

러시아와 관련해 다시 한번 확인할 수 있는 통일한국의 외교적 과제는 민족자결주의와 국제적 협력을 동시에 모색하는 일이다. 우리는 스스로에게 자문해야 한다. "우리는 우리의 좌표를 바로 세우고 있는가? 우리는 4강을 주체적 입장에서 얼마나 파악하고 있는가?"

5. 미래의 한미 관계

19세기까지는 중국이 한반도에 절대적으로 영향을 미치는 나라였다. 19세기 말에는 일본과 러시아와 미국의 영향력이 한꺼번에 한반도에 밀려왔다. 그래서 당시 뜻 있는 사람들은 이들 4강의 세력균형을 위하여 한반도를 중립지대로 만드는 방안을 검토하고 추진하기도 했다.

그러나 당시 미국과 일본의 힘은 상승하고 러시아제국과 중국의 힘은 약화되면서 동북아의 세력균형이 깨졌다. 강자로 부상한 미국과 일본은 가쓰라태프트 밀약을 통해 동북아의 세력 재편에 합의하였다. 밀약의 내용은 미국이 필리핀을 차지하는 대신 일본은 한반도에 대해 독점권을 가진다는 것이다.

한반도에 대한 일본의 독점권은 제2차 세계대전을 통한 미국과 소련의 연합에 의해 붕괴되었는데, 그 결과는 다시 미국과 소련에 의한 냉전과 한반도의 분단이었다. 냉전시대를 거치면서 동북아의 힘 관계는 다시 변화하고 있다. 미국의 부분적인 약화, 일본의 상승, 중국의 재기, 러시아의 방황이 나타나고 있다 이런 상황은 다시 탈냉전시대의 분단 고착으로 이어질 가능성을 잉태하고 있다. 다만 우리가 문제를 잘 푼다면 대외적인 측면에서는 4강 사이의 힘의 균형을 도모하면서 동시에 한반도 내부에서는 평화체제의 수립 → 공동체의 회복과 창조 → 질서 있는 통일로 나아갈 수 있다.

그렇다면 앞으로 한미 관계는 다양한 요소들을 고려하면서 균형을 도모하는 외교를 지향하지 않으면 안 된다. 우선 한미 간의 정치·군사적인 관계를 어떻게 조정하는 것이 한반도를 둘러싼 동북아의 군사력 균형에 도움을 줄 수 있을 것인지를 고려해야 한다. 북방 삼각관계와 남방 삼각관계, 남북한 사이의 군사적 균형이 그 동안의 군사문제의 핵심이라면, 이제는 동북아의 평화와 균형 문제가 중요하게 고려되어야 한다는 것이다.

이 문제와 관련해서 극단적인 사고는 곤란하다. 중국의 군사력, 일본의 군사력, 러시아의 군사력과 미국의 군사력이 서로 균형을 이룰 때 동북아의 평화를 유지할 수 있다는 기본 관점을 유지하는 것이 이 문제를 풀어가는 기본 원칙과 기준이라고 생각한다.

미국과 일본은 또한 우리나라의 주요한 무역 파트너이다. 우리의 무역액 중 두 나라가 차지하는 비중은 결정적이다. 일본에 대해서는 무역 역조가 심각하고, 미국은 우리의 경제성장 과정에서 중요한 시장을 제공했다. 그러나 새로운 개방정책이 실시된 이후 미국에 대해서도 무역 역조가 발생하기 시작했다. 그렇다면 한국경제의 안정적인 성장을 위해서도 무역의 다변화라는 새로운 관점과 추진 방법을 모색해야 한다. 우리는 미국의 시장을 중요하게 생각하면서도 동시에 유럽과 아세안, 남미 그리고 중국과 러시아 등에서 새로운 시장과 무역 파트너를 찾기 위한 노력을 계속할 수밖에 없다.

탈냉전시대의 국제관계는 경제무역이 결정적인 중요성을 갖는 영역이다. 이 측면에서도 한미 관계에는 앞으로 해결해야 할 과제가 적지 않다. 다자간 협상으로 진행되어 온 UR·GR·BR도 중요하지만 동시에 미국과의 쌍무적인 무역쟁점에 대해서도 우리는 충분한 대응전략을 세우지 않으면 안 된다.

결국 냉전시대에는 정치·군사적인 측면과 이데올로기라는 요소가 한미 관계를 규정했기 때문에 감정적이고 정서적인 접근이 쉽게 이루어졌지만, 이제는 경제와 무역관계와 문화적인 요소 등 이해 관계가 충돌되기 쉬운 영역들이 새롭게 부상하고 있기 때문에 새로운 한미 관계의 틀을 정립하기 위한 노력을 기울이지 않으면 안 된다. 그렇다면 이런 영역에 대해서는 적극적이고 합리적인 대안을 내세우면서 이해 관계를 조정할 수 있는 협상력과 설득력을 갖추도록 서두르지 않으면 안 된다. 한미행정협정(SOFA)의 개선을 위한 협상 과정만 보더라도 이런 문제의 시급성을 쉽게 이해할 수 있다.

6. 국제문제 전문가를 키워야 한다

냉전시대에는 대부분의 국제문제들이 한미 공조를 통해 처리되었기 때문에, 외교 영역에서의 부담과 위험성은 적었다고 해도 과언이 아니다. 그러나 탈냉전시대에는 국가와 민족의 이익이 더욱 분화되고 경쟁화되기 때문에 냉전시대와는 다른 자세와 각오를 하지 않으면 안 된다.

폴란드와 영국의 사례는 우리들에게 적지 않은 교훈과 시사점을 제공하고 있다. 독일과 러시아라는 강대국 사이에서 폴란드는 항상 시련을 당한 반면, 영국은 독일, 프랑스, 러시아라는 유럽 대륙의 강국들 사이에서 섬세한 세력균형 정책을 취함으로써 오히려 세계를 제패하는 국가가 되었던 것이다.

그렇다면 우리는 폴란드가 아니라 영국의 경험을 선택해야 한다. 영국의 경험을 선택하기 위해서는 무엇보다도 국제문제 전문가들을 적극적으로 양성해야 한다. 지미파(知美派), 지일파(知日派), 그리고 지러파(知露派)와 지중파(知中派)를 충분하고도 균형 있게 양성하는 것이 우선적으로 필요한 일이고, 다음은 이들 사이에 커뮤니케이션을 가능하게 하는 다양한 국내 채널을 형성해야 한다. 그래야만 지일, 지미, 지러, 지중이 친외국으로 끝나지 않기 때문이다.

다음은 외교가라고 불릴 만한 외교적 지도력을 길러야 한다. 지금까지는 외교적 과제가 그리 많지 않았고, 또한 외교적 지도력의 필요성도 강하지 않았지만 탈냉전과 향후 통일의 시대에는 국내의 정치와 국제정치를 연결할 수 있는 탁월한 외교적 능력이 필요하기 때문에 적극적인 대비가 있어야 한다.

뿐만 아니라 강력하고 치밀한 협상능력을 키워야 한다. 협상능력이란 어디에서 나오는 것인가? 그것은 지식과 정보, 협상에 대한 준비, 전문성과 경험, 상대방에 대한 충분한 파악, 국제감각의 매너와 해외 인맥 등 다양한 요소로부터 나오는 것이다. 그렇다면 우리도 통일을 위해서, 나라의 발전을 위해서, 21세기 통일한국의 생존과 번영을 위해서 치밀하게 협상능력을 갖추어야 한다.

지금은 한반도 주변에 지구촌의 최강국들이 즐비하다고 해서 이를 벽으로 느낄 필요는 없다. 오히려 이들을 지렛대로 삼는 발상의 전환과 이를 뒷받침하는 능력과 지혜를 준비할 시점이다. 그러기 위해서는 무엇보다도 우리나라 자체가 아시아태평양과 전 세계의 신흥 모범국가가 될 수 있는 비전과 꿈을 가져야 한다. 21세기 통일한국은 그냥 평범한 나라가 아니라 세계적으로 화제가 되고 아울러 모델도 될 수 있는 위대한 나라라야 한다. 그 위대성은 어디에서 나오는가? 그것은 그 꿈을 위해서 헌신하는 민족적 노력과 정성, 그리고 철저한 준비일 것이다.

16장 21세기 통일한국의 비전

1. 통일은 비전이다

앞에서 우리는 21세기 통일한국으로 가기 위해서 밟아나가야 할 단계적인 변화의 과정들을 점검하고 전망해 보았다. 그러나 21세기 통일한국은 아직도 우리들에게는 실현해야 할 꿈과 이상이지 현실은 아니다. 그 꿈과 이상을 실현하기 위해 노력하고 또 노력하지 않는다면 그것은 유토피아에 불과하다. 우리가 노력하고 힘을 기울일 때 꿈과 이상은 우리들에게 희망이 될 수 있다는 것이다.

우리들의 정성과 노력을 전제로 하면서 21세기 통일한국의 아름다운 꿈과 이상을 그려보는 것은 의미가 있을 것이다. 필자는 대학에서 '통일론' 강의를 하면서 학생들과 함께 통일된 나라의 미래상에 대해서 다양한 의견을 나누었다. 우리나라의 언론들도 통일한국의 미래상을 그리기 위한 이런저런 세미나를 개최한 적이 있다. 여기에서는 그런 성과들을 바탕으로 우리가 추구해야 할 통일한국의 모습을 그려나가고자 한다.

2. 아름다운 나라를 만들자

총론적으로 이야기하자면 통일한국은 '작고 야무진 강대국'인 동시에 '복지와 자치와 문화가 숨쉬는' 아름다운 나라이다. 그래서 자주성을 강하게 견지하되 국제적인 협조를 아끼지 않으면서 세계평화에 이바지하는 나라여야 할 것이다.

영토의 문제도 중요하다. 통일한국의 영토 문제에 대해서는 논의할 것이 한두 가지가 아니다. 어떤 사람들은 간도 문제를 거론하고, 또 다른 사람들은 백두산을 거론한다는 점에서 영토문제에 대한 국민적 합의가 필요하다는 점을 지적해 두어야 할 것이다.

한편 남북한 모두 한반도와 그 부속도서를 자신의 영토로 규정하고 있고, 상대를 적대 세력으로 규정하고 있다는 점에서, 남북한의 입장조정이 필요하다는 지적도 있다. 이 문제를 독일의 경우에는 '잠정협정'으로 처리했는데, 우리의 경우에는 어떻게 처리해야 할 것인지 대처방안이 필요하다.

3. 섬기는 정치, 이끄는 정치

정치의 기능은 이율배반적이다. 한편에서는 한없이 섬기면서 또 다른 한편에서는 방향과 비전을 제시하고 아울러 나라와 국민을 이끌어야 한다. 그렇다면 통일한국의 정치는 민족구성원 모두를 섬기는 겸손한 정치, 즉 봉민(奉民)정치가 되어야 한다. 그러면서도 통일한국의 정치에는 민족의 앞날을 투시하고 방향을 제시하는 예지(叡

智)와 예언(豫言)이 있어야 한다. 여기에서 일단 섬기는 일과 이끄는 일의 균형성을 지적해 두기로 하자.

통일한국의 정치와 관련해서 사람들이 희망하는 사항 가운데 가장 중요한 것은 인간의 존엄성에 대한 존중이다. 그 동안의 정치가 사람을 무시하고 눈가리고 아웅하는 식의 행동을 너무 쉽게 했기 때문이다. 그렇다면 인간의 존엄성을 존중하기 위해서는 어떤 접근이 필요한가? 그것은 수레와 비교할 수 있다. 인간의 존엄성이 수레를 이끄는 말이라면 자유와 평등은 두 개의 수레바퀴에 비유할 수 있다. 자유와 평등이라는 두 개의 바퀴를 인간의 존엄성이라는 화두를 가지고 균형 있게 조화시켜야 한다는 것이다. 조화! 조화가 필요하지 않았다면 애초에 정치란 영역 자체가 존재할 필요가 없었을 것이다.

다음은 정치과정과 정치사회의 구성원리를 지적할 차례이다. 여기에서 중요한 것은 상호존중과 다양한 가치의 인정이다. 통일한국에서는 다른 사람이 나와 다른 생각을 가질 수 있다는 가능성과 자유를 인정하고, 다양한 가치와 의견을 존중하는 다원주의를 바탕으로 해서 민주정치와 여론정치, 토론의 정치가 이루어져야 한다. 토론과 토의를 통해서 국민들의 일반의사를 도출하고 그것을 자연스럽게 공론화(公論化)하는 민주적 정치과정에 대한 중요성은 아무리 강조해도 지나치지 않을 것이다. 그 동안 의사결정 과정이 힘에 의한 밀어붙이기에 얼룩지기 일쑤였기 때문이다.

그리고 민주적 정치과정에는 다수의 의견과 함께 약자의 의견도 존중되어야 마땅하다. 약자에 대한 배려가 없는 사회는 결국 야수화(野獸化)되기 십상이다. 따라서 정당한 게임의 논리와 함께 서로 협조하고 상호부조하는 정신이 바탕에 흐르는 정치가 되어야 한다.

앞에서도 수차례 강조한 바와 같이 통일한국의 정치는 권력의 분권화를 전제로 한다. 지방자치는 물론이고 중앙의 권력도 분화되고 분립되어야 정치의 안정을 가져올 수 있다. 권력의 수직적, 수평적 분립을 전제로 하는 대통령제 또는 이원집정부제가 좋다는 것이 필자의 의견이다. 분권화되지 않은 사회에서의 권력은 결국 비대화되고 사람들을 해치게 된다는 것을 우리는 역사의 경험을 통해 잘 알고 있다. 미국사회의 연방 대통령제가 잘 운영되는 것은 미국이 다원주의 사회이고 지방분권이 잘되어 있기 때문이다. 게다가 정당 내부의 민주화도 비교적 잘 되어 있다.

그러나 필자는 여전히 대통령이라는 지도자가 필요하다고 생각한다. 한반도를 둘러싸고 있는 다른 나라들에 모두 강력한 권력과 지도자들이 있기 때문이다. 그러나 통일한국의 대통령직을 효율적으로 수행하기 위해서는 사회 내부의 이익충돌을 전제로 하는 내정 업무보다는 통일한국을 상징하고 아울러 대외관계를 처리하는 데 몰두하는 것이 좋지 않을까 생각한다. 즉 통일한국의 대통령은 국방과 외교 통상업무에만 몰두하고 나머지의 내정은 내각에서 전권을 가지고 운영하는 것이 좋다고 보는 것이다. 지방자치단체에서 효율적으로 운영할 수 있는 행정사무는 모두가 지방자치단체에 넘겨주는 것이 전제조건이다.

아울러 통일한국의 정치는 대의민주주의와 함께 시민민주주의와 참여민주주의에 기초해서 운영되어야 할 것이다. 여기서 시민민주주의라고 하는 것은 자율적인 시민사회의 활성화와 정치참여를 내용으로 하는 것이고, 참여민주주의는 국민과 주민과 시민들이 정책결정과 정책집행에 직접 참여할 수 있는 프로그램이 충만한 민주주의를 말하는 것이다. 이제 새로운 정치는 참여민주주의가 간접민주주의를 보완하는 형태를 띠어야 할 것이다.

'정보문화사회'에서는 민주주의 역시 새로운 내용을 갖게 된다. 그 중에서도 컴퓨터 통신을 통한 민주주의의 확장과 심화의 가능성은 주목할 만한 것이 아닐 수 없다.

이미 한국의 컴퓨터 통신망에는 다양한 참여의 공간이 마련되고 있다. 수많은 젊은이들이 하이텔이나 천리안에서 운영하고 있는 게시판이나 토론공간에 자신의 의견을 즉각 즉각 개진하고 있으며, 이들의 의견은 조회자들에 의해 공유되고 확산되어 나가고 있다. 그리고 특정한 주제를 중심으로 한 수많은 동호인 모임들이 생겨나서 활동하고 있다.

정치관련 사이버 공간들도 생겨나서 새로운 정치의 가능성을 열어주고 있는데, 이를테면 '사이버파티 : 네트워크 21', '전자국회', '김광식 정치전망대(KSP)' 등이 그런 것들이다. 아직까지 한국의 사이버 데모크라시는 초보적인 단계에 머물러 있다. 그러나 사이버 공간은 확대, 심화될 것이 분명하고, 이 공간에서의 정치적 참여와 발언권의 대중화 현상 역시 필수불가결한 것이라고 할 때 새로운 참여민주주의의 가능성은 전도유망한 것이 아닐 수 없다.

따라서 한국의 통일은 전자민주주의의 확대 심화와 궤도를 같이하면서 이루어진다는 사실을 명심하면서 통일조국의 미래를 구상할 필요가 있다. 바로 이러한 데서도 우리는 정보문화시대에 걸맞은 새로운 통일론의 정립이 필요하다는 사실을 확인할 수 있다.

아울러 사람들은 주변 국가들과의 관계에 대해서도 많은 주의를 기울이고 있다. 한반도 주변에 중국과 러시아와 일본과 미국이 있는 한 이들과의 관계를 정립하는 문제가 통일조국의 미래상 정립에 필수적인 요소라는 것이다.

그밖에도 필자의 설문조사 결과 다음과 같은 내용들이 나왔다. 참고로 적어둔다.

① 내가 진정 바라는 아름다운 나라는 도덕적이고 정통성 있는 사람들이 비판만 할 것이 아니라, 그들이 정부의 주체가 돼서 이 땅에 참된 민주화를 이룩하는 것이다.

② 정치인과 공무원들이 국민의 신뢰를 얻어야 한다. 즉 통일국가

는 철저히 국민의 여론을 존중하는 여론정치를 해야 한다. 그리고 새로운 통일한국에서는 자유민주주의와 사회민주주의 등 다양한 정치사상들이 자유롭게 경쟁하는 것이 좋겠다.

③ 돈 없고 **빽** 없는 사람도 자신의 목소리를 충분히 낼 수 있는 사회가 되어야 하며, 그러는 가운데 정치적으로는 안정된 사회가 되어야 한다.

④ 국민의 이해와 요구를 무시하지 않는 사회가 되어야 한다. 단지 다수의 국민만이 아니라 소수의 요구도 존중해 주는 사회가 되었으면 한다. 이것이 실권자의 이익을 위해서 국민의 요구사항을 무시하는 현 사회에서 가장 필요한 문제라고 생각한다.

⑤ 정치적 목적은 궁극적으로 개인적 삶의 조건을 향상시키는 데 있다. 그러나 북한에서는 물론 남한에서도 정치는 경제, 사회, 문화, 교육 등 전 영역에 걸쳐 거의 절대적인 영향력을 행사해 왔다. 다수 사람들이 사회가 의롭지 못하다고 생각하거나, 폭력과 범죄가 만연하여 사회질서가 무너진다면 개인적인 삶은 크게 제약받을 수밖에 없다.

⑥ 돈과 권력의 엄격한 분리가 필요하다. 지금은 돈과 권력이 하나가 되고 있다. 국민들이 주인의식을 회복하고 주인이 되어서 자신의 힘의 대리인인 권력자들을 다루어야 한다.

4. 강하고 효율적인 군대

완전히 통합된 나라의 구체적인 내용은 군과 외교의 통합이다. 그렇지만 완전한 통합이 이루어지기 전에도 남북한의 군사문제는 대단히 중요하다. 그 동안의 남북관계는 분단체제이면서 동시에 군비 경쟁체제를 형성하고 있었기 때문이다.

군비경쟁체제하에서는 정치사회의 군사화가 동시에 이루어지기 십상이다. 군비경쟁체제는 '총력전체제'이기 때문이다. 그래서 남북한에는 그 동안 공히 사회의 군사화가 진행되었다. 군비경쟁과 군사화의 영역에는 과도한 인력과 예산의 배치, 예비 군사 제도의 도입, 끊임없는 적대 감정의 재생산과 과도한 경계의식 등이 포함되어 있다.

현재 남북한의 정규 군대를 합치면 170만이 넘는 것으로 되어 있다. 여기에 예비 군사조직과 국방 관련 예산을 더한다면 현재 남북한은 과도한 자원을 경제와 문화와 교육이 아닌 군사비에 투여하고 있다. 완전히 남북한 모두가 총력전체제를 구축한 것이다. 국방 서비스는 나라가 유지되기 위해서는 필수적인 것이다. 그러나 나라와 사회에는 다양한 영역이 동시에 존재하고 있기 때문에, 자원의 균형 배분 문제가 뒤따르게 되고 그 기준은 적정한 것이라야 한다. 군비경쟁체제의 기저에는 분단체제가 놓여 있다는 사실을 우리는 직시해야 한다

그러나 이제는 분단체제와 군비경쟁체제가 바로 맞물리기는 어려운 경제전쟁의 시대를 맞고 있다. 따라서 분단체제하의 군비 통제, 또는 과도기의 군비 통제, 평화체제 수립하의 군비통제 문제를 심각하게 논의할 때가 되었다. 그리고 효율적인 국가를 만들기 위해서는 국방 서비스의 정치경제학에 대해서도 관심을 가져야 한다. 즉 자원배분과 국방 서비스 사이에 효율성의 문제를 고려하여 인력과 장비를 배치하고, 아울러 국방 서비스의 수요관리 차원에서 적대국가의 최소화를 도모해야 한다는 것이다.

이런 과정에서 군의 정예화 문제, 군의 하이테크화 등이 논의되어야 하고, 동시에 다른 분야와의 균형문제가 논의되어야 한다. 그리

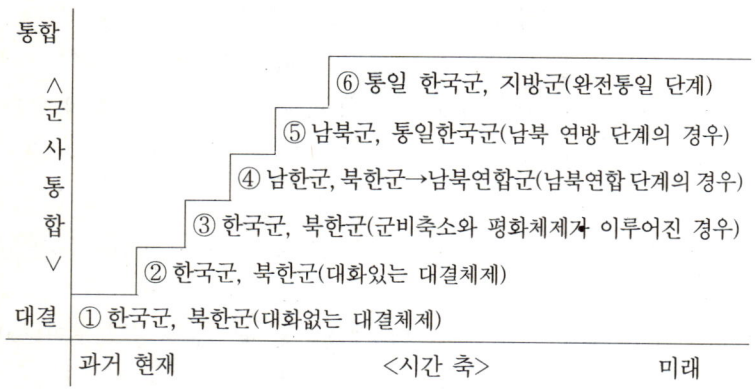

420

고 통일로 가는 3단계의 과정에서 갈등을 최소화하는 방안을 연구해야 한다.

통합
∧ 군
사
통
합
∨

⑥ 통일 한국군, 지방군(완전통일 단계)

⑤ 남북군, 통일한국군(남북 연방 단계의 경우)

④ 남한군, 북한군→남북연합군(남북연합 단계의 경우)

③ 한국군, 북한군(군비축소와 평화체제가 이루어진 경우)

② 한국군, 북한군(대화있는 대결체제)

대결 ① 한국군, 북한군(대화없는 대결체제)

과거 현재　　　　　　　　　　　　　　　　<시간 축>　　　　　　　미래

위의 그림에 의하면 지금 우리는 제②단계에 놓여 있다. 제②단계의 군사적 과제는 군의 정예화와 효율화이고 이런 관점에서 인력과 장비의 균형을 맞추는 문제가 논구되어야 한다. 아울러 남북한 사이에 실질적인 군사 긴장완화를 이루는 문제, 그리고 군비통제와 군비축소를 실질화하는 문제들이 논의되어야만 다음 단계로 나아갈 수 있다.

5. 민족외교와 국민외교

통일한국의 외교는 강대국 외교의 당당함과 제3세계 국가들을 배려하는 따스함이 동시에 가미된 21세기형의 외교가 되기를 많은 사람들이 희망하고 있다.

통일된 한국은 그 국제적 위상으로 보나 외교 역량에 있어서나 분
단된 한국과 다른 면이 많을 것은 자명한 일이다. 따라서 외교에서
도 특유의 철학적 근거와 정책적 7조를 필요로 하게 될 것이다.

통일된 나라의 외교는 무엇보다도 민족의 이익을 앞세우는 '민족
외교', 그리고 국민의 이익과 국가의 이익을 지향하는 '국민외교'가
될 것이다. 따라서 분단체제에서의 경쟁외교와 출혈외교를 지양할
수 있을 것으로 전망된다.

통일한국의 외교는 민족외교, 국민외교를 지향하는 동시에 적극
적인 세계평화 외교 활동을 전개해야 한다. 평화유지 활동, 군비통
제, 환경보호, 민주화 촉진, 사회·경제 발전, 인권 외교 등 세계의
모든 쟁점에 대안을 내놓고 여론을 이끌어갈 수 있는 세계 모범 외
교를 창출해야 한다는 것이다. 우리 내부의 문제만 없다면 이런 외
교적 쟁점들이야말로 오히려 작은 나라가 더 힘을 발휘할 수 있는
영역이다.

통일한국의 외교는 현실성과 함께 도덕성을 지녀야 한다. 외교에
도덕성과 이상주의를 강조하는 것은 반드시 비현실적이고 비생산적
인 것만은 아니다. 한 나라의 외교7- 도덕적인 일관성과 설득력을
가질 때 그 정부와 정책은, 국내적으로는 국민의 지지를 받고 국제
적으로는 세계인들의 존경을 받게 될 것이다.

통일한국은 작고 강력하면서도 부드러운 나라인 동시에 세계적으
로는 도덕적 강대국을 지향해야 한다. 이런 나라의 건설은 우리 내
부에만 의미를 갖는 것이 아니라 인류 전체에게 희망을 제공하게 될
것이다. 그런 점에서 통일한국은 희망의 나라인 동시에 세계 모범
국가가 되어야 한다. 점점 복잡해지는 인류사의 문제를 생각해 볼
때 모범국가의 출현은 반드시 필요하다. 이를테면 이스라엘의 역사
가 성서를 만들어낸 것과 비슷한 맥락이다. 우리는 오랜 식민 피지
배의 경험과 분단사의 경험을 통해 우리의 아픔과 그 극복의 역사를

인류의 보편적인 자산으로 만들어내는 참다운 세계화 작업을 추진
해야 한다.

이러한 일은 외교만이 아니라 통일 국가의 문화 건설 작업과도 깊
은 관련이 있다. 분단에서 통일로 가는 대장정(大長征)의 역사와 그
속에서 전개되는 인간의 역사는 세계사에 길이 남을 문학작품을 탄
생시킬 만한 역사적 자산을 제공하고 있다.

6. 감동 행정, 과학적 행정

"행정은 최대의 서비스 산업이다." 이 말은 일본의 전설적인 지방
자치단체장 이와쿠니 데슨도의 말이다. 한국의 적지 않은 지방자치
단체들이 지방자치 실시 이후 이 말을 몸으로 입증하기 위해 노력하
고 있다.

그러나 아직도 한국에는 권위주의 유습이 강하게 남아 있고, 자료
처리, 정보 처리의 미숙과 행정 감각의 결여로 민원인이 여러 차례
발걸음하도록 하는 경우가 적지 않다.

그런 점에서 통일한국의 행정은 주민을 감동시키는 감동행정과
동시에 모든 일을 깔끔하게 처리할 수 있는 세련된 과학적 행정을
지향해야 한다. 분단 상황에서 행정은 많은 경우 정치가 부과하는
주민 통제의 과제들을 담당해야 했지만, 이제는 행정 수요자인 국민
에게 철저하게 서비스하는 것은 물론이고 깨끗하고 투명하며 효율
적이고 똑똑해야 한다는 것이다. 그래서 국민과 함께 하는 행정, 국
민의 칭찬을 듣는 행정으로 거듭나야 한다.

한편 남북한의 행정을 연합하고 통합하는 과정에서 철저한 행정

개혁을 도모해야 한다. 물론 이때의 행정 개혁이 남북한 사이의 새로운 갈등의 요인이 되지 않으려면 현재 남북한 행정의 특성을 충분히 고려하면서 점진적으로 연합하고 통합해야 한다. 특히 인사권의 지방화를 더욱 심화시킴으로써 중앙 정부의 간섭과 지배를 감소화시키는 것이 남북 통합에 긍정적인 영향을 줄 것으로 예상된다. 또한 복수 차관제를 채택해서 중앙 행정을 보다 부드럽게 운영하는 것도 한 방법으로 검토될 수 있다. 이때 복수의 차관에는 남북한 출신과 해당 분야의 전문가를 배치할 수도 있다.

통일한국의 행정이 참으로 칭찬받는 영역이 되기 위해서는 정보화사업과 함께 열린 행정이 되어야 한다. 정보화사업 그 자체는 과학행정의 일단으로서 전진의 의미를 갖는다고 볼 수 있으나, 그것이 잘못 이용될 경우에는 조지 오웰의 『1984년』에 나오는 태형(太兄)과 같은 정보화 독재자가 출현할 수 있다는 사실을 명심해야 한다. 따라서 정보화사업에는 반드시 시민참여 또는 시민감시와 같은 안전장치를 마련함으로써 정보화사업이 개인의 자유와 사생활을 침해하는 일이 없도록 해야 한다. 따라서 정보화가 진전될수록 열린 행정, 그리고 주민참여 행정의 중요성은 더욱 강조되어야 한다.

7. 통일경제론의 정립

무역전쟁이 심화될수록 '민족경제'라는 단위는 새로운 중요성으로 우리에게 다가온다. 경제의 도약을 위해서는 인구 1억 정도의 내수시장이 있어야 하는데, 현재의 남한 시장만 가지고는 규모가 적어서 내수시장으로서의 안정적인 뒷받침을 하지 못하고 있으며 새로운 상품의 생존력을 검증하기에도 역부족인 경우가 적지 않다. 게다가 한글을 전제로 하는 문화상품의 유통에도 현재의 인구 규모는 적지 않은 제약으로 다가오고 있다. 그런 점에서 통일은 민족의 생존력을 강화하고 아울러 새로운 도약을 기약할 수 있는 민족웅비의 기회라는 점을 강조할 필요가 있다.

민족경제의 회복, 즉 통일을 위한 남북한 경제의 통합과 개혁 과정에서 급선무는 남북한 경제의 보완성 회복이다. 남북한 경제의 보완성 회복과 강화는 남북한 모두에게 좋은 선택이 될 수 있다. 그런 점에서 현재 진행되고 있는 남북경협의 확대는 대단히 중요한 과제이다.

북한의 풍부한 자원과 노동력을 활용하고 발전된 남한의 기술과 경영 능력을 결합해서 경제를 발전시키는 과제는 이 시대가 요구하고 있는 분명한 민족번영의 전략이라는 점을 기억하지 않으면 안 된다. 그러기 위해서는 남북한 체제의 차이에서 비롯되는 오해가 발생하지 않도록 조심스러운 접근이 필요하다. 아울러 남북한 간에 경제협력 문제 때문에 발생할 수 있는 분쟁 가능성에 미리 대비하는 것도 현명한 대응책의 일환이다. 이를테면 기업의 입장과 남북한 정부의 입장이 충돌할 수 있는 가능성은 없는가 하는 것도 미리 검토해두어야 할 문제 중의 하나이다. 그리고 벌써부터 야기되는 토지 소유문제 등과 같은 민감한 경제적 문제들에 대해서 남북한이 서로 합의하고 아울러 미리 법률을 제정하여 해결하는 것이 좋다는 생각도 든다.

합작 투자와 관련해서는 관광산업에 특히 관심을 기울일 필요가 있다. 북한의 자원과 국토를 개발하여 2차산업을 먼저 발전시키고 아울러 관광산업을 개발 육성하고 도시계획을 수립하는 과정에서 실업률이 해소됨과 동시에 장기적으로는 국제 경쟁력이 강화될 것이다. 이러한 일련의 변화는 남북한의 경제적 연합과 통합을 보다

수월하게 만들 것이다.

통일로 가는 과도기에는 또한 경제체제의 문제에 대한 심사숙고가 필요하다. 통일을 위한 한국경제의 과제는 공정한 시장경제의 정착과 함께 복지제도의 확충이고, 북한의 경우는 사회주의 계획경제에 대한 수정과 개선이 필요하다. 즉 생산의 측면에서는 효율화와 품질의 제고를 도모하고, 분배의 측면에서는 가격제도에 대한 검토가 필요하다는 것이다. 북한은 아직까지 '사회주의 계획경제'를 유지하고 있지만, 다른 나라들의 경우에는 사회주의 계획경제를 급격하게 때로는 서서히 변형시켰다는 점을 북한 당국에서는 충분히 검토해야 한다.

오는 21세기 통일한국의 기본적 경제 목표는 역시 성장과 복지 사이에 균형을 맞추는 것이다. 많은 사람들이 통일한국이 경제대국이 되기를 기대하고 있다. 경제대국이 되기 위해서는 자본과 기술과 우수한 노동력이 필요하다. 이 가운데 우리는 기술과 인력에 우선 깊은 관심을 기울여야 한다. 기술과 인력을 중심으로 한 경제발전은 인본주의적 경제발전에 도움이 되기 때문이다. 우수한 기술과 지식 정보는 한 나라의 경제발전만이 아니라, 그것을 갖고 있는 사람의 자기 발전을 의미하는 것이기도 하다.

게다가 21세기 통일한국의 경제는 현재 세계의 시장경제가 부딪히는 다양한 문제에 대한 대안 또는 보완책을 생각해야 한다. 이를테면 시장경제의 비정성(非情性) 문제와 관련해서는 '협동조합 경제'와 '네트워크 경제', '공동체 경제'를 보완책으로 생각할 수 있고, 환경 파괴와 경제의 비인간화 문제를 생각할 때는 '환경과 경제의 화해', '문화지향적인 경제'를 대안으로 검토할 수 있다.

통일한국의 경제에서 가장 염두에 두어야 할 부분은 역시 복지 분야이다. 통일한국은 무엇보다도 '복지대국'이 되지 않으면 안 된다. 즉 통일은 우리 삶의 질을 보장하는 것이어야만 한다는 것이다. 강자의 생존과 함께 약자가 살아 남으면서 약자 역시 삶의 질을 보장받을 수 있어야만 민족 구성원 모두에게 좋은 통일이 될 수 있다는 사실을 기억해야 한다. '통일경제론'의 확립을 위해서는 근로 환경의 문제, 임금과 연금제도, 사회보험 제도, 문화 인프라의 충분한 확보 문제 등 다양한 복지 영역의 과제들이 검토되어야 한다.

사회복지제도가 너무 무겁게 자리를 잡을 경우에는 경제의 활력과 근로의욕을 감소시킬 수도 있다. 그러나 사회복지제도의 중요성은 강조되어야 한다. 시장경제의 승자와 패자가 공생하는 영역이 있어야 최소한의 사회적 통합성이 유지될 수 있기 때문이다. 함께 잘 사는 것이 경제생활의 참다운 정신이라는 점에서도 복지정책의 확충은 중요하게 다루어져야 한다.

그밖에 통일의 과정에서 나타날 수 있는 인구이동, 실업자 문제, 식량문제에 대해서도 철저하게 대비해야 한다.

8. 기술 강국이 돼야 한다

세계사를 변화시켜 온 것은 다름 아닌 과학기술의 발전이다. 과학기술은 사람의 생각과 생활을 변화시키고 아울러 사람들이 살고 있는 사회 자체를 변화시킨다. 또한 과학기술은 한 사회의 가장 핵심적인 영역인 경제를 움직이는 원동력이기도 하다. 따라서 자립적이고 선진적인 과학기술을 갖느냐 못 갖느냐가 한 사회의 운명을 좌우하게 된다. 그런 점에서 세계는 지금 과학기술 전쟁을 치르고 있다고 해도 과언이 아니다.

우리 민족도 과학기술에 관심을 갖고 적지 않은 성과를 낸 적이 있다. 그러나 조선 후기에 오면서 공리공론을 선호하고 과학기술을 경시하는 사회적 풍조가 조성되었다. 이런 풍조는 서구 문물을 받아들이는 데 걸림돌이 되었고, 우리 민족이 일제의 식민지로 전락하는 한 요인이 되었다. 해방 이후 경제발전 과정에서 우리는 적지 않은 해외기술을 도입, 활용해서 경제를 성장시켰다. 이때 도입된 기술들은 선진국에서는 대부분 낙후된 것들이었지만 값싼 노동력과 결합시켜 대량생산에 성공했기 때문에 우리는 급속한 경제성장을 이뤄낼 수 있었다.

그러나 우리 경제는 값싼 노동력과 도입기술에만 의존할 수 없는 상황에 있다. 우리의 과학기술 수준이 선진국을 앞설 수 있는 상황도 아니다. 여기에서 우리는 '과학기술의 위기'와 직면하게 되었다.

실제로 우리나라의 기초과학 수준은 세계 38위이다. 선진국과 비교해 볼 경우 미국의 9.8%, 일본의 12%, 프랑스·독일의 38% 수준에 머무르고 있는 것으로 집계되었다. 특히 첨단 산업 81개 분야 중에서 미국 및 일본과 비교할 경우 우리나라의 국제 경쟁력은 2개 분야에서 우세하고, 26개 분야는 약하며, 53개 분야는 경쟁력이 아주 없는 것으로 나타났다.

우리가 그 동안 자랑했던 반도체 분야 역시 핵심기술의 해외의존도는 상당한 것으로 알려져 있다. 게다가 해외기술의 도입과 활용 면에서는 부분적인 성과를 거두었지만 기반기술과 핵심원천 기술, 그리고 첨단기술은 매우 허약하다.

이런 상황에서 통일은 남북한이 갖고 있는 과학기술을 상승적으로 결합시키고 아울러 공동연구를 통해 신기술을 개발해 내는, 그야말로 과학기술의 생산성을 획기적으로 증대시켜 내는 체계라는 사실을 우리는 명심하지 않으면 안 된다. 여기에는 해외 거주 학자들의 협조와 참여도 절실하게 요구된다. 통일이 된다면 세계에 흩어져 있는 우리 민족의 과학자들을 총체적으로 동원해 내기가 훨씬 쉬워질 것이라고 생각한다. 현재는 과학자들도 남북계로 나누어져 있다. 그런 점에서도 우리에게 통일은 절실한 것이다.

통일이 되기 전에도 우리는 과학기술의 발전을 위해서 최선을 다해야 한다. 이 대목에서 필자는 『기술식민지를 거부한다』는 책의 내용을 새롭게 기억한다. 우리나라 대표급 학자들이 우리나라의 기술 위기를 지적하면서 산학연 협동의 중요성을 강조한 내용이다. 그렇다. 기술은 결코 하늘에서 갑자기 떨어져 내리는 것이 아니고 노력한 만큼 우리에게 주어지는 것이다.

그렇다면 우리와 같이 과학기술의 연구 규모에서 불리한 나라들은 어떻게 해야 하는 것인가? 그 해답은 분명하게 협동의 방식을 취하는 것이다. 산학연(産學研)이 협동하고 기업과 기업이 제휴해서 기술을 개발하는 것이 급선무라고 한다면 남북한 또는 해외의 우리 과학자들까지도 협동의 대열에 참여시키는 것이 당연할 일이 아니겠는가?

9. 균형 있는 국토개발

통일한국에서도 '균형 개발'의 원칙과 환경을 생각하는 '지속 가능한 발전'의 원칙은 지켜져야 한다.

고른 국토개발은 인구의 균형 분산에 도움이 될 것이고, 아울러 국민통합에도 긍정적인 영향을 미칠 것이다. 통합화의 과정에서 북한주민들의 생활의 질에 대해서도 균형 있는 배려의 정책을 취해야 한다. 북한지역을 새로운 개발지역으로만 볼 것이 아니라 지속 가능한 개발과 주민의 삶의 질이라는 차원에서 접근해야 한다는 것이다.

남한보다 비교적 덜 개발된 북한에는 환경자원이 남아 있다는 사실을 염두에 두면서 환경보호와 개발정책에 균형을 잡을 수 있도록 도와야 할 것이다. 또 북한지역에도 레저시설과 체육시설, 그리고 휴양시설이 필요하다는 사실을 고려해서 국토개발 계획을 세워나가야 한다.

통일이 단순한 건설토목 공사의 연장이 되어서는 안 된다. 통일은 남북한을 포괄하면서 우리 사회의 하드웨어를 튼튼히 하고 아울러 그것을 고급화하고, 그속에 인간을 위한 다양한 소프트웨어들을 충만하게 담아내는 총체적인 계획과 추진으로 이해되어야 한다.

그런 점에서 동북아시아 전체, 그리고 주변 국가들과의 관계도 염두에 두면서 국토개발을 추진해야 한다. 남북한이 통일이 된다면 이것은 동북아시아의 지정학(地政學)과 지경학(地經學)이 획기적으로 변화한다는 것을 의미한다. 주변 강대국들의 힘이 한반도로 밀려 들어오면서 한반도 내부의 역량을 흩어지게 만든 것이 분단이라고 한다면, 통일된 한국은 역으로 주변 강대국들을 조정하는 추의 역할을 감당할 수 있다는 사실을 검증해 주는 사건이 될 것이다.

이럴 경우 한국은 서해안을 통해서는 중국과 결합하면서 환황해경제권(環黃海經濟圈)을 만들 수 있다. 환황해경제권이 형성될 경우 그 동안 상대적으로 낙후되었던 서해안 지역 즉 목포, 군산, 아산, 인천, 해주, 남포 등이 새로운 발전의 거점 지역으로 각광을 받을 수 있다.

한편 동해 지역의 경우에는 일본과 러시아와 중국, 그리고 한반도의 각 지역을 연결하는 교류망을 엮어나간다는 측면에서 새로운 비전을 창출할 수 있다. 동해 지역에는 환동해권 지사(知事)·성장(省長) 회의가 운영되고 있는데, 여기에는 한국의 강원도와 일본의 돗토리 현, 중국의 길림성, 러시아의 연해주가 참여하고 있다.

그리고 환동해권 확대거점도시회의에는 이들 네 나라의 10개 도시가 이미 참여하고 있는데, 이들 10개 도시는 한국의 동해시와 속초시, 중국의 연길, 혼춘, 도문, 러시아의 블라디보스토크, 나홋가, 일본의 요나고, 사카이미나토, 쓰루가 등이다. 이들 환동해권 교류회의는 이 밖에도 경남북과 나진, 선봉, 원산, 중국의 흑룡강성, 요녕성, 러시아의 하바로프스크 주, 사할린 주, 일본의 니가타 현, 도야마 현, 이시카와 현, 후쿠이 현까지를 이 회의에 참여시키기 위해 노력하고 있다. 이렇게 확대된 환동해협력권이 형성되면 아시아 냉전체제와 분단체제를 넘는 협력관계가 이 지역에 조성이 되는 것이다.

남해 지역도 마찬가지이다. 제주도와 경남, 전남, 부산 그리고 일본의 나가사키, 후쿠오카, 사가 현의 시장과 지사들은 이미 1992년부터 '한일해협 지사교류회의'를 갖고 청소년 교류, 경제교류, 환경기술협력, 지역연구기관협의체 구성, 농축수산 기술교류 등 10개 사업을 합의해서 추진하고 있다. 이러한 협력과 교류사업 들은 한반도만을 중심으로 한 발전전략으로부터 동북아시아와 아시아를 내다보는 새로운 균형발전 전략으로 이해할 수 있다. 이제 국토의 균형발전은 남한은 물론이고 한반도 전체의 관점, 그리고 아시아 전체의 시각을 가지고 접근해야 할 문제로 그 중요성이 커지고 있다.

10. 공정하면서도 따뜻한 사회

통일은 그 동안 분단체제 때문에 발생했던 우리의 사회 문제를 청소하면서 우리 사회의 품질을 획기적으로 개선하는 작업을 포함하는 것이다. 그렇다면 우리 사회를 어떻게 개선할 것인가?

우선 공정한 사회로 만들어야 하고, 다음은 따뜻한 사회로 만들어

야 한다. 추상 같은 질서가 서 있는 사회인 동시에 휴머니즘의 정신
이 충만한 사회가 되어야 한다는 것이다. 그러기 위해서는 법과 제
도들이 이데올로기적인 것이거나 정치적 목적을 위한 것이 아니라,
사회 구성원들이 공감할 수 있는 필수적인 상식에 기초하여 만들어
져야 한다. 이를 위해 몇 가지 유념할 점을 나열해 보면 다음과 같
다.

① 정직하고 튼튼한 사회를 만들어서 서로 믿을 수 있어야 한다.
② 사회적 가치관이 재조정되고 확실하게 정착됨으로써 개인과
   사회가 조화를 이룰 수 있어야 한다.
③ 사람을 소중하게 생각하는 사회가 되어야 한다. 그래서 남녀노
   소 사이에 서로 예의가 있는 사회로 발전해야 한다. 아동, 노인,
   여성 등 약자 계층들도 보호받는 사회라야 한다.
④ 직업윤리가 확립되어야 한다. 그래서 자신의 삶(직업, 여가선용,
   가족, 교육)에서 보람과 기쁨을 찾을 수 있어야 하고, 능력 있고
   성실한 사람이 인정받고 잘살 수 있어야 한다.
⑤ 가난한 사람들과 보통 사람들이 재미있게 지낼 수 있는 공공
   시설과 프로그램을 확보해야 한다. 또 범죄가 적어야 한다.

그래서 장애자들이 불편없이 사는 나라, 현관문을 열어놓고도 두
려움 없이 살 수 있는 나라, 서로 친절을 보이는 나라, 경찰을 무서
워하지 않는 나라, 걱정없이 밤길을 다닐 수 있는 나라, 국민 각자가
꿈을 갖고, 그것을 이루려고 노력하는 나라, 교도소가 필요없는 나
라, 고아와 실업자가 없는 나라, 학문과 사상의 자유가 보장되는 나
라, 개인의 개성이 보호되는 나라, 자긍심과 애국심으로 가득 찬 국
민이 있는 나라, 의식주만이 아니라 여가와 자기 실현의 문제가 해
결되는 나라, 종교·빈부·지역을 뒤어넘는 연대와 협조가 가능한

나라, 사회적 유대감이 있는 나라, 준법정신과 도덕성이 있는 나라, 소신과 양심을 지키면서 살 수 있는 나라, 더불어 사는 나라, 부정 비리와 부패가 없는 나라, 사회가 나를 필요로 한다는 것을 느끼게 해주는 나라, 역사와 정의가 살아 있는 나라, 사회적 합리성이 살아 있는 나라, 자기 일에 최선을 다하는 나라, 정신적으로 육체적으로 건강한 나라, 공동체 정신이 있는 나라, 일관성이 있는 나라, 대중교통을 자유롭게 이용할 수 있는 나라, 음식을 안심하고 먹을 수 있는 나라, 정직한 언론이 있는 나라, 약속을 서로서로 지키는 나라, 무엇보다도 행복한 나라를 지향해야 한다.

11. 복지 프로그램이 풍부한 나라

행복한 나라가 되기 위해서는 무엇보다도 복지 프로그램이 충실해야 한다. 즉 노후 대책의 마련과 의료보험의 확대 실시, 실업자에 대한 배려, 장애자의 취업기회 확대와 다양한 연금제도가 완비되어야 한다.

그리고 취업, 승진, 업무, 급여에서 남녀·종교·출신지역·출신학교에 의한 일체의 차별이 철폐되어야 한다. 통일신라시대 6두품에 의한 사회변혁을 생각한다면, 사람들이 차별없이 살 수 있는 사회를 만드는 것이 얼마나 중요한가를 절감할 수 있다. 한번의 경쟁으로 평생의 생활환경이 결정되는 경직된 신분사회를 운영해서는 통일사회를 만들어나갈 수가 없다는 사실을 명심해야 한다. 사회적 기본 수요라고 할 수 있는 의식주 문제와 함께 의료지원, 체육과 문화활동을 위한 여가활동 시설이 충실하게 마련되어야 한다.

12. 열린 교육, 새로운 인간과 사회

좋은 사회를 만들어나가는 가장 확실한 방법은 교육을 통한 것이다. 따라서 통일의 과정에서 가장 중요한 것은 통일 교육이다. 통일 교육을 통해서 상대를 이해하고 상대를 파악하며, 공생·공존·공영하는 방법을 배워야 한다.

통일한국은 교육을 통해 나라를 바로 세운다는 정신을 간직할 필요가 있다. 제도개선도 중요하고 정치적인 노력도 중요하지만 교육이야말로 사회를 개선할 수 있는 가장 큰 힘이다. 의식과 문화를 바꾸어나가기 때문이다.

우리의 교육은 이제 암기식 교육에서 탈피해서 스스로 생각하고 문제를 풀어나가는 능력을 길러주는 문제 해결식 교육을 지향해야 한다. 그 동안 우리 교육의 가장 큰 문제점은 스스로 생각하는 능력을 약화시키는 암기식 교육에 있었다고 생각한다. 이러한 방식의 교육은 우리의 민주주의와 분단에 대한 진단 능력과 처방 능력을 현저히 약화시켰고, 자주·자립·자조의 주인의식을 발전시키지 못했다.

문제해결식 교육은 당연히 민족교육과 전인(全人)교육을 지향하되, 그것을 직업 또는 연구와 잘 연결시키는 방법을 모색해야 한다. 여기서 민족교육이란 우리 민족의 유래와 사정을 알고, 민족의 미래에 대해서 고민하고 대안을 내놓을 수 있는 교육을 말한다. 그리고 전인교육이란 개인으로서의 도리와 인격을 배우고, 사회에서 동료 또는 이웃과 어울려서 살 수 있는 규범과 예의와 방법을 배우는 것이다. 그런데 이런 민족교육 또는 전인교육도 결국에는 직업교육과 연결되어야 한다. 사람은 일을 해야만 사회에서 자기 역할을 하면서 살 수 있기 때문이다.

기술을 익히고 직업 일선에 나가는 직업교육과 연구자와 학자로서의 자질을 기르는 연구교육을 분화시켜야 한다. 우리의 교육에는 이 두 가지 영역이 모호하게 섞여 있어서 교육의 효율성이 떨어지고 실질 교육 대신에 명분 교육이 이루어지고 있다.

연구와 기술, 모든 분야에서 효율성을 도모하는 과제는 대단히 중요하다. 그래서 교육이 간판을 따기 위한 것이 아니라 능력과 인격을 발전시키기 위한 과정으로 인식되고, 실질적으로도 그렇게 자리잡아야 한다. 그러기 위해서는 교육제도의 개선만이 아니라 학력의 차이에 따라 임금차별을 하는 우리의 고용 풍토 자체를 바꾸는 일이 병행되어야 한다.

과도기에서의 통일 교육만이 아니라 본격적인 통합과정에서의 통일 교육 역시 대단히 중요하다. 통일 교육은 통일을 만들어나가는 에너지인 동시에 통일의 방향을 제시하는 역할을 담당해야 하기 때문이다. 통일 교육이야말로 통일한국을 만들어나가는 데 가장 중요한 수단과 방법이라는 사실을 기억하고 미리미리 준비해야 한다.

13. 문화대국을 위하여

통일한국은 무엇보다도 문화대국이 되어야 한다. 문화대국이 되기 위해서는 우선 전통문화를 계승하여 현대적으로 발전시키고, 세계문화를 수용해서 한국화하는 작업을 병행해야 한다. 오늘의 한국 사회를 거대한 문화의 용광로로 만들어야 하는 것이다. 그러나 우리의 전통문화를 계승해서 현대화하는 작업이 전제되지 않을 경우에는 외국의 문화가 우리의 문화를 구축하는 불행한 일이 발생할 수도 있다는 사실을 명심해야 한다.

그리고 이질화된 남북한의 문화를 발전적으로 결합시켜야 한다. 문화적 자산이라는 측면에서는 남북한이 서로 다르게 문화를 발전시킨 것이 역설적으로 통일한국이 되면 긍정적인 역할을 담당할 수도 있다. 이것은 지방에도 마찬가지로 적용된다. 표준화되고 규격화된 문화가 아니라 각 지방의 특색 있는 문화를 발전시키도록 해야 하고, 민족문화의 차원에서 그것을 균형 있게 수렴해야 한다.

다음은 각 부문의 균형 있는 발전이다. 문학, 연극, 영화, 음악, 미술, 출판, 멀티미디어 등 모든 영역에서 고른 문화적 발전이 이루어져야 한다.

21세기에는 문화의 영역이 새로운 의미로 부각될 것이다. 19세기에 정치적 기본권의 쟁취가, 20세기에 경제적 기본권의 확대가 인간의 권리를 보장하는 관건이었다면 21세기의 개인적 삶은 문화적 권리를 보장받을 때 비로소 인간다울 수 있을 것이기 때문이다. 그런 의미에서 통일한국의 문화는 사회와 나라의 관점에서만이 아니라 개인의 관점에서도 중대한 의미를 갖게 된다는 것을 유념해야 한다.

14. 21세기 환경공화국

앞에서 우리는 통일을 위해 생태공동체의 회복과 형성이 필요하다는 지적을 한 바가 있다. 그런 의미에서 통일한국은 깨끗한 강물이 흐르고 맑은 공기를 마실 수 있는 환경공화국이어야 한다. 환경공화국이 되기 위해서는 공업 위주의 발전을 지양하고 생태주의적 발전을 지향하면서 동시에 생태주의적 발전이 사회적 활력으로 작용할 수 있도록 해야 한다.

그러기 위해서 남한은 공해를 감소시키고 자연을 복원하는 노력을 중장기 계획을 세워 추진해야 하고, 북한의 경우는 환경을 보존하는 새로운 개발의 방법을 모색해야 한다. 통일한국은 단순히 젖과 꿀이 흐르는 나라가 아니라 무엇보다도 숲이 많은 나라, 세계인들이 관광하고픈 나라이어야 할 것이다.

15. 지방이 살아 숨쉬는 나라

21세기 통일한국은 지방자치제가 완전하게 실시되는 나라가 되어야 한다. 이는 여러 가지 장점을 가지고 있다. 크게는 정치를 위로부터의 명령이 아닌 아래로부터의 희망과 요구를 반영하는 것이 되도록 만들 수 있다. 즉 진정한 풀뿌리 민주주의가 성립될 것이다. 작게는 사회구성원 개개인이 직접적인 이해관계와 아이디어를 가지고 자아를 펼칠 수 있으므로 인간적인 정이 있는 사회를 만들어나갈 수 있다.

궁극적으로 각 지방자치단체는 도(道) 단위가 될 가능성이 높으므로, 각 도마다 고도의 특색 있는 정치형태와 산업형태가 나올 수 있을 것이다. 북쪽의 지방자치 정부는 산업 육성에 힘을 기울일 것이고 관광특수, 고부가가치 작물의 재배 등에도 역점을 두게 될 것이다.

남쪽에서는 문화적 중심지 역할을 하게 될 자치정부나 산업의 중심지, 관광의 중심지로서의 많은 자치정부들이 나오게 될 것이다. 이들은 각자의 장점을 최대한 살릴 것이고 중앙정부와의 관계 정립 과정, 그리고 각 자치정부간의 이해관계를 조정하면서 정치의 새로운 관행을 정립하게 될 것이다. 지방과 중앙의 적절한 역할 분담은 통일 이후 존재할지도 모르는 이데올로기 대립, 가치관의 대립, 생활방식의 차이에서 오는 대립 등 각종 불안과 갈등 요소를 점진적으로 해결하고, 이런 것들이 나중에는 그 지방의 특색으로 표출될 수 있는 기회를 제공할 것이다.

사실 지방자치는 지방자치단체와 지방의회, 그리고 주민자치단체 이 3자의 균형 있는 정립을 통해서만 균형 있게 발전할 수 있다. 지방의 대의민주주의와 함께 주민들이 직접 지역의 일에 참여할 수 있는 통로를 확보하는 일은 지방자치의 중장기적 발전을 위해서 필수불가결한 것이고, 또 이를 위해서는 자발적인 주민단체들이 만들어지는 것과 함께 전자민주주의의 실질적 발전이 절실하게 요구된다. 따라서 통일한국의 장래는 지방자치와 전자민주주의가 얼마나 행복한 결합을 할 수 있는가에 달려 있다고 해도 과언이 아닐 것이다.

16. 민족체육의 정립 필요

통일한국의 주민들은 지덕체(智德體)가 고루 발전한 전인적인 사람들인 동시에 전문인들이어야 한다.

전인교육에서 우리는 특히 체육의 역할을 새롭게 인식해야 한다. 민족교육의 한 부분으로 존재했던 체육의 본래 기능을 회복시켜야 한다는 것이다. 체육은 개인을 건강하게 하고 자기 수양과 자기 단련을 가능하게 하며 아울러 협동의 정신을 고취하고 스포츠맨십을 통해서 사회적 규범의 중요성을 가르치게 된다. 그것만이 아니다. 체육은 한국인이라는 자긍심을 고취시키며 건강한 민족의식과 사회의식을 고취하는 활력제로 작용할 수 있다. 그리고 경기 체육의 경우는 정당한 경쟁이 무엇인가를 가르친다.

따라서 우리는 경기체육과 함께 사회체육, 그리고 국민체육을 증진시켜야 하고, 또 그를 위해서 각종 체육시설의 확충을 도모해야 한다. 통일이 되면 민족체육이 자리를 잡고, 동시에 경기체육이 각종 스포츠 클럽을 토대로 발전함으로써 국제적 인정을 받음은 물론이고, 그것이 국민건강과 직결되는 시스템을 구축해야 할 것이다.

17. 통일은 현실이다

이 밖에도 중요한 영역이 많다. 그러나 여기에서는 몇 가지의 영역에 초점을 맞춰 통일한국의 비전을 생각해 보았다. 비록 몇 가지의 영역이긴 하지만 통일한국의 비전을 그리면서 생각하게 되는 것은 남북한의 이질화의 경험이 상호 소모적인 적대적 갈등으로 작용하지 않고, 상승적인 효과를 내면서 결합하도록 만드는 것이다. 그것을 해낼 수 있느냐 그러지 못하느냐에 따라 우리의 미래, 우리의 21세기가 결정될 것이다.

바라건대 준비없이 맞았던 20세기의 고통을 오는 21세기에도 되풀이하는 비극은 없어야 할 것이다. 필자는 더 많이 생각하고 좀더 많이 준비하자고 권유하는 것이다.

그러나 잊지 말아야 할 것이 있다. 그것은 통일이 현실이라는 점이다. 여기에서 현실이라고 하는 것은 두 가지의 의미를 갖고 있다. 하나는 냉엄한 현실에서 통일이 이루어지고, 통일이 이루어진 이후에도 현실은 냉혹하게 진행된다는 점이다. 통일이 이루어지면 모든 것이 해결된다는 통일낭만주의나, 통일이 되면 모든 사람들이 상호 일체를 이룰 것이라는 순진함으로부터 빨리 벗어나는 것이 좋다. 통일이 되더라도 현실은 엄중하며 사람들 사이의 관계는 긴장과 이완의 변주곡을 연주하게 될 것이다.

통일은 현실이라는 말의 두 번째 의미는 이미 통일의 과정이 현실 속에서 진행되어 나가고 있다는 말이다. 얼음장 밑으로 봄을 기다리는 시냇물이 흘러가고 온갖 꽃씨들이 차가운 대지의 어둠 속에서 개화의 세계를 준비하듯, 변화는 항상 조용하고 조그맣게 시작되면서 때가 되면 '놀람고향곡'을 연주하게 되는 것이다. 현재의 남북관계, 그리고 한반도의 주변상황을 10년 전의 모습과 비교해보면, 정말이지 금석지감을 느끼지 않을 수 없다.

지금은 눈과 귀를 열 때이다. 조용히 귀 기울이면 시냇물이 흐르는 소리를 들을 수 있고, 눈을 크게 뗘서 세상을 보면 통일이 이미 현실로 다가와 있음을 알게 될 것이다. 그러나 이런 변화에 놀래거나 당황해서는 안 된다. 우리는 여전히 차분한 현실주의와 실용주의로서 이 상황을 맞이하고, 준비하고 도전해야 한다.

후기

정보문화시대의 '통일학'을 정립하자

지난 1년 동안 통일에 대한 생각을 많이 했다. 나라의 진로에 관심이 있기 때문이다. 한국사회의 발전 방향과 비전을 생각하는 것은 우리 시대 모든 사람들의 책무에 속하는 것이다.

필자 역시 한국사회에 민주주의가 깊이 뿌리내리기를 기원하면서 청년시절을 보냈다. 그러나 그것만이 아니다. 언젠가 쓰여질 통일의 역사서는 이 시대를 남북분단기로 기록할 것이고, 수많은 사람들이 통일을 염원하고 통일에 기여하기 위해 노력했다는 사실을 적어 나갈 것이다. 그렇다면 나도 무엇인가를 해야 하지 않을까?

'통일문제에 관한 책이면서 누구나 쉽게 읽을 수 있는 책'을 쓰고 싶었다. 이제는 통일문제가 일부 학자나 엘리트들의 것이 아니라 모든 사람들의 것이 될 때가 되었기 때문이다. 그래서 이 책은 체계적인 연구서나 논문 모음의 형태가 아니라 통일에 관해 나눌 수 있는 이야기들을 최대한 모아서 정리해 본다는 취지로 썼다. 경희대에서 「민족통일론」을 강의하면서 학생들과 나눈 대화들, 그리고 필자가 준비했던 강의록도 이 책을 쓰는 데 큰 힘이 되었다.

통일문제에 접근하기 위해서는 통일과정에서 제기되는 어려운 문제들을 진지하게 점검하는 일과 함께 무엇보다도 통일의 희망을 이야기할 수 있어야 한다고 생각한다. 통일의 어려움과 통일의 희망을 동시에 균형 있게 보지 않으면 절망하여 냉소하거나 들뜨기 쉽다는 것이 필자의 생각이다. 그리고 이제는 「거시통일론」과 함께 통일문제와 관련해서 아주 구체적인 문제들을 다루는 「미시통일론」도 필요한 때가 된 것 같다. 그래서 필자는 통일문제에 관한한 '빛과 그림자, 나무와 숲을 동시에 보아야 되겠다'는 생각을 갖게 되었고, 그러한 생각을 이 책에 반영시키려고 노력하였다.

이 책을 쓰면서 필자는 내내 역사를 생각하였다. '역사는 과거와 현재와의 대화인 동시에 미래의 이정표'이기 때문이다. 무기력하게 시작한 한국의 20세기가 시련사로 얼룩졌다는 사실은 우리를 슬프게 한다. 21세기의 한국은 그래서는 안 될 것이다. 21세기의 한국은 희망이어야 한다고 믿는다. 희망은 막연한 것이 아니라 역사와 현실에서 자라나는 에너지이고 물줄기이며, 또한 만들어나가는 것이다. 따라서 우리는 단선적인 역사관이 아니라 입체적인 역사관을 가질 필요가 있다. 시련 속에서도 줄기차게 전진해 온 희망의 역사, 역사의 강가를 흘러가는 맑은 물줄기에 우리는 주목할 필요가 있다. 희망의 물줄기는 결국 절망과 냉소와 아픔과 상처를 이기게 할 것이다.

남북관계의 다양한 변화들은 우리들을 어지럽게 한다. 어떤 때는 대결이 강조되고 또 어떤 때는 화해가 강조된다. 사람들도 마찬가지인 경우가 많다.
어떤 사람은 대결을 강조하고 또 다른 사람들은 화해를 이야기한다. 이상과 현실의 측면도 그러하다. 통일의 비전과 이상만을 강조한다면 엄중한 현실을 놓치기 쉽고, 현실분석만을 고집한다면 만들어나가는 역사의 가능성을 놓치기 쉽다. 그래서 필자는 균형과 방향의 가치를 강조하고 싶다.

통일문제를 제대로 풀어나가기 위해서는 이상과 현실의 요소를 모두 고려해야 하며, 또한 현재의 남북관계에는 대결의 측면과 화해의 측면이 공존하고 있기 때문이다. 따라서 우리에게 중요한 것은 방향을 잘 설정하고 나아가는 것이다. 통일문제 때문에 우왕좌왕해서는 안 되고, 또 그것이 갈등의 씨앗이 돼서 우리 사회의 에너지를 낭비해서는 안 될 것이다. 결국 통일문제는 21세기 우리 민족의 선택과 관련된 것이다. 우리 역사 속에서의 남북시대, 세계사가 격동하는 시대, 우리의 선택은 과연 무엇이어야 할 것인가? 바로 여기에서부터 우리의 통일 이야기는 시작되어야 한다.

이 책을 쓰면서 필자에게는 새로운 의욕이 한 가지 생겼다. 그것은 '통일학'의 정립에 노력을 쏟아야겠다는 것이다. 통일과 같이 좋은 일에는 행동과 함께 설계도가 대단히 중요하다. 통일의 설계도를 만드는 일은 간단한 일이 아니다. 그래서 그것을 단순히 통일방안이 아니라 '통일학'이라고 부르는 것이 좋겠다는 생각을 했다.

21세기형의 통일학이 있어야 21세기형의 통일을 기대할 수 있을 것이다. 마지막으로 이 책을 쓰는 데 도움을 주신 모든 분들에게 다시 한 번 감사의 인사를 드린다. 특히 풀빛사의 나병식 대표님은 이 책의 난산과정을 오래 기다려 주셨다. 그 고마운 마음은 잊지 못할 것이다.

1997년 1월

김광식

풀빛신서 150

풀뿌리 네트워크가 통일을 만들어간다

1997년 1월 23일 초판 1쇄 발행

지 은 이 — 김광식
펴 낸 이 — 홍 석
펴 낸 곳 — 도서출판 풀빛
주   소 — 서울시 서대문구 북아현 3동 176 - 87 능안빌딩 3층
전   화 — (영업부) 363 - 6972 (편집부) 362 - 8900
팩   스 — 393 - 3858
출판등록 — 1979년 3월 6일 제8 - 24호

● 값 13,000원

ISBN 89-7474-046-X